FORUM RECHTSWISSENSCHAFTEN 25

Zuowei Liu

Das chinesische Internationale Erbrecht

gestern - heute - morgen

m press »
Martin Meidenbauer Verlagsbuchhandlung

Die vorliegende Arbeit wurde 2005 von der Juristischen Fakultät der Westfälischen Wilhelms-Universität zu Münster angenommen.

Die Deutsche Bibliothek verzeichnet diese Publikation in der Deutschen Nationalbibliografie; detaillierte bibliografische Daten sind im Internet über http://dnb.ddb.de abrufbar.

Coverabbildung: Zuowei Michael Liu

Printed in Germany

Gedruckt auf
chlorfrei gebleichtem, säurefreiem und
alterungsbeständigem Papier (ISO 9706)

m-press ist ein Imprint der
Martin Meidenbauer Verlagsbuchhandlung

ISBN 3-89975-547-2

Verlagsverzeichnis schickt gern:
Martin Meidenbauer Verlagsbuchhandlung
Erhardtstr. 8
D-80469 München

www.m-verlag.net

Meinem Doktorvater

Meinen Schwiegereltern

Meinem Vater

Meiner Frau

Meiner Tochter

Meiner Mutter im Andenken

Vorwort

Das moderne Recht versucht beständig, die Lebensverhältnisse in allen Aspekten zu regeln. Das Erbrecht betrifft das Vermögensverhältnis im letzten Abschnitt menschlichen Lebens. Mit dem anschwellenden grenzüberschreitenden menschlichen Verkehr ist das Internationale Erbrecht von größerer Bedeutung als je zuvor, insbesondere unter dem Blickwinkel der rasch fortschreitenden Globalisierung.

Dementsprechend gewinnt das chinesische Internationale Erbrecht gerade für den deutschen Rechtsanwender mehr und mehr an Gewicht, zumal angesichts der engen bilateralen wirtschaftlichen Beziehungen zueinander die Erbfälle mit chinesischem Bezug in Zukunft zunehmen werden. Infolgedessen stellt die vorliegende Untersuchung einen Versuch dar, das kleine Panorama des chinesischen Internationalen Erbrechts als Teil der großen Welt des chinesischen Internationalen Privatrechts aus der Vogelperspektive der einheitlichen chinesischen einflußreichen Kultur retrospektiv und prospektiv darzubieten, damit nicht nur ein möglich vollkommenes Verständnis für die Materie, sondern womöglich auch ein praxisbezogener Horizont daraus gewonnen werden kann.

Die Arbeit wurde im Jahr 2005 als rechtswissenschaftliche Dissertation an der Juristischen Fakultät der Westfälischen Wilhelms-Universität zu Münster angenommen. Im wesentlichen wird die Literatur bis 2003, teilweise auch der Jahre 2004 und 2005 berücksichtigt.

Für das Gelingen dieser Dissertation danke ich zuallererst von ganzem Herzen meinem Doktorvater, Herrn Professor Dr. Heinrich Dörner, der mich nicht nur während meines Magisterstudiums und meiner Promotion so verantwortungsvoll, kompetent und intensiv betreut hat, sondern auch mein Auslandsstudium in Deutschland erst in diese erfolgversprechende Richtung gebracht und mich dabei so viel unterstützt hat. Ohne all sein Engagement wäre meine glückliche und erfolgreiche juristische Fortbildung in Deutschland nicht möglich gewesen! Allein die Tatsache, daß ich von ihm als Doktorand habe angenommen worden bin und diese Dissertation unter seiner Betreuung habe schreiben können, ist mir die große Ehre und das große Glück meines bisherigen Lebens gewesen. Ihm bin ich zu Dank zeitlebens verpflichtet, was sich nicht in Worten ausdrücken läßt.

Für die Erstattung des Zweitgutachtens bedanke ich mich herzlich bei meinem verehrten Lehrer Herrn Professor Dr. Dr. h. c. Wilfried Schlüter, der nicht nur das Gutachten zügig und kompetent erstellt hat, sondern mir auch als ordentlicher Jurastudent durch seine inspirierenden Vorlesungen im Bürgerlichen Recht (BGB AT, Sachenrecht, Methodik zur Fallbearbeitung und Familienrecht) die Grundkenntnisse deutschen Rechts vermittelt hat. All dies ist mir eine große Ehre gewesen!

Für das verantwortungsvolle Lesen des Skripts spreche ich meinem Kommilitonen, dem Doktorand, Herrn Jens Helling-Junghans meinen Dank aus ganzem Herzen aus.

Frau Nicole Fertmann, der tüchtigen Sekretärin meines Doktorvaters, möchte ich von Herzen danken. Sie hat sich der mühseligen Vornahme der letzten Verbesserungen der Arbeit angenommen.

Für die ständige und schwierige Besorgung der Materialien zum Nachschlagen bin ich meiner früheren Kollegin Frau Chun Li in Beijing, China, Dank schuldig. Für die Hilfe beim Drucken danke ich Herrn Dr. Yong Gao, Frau Dr. Zhiyun Wu und Herrn Dr. Long Zhang sehr.

Außerdem spreche ich den liebenswürdigen Kolleginnen und Kollegen des Rechtswissenschaftlichen Seminars I Frau Agnes Schmanck, Frau Elfriede Saerbeck, Herrn Rainer Rebbe und den anderen meinen besten Dank aus. Sie alle haben mir und meiner Frau beim Studium viel geholfen. Insbesondere hat Frau Schmanck uns das schwierige Studium durch ihr langjähriges, von ihrem guten Herzen getragenes Engagement erleichtert.

Nicht zuletzt schulde ich der herausragenden Juristischen Fakultät der WWU Münster Dank, wo ich die fundierten deutschen und juristischen Kenntnisse von den gelehrten Juraprofessoren erworben habe.

Für mein gesamtes erfolggekröntes Studium in Münster, Deutschland, bin ich meinen Schwiegereltern Prof. Zhiye Lin und Frau Ärztin Jun Tan, die sich so viele Jahre mit voller Hingabe um meine Tochter gekümmert haben und damit mein Studium in Deutschland erst ermöglicht haben, meiner Frau Hua Lin, Rechtsanwältin (China), die ihr Jurastudium in Deutschland mit großem Ehrgeiz und viel Engagement betreibt, und meiner geliebten Tochter Xinyun Liu, die ihren Vater in diesen mehr als fünf Jahren nur zwei Mal gesehen hat, zutiefst dankbar. Sie alle haben unter meinem langjährigen Studium sehr gelitten. Weiter gebührt meinem Bruder, Zuodan Liu, M. A. & Rechtsanwalt (China), mein herzlicher Dank dafür, daß er allein seit mehr als zehn Jahren für meinen Vater gesorgt hat, so daß ich mich auf das Auslandsstudium habe konzentrieren können.

Münster, im Juli 2005

Zuowei (Michael) Liu

M. A. in Englisch, Rechtsanwalt (China),

LL.M. (Münster) & Dr. jur. (Münster)

Inhaltsübersicht

Inhaltsverzeichnis

Literaturverzeichnis

Baetge, Dietmar: Der gewöhnliche Aufenthalt im Internationalen Privatrecht, Tübingen 1994 (zitiert: Baetge, Gewöhnlicher Aufenthalt im IPR)

Bahr, Lauren S. (Editorial Director): Colliers Encyclopedia with Bibliography and Index, Vol. 6/14/15, New York/Toronto/Sydney 1995 (zitiert: Collier 1995, Vol. Nr.)

von Bar, Carl Ludwig: Theorie und Praxis des internationalen Privatrechts, Bd. 1, 2. Aufl., Hannover 1889, Neudruck: Aalen 1966

von Bar, Christian/Mankowski, Peter: Internationales Privatrecht, Bd. I, Allgemeine Lehren, München 2003

von Bar, Christian: Internationales Privatrecht, Bd. II, Besonderer Teil, München 1991

von Baratta, Mario (Hrsg.): Der Fischer Weltalmanach 2004, Frankfurt am Main 2003 (zitiert: Fischer Weltalmanach 2004)

Berenbrok, Marius: Internationale Nachlaßabwicklung: Zuständigkeit und Verfahren, Uni. Diss. Hamburg, Berlin 1989

Bertelsmann Lexikon, Bd. 3 (Bren-Deu), Gütersloh/München 2002 (zitiert: Bertelsmann)

Bieber, Doris M.: Dictionary of Legal Abbreviations Used in American Law Books, New York 1979

Bieber, Doris M.: Dictionary of Legal Abbreviations Used in American Law Books, 2nd Edition, New York 1985

Birks, Peter (Editor): English Private Law, Vol. II, Oxford 2000 (zitiert: Birks, English Private Law)

Bouvier, John/Rawle, Francis: Bouvier's Law Dictionary and Concise Encyclopedia, Vol. I, II, 3rd Revision, Vol. 1, Kansas City 1914

Brandi, Tim: Das Haager Abkommen von 1989 über das auf die Erbfolge anzuwendende Recht, Uni. Diss. Freiburg, Berlin 1996 (zitiert: Brandi, Haager Erbrechtsübereinkommen)

Bridgman, G. F. L. (Editor): The All England Law Reports Reprint, revised and annotated, 1775-1802, London 1967 (zitiert: [1775-1802] All E.R.); 1843-1860, London 1965 (zitiert: [1843-60] All E.R.); 1861-1873, London 1964 (zitiert: [1861-73] All E.R.); 1930, London 1958 (zitiert: [1930] All E.R.); 1934, London 1957 (zitiert: [1934] All E.R.)

Bridgman, G. F. L. (General Editor): The All England Law Reports, 1948, Vol. 1, London (zitiert: [1948] 1 All E.R.); 1951, Vol. 2, London (zitiert: [1951] 2 All E.R.)

Brockhaus Enzyklopädie, 17. Aufl., Bd. I (A-ATE), Wiesbaden 1966; Bd. X (KAT-KZ)/Bd. XI (L-MAH)/Bd. XII (MAI-MOS), Wiesbaden 1970; Bd. XVI (RIT-SCHO)/Bd. XVII (SCHR-STAL)/Bd. XVIII (STAM-TRIE), Wiesbaden 1973 (zitiert: Brockhaus, Bd. Nr.)

Brockhaus Enzyklopädie, 19. Aufl., Bd. IV (BRO-COS), Mannheim 1987; Bd. V (COT-OR), Mannheim 1988; Bd. XII (KIR-LAG), Mannheim 1990; Bd. XIII (Lah-Maf), Mannheim 1990; Bd. XIV (Mag-Mod), Mannheim 1991; Bd. XXI (Sr-Teo), Mannheim 1993; Bd. XXIII (Us-Wej), Mannheim 1994 (zitiert: Brockhaus, 19. Aufl., Bd. Nr.)

Brugger, Walter (Hrsg.): Philosophisches Wörterbuch, 16. Aufl., Freiburg u. a. 1981 (zitiert: Brugger, Philosophisches Wörterbuch)

Bürger, K.: Das Ehegesetz der Volksrepublik China von 1950, in: RabelsZ, 16. Jg. 1951, S. 112-126.

Burrows, Roland (Consulting Editor)/**Williams, W. J.** (General Editor): The All England Law Reports, 1937, Vol. 3, London (zitiert: [1937] 3 All E.R.)

Chen, Guangzhong (Hrsg.)/**Huai, Xiaofeng** (Stellvertretender Hrsg.): Die Textsammlung zu den Studien der Rechtswissenschaft zwischen den beiden Ufern der Meeresstraße (海峽兩岸法學研究文集), das Symposium über die Rechtswissenschaft zwischen den beiden Ufern der Meeresstraße im Jahr 1993 (‘93 海峽兩岸法學學術研討會), das Vorbereitungsbüro des Symposiums über die Rechtswissenschaft zwischen den beiden Ufern der Meeresstraße (海峽兩岸法學學術研討會籌備辦公室), Beijing 1993

Chen, Tung-Pi: Private International Law of the People´s Republic of China: An Overview, in: AmJCompL 1987, S. 445-486. (zitiert: Chen Tung-Pi, IPR Chinas)

Chen, Youqing: Die Anpassung der ursprünglichen Gesetzesregelungen Hongkongs und ihre etlichen theoretischen Fragen (香港原有法律的適應化及幾個理

論問題), in: Moderne Rechtswissenschaft (現代法學), Nr. 3, Bd. 20, Juni 1999, S. 15-19. (zitiert: Chen Youqing, Anpassung der Gesetzesregelungen Hongkongs)

Cheng, Chiwei: Das Internationale Privatrecht der natürlichen Person in der Republik China, Uni. Diss. Münster, 1980 (zitiert: Cheng Chiwei, IPR Taiwans)

Die Chinesische Wissenschaftliche Gesellschaft für Internationales Privatrecht (中國國際私法學會): Das Modellgesetz des Internationalen Privatrechts der VR China (中華人民共和國國際私法示範法), Beijing 2000

Chong, Qingyu/Zhang, Bo: Über die Rechtsveränderungen und ihre Einflüsse nach der Rückgabe Hongkongs an China (香港回歸后的法律變化及其影響), in: Studienzeitung der Pädagogischen Hochschule des Huaibeier Kohlenbergwerks (淮北煤師院學報), Ausgabe für soziale Wissenschaft, Nr. 4, 1997, S. 32-34.

Christmann, Carsten: Englisches und schottisches Erbrecht im Vergleich, Uni. Diss. Münster 1996, Münster 1997

Coester, Michael: Probleme des internationalen Erbrechts, in: JA 11. Jg. 1979, S. 351-356. (zitiert: Coester, Probleme des internationalen Erbrechts)

Collier, J. G.: Conflict of Laws, 3rd Edition, Cambridge 2001 (zitiert: Collier, Conflict of Laws)

Collins, Lawrence (General Editor): Dicey and Morris on the Conflict of Laws, 13th Edition, Vol. 1, 2, London 2002 (zitiert: Collins, Dicey and Morris on the Conflict of Laws 13th)

Conotilho, Gomes u.a.: Portugal, IntEncCompL, P-185-P-206. (zitiert: Canotilho, Portugal, IncEncCompL)

Cretney, Stephen/Dworkin, Gerald: Theobald on Wills, 13th Edition, London 1971 (zitiert: Gretney/Dworkin, Theobald on Wills)

Deng, Xiaoping: Ausgewählte Werke von Deng Xiaoping (鄧小平文選), Bd. III, Beijing 1993 (zitiert: Deng Xiaoping, Ausgewählte Werke, Bd. III)

Derstadt, Eva-Maria: Die Notwendigkeit der Anpassung bei Nachlaßspaltung im internationalen Erbrecht, Uni. Diss. Freiburg, Baden-Baden 1998

Ding, Wei (Hrsg.)/**Chen, Zhidong** (Stellvertretender Hrsg.): Über das Kollisionsrecht (冲突法論), Beijing 1996 (zitiert: Ding Wei/Chen Zhidong, Kollisionsrecht)

Ding, Wei: Der Rückblick und Ausblick auf die Gesetzgebung im chinesischen Internationalen Privatrecht um die Wende des Jahrhunderts (世紀之交中國國際私法立法回顧與展望), in: Textsammlung zu den Studien über die Theorie und Praxis der Wissenschaft des gegenwärtigen Internationalen Rechts (當代國際法學理論與實踐研究文集), IPR Bd. (國際私法卷), von Ding Wei (Hrsg.)/Zhu Lanye (Hrsg.), Beijing 2002, S. 1-19. (zitiert: Ding Wei, Rückblick und Ausblick der IPR-Gesetzgebung)

Ding Yuanzhi: Neue Studien über Wen Zi (文子新論), 1. Aufl., Taibei 1999 (zitiert: Ding Yuanzhi)

Dong, Likun: Über das Internationale Privatrecht (國際私法論), 2. Aufl., überarbeitete Ausgabe, Beijing 2000 (zitiert: Dong Likun, IPR 2000)

Dörner, Heinrich: Zur Behandlung von deutschen Erbfällen mit interlokalem Bezug, in: DNotZ 1977, S. 324-343.

Dörner, Heinrich: Probleme des neuen internationalen Erbrechts, in: DNotZ 1988, S. 7-109.

Dörner, Heinrich: Zur Beerbung eines in der Bundesrepublik verstorbenen Iraners, in: IPRax 1994, S. 33-37.

Dörner, Heinrich: Nachlaßspaltung – und die Folgen, in: IPRax 1994, S. 362-366.

Dörner, Heinrich: Interlokales Erbrecht nach der Wiedervereinigung – ein schwacher Schlußstrich, in: IPRax 1995, S. 89-92.

Dörner, Heinrich: Nachlaßplanung in argentinisch-deutschen Erbfällen, Arbeitshefte des Lateinamerika-Zentrums Nr. 9, Universität Münster 1992

Dörner, Heinrich: Rechtsfragen des deutsch-deutschen Erbrechts – BGHZ 124, 270, in: Jus 1995, S. 771-775.

von Staudinger, J./Dörner, Heinrich: J. von Staudingers Kommentar zum Bürgerlichen Gesetzbuch mit Einführungsgesetz und Nebengesetzen, EGBGB-/IPR, Art 25, 26 EGBGB; Anhang zu Art 25 und 26 EGBGB: Ausländische Rechte, Neubearbeitung 2000, Berlin 2000 (zitiert: Staudinger/Dörner (2000))

Dreher, Karin: Die Rechtswahl im internationalen Erbrecht: unter besonderer Berücksichtigung des italienischen IPR-Reformgesetzes, Berlin u.a. 1998 (zitiert: Dreher, Rechtswahl)

Du, Huifang: Die vom ZGB Macau hervorgebrachten Erneuerungen (澳門民法典所帶來的更新), Teil I, auf der Webseite: http://www.civillaw.com.cn./twcivillaw/, abgerufen am 23.7.2003. (zitiert: Du Huifang, Erneuerungen des ZGB Macau)

Edgerley, J. T. (Editor): The All England Law Reports, 1955, Vol. 2, London (zitiert: [1955] 2 All E.R.); 1957, Vol. 1, London (zitiert: [1957] 1 All E.R.); 1965, Vol. 3, London (zitiert: [1965] 3 All E.R.)

Erman, W./Westermann, H. P.: Erman Bürgerliches Gesetzbuch: Handkommentar mit AGBG, EGBGB, ErbbauVO, HausratsVO, HausTWG, ProdHaftG, SachenRBerG, SchuldRAnpG, VerbrKrG, Bd. I, II, 11. Aufl., Münster u.a. 2004 (zitiert: Erman/Bearbeiter)

Fairbank, John King (Editor): The Chinese World Order: Traditional China's Foreign Relations, Cambridge 1968 (zitiert: Fairbank, The Chinese World Order)

Fallon, Steve: Hong Kong & Macau, 10. Aufl., Melbourne u.a. 2002 (zitiert: Fallon, HK und Macau)

Fan, Zhongxin: Der fundamentale Geist der chinesischen Rechtstradition (中國法律傳統的基本精神), Jinan 2001 (zitiert: Fan Zhongxin, Geist der chinesischen Rechtstradition)

Feng, Datong/Liu, Huishan/Shen, Daming/Yao, Zhuang/Fei, Zongyi /Qian, Hua: Skriptum über das Internationale Privatrecht (國際私法講議), Ausgabe für den provisorischen Gebrauch, Beijing 1988 (zitiert: Feng/Liu/Shen /Yao/Fei/Qian, Skriptum über IPR)

Flessner, Axel: Interessenjurisprudenz im internationalen Privatrecht, Tübingen 1990 (zitiert: Flessner, Interessenjurisprudenz)

Flick, Hans/Piltz, Detlev (Hrsg.): Der Internationale Erbfall: Erbrecht, Internationales Privatrecht, Erbschaftsteuerrecht, München 1999

Ferid, Murad/Firsching, Karl/Dörner, Heinrich/Hausmann, Rainer: Internationales Erbrecht, Quellensammlung mit systematischen Darstellungen des materiellen Erbrechts sowie des Kollisionsrechts der wichtigsten Staaten, begründet von Ferid und Firsching, Stand der 55. Ergängzungslieferung, München 2004 (zitiert: Bearbeiter, in: Ferid/Firsching/Dörner/Hausmann, Internationales Erbrecht, Name des Staates)

Friedländer, Heinrich: Die Konsulargerichtsbarkeit nach deutschem Reichsrecht, Uni. Diss. Jena, Jena 1908 (zitiert: Friedländer, Deutsche Konsulargerichtsbarkeit)

Garner, Bryan A. (Editor in Chief): Black's Law Dictionary, 8th Edition, St. Paul, Minn., 2004 (Garner, Black's Law Dictionary)

Der Generelle Redaktionsausschuß für die Große Chinesische Enzyklopädie (中國大百科全書總編輯委員會): Die Große Chinesische Enzyklopädie (中國大百科全書)/Die Chinesische Geschichte (中國歷史), revidierte Aufl. von 1997, Bd. III, Beijing 1998 (zitiert: Bearbeiter, Chinesische Enzyklopädie/chinesische Geschichte)

Der Generelle Redaktionsausschuß für die Große Chinesische Enzyklopädie (中國大百科全書總編輯委員會) : Die Große Chinesische Enzyklopädie (中國大百科全書)/Rechtswissenschaft (法學), Beijing 1998 (zitiert: Bearbeiter, Chinesische Enzyklopädie/Rechtswissenschaft)

Grasmann, Günther u. a.: Einführung in die großen Rechtssysteme der Gegenwart, 2. Aufl., München 1988

Graveson, R. H.: Conflict of Laws, Private International Law, 7th Edition, London 1974 (zitiert: Graveson, Conflict of Laws)

Gu, Haibo: Einführung in das Internationale Privatrecht (國際私法引論), Beijing 2003 (zitiert: Gu Haibo, IPR-Einführung)

Gu, Yu: Das Internationale Privatrecht (國際私法), Beijing 2002

Hailsham, of St. Marylebone (Editor in Chief): Halsbury's Laws of England, 4th Edition, Reissue, Volume 8 (I), London 1996 (zitiert: Halsbury's Laws of England)

Halsey, William D. (Editorial Director): Collier's Encyclopedia with Bibliography and Index, Vol. 14, 15, 21, Crowell Collier and Macmillan, Inc., 1967 (zitiert: Collier, Vol. Nr.)

Han, Depei (Hrsg.): Neue Studien über das Internationale Privatrecht (國際私法新論), 1. Aufl., 7. Nachdruck, Wuhan 2000 (zitiert: [Bearbeiter], in: Han Depei, Neues IPR)

Han, Depei: Vorwort, in: das Modellgesetz des Internationalen Privatrechts der VR China (中華人民共和國國際私法示範法) von der Chinesischen Wissenschaftlichen Gesellschaft für Internationales Privatrecht (中國國際私法學會), Beijing 2000 (zitiert: Han Depei, Vorwort des IPR-Modellgesetzes)

Harrison, R. N. G. (Editor): The All England Law Reports, Vol. 3, London 1974 (zitiert: [1974] 3 All E.R.)

Hattenhauer, Hans: Grundbegriffe des Bürgerlichen Rechts: historisch-dogmatische Einführung, 2. Aufl., München 2000 (zitiert: Hattenhauer, Grundbegriffe)

He, Lingxu: Buch Shang Jun: Moderne Kommentierung (商君書今注今譯), 1. Aufl., Taibei 1988 (zitiert: He Lingxu)

Heck, Philipp: Begriffsbildung und Interessenjurisprudenz, Tübingen 1932 (zitiert: Heck, Begriffsbildung und Interessenjurisprudenz)

Heldrich, Andreas: Das Interlokale Privatrecht Deutschlands nach dem Einigungsvertrag, zivilrechtliche Vorfragen der Rückübertragungsansprüche nach dem Vermögensgesetz, Berlin 1992

Henrich, Dieter (Hrsg.)/**Schwab, Dieter** (Hrsg.): Familienrecht und Testierfreiheit im europäischen Vergleich, Bielefeld 2001

Henrich, Dieter: Der Domizilbegriff im englischen internationalen Privatrecht, in: RabelsZ, 25. Jg. 1960, S. 456-495. (zitiert: Henrich, Domizilbegriff im englischen IPR)

von Hoffmann, Bernd: Internationales Privatrecht, 7. Aufl., München 2002

Horlemann, Ralf: Hongkong 1997: Systemwandel in rechtlicher und politischer Perspektive, Uni. Diss. München, Münster 1992

Hou, Fang: Vergleichende Studien über das Erbrecht (繼承法比較研究), Macau 1997 (zitiert: Hou Fang, Erbrechtsvergleichung)

Huang, Hanqiang (Hrsg.)/**Wu, Zhiliang** (Hrsg.): Überblick über Macau (澳門總覽), 2. Aufl., Macau 1996 (zitiert: Huang/Wu, Überblick über Macau)

Huang, Jin/Guo, Huacheng: Macau und IPR-Abkommen (澳門與國際私法條約), in: Studienzeitung der Jingzhouer Pädagogischen Hochschule (荊州師範學院學報), Ausgabe für soziale Wissenschaft, Nr. 3, 1999, S. 58-61. (zitiert: Huang Jin/Guo Huacheng, Macau und IPR-Abkommen)

Huang, Jin/Guo, Huacheng: Anfängliche Erforschung über das Internationale Privatrecht Macaus (澳門國際私法初探) (erster Teil), in: Rechtswissenschaftliche Kommentare (法學評論) (Zweimonatszeitschrift), Nr. 6, 1996, S. 9-14. (zitiert: Huang Jin/Guo Huacheng, IPR Macaus, Teil I)

Huang, Jin/Guo, Huacheng: Anfängliche Erforschung über das Internationale Privatrecht Macaus (澳門國際私法初探) (zweiter Teil), in: Rechtswissenschaftliche Kommentare (法學評論) (Zweimonatszeitschrift), Nr. 1, 1997, S. 1-6. (zitiert: Huang Jin/Guo Huacheng, IPR Macaus, Teil II)

Huang, Jin/Guo, Huacheng: Staatsangehörigkeit, Wohnsitz und gewöhnlicher Aufenthalt im Internationalen Privatrecht Macaus (澳門國際私法中的國籍、住所和慣常居所), in: Forum für Recht und Politik (政法論壇), Nr. 4, 1997, S. 9-107.

Huang, Jin/Guo, Huacheng: Mehrrechtsordnung und Rechtswahl (多元法律秩序與法律選擇), zugleich über die entsprechenden Regelungen im Internationalen Privatrecht Macaus (兼談澳門國際私法中的有關規定), in: Das Jahrbuch des chinesischen Seerechts, Bd. 7, 1996, S. 203-218.

Huang, Jin/Guo, Huacheng: Wieder über das Problem des ordre public im Internationalen Privatrecht (再論國際私法中的公共秩序問題), zugleich über die entsprechenden Theorien und Praxis im Internationalen Privatrecht Macaus (兼談澳門國際私法的有關理論與實踐), in: Hebeier Rechtswissenschaft (河北法學), Nr. 2, 1998, S. 15-20. (zitiert: Huang Jin/Guo Huacheng, Ordre public)

Huang, Jin/Liu, Weixiang: Ausgewählte Werke von Han Depei (韓德培文選), Wuhan 1996 (zitiert: Han Depei, Ausgewählte Werke)

Huang, Jin (Hrsg.): Internationales Privatrecht (國際私法), Beijing 1999 (zitiert: Huang Jin, IPR)

Huang, Jin: Chinesisches Internationales Privatrecht (中國國際私法), 1. Aufl., Beijing 1998 (zitiert: Huang Jin, IPR Chinas)

Huang, Jin: Studien über das interlokale Kollisionsrecht (區際冲突法研究), Shanghai 1991 (zitiert: Huang Jin, Interlokales Kollisionsrecht)

Hutchesson, Peter (Editor): The All England Law Reports, 1980, Vol. 3, London (zitiert: [1980] 3 All E.R.); 1978, Vol. 3, London (zitiert: [1978] 3 All E.R.); 1986, Vol. 1, London (zitiert: [1986] 1 All E.R.)

Jin, Pengnian: Versuch einer Erörterung über erbenloses Vermögen mit Auslandsbezug in unserem Staat (試論我國涉外無人繼承財產), in: Textsammlung zum zweiten Symposium der nationalen jungen Gelehrten im Internationalen Recht (第二屆全國青年國際法學者研討會國際法文集), kompiliert vom Institut der Postgraduierten der Chinesischen Universität für Recht und Politik (中國政法大學研究生院), Beijing 1987, S. 227-231. (zitiert: Jin Pengnian, Erbenloses Vermögen mit Auslandsbezug)

Jowitt, Earl (General Editor)/**Walsh, Clifford** (Editor): The Dictionary of English Law, Vol. 2 (I-Z), London 1959 (zitiert: Jowitt/Walsh, Dictionary of English Law)

Kegel, Gerhard/Schurig, Klaus: Internationales Privatrecht, 9. Aufl., München 2004 (zitiert: Kegel/Schurig, IPR)

Kegel, Gerhard: Begriffs- und Interessenjurisprudenz im internationalen Privatrecht, in: Festschrift Hans Lewald, bei Vollendung des vierzigsten Amtsjahres als ordentlicher Professor im Oktober 1953, Basel 1953, S. 259-288.

Kemp, Peter: Grenzen der Rechtswahl im internationalen Ehegüter- und Erbrecht, München 1999 (zitiert: Kemp, Grenzen der Rechtswahl)

Kindermann, G. K.: Konfuzianismus, Sunyatsenismus und chinesischer Kommunismus, Tübingen 1963

Koch, Harald/Magnus, Ulrich/Winkler von Mohrenfels, Peter: IPR und Rechtsvergleichung, 2. Aufl., München 1996

Kopp, Beate: Probleme der Nachlaßabwicklung bei kollisionsrechtlicher Nachlaßspaltung: Haftung für Nachlaßverbindlichkeiten, Uni. Diss. München, Tübingen 1997

Kropholler, Jan: Internationales Privatrecht: einschließlich der Grundbegriffe des internationalen Zivilverfahrensrechts, 5. Aufl., Tübingen 2004 (zitiert: Kropholler, IPR)

Kropholler, Jan (Hrsg.)/**Krüger, Hilmer** (Hrsg.)/**Riering, Wolfgang** (Hrsg.) /**Samtleben, Jürgen** (Hrsg.)/**Siehr, Kurt** (Hrsg.): Außereuropäische IPR-Gesetze, Hamburg u.a. 1999 (zitiert: Kropholler/Krüger/Riering/Samtleben/Siehr, Außereuropäische IPR-Gesetze)

Kuhn, Hans: Der Renvoi im internationalen Erbrecht der Schweiz, eine Analyse internationaler Erbfälle im Verhältnis der Schweiz zu Deutschland, Frankreich,

Italien, Österreich, dem Fürstentum Liechtenstein, Griechenland, England und den Niederlanden, Uni. Diss. Zürich, Zürich 1998

Kühne, Gunther: Die Parteiautonomie im internationalen Erbrecht, Bielefeld 1973 (zitiert: Kühne, Parteiautonomie)

Lan, Tian (Hrsg.): Studien über die Rechtsfragen aus „Ein Staat, zwei Systeme" („一國兩制" 法律問題研究), genereller Bd., Beijing 1997 (zitiert: Lan Tian, Rechtsfragen aus „Ein Staat, zwei Systeme", genereller Bd.); Hongkonger Bd., Beijing 1997 (zitiert: Lan Tian, Rechtsfragen aus „Ein Staat, zwei Systeme", Hongkonger Bd.); Macauer Bd., Beijing 1999 (zitiert: Lan Tian, Rechtsfragen aus „Ein Staat, zwei Systeme", Macauer Bd.)

Lange, Heinrich/Kuchinke, Kurt: Erbrecht, 5. Aufl., München 2001 (zitiert: Lange/Kuchinke, Erbrecht)

Lao-tse (Lao Zi): Tao-Te-King (Dao-De-Jing) (道德經), Das Heilige Buch vom Weg und von der Tugend, übersetzt von Günther Debon, durchgesehene und verbesserte Ausgabe 1979, Stuttgart 1999 (zitiert: Lao-tse, Tao-Te-King, übersetzt von Debon)

Larenz, Karl: Methodenlehre der Rechtswissenschaft, 6. Aufl., Berlin u.a. 1991 (zitiert: Larenz, Methodenlehre)

Lehr- und Forschungsstelle für IPR des Beijinger Instituts für Politik und Recht (北京政法學院國際私法教研室) (Hrsg.): Die Materialien zum Nachschlagen für das Internationale Privatrecht (國際私法参考資料), für die Lehre und die wissenschaftliche Forschung zum Nachschlagen (供教學科研参考), 4 Bände, Beijing 1981 (zitiert: IPR-Materialien zum Nachschlagen)

Li, Changdao: Das Recht und seine Entwicklungstendenz nach der Rückgabe Hongkongs (香港回歸后的法律及其發展趨勢), in: Studienzeitung der Fudan-Universität (復旦學報), Ausgabe für soziale Wissenschaft, Nr. 6, 1994, S. 78-82. (zitiert: Li Changdao, Rechtsentwicklung Hongkongs)

Li, Haopei: Ausgewählte Werke von Li Haopei (李浩培文選), Beijing 2000 (zitiert: Li Haopei, Ausgewählte Werke)

Li, Haopei: Some Recent Developments in the Conflict of Laws of Succession, in: Recueil des Cours (collected courses of the Hague Academy of International Law) (1990-V), S. 9-122. (zitiert: Li Haopei, Conflict of Laws of Succession)

Li, Shuangyuan (Hrsg.): Wissenschaft über das Internationale Privatrecht (國際私法學), Beijing 2000 (zitiert: Li Shuangyuan, IPR)

Li, Shuangyuan (Hrsg.)/**Wu, Linling/Guo, Yujun/Zhang, Wanming**: Das Ehe- und Erbgesetz mit Auslandsbezug (涉外婚姻繼承法), 1. Aufl., Beijing 1989 (zitiert: Li Shuangyuan, Ehe- und Erbgesetz mit Auslandsbezug)

Li, Shuangyuan/Jin, Pengnian: Chinesisches Internationales Privatrecht (中國國際私法), Beijing 1991 (zitiert: Li Shuangyuan/Jin Pengnian, IPR)

Li, Shuangyuan/Ou, Fuyong/Xiong, Zhicai: Die Wahlsammlungen der IPR-Lehrmaterialien zum Nachschlagen (國際私法教學參考資料選編), 1. Aufl., Bd. I, II und III, Beijing 2002 (zitiert: Li/Ou/Xiong, IPR-Lehrmaterialien)

Li, Shuangyuan/Jin, Pengnian/Zhang, Mao/Li, Zhiyong: Allgemeine Studien über das chinesische Internationale Privatrecht (中國國際私法通論), Beijing 1996 (zitiert: Li/Jin/Zhang/Li, IPR)

Li, Wang: Neue Studien über das Internationale Privatrecht (國際私法新論), Beijing 2001 (zitiert: Li Wang, Neues IPR)

Liang, Shuwen: Studien über die Probleme der Rechtsanwendung bei Zivilrechtsfällen mit Bezug zu Taiwan (關于涉臺民事案件法律適用問題研究), in: Textsammlung zu den Studien über die Rechtswissenschaft zwischen den beiden Ufern der Meeresstraße (海峽兩岸法學研究文集), das Symposium über die Rechtswissenschaft zwischen den beiden Ufern im Jahr 1993 ('93 海峽兩岸法學學術研討會), von Chen Guangzhong (Hrsg.)/Huai Xiaofeng (Stellvertretender Hrsg.), Beijing 1993, S. 160-165. (zitiert: Liang Shuwen, Rechtsanwendung mit Bezug zu Taiwan)

Linker, Anja Celina: Zur Neubestimmung der Ordnungsaufgaben im Erbrecht in rechtsvergleichender Sicht: eine rechtsvergleichende Untersuchung unter Berücksichtigung des deutschen und französischen Rechts, Tübingen 1999 (zitiert: Linker, Ordnungsaufgaben im Erbrecht)

Liu, Jiayi: Internationales Privatrecht (國際私法), 4. Aufl., Taibei 1995 (zitiert: Liu Jiayi, IPR)

Liu, Renshan: Internationales Privatrecht (國際私法), Beijing 1999 (zitiert: Liu Renshan, IPR)

Liu, Shiguo: Studien über die Probleme bei der Kodifikation des chinesischen ZGB (中國民法典制定問題研究), Jinan 2003

Liu, Shihshun: Extraterritoriality: Its Rise and Its Decline, Uni. Diss. Columbia, New York 1925 (zitiert: Liu Shihshun, Extraterritoriality)

Liu, Tiezheng/Chen, Rongchuan: Über das Internationale Privatrecht (國際私法論), erweiterte Aufl., Taibei 1998 (zitiert: Liu Tiezheng/Chen Rongchuan, IPR)

Liu, Xiangshu: Studien über die elementaren Fragen des Internationalen Privatrechts (國際私法基本問題研究), Beijing 2001 (zitiert: Liu Xiangshu, IPR-Fragen)

Liu, Xin (Hrsg.)/**Yang, Hegao** (Hrsg.): Kurzlehrbuch über die Geschichte der chinesischen Rechtsgedanken (中國法律思想史簡明教程), Jinan 1986 (zitiert: Liu/Yang, Geschichte der chinesischen Rechtsgedanken)

Lu, Jun: Theorien und Praxis des Internationalen Privatrechts (國際私法之理論與實際), Beijing 1998 (zitiert: Lu Jun, IPR-Theorien und -Praxis)

Luo, Xu/Qiao, Keyu/Gao, Qicai: Über die Rechtsquellen Hongkongs (論香港法的淵源), in: Rechtswissenschaftliche Kommentare (法學評論) (Zweimonatszeitschrift), Nr. 4, 1997, S. 19-24. (zitiert: Luo Xu/Qiao Keyu/Gao Qicai, Rechtsquellen Hongkongs)

Lü, Guomin/Dai, Xia/Zheng, Yuanmin: Internationales Privatrecht (國際私法), Beijing 2002 (zitiert: Lü/Dai/Zheng, IPR)

von Lübtow, Ulrich: Erbrecht, eine systematische Darstellung, 1. Halbband, Berlin 1971 (zitiert: von Lübtow, Erbrecht)

Mackay, of Clashfern (Editor in Chief): Halsbury's Laws of England, Vol. 17 (2), 4th Edition, Reissue, London 2000 (zitiert: Halsbury's Laws of England, Vol. 17 (2))

Ma, Lin: Die gegenwärtige Entwicklung des chinesischen Internationalen Privatrechts – IPR-Gesetzesentwurf in der VR China, in: IPRax 1995, S. 334-337. (zitiert: Ma Lin, IPR-Entwicklung)

Ma, Lin: Innerchinesisches Kollisionsrecht unter besonderer Berücksichtigung des Erb- und Familienrechts – Im Vergleich mit innerdeutschem Kollisionsrecht,

Uni. Diss. Hamburg, Aachen 1997 (zitiert: Ma Lin, Innerchinesisches Kollisionsrecht)

Marchand, Marcel: Die Konsulargerichtsbarkeit unter besonderer Berücksichtigung der schweizerischen Konsularjurisdiktion in China, Uni. Diss. Bern, 1947 (zitiert: Marchand, Konsulargerichtsbarkeit)

The Maritime Customs (Redakteur): Treaties, Conventions, etc., between China and Foreign States, Two Volumes, 2nd Edition, Shanghai 1917 (zitiert: Customs Treaties)

von Staudinger, J.: J. von Staudingers Kommentar zum Bürgerlichen Gesetzbuch mit Einführungsgesetz und Nebengesetzen, fünftes Buch, Erbrecht, Berlin 2000 (zitiert: Staudinger/Bearbeiter (2000))

Mansel, Heinz-Peter: Personalstatut, Staatsangehörigkeit und Effektivität: internationalprivat- und verfahrensrechtliche Untersuchung zu Mehrstaatern, einer Ausweichklausel für die Staatsangehörigkeitsanknüpfung und zum innerdeutschen Kollisionsrecht, München 1988 (zitiert: Mansel, Personalstatut)

Mayss, Abla J. : Principles of Conflict of Laws, 3rd Edition (Principles of law series), London u.a. 1999

Mäding, Klaus: Chinesisches traditionelles Erbrecht unter besonderer Berücksichtigung südostchinesischen Gewohnheitsrechts vom Ende des 19. Jahrhunderts, Berlin 1966

Mei, Zhongxie: Neue Studien über das Internationale Privatrecht (國際私法新論), 9. Aufl., Taibei 1990 (zitiert: Mei Zhongxie, Neues IPR)

Mellows, Anthony R.: The Law of Succession, 4th Edition, London 1983 (zitiert: Mellows, Law of Succession)

Morley, John: The Life of William Ewart Gladstone, Vol. I (1809–1859), London u.a. 1903 (zitiert: Morley, Life of Gladstone)

Morris, J. H. C.: The Conflict of Laws, 3rd Edition, London 1984 (zitiert: Morris, Conflict of Laws)

Morris, J. H. C.: Cases on Private International Law, 4th Edition, Oxford 1968 (zitiert: Morris, Cases on PIL)

Münzel, Frank: Das IPR und IZPR der Volksrepublik China, in: IPRax 1988, S. 46-53. (zitiert: Münzel, IPR Chinas)

Münzel, Frank: Das Recht der Volksrepublik China: Einführung in die Geschichte und den gegenwärtigen Stand, Darmstadt 1982

Münzel, Frank: Neues chinesisches Kollisionsrecht, in: IPRax 1989, S. 109-111.

Neuhaus, P. Heinrich/Rau, Hans: Das internationale Privatrecht im neuen portugiesischen Zivilgesetzbuch, in: RabelsZ, 32. Jg. 1968, S. 500-524. (zitiert: Neuhaus/Rau, IPR im portugiesischen ZGB)

Neuhaus, Paul Heinrich: Die Grundbegriffe des internationalen Privatrechts, 2. Aufl., Tübingen 1976 (zitiert: Neuhaus, Grundbegriffe des IPR)

Neumayer, Karl H.: Einheit in der Vielfalt – Bewegung und Bewahrung im Erbrecht der Nationen, in: Konflikt und Ordnung: Festschrift für Murad Ferid zum 70. Geburtstag, hrsg. von Andreas Heldrich/Dieter Henrich/Hans Jürgern Sonnenberger, München 1978, S. 659-686. (zitiert: Neumayer, Einheit in der Vielfalt)

Niekirk, P. H. (Editor): The All England Law Reports, 1969, Vol. 1, London (zitiert: [1969] 1 All E.R.)

North, P. M./Fawcett, J. J.: Cheshire and North's Private International Law, 12th Edition, London/Dublin/Edinburgh 1992 (zitiert: Cheshire and North's PIL); 13th Edition, London/Edinburgh/Dublin 1999 (zitiert: Cheshire and North's PIL 13th)

Parry, David Hughes: The Law of Succession, 6th Edition, London 1972 (zitiert: Parry, Law of Succession)

Pecher, Sigrid: Die internationale Erbschaftsverwaltung bei deutsch-englischen Erbfällen, Uni. Diss. Nürnberg, 1. Aufl., Baden-Baden 1995

Pinson, Barry/Gardiner, John: Pinson on Revenue Law, 14th Edition, London 1981

Raape, Leo: Internationales Privatrecht, 5. Aufl., Frankfurt a. M. 1961

Raape, Leo/Sturm, Fritz: Internationales Privatrecht, Bd. I: Allgemeine Lehren, 6. Aufl., München 1977

Rabel, Ernst: The Conflict of Laws, A Comparative Study, Vol. Four, Michigan 1958 (zitiert: Rabel, Conflict of Laws)

Rau, Hans: Letztwillige Verfügungen portugiesischer Staatsangehöriger in Deutschland, in: ZVglRWiss 80 (1981), S. 241-258.

Der Redaktionsausschuß für das Wörterbuch des Daoismus (《道教大辭典》編委會): Das Wörterbuch des Daoismus (道教大辭典), 1. Aufl., Beijing 1994 (zitiert: Wörterbuch des Daoismus)

Riering, Wolfgang (Hrsg.): IPR-Gesetze in Europa, Textausgabe in Originalsprachen mit deutschen Übersetzungen, München 1997 (zitiert: Bearbeiter, in: Riering, IPR-Gesetze in Europa)

Sachsen-Gessaphe, Karl August Prinz von: Das mexikanische internationale Erbrecht und seine Bedeutung für deutsch-mexikanische Nachlaßfälle, Uni. Diss. München, München 1987

Saunders, John B. (General Editor): Words and Phrases Legally Defined, 2nd Edition, Vol. 1, A-C/Vol. 2, D-H/Vol. 4, O-R, London 1969; Vol. 5, S-Z, London 1970 (zitiert: Saunders, Words and Phrases Legally Defined, Vol. Nr.)

Savigny, Friedrich Carl von: System des heutigen römischen Rechts, Bd. 8, Berlin 1849 (zitiert: Savigny, System des heutigen römischen Rechts)

Shen, Juan: Studien über das chinesische interlokale Kollisionsrecht (中國區際冲突法研究), Beijing 1999 (zitiert: Shen Juan, Das chinesische Interlokale Kollisionsrecht)

Sherrin, C. H./Barlow, R. F. D./Wallington, R. A.: William's Law relating to Wills, Vol. I, The Law of Wills, 6th Edition, London/Butterworth 1987 (zitiert: Sherrin/Barlow/Wallington, Law of Wills); Vol. II, Precedents and Statutes, 6th Edition, London u.a. 1987

Scheuer, Martin P.: Die Rechtslage von Hongkong und Macau nach den „Gemeinsamen Erklärungen" vom 19. Dezember 1984 und 13. April 1987: unter besonderer Berücksichtigung der chinesischen Verfassung und der „Grundgesetze", Berlin u.a. 1993

Schlüter, Wilfried: Erbrecht, 15. Aufl., München 2004

Schmellenkamp, Cornelia: Änderungen des Internationalen Erbrechts im Verhältnis zwischen Deutschland und den Niederlanden aufgrund des Haager Erbrechtsübereinkommens vom 1. August 1989, in: MittRhNotK 1997, S. 245-260. (zitiert: Schmellenkamp, Haager Erbrechtsübereinkommen)

Schmitthoff, Clive M.: The English Conflict of Laws, 3rd Edition, London 1954 (zitiert: Schmitthoff, Conflict of Laws)

Schömmer, Hans-Peter/Bauer, Klaus: Internationales Erbrecht Schweiz, München 2001

Schurig, Klaus: Interessenjurisprudenz contra Interessenjurisprudenz im IPR, in: RabelsZ, 59. Jg. 1995, S. 229-244.

Schwefer, Veit: Die erbrechtliche Stellung des überlebenden Ehegatten im niederländischen und deutschen Recht – eine rechtvergleichende Darstellung –, Uni. Diss. Münster, 1987

von Senger, Harro/Xu, Guojian: Internationales Privat- und Zivilverfahrensrecht der Volksrepublik China, Zürich 1994 (zitiert: von Senger/Xu, IPR Chinas)

Siehr, Kurt: Internationales Privatrecht: Deutsches und europäisches Kollisionsrecht für Studium und Praxis, Heidelberg 2001

Si, Maguang: Zizhi Tongjian (資治通鑒) (auf altem und modernem chinesisch), organisiert vom Institut für chinesische Kulturgeschichte, hrsg. von Hongru Zhang und Zhihua Shen, Beijing 1991 (zitiert: Si Maguang, Zizhi Tongjian)

Sipp-Mercier, Béatrice: Die Abwicklung deutsch-französischer Erbfälle in der Bundesrepublik Deutschland und in Frankreich, Uni. Diss. Regensburg, Bielefeld 1985

Soergel/Kegel: Bürgerliches Gesetzbuch mit Einführungsgesetz und Nebengesetzen, Bd. 10, Einführungsgesetz, 12. Aufl., Berlin u.a. 1996 (zitiert: Soergel /Bearbeiter)

Springer, Otto (Hrsg.): Langenscheidts enzyklopädisches Wörterbuch der englischen und deutschen Sprache, Teil I (Englisch-Deutsch), 2. Bd.(N-Z), Berlin-Schöneberg 1962 (zitiert: Langenscheidts)

Su, Jyun-hsyong: Das chinesische Rechtsdenken im Licht der Naturrechtslehre, Uni. Diss. Freiburg, 1966 (zitiert: Su Jyun-hsyong, Chinesisches traditionelles Rechtsdenken)

Süß, Rembert: Neues chinesisches IPR, in: RIW 1989, S. 788-792. (zitiert: Süß, Neues IPR Chinas)

Süß, Rembert: Das Verbot gemeinschaftlicher Testamente im Internationalen Erbrecht, in: IPRax 2002, S. 22-28.

Süß, Rembert: Grundzüge des chinesischen Internationalen Privatrechts, Berlin u.a. 1991 (zitiert: Süß, IPR-Grundzüge Chinas)

Sweet & Maxwell's Guide to Law Reports and Statutes, 4th Edition, London u.a. 1962

Tiedemann, Andrea: Internationales Erbrecht in Deutschland und Lateinamerika: kollisionsrechtliche Regelungen zwischen Nachlaßeinheit und Nachlaßspaltung, Uni. Diss. Hamburg, Tübingen 1993

Tiley, John: Revenue Law, 2nd Edition, London 1978

Wagner, Stefan: Die Testierfähigkeit im Internationalen Privatrecht, Frankfurt a. M. 1996

Wang, Chunxu (Hrsg.)/**Luo, Bin** (Hrsg.): Zivil- und Handelsrecht aus Hongkong, Macau und Taiwan (港澳臺民商法), Beijing 1997 (zitiert: Wang Chunxu/Luo Bin, Zivil- und Handelsrecht aus HK, Macau und Taiwan)

Wang, Liqi: Kommentierung zu Wen Zi (文子疏義), 1. Aufl., Beijing 2000 (zitiert: Wang Liqi)

Wang, Tieya: International Law in China: Historical and Contemporary Perspectives, in: Recueil des cours (collected courses of the Hague Academy of International Law) (1990-II), S. 195-370. (zitiert: Wang Tieya, International Law in China)

Wang, Mengou: Buch der Riten: Moderne Kommentierung und Übersetzung (禮記今注今譯), Bd. I, 1. Aufl., Tianjin 1988 (zitiert: Wang Mengou)

Wang, Tze-chien: Die Aufnahme europäischen Rechts in China, in: AcP 1966, S. 343-351.

Wang, Xianshu (Hrsg.)/**Liu, Haishan** (Stellvertretender Hrsg.) Völkerrecht (國際法), 1. Aufl., Beijing 1997 (zitiert: Wang Xianshu/Liu Haishan, Völkerrecht)

Wang, Zhiwen: Die Entwicklung und der Vergleich der Rechtskollisionsnormen zwischen den beiden Ufern der Meeresstraße (海峽兩岸法律冲突規範之發展與比較), in: Textsammlung zu den Studien über die Rechtswissenschaft zwischen den beiden Ufern der Meeresstraße (海峽兩岸法學研究文集), das Symposium über die Rechtswissenschaft zwischen den beiden Ufern im Jahr 1993 ('93 海峽兩岸法學學術研討會), von Chen Guangzhong (Hrsg.)/Huai Xiaofeng (Stellvertretender Hrsg.), Beijing 1993, S. 145-159. (zitiert: Wang Zhiwen, Entwicklung und Vergleich der Kollisionsnormen zwischen der beiden Ufern der Meeresstraße)

Webb, P. R. H./Brown, D. J. L.: A Casebook on the Conflict of Laws, London 1960 (zitiert: Webb/Brown, Casebook on the Conflict of Laws)

Weiser, Walther: Die deutsche Konsulargerichtsbarkeit oder die Tätigkeit der deutschen Konsulargerichtsbarkeit in bürgerlichen Rechtsstreitigkeiten, Uni. Diss. Leipzig, Dessau 1912 (zitiert: Weiser, Konsulargerichtsbarkeit)

Wengler, Wilhelm: Die allgemeinen Rechtsgrundsätze des IPR und ihre Kollisionen, in: ZöffR. Bd. XXIII 1944, S. 473-509. (zitiert: Wengler, Allgemeine Rechtsgrundsätze des IPR)

Westlake, John: A Treatise on Private International Law, with principal reference to its practice in England, 5th Edition, London 1912 (zitiert: Westlake, PIL)

Wesley-Smith, Peter: An Introduction to the Hongkong legal System, Hongkong u.a. 1987

Williams, S. Wells: The Middle Kingdom (中國總論), a survey of the geography, government, literature, social life, arts, and history of the Chinese Empire and its Inhabitants, revised Edition, Vol. I, II, London 1883 (Williams, The Middle Kingdom, Vol. Nr.)

Willoughby, Westel W.: Foreign Rights and Interests in China, Vol. I & II, revised and enlarged Edition, Taipei 1966 (zitiert: Willoughby, Foreign Rights and Interests in China)

Wolff, Martin: Private International Law, 2nd Edition, Oxford 1950 (zitiert: Wolff, PIL)

Wolff, Hermann Harry Walter: Konsulargerichtsbarkeit und Gemischte Gerichte in Aegypten, Uni. Diss. Heidelberg, Stuttgart 1938

Wu, Feng (Hrsg.)/**Gao, Zhenduo** (Stellvertretender Hrsg.)/**Yan, Zhongqi** (Stellvertretender Hrsg.): Das kurze Wörterbuch der chinesischen alten Schriften (簡明中國古籍辭典), 1. Aufl., Changchun 1987 (zitiert: Wu/Gao/Yan, Wörterbuch der chinesischen alten Schriften)

Wu, Shuchen: Die konfuzianische Rechtstradition (儒家法律傳統), Beijing 2003 (zitiert: Wu Shuchen, Konfuzianische Rechtstradition)

Xiao, Yongping: Xiao Yongping über Kollisionsrecht (肖永平論冲突法), Wuhan 2002 (zitiert: Xiao Yongping, Kollisionsrecht)

Xiao, Yongping/Min, Qiwu: Rechtskonflikte und Koordinationen zwischen Festland und Hongkong nach 1997 (九七以后大陸與香港的法律冲突與協調), in: Studienzeitung der Wuhaner Universität (武漢大學學報), Ausgabe für Philosophie und soziale Wissenschaft, Nr. 3, 1999, S. 86-90. (zitiert: Xiao Yongping/Min Qiwu, Rechtskonflikte und Koordinationen zwischen Festland und HK)

Xie, Hui: Die Konflikte zwischen den künftigen mehreren Rechtsgebieten in unserem Staat sowie ihr Regulieren und Kontrollieren (我國未來多法域之間的冲突及其調整) in: Rechtswissenschaftliche Studien (法學研究), Nr. 4, 1996, S. 80-88.

Xu, Donggen/Xue, Fan: Studien über die Vervollkommnung des chinesischen Internationalen Privatrechts (中國國際私法完善研究), Shanghai 1998 (zitiert: Xu Donggen/Xue Fan, IPR-Vervollkommnung)

Yang, Xiankun (Hrsg.)/**Wang, Chengda** (Stellvertretender Hrsg.)/**Huang, Qingwei** (Stellvertretender Hrsg.)/**Zhuang, Weiguang** (Stellvertretender Hrsg.)/**Liu, Gaiqiu** (Stellvertretender Hrsg.): Der Grundriß des Rechts Macaus (澳門法律概論), Guangzhou 1994 (zitiert: Yang/Wang/Huang/Zhuang/Liu, Rechtsgrundriß Macaus)

Yang, Alexis Ih-Cheng: Rechtliche Verhaltenssteuerung in institutionen- und systemtheoretischer vergleichender Perspektive – Modell und Wirklichkeit, Uni. Diss. Münster, 2003 (zitiert: Yang, Rechtliche Verhaltenssteuerung)

Yao, Tianchong/Wang, Xuecheng: Die Besonderheiten der zivilrechtlichen Konflikte zwischen Hongkong und dem Festland (香港與內地民事法律冲突的特殊性), in: die Welt der Theorien (理論界), Nr. 4, 1998, S. 29, 30. (zitiert: Yao Tianchong/Wang Xuecheng, Besonderheiten der Zivilrechtskonflikte zwischen HK und dem Festland)

Yong, Rong/Ji, Yun: Wen Yuan Ge Si Ku Quan Shu (文淵閣四庫全書), Jing-Teil: Vier Klassiker, Bd. 200, 1. neue Aufl., Shanghai 2003 (zitiert: Si Ku Quan Shu, Bd. 200)

Yong, Rong/Ji, Yun: Wen Yuan Ge Si Ku Quan Shu (文淵閣四庫全書), Zi-Teil: Konfuzianer, Bd. 695, 1. neue Aufl., Shanghai 2003 (zitiert: Si Ku Quan Shu, Bd. 695)

Yong, Rong/Ji, Yun: Wen Yuan Ge Si Ku Quan Shu (文淵閣四庫全書), Zi-Teil: Legisten, Bd. 729, 1. neue Aufl., Shanghai 2003 (zitiert: Si Ku Quan Shu, Bd. 729)

Yong, Rong/Ji, Yun: Wen Yuan Ge Si Ku Quan Shu (文淵閣四庫全書), Zi-Teil: Daoisten, Bd. 1055, 1. neue Aufl., Shanghai 2003 (zitiert: Si Ku Quan Shu, Bd. 1055)

Young, Guoha: A General Survey of Private International Law in China, in: IPRax 1993, S. 343-347. (zitiert: Young, IPR Chinas)

Yu, Xianyu (Hrsg.): Kollisionsrecht (冲突法), Shanghai 1999 (zitiert: Yu Xianyu, Kollisionsrecht)

Zeng, Xianyi (Hrsg.)/**Guo, Pingtan** (Hrsg.)/**Zhao, Bingzhi** (Stellvertretender Hrsg.)/**Zheng, Qin** (Stellvertretender Hrsg.): Die Rechtsfragen im Verkehr zwischen den beiden Urfern der Meeresstraße (海峽兩岸交往中的法律問題), Zhengzhou 1992 (zitiert: Zeng/Guo/Zhao/Zheng, Rechtsfragen im Verkehr Festland-Taiwan)

Zhang, Xiaojian: Wissenschaft über das Internationale Privatrecht (國際私法學), Beijing 2000 (zitiert: Zhang Xiaojian, IPR)

Zhang, Zhongbo (Hrsg.)/**Zhang, Xianglin** (Stellvertretender Hrsg.): Wissenschaft über das Internationale Privatrecht (國際私法學), revidierte Aufl., Beijing 2002 (zitiert: Zhang/Zhao, IPR 2002)

Zhangsun, Wuji u. a.: Der Kommentar des Tang-Kodex (唐律疏議), Taibei 1983 (zitiert: Zhangsun Wuji, Kommentar des Tang-Kodex)

Zheng, Ding: Flüchtige Darlegung über die Quellen und Veränderungen des Rechtssystems Taiwans (略論臺灣法律制度的淵源與變遷), in: Studienzeitung der Chinesischen Volksuniversität (中國人民大學學報), Nr. 1, 1994, S. 110-118.

Zillmann, Gunnar: Die Haftung der Erben im internationalen Erbrecht: eine rechtsvergleichende Untersuchung zum deutschen und französischen Recht, Uni. Diss. Freiburg, Berlin 1998

Zippelius, Reinhold: Rechtsphilosophie, 3. Aufl., München 1994 (zitiert: Zippelius, Rechtsphilosophie)

Zippelius, Reinhold: Das Wesen des Rechts, eine Einführung in die Rechtsphilosophie, 5. Aufl., München 1997 (zitiert: Zippelius, Das Wesen des Rechts)

Zweigert, Konrad/Kötz, Hein: Einführung in die Rechtsvergleichung: auf dem Gebiet des Privatrechts, 3. Aufl., Tübingen 1996 (zitiert: Zweigert/Kötz, Rechtsvergleichung)

Abkürzungsverzeichnis

A.C. = Law Reports, Appeal Cases

AcP = Achiv für die civilistische Praxis

a.D. = anno Domini

AGBG = Gesetz zur Regelung des Rechts der Allgemeinen Geschäftsbedingungen

AGZ = Allgemeine Grundsätze des Zivilrechts

Amb. = Ambler's Reports, Chancery

AmJCompL = The American Journal of Comparative Law

Art. = Artikel

Artt. = Artikel (Pl.)

AT = Allgemeiner Teil

A.T.C. = Annotated Tax Cases

Aufl. = Auflage

Bd. = Band

BGB = Bürgerliches Gesetzbuch

ca. = circa

C.A. = Court of Appeals

Ch. = Law Reports, Chancery

Curt. = Curteis' Ecclesiastical Reports

d.h. = das heißt

Diss. = Dissertation

Dr. = Doktor

EGBGB = Einführungsgesetz zum Bürgerlichen Gesetzbuch

ErbbauVO = Verordnung über das Erbbaurecht

FAZ = Frankfurter Allgemeine Zeitung für Deutschland

f. = folgende Seite

ff. = folgende Seiten

FS = Festschrift

ggf. = gegebenenfalls

HausratVO = Verordnung über die Behandlung der Ehewohnung und des Hausrats

HausTWG = Gesetz über den Widerruf von Haustürgeschäften und ähnlichen Geschäften

HGB = Handelsgesetzbuch

HK = Hongkong

hrsg. = herausgegeben

Hrsg. = Herausgeber

H. & N. = Hurlstone and Norman’s Exchequer Reports

IntEncComL = international Encyclopedia of Comparative Law

IPR = internationales Privatrecht

IPRax = Praxis des Internationalen Privat- und Verfahrensrechts

I.R. = Irish Law Reports

i.V.m. = in Verbindung mit

IWB = Internationale Wirtschafts-Briefe

JA = Juristische Arbeitsblätter

Jg. = Jahrgang

JuS = Juristische Schulung

km = Kilometer

k m^2 = Quadratkilometer

KP Chinas = die kommunistische Partei Chinas

Lit = Litera

LR = Law Reports

Ltd. = Limited

MittRhNotK = Mitteilungen der Rheinischen Notarkammer

Moo. P. C. = Moore’s Privy Council Cases, Old and New Series

Mrd. = Milliarde

n.Chr. = nach Christus

N.E. = New England

Nr. = Nummer

N.Y. = New York

OVStA = die Oberste Volksstaatsanwaltschaft

OVGH = der Oberste Volksgerichtshof

P. = page

P.C. = Probate Court/Privy Council/Precedents in Chancery

PIL = Private International Law

Pl.= Plural

ProdHaftG = Produkthaftungsgesetz

Prof. = Professor

QB = English Law Reports, Queen's Bench

RabelsZ = Rabels Zeitschrift für ausländisches und internationales Privatrecht

RAG = Gesetz über die Rechtsanwendung auf Zivilrechtsfällen mit Außenbeziehungen

Re = in the matter of; concerning

resp. = respektive

RIW = Recht der internationalen Wirtschaft

S. = Siehe

SachenRBerG = Sachenrechtsbereinigungsgesetz

Sc. = Scott's Reports, English Common Pleas

Sc. & Div. = Law Reports, Scotch and Divorce Appeals

SchuldRAnpG = Schuldrechtsanpassungsgesetz

SVZ = Sonderverwaltungszone

Sw. & Tr. = Swabey and Tristram's Probate and Divorce Reports

u.a. = und andere

UdSSR = Union der Sozialistischen Sowjetrepubliken

Uni. = Universität

UNO = United Nations (Organisation) = Vereinte Nationen, UN

USA = United States of America

usw. = und so weiter

v. = versus

VerbrKrG = Verbraucherkreditgesetz

Vol. = Volume

VR China = Volksrepublik China

v.Chr. = vor Christus

VStA = Volksstaatsanwaltschaft

VW = Volkswagen

W.L.R. = Weekly Law Reports

WVRK = Wiener Vertragsrechtskonvention

z.B. = zum Beispiel

ZEV = Zeitschrift für Erbrecht und Vermögensnachfolge

ZGB = Zivilgesetzbuch

ZÖffR = Zeitschrift für öffentliches Recht

ZPG = Zivilprozeßgesetz

ZPGB = Zivilprozeßgesetzbuch

z.T. = zum Teil

ZvglRWiss = Zeitschrift für vergleichende Rechtswissenschaft

ZVollstrG = Zwangsvollstreckungsgesetz

A. Einleitung: Ziel und Gang der Untersuchung

„Das Dao schuf die Einheit,
die Einheit schuf die Zweiheit,
die Zweiheit schuf die Dreiheit,
die Dreiheit schuf alle Wesen.
Alle Wesen tragen das dunkle Yin auf dem Rücken,
und das lichte Yang in den Armen,
der unendliche Lebensatem bewirkt die Harmonie.“

(Dao-De-Jing, Kapitel ILII)

Das Recht ist ein Produkt der sozialen Fortentwicklung. Mit anderen Worten: Die Entwicklung der Gesellschaft bestimmt die Existenz des Rechts, das Recht entspricht und dient der sich ändernden Gesellschaft eines Staates, indem das Recht geschaffen ist, um die bestimmten Lebensverhältnisse zu regeln und die daraus entstandenen Probleme zu lösen. Das bedeutet, das Recht als eines der sozialen Normensysteme zielt darauf ab, „für Rechtsfrieden, Ordnung, Verläßlichkeit und Konsequenz“[1] im menschlichen Zusammenleben zu sorgen.[2] Das Recht als Lebensordnung der Gemeinschaft wirkt mithin gemeinschaftsbildend[3]. Also spiegelt das Recht gewissermaßen die Lebenswirklichkeit wider und stellt sich in den Dienst des Funktionierens des Lebens. Das gilt auch für das Internationale Privatrecht bzw. Erbrecht.[4]

Die zunehmende Bedeutung des Internationalen Erbrechts ist in der Zeit der Globalisierung weltweit zu spüren, was auf die „zunehmende internationale Mobilität“[5], genauer gesagt, auf die Wanderung der Arbeitskräfte, die Zunahme der internationalen Eheschließungen, der internationalen Investitionen und der Flüchtlinge, sowie auf die Immigration in die Länder mit

---

[1] Zippelius, Das Wesen des Rechts, S. 103.

[2] Dazu Heck, Begriffsbildung und Interessenjurisprudenz, S. 39 f.; Zippelius, Rechtsphilosophie, S. 161-169; Dreher, Rechtswahl, S. 69.

[3] Vgl. Brugger, Philosophisches Wörterbuch, S. 320.

[4] So Flessner, Interessenjurisprudenz, S. 51, 52; Dreher, Rechtswahl, S. 71.

[5] Coester, Probleme des internationalen Erbrechts, S. 351.

günstigem Klima zurückzuführen ist.[6] Jedoch rühren die möglichen Nachlaßfälle zwischen China und Deutschland vor allem daher, daß die beiderseitige Wirtschaftstätigkeit zunimmt.

Obwohl Deutschland 7 788 km[7] weit von China entfernt ist, werden die Beziehungen zueinander, insbesondere die wirtschaftlichen, enger und enger. Mit dem Handelsvolumen von 27,8 Mrd. US-Dollar im Jahr 2002 ist Deutschland seit 2002 der größte und wichtigste europäische Handelspartner Chinas geworden, und das bilaterale Handelsvolumen im Jahr 2003 beläuft sich auf mehr als 41,8 Mrd. US-Dollar[8]. Für das Jahr 2004 wird die 50 Mrd.-US-Dollar-Grenze überschritten und bis 2010 würde sich das Handelsvolumen im Vergleich zu dem im Jahr 2003 sogar verdoppeln.[9] Mehr als 1 700 deutsche Unternehmen haben sich in China niedergelassen.[10] Mit 3 054 Projekten im Gesamtwert von etwa 88,5 Mrd. US-Dollar der realen Investitionen in China ist Deutschland der größte europäische Investitionspartner Chinas geworden.[11]

---

[6] Vgl. dazu Li Haopei, Conflict of Laws of Succession, S. 19. Dahin gehend hat auch Kropholler auf die Flüchtlingsströme und Scharen von Gastarbeitern hingewiesen, vgl. Kropholler, IPR, S. 2.

[7] Vgl. Companion Frequent Flyer Program, Air China, English 2003, S. 26.

[8] So in „Beziehungen zu Deutschland“ auf der Webseite der chinesischen Botschaft Deutschlands unter http://www.china-botschaft.de/ger/33237.html, abgerufen am 18.10. 2003; „Schröders Chinatour“, in: FAZ vom 5.12.2003, S. 1; dazu auch „Das Interview mit dem chinesischen Botschafter in Deutschland: Die Beziehungen zwischen China und Deutschland haben große Zukunft“ unter http://news.sina.com.cn/c/20040502/11112452136 s.shtml, abgerufen am 1.5.2004. In dieser Hinsicht beträgt der deutsch-chinesische Handelsaustausch nach Angaben der FAZ 50 Mrd. Euro, vgl. „China treibt Kauf der Brennelemente-Fabrik nicht voran“, in: FAZ vom 5.5.2004, S. 1.

[9] So nach „Chinesisch-deutsches Handelsvolumen 2004 bei 50 Mrd. USD“ unter http://www.china.ahk.de/gic/biznews/trade/china-137531.htm, abgerufen am 9.4.2005.

[10] Und zwar entweder in Form eines Unternehmens als hundertprozentige deutsche Investition oder in Form eines Gemeinschaftsunternehmens, dazu „Das Interview mit dem chinesischen Botschafter in Deutschland: Die Beziehungen zwischen China und Deutschland haben große Zukunft“ unter http://news.sina.com.cn/c/2004-05-02/11112452136s.shtml, abgerufen am 1.5.2004.

[11] So „Das Interview mit dem chinesischen Botschafter in Deutschland: Die Beziehungen zwischen China und Deutschland haben große Zukunft“ unter http://news.sina.com.cn/c/2004-05-02/11112452136s.shtml, abgerufen am 1.5.2004.

Unter den ausländischen Investitionen in China sind die deutschen am erfolgreichsten. Heutzutage ist es in Deutschland besonders auffallend, daß gegenüber dem flauen Absatz der großen deutschen Unternehmen zuhause das Geschäft ihrer „Joint Ventures" in China blüht. Z.B. ist China der größte Auslandsmarkt von VW geworden[12], in China werden mehr VW-Autos verkauft als in Deutschland[13] und das Geschäft in China ist für VW am profitabelsten.[14] Inzwischen ist der VW „Santana" in China so bekannt wie „Coca-Cola"[15].

Außer in Wirtschaft und Handel gibt es auch vielfältige Programme der Zusammenarbeit und des Austausches zwischen den beiden Ländern auf den Gebieten Wissenschaft und Technik, Bildung, Kultur, Umweltschutz etc.[16]

Im Zusammenhang mit diesen wirtschaftlichen und kulturellen Aktivitäten sind zahlreiche deutsche Staatsangehörigen in China ansässig, die sich beinahe alle in den chinesischen Großstädten aufhalten. Währenddessen leben auch viele Chinesen in Deutschland, die sich – aus welchen Gründen auch immer – schon vor langer Zeit hier niedergelassen haben, obwohl ihre Anzahl im Vergleich zu der in anderen westlichen Ländern relativ gering ist.[17] Mit der Zeit wird die Anzahl von Auslandschinesen in Deutschland und

---

[12] Vgl. „Volkswagen blüht in China" unter http://www.autohausonline.de/sixcms4/sixcms/detail.php?id=49227&_topnavi=13243, abgerufen am 18.10.2003.

[13] Vgl. „Schröders Chinatour", in: FAZ vom 5.12.2003, S. 1.

[14] Näheres dazu vgl. den Artikel „VW ist Verkaufsschlager in China" unter http://www.vienna.at/pubs/redaktion/auto/auto-91522.shtm, abgerufen am 18.10.2003.

[15] So Wolfsburger Nachrichten vom 26.10.2001.

[16] Z.B. haben die Investitionen der chinesischen Unternehmen in Deutschland auch einen bedeutenden Umfang, dessen Summe sich auf 62,07 Millionen US-Dollar beläuft. Zur Zeit gibt es zwischen den beiden Staaten mehr als 40 chinesische Provinzen und Städte, die mit deutschen Bundesländern oder Städten freundschaftliche Beziehungen zueinander pflegen, mehr als 300 Hochschulen, die zueinander partnerschaftliche Beziehungen haben resp. sich in einer Zusammenarbeit befinden und zur Zeit studieren in Deutschland etwa 30 000 Studenten auf China. Dazu „Das Interview mit dem chinesischen Botschafter in Deutschland: Die Beziehungen zwischen China und Deutschland haben große Zukunft" unter http://news.sina.com.cn/c/2004-05-02/11112452136s.shtml, abgerufen am 1.5. 2004.

[17] Die Anzahl der Auslandschinesen in Deutschland Ende 2002 beläuft sich nach Angaben des Bundesverwaltungsamtes auf 72 094, vgl. Fischer, Weltalmanach 2004, S. 270.

Auslandsdeutschen in China erwartungsgemäß ansteigen. Folglich ist die Untersuchung des chinesischen Internationalen Erbrechts für die Erbfälle mit Auslandsbezug zu China von großer Bedeutung.

Wenn ein Erbfall mit chinesischem Bezug eintritt, in dem beispielsweise

1. der Erblasser chinesischer Staatsbürger war,
2. der letzte Wohnsitz resp. der gewöhnliche Aufenthalt des Erblassers sich in China befand,
3. eine letztwillige Verfügung von Todes wegen des Erblassers in China getroffen wurde,
4. der Belegenheitsort eines Nachlaßgegenstandes in China liegt, oder
5. jeder andere Ort, zu dem der Sachverhalt die engste Verbindung aufweist, in China liegt,

tauchen die Fragen nach den betreffenden chinesischen erbrechtlichen Kollisions- und eventuell auch nach den chinesischen erbrechtlichen Sachnormen auf.

Ist dies der Fall, so gelangt ein deutscher Rechtsanwender nicht auf einen Hieb ans Ziel, denn unter dem vereinigten Staat China – der VR China – ist gegenwärtig kein einheitliches Rechtssystem – insbesondere kein einheitliches internationales und interlokales Kollisionsrecht – zu finden, vielmehr sind vier Teilrechtsgebiete – Hongkong, Macau, Taiwan und Festland – jeweils mit eigenen Kollisionsnormen und Sachnormen zu erkennen. In diesem Fall muß die generelle Verweisung auf die chinesische Rechtsordnung weiter konkretisiert werden, indem Art. 4 III S. 2 EGBGB i.V.m. einer anderen Verweisungsnorm des EGBGB, z.B. Art. 25 I oder Art. 26 EGBGB zur Anwendung gebracht wird,[18] damit die maßgebliche Teilrechtsordnung des konkreten Rechtsgebiets, zu der der Sachverhalt die engste Verbindung aufweist, ermittelt und die entsprechenden Kollisions- und Sachnormen letztendlich festgestellt werden können.

Dabei ist besonders an dieser Vorgehensweise festzuhalten, wenn ein Erbfall mit chinesischem Bezug zu dem Rechtsgebiet Taiwan eintritt. Dagegen ist die Rechtspraxis der deutschen Gerichte in diesem Fall[19], daß nämlich unter

---

[18] Vgl. Süß, in: Ferid/Firsching/Dörner/Hausmann, Internationales Erbrecht, Republik China (Taiwan), S. 8, Rn. 15.

[19] Dazu Süß, in: Ferid/Firsching/Dörner/Hausmann, Internationales Erbrecht, Republik China (Taiwan), S. 8, Rn. 15.

Zuhilfenahme der Vorstellung eines (fiktiven) Staates der „Republik China“ gemäß Art. 5 I EGBGB unmittelbar auf die Rechtsordnung Taiwans verwiesen wird, heutzutage strikt abzulehnen. Die Vorgehensweise der deutschen Gerichte ist juristisch falsch, denn sie beruht unnötigerweise auf der rechtlichen Fiktion, daß auf dem Rechtsgebiet Taiwan ein Staat besteht, der jedoch völkerrechtlich nicht existiert. Weiter ist sie auch rechtspolitisch verfehlt, denn dieses den Deutschland-China Beziehungen abträgliche Verhalten läuft der deutschen Außenpolitik, die auf dem „Ein-China-Bekenntnis“ basiert, und schließlich den deutschen Interessen zuwider.[20]

---

[20] Den Teilen dieser Untersuchung hinsichtlich Taiwan sollte besondere Beachtung geschenkt werden, denn die international bekannte Tatsache, daß Taiwan als chinesische Provinz Teil Chinas ist, wird in Deutschland nicht genügend berücksichtigt. Die Republik China existierte völkerrechtlich nur von 1912 bis 1949. Danach ist die VR China an ihre Stelle getreten. Dies ist durch die UNO-Resolution Nr. 2758 am 25.10.1972 bestätigt worden. Die UNO und die 163 Staaten (vgl. die konkrete Auflistung der Staaten, die diplomatische Beziehungen zu China aufgenommen haben, auf der Homepage des chinesischen Außenministeriums unter http://www.fmprc.gov.cn/chn/ziliao/2193/t9650.htm, abgerufen am 23.12.2003) auf der Welt, einschließlich Deutschlands, bekennen sich zu der Tatsache, daß es auf der Welt nur ein China – die VR China – gibt.

Trotzdem erweckt die deutsche Literatur, manchmal auch die juristische, ab und zu den Eindruck, als ob es noch eine Republik China gebe oder ein Staat Taiwan existierte. Diese Situation ist für die Chinesen sehr bedauerlich. Zugegebenermaßen ist das Thema Taiwan eine Streitfrage, aber eine innere Angelegenheit Chinas, die auf den vergangenen Kolonialismus, die heute noch bestehende Machtpolitik der USA und natürlich auch den Tiefpunkt des chinesischen nationalen Schicksals zurückzuführen ist, und die im Laufe der Zeit von den Chinesen sicherlich beseitigt werden wird. Glücklicherweise bekennen sich die Chinesen selbst zu dieser historischen und gegenwärtigen Gegebenheit, daß es nur einen einzigen Staat China auf der Welt gibt. Diese international anerkannte Tatsache ist neulich durch das Anti-Abspaltungsgesetz (das „Gesetz gegen die Staatsabspaltung“, als „Anti-Abspaltungsgesetz“ abgekürzt, verabschiedet vom Nationalen Volkskongreß am 14.3.2005, zum chinesischen Gesetzestext vgl. http://www.lawlib.com/law/law_view.asp?id=90184, abgerufen am 16.3.2005) festgeschrieben worden. Gemäß Art. 2 des Anti-Abspaltungsgesetzes gibt es nur einen Staat China auf der Welt, das Festland (Chinas) und Taiwan gehören gemeinsam zu China und Taiwan ist Teil Chinas. Art. 3 des Anti-Spaltungsgesetzes legt fest, daß die Taiwan-Frage eine Hinterlassenschaft des chinesischen Bürgerkrieges ist, die Lösung der Taiwan-Frage die innere Angelegenheit Chinas ist und nicht irgendwelcher ausländischen Einmischung unterliegt.

Dies ist nicht nur der Standpunkt der IPR-Rechtswissenschaftler auf dem Festland, sondern auch der auf Taiwan. Dieses Bekenntnis ist weiter durch die Gesetzgebung auf den Rechtsgebieten Festland und Taiwan bestätigt worden. Z.B. basiert die interlokale kollisionsrechtliche Gesetzsetzung im Rechtsgebiet Taiwan – die Volksbeziehungsverordnung – auf der Existenz von zwei Rechtsgebieten in einem Staat (vgl. dazu auch Wang

Demgegenüber versucht die vorliegende Arbeit, das chinesische Internationale Erbrecht als ein von der tiefwurzelnden mächtigen chinesischen traditionellen Kultur getragenes, historisches, sich änderndes und zukunftsorientiertes Gesamtbild mit einer Konzentration auf den heutigen Rechtszustand zu präsentieren. Damit ist die Hoffnung verbunden, dem Rechtsanwender das wesentliche Verständnis der Materie zu ermöglichen und ihm eine gründliche Beantwortung praktischer Fragen zu erleichtern. Der dabei angestrebte Denkansatz ist also, von der Warte eines deutschen Rechtsanwenders aus, der internationalen Nachlaßabwicklung mit chinesischem Bezug bei deutschen Nachlaßgerichten zu dienen.

Deshalb wird die Darlegung des chinesischen Internationalen Erbrechts auf folgende Art und Weise vorgenommen. Nach der Einleitung (A) wird zunächst auf das chinesische Internationale Privatrecht (B) im allgemeinen eingegangen, indem der gegenwärtige Rechtszustand und besonders die historische Entwicklung erläutert werden. Fußend auf der im Teil B gewonnenen Grundlage widmet sich der dritte Abschnitt (C) dem heutigen chinesischen Internationalen Erbrecht – dem Schwerpunkt der Arbeit – in der Weise, daß die jeweiligen internationalen Erbkollisionsnormen sowie

---

Zhiwen, Entwicklung und Vergleich der Kollisionsnormen zwischen der beiden Ufern der Meeresstraße, S. 153; Huang Jin, Interlokales Kollisionsrecht, S. 231; Yu Xianyu, Kollisionsrecht, S. 423; dazu siehe auch den Teil über das Interlokale Erbrecht im Teil C, II, 4, c, aa, S. 240 ff.).

Infolgedessen hat sich der Verfasser entschlossen, sich für die Rechtsgegebenheiten Chinas zu entscheiden. Ohne diesen wesentlichen Teil über Taiwan wäre das erstrebte rechtliche Panorama des chinesischen Internationalen Erbrechts schlechterdings unvollständig.

Zur Geschichte Taiwans vgl. Fußnote 235, S. 57.

die existierenden interlokalen Erbkollisionsbestimmungen der vier Rechtsgebiete Hongkong, Macau, Taiwan und Festland Chinas ausführlich dargestellt und um der Rechtspraxis willen auch die jeweiligen sachrechtlichen Regelungen einschließlich der steuerrechtlichen Bestimmungen skizziert werden. Anschließend wird die zukünftige Weiterentwicklung des chinesischen Internationalen Privatrechts bzw. Erbrechts (D) prognostiziert. Schließlich endet die Untersuchung mit der Zusammenfassung (E).

B. Das Heute und Gestern des chinesischen Internationalen Privatrechts

Die große Welt des chinesischen Internationalen Privatrechts ist zuerst aus heutiger und danach aus geschichtlicher Perspektive zu beleuchten, um eine Grundlage für die weitere Auseinandersetzung mit dem chinesischen Internationalen Erbrecht zu schaffen.

Ein chinesischer Spruch lautet: Die Welt kommt zur Vereinigung nach der lange genug dauernden Trennung und zur Trennung nach der lange genug dauernden Vereinigung. Dieser Grundsatz bezieht sich ursprünglich auf den Entwicklungsprozeß der weltlichen Staatengemeinschaft. Aber vom Wesen der Dinge aus trifft er auch auf die historische Entwicklung des chinesischen Internationalen Privatrechts zu.

I. Gegenwärtige Rechtsspaltung im chinesischen Internationalen Privatrecht

Wenn im Rahmen einer internationalen Nachlaßabwicklung bei einem deutschen Nachlaßgericht auf das chinesische Internationale Privat- bzw. Erbrecht verwiesen wird, ergeben sich, wie erwähnt, viele Fragen, z.B. wie das chinesische Internationale Privatrecht beschaffen ist und ob darin eine entsprechend anzuwendende internationalprivatrechtliche Norm bzw. internationale Erbkollisionsnorm unmittelbar festzustellen ist usw.

1. Gespaltene Rechtssysteme Chinas

Am 20.12.1999 wurde Macau von der portugiesischen Regierung an China zurückgegeben. Seit diesem Zeitpunkt ist die heutige Rechtsspaltung Chinas – ein Staat mit vier Rechtsgebieten – abgeschlossen. Innerhalb dieses einzigen Staates – der VR China – sind vier Rechtsgebiete zu erkennen: das Rechtsgebiet Hongkong[21], wo ein im wesentlichen auf „common law“ beruhendes Rechtssystem mit geringen Anpassungen gilt; das Rechtsgebiet Macau[22], in dem das grundsätzlich auf dem portugiesischen Recht

---

[21] Zur geschichtlichen Entwicklung siehe: Teil B, II, 4, a, aa, S. 46 ff.; zu den kollisionsrechtlichen Details siehe: Teil C, I, 1, S. 67 ff.

[22] Zur geschichtlichen Entwicklung siehe: Teil B, II, 4, a, bb, S. 51 ff.; zu den kollisionsrechtlichen Details siehe: Teil C, I, 2, S. 130 ff.

fußende Rechtssystem mit ebenfalls geringen Anpassungen in Geltung bleibt; das Rechtsgebiet Taiwan[23], in dem sich das auf dem Rechtssystem der ersten chinesischen Republik unter der Führung von Guomindang[24] basierende chinesische Rechtssystem weiterentwickelt und Geltung erlangt hat[25], und das Rechtsgebiet Festland, in dem das unter der Führung der KP Chinas allmählich entwickelte chinesische Rechtssystem gilt.[26]

2. Rechtsspaltung des chinesischen Internationalen Privatrechts

Angesichts der oben angeführten gespaltenen Rechtssysteme hat sich ein einheitliches Internationales Privatrecht Chinas bis jetzt noch nicht entwickelt. Konsequenterweise sind im Einzelfall die auf den jeweiligen Rechtsgebieten geltenden internationalprivatrechtlichen Regeln anzuwenden.[27]

II. Historische Entwicklung des heutigen chinesischen Internationalen Privatrechts

Vor dem Hintergrund der heutigen Rechtsspaltung Chinas drängt sich zwangsläufig die Frage auf, wie sich das einheitliche chinesische Recht in vier Rechtsgebiete aufgespalten hat. Zur Beantwortung dieser Frage sind mithin die entsprechenden historischen Streifzüge zu unternehmen.

Die IPR-Entwicklungslinien der Staaten der Welt verlaufen, geschichtlich betrachtet, sehr unterschiedlich. Die natürlichen und kulturellen Unterschiede zwischen den Staaten spielen immer eine ausschlaggebende Rolle.[28]

---

[23] Vgl. dazu Fußnote 20, S. 5.

[24] Auch Kuomintang, die Nationale Partei Chinas, die im Jahr 1912 von Sun Zhongshan (Sun Yat-sen) aus seiner Tong Menghui (Schwurbrüderschaft) gegründet wurde. Näheres dazu vgl. Brockhaus, Bd. X, S. 785; Brockhaus, 19. Aufl., Bd. XII, S. 618; Collier, Vol. 14, S. 197.

[25] Zur geschichtlichen Entwicklung siehe: Teil B, II, 4, b, S. 57 ff.; zu den kollisionsrechtlichen Details siehe: Teil C, I, 3, S. 160 ff.

[26] Zur gespaltenen Rechtslage Chinas vgl. auch Ma Lin, Innerchinesisches Kollisionsrecht, S. 1, 7-14.

[27] Zu den konkreten Regelungen siehe: Teil C, S. 67 ff.

[28] Vgl. Neuhaus, Grundbegriffe des IPR, S. 18,19.

Die Geschichte des kontinentaleuropäischen Internationalen Privatrechts von der Statutentheorie bis zu den gegenwärtigen Theorien hat gezeigt, daß der häufige intensive Verkehr der Völker mit unterschiedlichen Rechtssystemen die IPR-Entstehung und -Entwicklung unmittelbar und stark geprägt hat. Im Gegensatz dazu entwickelte sich das Kollisionsrecht Englands in eine andere Richtung, da es dort wegen der Insellage mangels eines intensiven Völkerverkehrs seinerzeit dieser Statutentheorie nicht bedurfte[29], zumal die Rechtskonflikte aufgrund der innerhalb der kontinentaleuropäischen Staaten bestehenden unterschiedlichen Rechtssysteme in England unter dem „common law“ System nicht zu finden waren.[30]

Dementsprechend ist die Entwicklungslinie des chinesischen Internationalen Privatrechts, die sich von der des kontinentaleuropäischen, englischen und amerikanischen Internationalen Privatrechts unterscheidet, und die aus vielen historischen Höhen und Tiefen besteht, aus der Vogelperspektive klar auszumachen. Das Gepräge der chinesischen traditionellen Kultur und insbesondere der chinesischen Geschichte – nicht nur die lange alte stolze Geschichte mit wichtigen Beiträgen zur Weltzivilisation ab der Zeit der Fünf Kaiser (2550 v.Chr.–2140 v.Chr.), sondern auch die unglückliche Geschichte ab Mitte des 19. Jahrhunderts, und auch die moderne Geschichte ab 1911[31] – hat der Entwicklung des chinesischen Internationalen Privatrechts ihre Eigentümlichkeit verliehen.[32]

---

[29] So Kegel/Schurig, IPR, S. 179.

[30] Vgl. Cheshire and North’s PIL 13th, S. 16.

[31] Mit der chinesischen Revolution von 1911 wurde die erste chinesische Republik – die Republik China – ins Leben gerufen.

[32] Genauer gesagt hat die chinesische Kultur bzw. Zivilisation die chinesische IPR-Entwicklung stark geprägt. Zu betrachten sind

> „the Chinese industrious, peaceful, literary, atheistic, and self-contained“ und „the Chinese would be found to have obtained … a higher position in general security of life and property, and in the arts of domestic life and comfort among the mass, and a greater degree of general literary intelligence, than any other heathen or Mohammedan nation that ever existed“ und „they have … reached as high a point as they can without the Gospel“ (Williams, The Middle Kingdom, Vol. I, S. 47, 48). „It is the industry of the Chinese which has given them their high place among the nations of the earth. … Ten centuries ago they were the most civilized nation on earth, and the incredulity manifested in Europe, five hundred years ago, at the recitals of Marco Polo regarding their condition, is the counterpart of the sentiments now expressed by the Chinese when they hear of the power and grandeur of western nations“ (Williams, The Middle Kingdom, Vol. 1, S. 46).

1. Chinesische traditionelle Welt- und Rechtsordnung

Um die chinesische kollisionsrechtliche Entwicklung besser zu verstehen, ist notwendigerweise zuerst ein genereller Blick auf die chinesische traditionelle Welt- und Rechtsordnung – als Rahmen und Gehalt der traditionellen chinesischen Kultur – zu werfen, die bei dem Entwicklungsprozeß des chinesischen Internationalen Privatrechts eine nicht zu unterschätzende, gestaltende Rolle gespielt hat und weiter spielen wird.

a. Chinesische traditionelle Weltordnung

Die traditionelle Weltordnung der Chinesen – eine Weltordnung des Zentralismus und der Einheit[33] – stellt sich als ein Erscheinungsbild dar, in dem der Kaiser des einzig auf der Erde existierenden großen Reichs, der einerseits ein menschlicher Herrscher über das Reich der Mitte, andererseits der Sohn des Himmels über das ganze Universum war, mit dem Mandat des Himmels die Menschheit, d.h. sowohl die Chinesen als auch die Barbaren regierte.[34]

China und andere kleinere und schwächere Staaten[35], die kulturell stark von China beeinflußt und politisch untergeordnet waren, konstituierten – aufgrund einer besonderen Beziehung zueinander unter dem Tributsystem – unter der Führung Chinas eine „China-zentrierte Weltordnung“, die nicht im Sinne der staatlichen Souveränität und Gleichheit internationaler und politischer Art, sondern im Sinne des konfuzianischen Wohlwollens und Gehorsams[36] kultureller und ethischer Natur war.[37]

---

[33] Vgl. Wang Tieya, International Law in China, S. 218.

[34] Vgl. Wang Tieya, International Law in China, S. 217.

[35] Diese Staaten sind Korea, Liuchiu (auch Liukiu-Inseln, Inselkette zwischen Kiuschu und Taiwan, vgl. Brockhaus, Bd. XVI, S. 12; Brockhaus, Bd. XI, S. 533), Annam (ein ehemaliges Kaiserreich, das jetzt zu Vietnam gehört, vgl. Brockhaus, Bd. I, S. 543), Siam (alter Name von Thailand, vgl. Brockhaus, Bd. XVII, S. 371), Burma und andere Länder in Südostasien und Mittelasien sowie zeitweilig auch Japan. Dazu vgl. Wang Tieya, International Law in China, S. 215.

[36] Die konfuzianische Doktrin des Wohlwollens und Gehorsams beruht auf dem Drei-Verhaltens-Kodex – dem Verhaltenskodex zwischen Vater und Sohn, zwischen Ehemann und Ehefrau und zwischen Herrscher und Vasall. Dazu auch Wang Tieya, International Law in China, S. 215, 216.

[37] Wang Tieya, International Law in China, S. 215, 216; Fairbank, The Chinese World Order, S. 2.

Die typischen Vorstellungen bzw. die dominierenden Prinzipien dieser chinesischen Weltordnung lauteten:

> *„Unter dem Himmel gibt es kein Land, das nicht dem Kaiser gehört; innerhalb der Meeresgrenzen des Landes gibt es keinen, der nicht der Untertan des Kaisers ist.“*[38]

Jedoch blieben die anderen Kulturen, zivilisierten Staaten oder Völker der chinesischen Welt nicht verschlossen, denn Rom war den Chinesen in der Han-Dynastie (226 v.Chr.–220 n.Chr.) bekannt[39] und Indien wurde in der Tag-Dynastie (618-907) als Zentrum des Buddhismus betrachtet[40].[41] Außer dem Ausdruck „barbarische Staaten“, welcher die anderen Staaten innerhalb der chinesischen Weltordnung kennzeichnete, gab es auch den Ausdruck „ausländische Staaten“ für solche Staaten, die außerhalb dieser Weltordnung weit von China entfernt waren.[42]

b. Chinesische traditionelle Rechtsordnung

In engem Zusammenhang mit der chinesischen traditionellen Weltordnung als äußerem Rahmen der chinesischen traditionellen Kultur steht die chinesische traditionelle Rechtsordnung als ihr innerer Gehalt. Genauer gesagt spiegelt sich die chinesische traditionelle Weltordnung in größerem Maß in der chinesischen traditionellen Rechtsordnung wider.

Das allen Schulen der traditionellen chinesischen philosophischen und rechtlichen Gedanken gemeinsame Fundament der chinesischen traditionellen Rechtsordnung ist die Stufenordnung Dao, Li und Fa – der Trialismus des chinesischen traditionellen Rechtsdenkens. Dieses traditionelle Rechtsverständnis läßt sich wie folgt skizzieren.

---

[38] Es handelt sich um die Übersetzung der chinesischen Version von dem Verfasser: „普天之下，莫非王土；率土之濱，莫非王臣“ aus „Shijing•Xiaoya•Beishan“ (dazu auch Xiao Yongping, in: Han Depei, Neues IPR, S. 81).

Die entsprechende englische Übersetzung lautet: „ ‘under the whole heaven, there is no land that is not the Emperor’s, and within the sea-boundaries of the land, there is none who is not a subject of the Emperor‘ “ (zitiert nach Wang Tieya, International Law in China, S. 214).

[39] Vgl. Williams, The Middle Kingdom, Vol. II, S. 410 ff.

[40] Vgl. Williams, The Middle Kingdom, Vol. II, S. 413.

[41] So Wang Tieya, International Law in China, S. 218.

[42] Vgl. Wang Tieya, International Law in China, S. 218.

aa. Dao als das ewige Recht im Kosmos

Auf der höchsten Stufe befindet sich das Dao[43]. Das Dao ist „ein Grundbegriff des gesamten chinesischen Geisteslebens", also ein Grundbegriff der Philosophie, Religion, Kunst, Sittlichkeit und des Rechtsdenkens.[44] Das Dao ist „die allwaltende Naturordnung, das höchste Sein, welches das Spiel der Naturmächte in Bewegung bringt und unterhält."[45] Das Dao ist ein Ordnungsprinzip, durch das Himmel, Erde und Menschen regiert werden, damit eine kosmische Harmonie zustande kommen kann.[46] Das Dao ist zwar „eine anpassungs- und entwicklungsfähige Gestaltungsregel"[47], die im Bewußtsein der Menschen in unterschiedlichen Situationen in unterschiedlichen Erscheinungsformen auftritt, aber das Wesen des Dao bleibt unveränderlich.[48] D.h., das Dao mit dem gleichen Wesen existiert am Himmel, in der Erde und beim Menschen und wirkt allenthalben in der Natur mit Spontaneität, damit Himmel, Erde und Menschen zur Vollkommenheit und Harmonie gelangen können[49].

Vor allem kommt das Wesen des Dao zutreffend in den Worten von Lao Zi (Begründer des Daoismus, ca. 5. Jahrhundert v.Chr.) zum Ausdruck:

> *„Es gibt ein Objekt,*
> *das gemischt entstanden ist,*
> *und zwar ist es vor Himmel und Erde entstanden.*
> *Es ist ziemlich lautlos, ziemlich gestaltlos,*
> *es besteht selbständig und unterliegt keinem Wandel,*
> *es kreist endlos und unterliegt keiner Gefahr,*
> *und so kann es als Weltmutter betrachtet werden.*
> *Ich weiß nicht, wie es heißt,*
> *so bemühe ich mich, ihm einen Vornamen zu geben,*

---

[43] Im Chinesischen hat das Dao vielschichtige Bedeutungen wie beispielsweise „Weg", „Wegstrecke", „Methode", „Richtung", „Grundsatz", „Moral", „Lehre" usw.

[44] Vgl. Su Jyun-hsyong, Chinesisches traditionelles Rechtsdenken, S. 13.

[45] Vgl. Su Jyun-hsyong, Chinesisches traditionelles Rechtsdenken, S. 13.

[46] Vgl. Su Jyun-hsyong, Chinesisches traditionelles Rechtsdenken, S. 16.

[47] Vgl. Su Jyun-hsyong, Chinesisches traditionelles Rechtsdenken, S. 16.

[48] Vgl. Su Jyun-hsyong, Chinesisches traditionelles Rechtsdenken, S. 16.

[49] Vgl. Su Jyun-hsyong, Chinesisches traditionelles Rechtsdenken, S. 18.

und ich nenne es Dao;
so bemühe ich mich, ihm einen Nachnamen zu geben,
und ich nenne es Groß.
Groß heißt Gehen,
Gehen heißt Entfernen,
Entfernen heißt Zurückkehren.
Deswegen ist Dao groß,
der Himmel ist groß,
die Erde ist groß,
der König ist auch groß.
Im Weltraum bestehen vier Große,
und der König ist einer davon.
Die Erde ist der Menschen Vorbild,
der Himmel ist der Erde Vorbild,
das Dao ist dem Himmel Vorbild,
die Natur ist dem Dao Vorbild."[50]

„*Das Dao schuf die Einheit,*
die Einheit schuf die Zweiheit,
die Zweiheit schuf die Dreiheit,
die Dreiheit schuf alle Wesen.
Alle Wesen tragen das dunkle Yin auf dem Rücken,
und das lichte Yang in den Armen,
der unendliche Lebensatem bewirkt die Harmonie.
Die Menschen verabscheuen Verwaistheit, Kargheit und Unzulänglichkeit,
und doch König und Fürst bezeichnen sich selber so.
Deswegen sinkt mitunter ein Wesen und es steigt dennoch,
mitunter steigt es und es sinkt dennoch.

---

[50] Kapitel XXV Dao-De-Jing. Zum chinesischen Text vgl. Si Ku Quan Shu, Bd. 1055, S. 1055-58. Zur Übersetzung vgl. Su Jyun-hsyong, Chinesisches traditionelles Rechtsdenken, S. 21; auch Lao-tse, Tao-Te-King, übersetzt von Debon, S. 49.

Was andere lehren, lehre ich auch:

Der starrsinnige Gewalttätige stirbt keines guten Todes.

Darauf werde ich meine Lehre gründen."[51]

Daraus hat sich ergeben, daß das Dao als Ursprünglichkeit des Universums ein Absolutes, ein Unvergängliches im Innersten alles Relativen, Vergänglichen im Kosmos, auf der Erde und beim Menschen ist.[52] So ist das Dao als das ewige Recht im Kosmos zu begreifen.

bb. Li als die Seinsregel auf der Erde

Das Li – ethisches Naturrecht und Sittenordnung[53] –, das von den Konfuzianern, dem Dao im Kosmos entsprechend, als die praktische Moralphilosophie für das menschliche Zusammenleben auf der Erde geschaffen worden ist, beinhaltet das Weltprinzip des Zhongyong (der rechten Mitte) – Regeln für rechtes Maß und praktische Mitte des Handelns[54]. Nur durch das Zhongyong können das Gleichgewicht – „das große Wesen der Welt"[55] – und die Harmonie – „die Welt durchdringende Seinsregel"[56] – herrschen, damit „Himmel und Erde ihre richtigen Stellungen einnehmen, und alle Dinge wachsen und sich entwickeln"[57].

Eine der Funktionen des Li ist die Gewährleistung der Rechtsordnung[58]. Das Li, das aus Ren (Menschenliebe), Yi (Gerechtigkeit), Li (Vernunft), Zhi (Weisheit), Xin (Vertrauen) und Yue (Idee des Rhythmus) besteht,[59] ist ein

---

[51] Dao-De-Jing, Kapitel ILII. Zum chinesischen Text vgl. Si Ku Quan Shu, Bd. 1055, S. 1055-63, 1055-64. Zur deutschen Übersetzung vgl. Su Jyun-hsyong, Chinesisches traditionelles Rechtsdenken, S. 35; Lao-tse, Tao-Te-King, übersetzt von Debon, S. 71.

[52] Vgl. Su Jyun-hsyong, Chinesisches traditionelles Rechtsdenken, S. 22.

[53] Vgl. Su Jyun-hsyong, Chinesisches traditionelles Rechtsdenken, S. 72.

[54] Vgl. Su Jyun-hsyong, Chinesisches traditionelles Rechtsdenken, S. 74.

[55] Das Buch Zhongyong, Kapitel I. Zum chinesischen Text vgl. Si Ku Quan Shu, Bd. 200, S. 200-47.

[56] Das Buch Zhongyong, Kapitel I. Zum chinesischen Text vgl. Si Ku Quan Shu, Bd. 200, S. 200-47.

[57] Das Buch Zhongyong, Kapitel I. Zum chinesischen Text vgl. Si Ku Quan Shu, Bd. 200, S. 200-53.

[58] Vgl. Su Jyun-hsyong, Chinesisches traditionelles Rechtsdenken, S. 94.

[59] Vgl. Su Jyun-hsyong, Chinesisches traditionelles Rechtsdenken, S. 20.

gut durchdachter und gelungener Versuch der Konfuzianer, die Ordnung der Gesellschaft zur Harmonie mit der Natur zu bringen, indem das der Natur entsprechende Maß und die der Natur gemäßen Regeln für das gesellschaftliche Leben gesetzt werden[60].

Daß das Li das ganze menschliche Zusammenleben eines Staates beherrscht, hatte Xun Zi[61] (313 v.Chr.–238 v.Chr.) so verdeutlicht[62]:

> *„Das Li kann deshalb einen Staat regieren, weil es wie die Waage für das Gewicht, die Richtschnur für das Abstecken der geraden Linien... ist, selbst wenn etwas Falsches getan worden ist, der Täter nicht verleumdet werden kann"* und *„einen Staat ohne das Li zu verwalten ist wie ein Ackerland ohne ein Ackergerät zu bestellen"*[63].

Vor allem wirkt das Li – als feste persönliche und soziale Verhaltensregeln[64]– Hand in Hand mit dem Fa – der typisierten Rechtsnorm – auf die Menschen in der Gesellschaft, damit eine Harmonie der gesellschaftlichen Menschen mit der Ordnung des Universums hergestellt wird[65].

Mithin stellte die Übereinstimmung mit dem Li, der dominierenden konfuzianischen Ansicht nach, den Geltungsgrund des Rechts dar[66], und das Fa diente nur der Geltung und Gewährleistung des Li.

cc. Fa als die typisierte Rechtsnorm

Das Fa – die typisierte Rechtsnorm – und das Xing – der modellierte Maßstab für Strafe – haben mit ihren jeweiligen alten chinesischen Schriftzeichen die gleiche ursprüngliche Bedeutung, daß das Gerechte vom Ungerechten und das Gute vom Bösen durch das göttliche Einhorn unterschieden wird.[67]

---

[60] Vgl. Su Jyun-hsyong, Chinesisches traditionelles Rechtsdenken, S. 94.

[61] Er war ein anderer wichtiger Konfuzianer aus dem Staat Zhao am Ende der streitenden Reiche.

[62] Das Werk von Xunzi, Kapitel XI – Herrschaft des Königs (Wangba). Zum chinesischen Text vgl. Si Ku Quan Shu, Bd. 695, S. 695-183.

[63] Das Buch der Sitte (Liji), Liyun. Zum chinesischen Text vgl. Wang Mengrou, S. 308.

[64] Vgl. Su Jyun-hsyong, Chinesisches traditionelles Rechtsdenken, S. 94.

[65] Vgl. Su Jyun-hsyong, Chinesisches traditionelles Rechtsdenken, S. 94, 97.

[66] Vgl. Su Jyun-hsyong, Chinesisches traditionelles Rechtsdenken, S. 97.

[67] Vgl. Su Jyun-hsyong, Chinesisches traditionelles Rechtsdenken, S. 98.

Für die Daoisten galt hauptsächlich das Dao, das alles regiert. Dementsprechend spielte das Fa eine untergeordnete Rolle. Allerdings sind die daoistischen Gedanken über das Fa im Buch Wenzi von Xin Wenzi[68] ziemlich beachtenswert. Für ihn sind

> *„Ren (Menschenliebe) und Yi (Gerechtigkeit) die Wurzel des Regierens eines Staates und das Rechtswesen ist nur der Zweig"; „das Rechtswesen ist da, um das Yi (Gerechtigkeit) zu unterstützen, die Betonung des Rechtswesens und der Verzicht auf das Yi (Gerechtigkeit) bedeuten demnach, den Hut und die Schuhe zu beachten, den Kopf und die Füße zu vergessen."*[69]

> *„Beim Regieren eines Staates gibt es die Unveränderlichen, deren Wurzel ist, daß das Volk die Gunst erlangt", „demzufolge soll das Rechtssystem den Umständen nach verändert werden".*[70]

> *„Wie viele permanente Rechte gibt es auf der Welt! Das erfolgreiche Regieren eines Staates entsteht dadurch, daß dieses permanente Recht den weltlichen Umständen und der Menschenvernunft angemessen, dem Himmel und der Erde gehorsam, dem Geist und dem Gott günstig ist."*[71]

> *„In der alten Zeit gab es keine Rechtsordnung, aber das Volk war gehorsam, später gab es nur die Rechtsordnung, aber keine Regeln für Strafe, und noch später gab es das Rechtswesen, um die menschlichen Gewohnheiten zu ordnen und die kritische schwierige Lage zu kontrollieren, denn die Menschen waren habgierig geworden und schämten sich weniger."*[72]

---

[68] Das Buch Wenzi heißt auch „Tongxuan Zhenjing (《通玄眞經》)", eine altehrwürdige Schrift des Daoismus von Xin Wenzi bzw. Xinxing/Xinyan, ein Jünger von Laozi in der späteren Zeit der Zhou-Dynastie (11. Jahrhundert v.Chr.–256 v.Chr.). Vgl. dazu Wörterbuch des Daoismus, S. 314, 315; Wu/Gao/Yan, Wörterbuch der chinesischen alten Schriften, S. 152.

[69] Wenzi, das Werk von Xin Wenzi. Zum chinesischen Text des Buchs Wenzi vgl. Ding Yuanzhi, S. 382.

[70] Wenzi, das Werk von Xin Wenzi. Zum chinesischen Text des Buchs Wenzi vgl. Wang Liqi, S. 239.

[71] Wenzi, das Werk von Xin Wenzi. Zum chinesischen Text des Buchs Wenzi vgl. Wang Liqi, S. 472.

[72] Wenzi, das Werk von Xin Wenzi. Zum chinesischen Text des Buchs Wenzi vgl. http://www.000cn.com/book/gd.htm, abgerufen am 28.11.2003.

„Das Fa (typisierte Rechtsnorm) entsteht aus dem Yi (Gerechtigkeit), das Yi (Gerechtigkeit) aus der Angemessenheit gegenüber allen Menschen und die Angemessenheit gegenüber allen Menschen entspricht dem Herzen der Menschen. Das ist das Fundament des Regierens eines Staates."[73]

„Das Fa kommt weder aus dem Himmel, noch aus der Erde, sondern aus den Menschen, die zu sich selbst zurückkehren und sich selbst regieren."[74]

„Das, was sich auf die Untenstehenden richtet, soll nicht durch die Obenstehenden verfallen; das, was unter dem Volk verboten ist, soll nicht von sich selbst getan werden. Der Herrscher soll ein Fa zuerst selbst probieren, wenn er das Fa schaffen möchte. So unterliegen die Menschen dem Verbot, wenn er selbst auch dem Verbot gegenüber den Gehorsam leistet."[75]

„Das Fa ist die Richtschnur des Reichs und das Maß für den Herrscher. Das Fa in der Schwebe ist kein Recht. Nachdem das Fa normiert worden ist, werden diejenigen, die der Richtschnur entsprechen, belohnt, diejenigen, die die Richtschnur verfehlen, bestraft, und zwar werden die vornehmen Personen nicht weniger belohnt und die bescheidenen nicht schwerer bestraft. Diejenigen, die das Fa verletzen, müssen bestraft werden, obwohl sie tugendhaft sind; diejenigen, die dem Maß entsprechen, sind nicht schuldig, obwohl sie nicht tugendhaft sind."[76]

Die nachfolgenden Legisten haben die Gedanken über das Fa weiter entwickelt. Sie haben das Fa von den natürlichen, religiösen und ethischen Elementen befreit, damit die geschriebenen, öffentlich verkündeten Staatsgesetze zum Tragen gekommen sind.[77]

---

[73] Wenzi, das Werk von Xin Wenzi. Zum chinesischen Text des Buchs Wenzi vgl. Ding Yuanzhi, S. 392.

[74] Wenzi, das Werk von Xin Wenzi. Zum chinesischen Text des Buchs Wenzi vgl. Ding Yuanzhi, S. 392.

[75] Wenzi, das Werk von Xin Wenzi. Zum chinesischen Text des Buchs Wenzi vgl. Ding Yuanzhi, S. 392.

[76] Wenzi, das Werk von Xin Wenzi. Zum chinesischen Text des Buchs Wenzi vgl. Ding Yuanzhi, S. 392. Zur deutschen Übersetzung vgl. auch Su Jyun-hsyong, Chinesisches traditionelles Rechtsdenken, S. 100.

[77] Dazu auch Su Jyun-hsyong, Chinesisches traditionelles Rechtsdenken, S. 103.

Shang Yang[78] (390 v.Chr.–38 v.Chr.) betonte das Fa wie folgt:

> *„Xing (Strafe) erzeugt Kraft, Kraft erzeugt Stärke, Stärke erzeugt Macht, Macht erzeugt Tugend und Tugend entsteht aus Xing (Strafe).“*[79]

Han Fei[80] (280 v.Chr.–233 v.Chr.) äußerte sich dahin gehend so:

> *„In der damaligen Zeit bemühten sich die alten Herrscher, dem Volk nahe zu stehen, indem das klare Fa herangezogen wurde. Wenn das Fa klar ist, strengen sich die treuen Beamten an; wenn die Strafe bestimmt ist, hören die bösen Beamten auf.“*[81] *„Diejenigen, die sich zu einem klaren Fa bekennen, sind stark; diejenigen, die das Fa nicht beachten, sind schwach.“*[82]
>
> *„Die alten Herrscher betrachteten deshalb das Dao als das Permanente, das Fa als die Wurzel, weil das Dao und das Fa vollständig sind, die Intelligenz und die Fähigkeiten fehlerträchtig sind.“*[83] *„So wird durch die gehängte Waage die Ebenheit erzielt, durch den geöffneten Zirkel wird der Kreis festgestellt. Dies ist der Weg zur Vollständigkeit.“*[84]
>
> *„Wenn kein Vertrauen auf das Fa besteht, ist das Verhalten des Herrschers gefährlich.“*[85] *„Das Fa beugt sich der Vornehmheit nicht,*

---

[78] Ein bekannter Staatsmann, Militärexperte und einer der Vertreter der Legisten der streitenden Reiche, der für seine Staatsreform im Staat Qin bekannt war, damit der Weg zum ersten einheitlichen chinesischen Reich – der Qin-Dynastie – gebahnt war.

[79] Das Buch von Shang Yang (Shang-Jun-Shun), Kapitel V, Shuomin (Über das Volk). Zum chinesischen Text vgl. He Lingxu, S. 53. Zur deutschen Übersetzung vgl. Su Jyun-hsyong, Chinesisches traditionelles Rechtsdenken, S. 104.

[80] Ein anderer wichtiger Vertreter der Legisten aus dem Staat Han am Ende der streitenden Reiche.

[81] Das Buch – Han Feizi, Kapitel XIX (Shixie), zum chinesischen Text vgl. Si Ku Quan Shu, Bd.729, S. 729-648.

[82] Das Buch – Han Feizi, Kapitel XIX (Shixie), zum chinesischen Text vgl. Si Ku Quan Shu, Bd. 729, S. 729-649.

[83] Das Buch – Han Feizi, Kapitel XIX (Shixie), zum chinesischen Text vgl. Si Ku Quan Shu, Bd. 729, S. 729-649, 729-650.

[84] Das Buch – Han Feizi, Kapitel XIX (Shixie), zum chinesischen Text vgl. Si Ku Quan Shu, Bd. 729, S. 729-650.

[85] Das Buch – Han Feizi, Kapitel VI (Youdu), zum chinesischen Text vgl. Si Ku Quan Shu, Bd. 729, S. 729-613.

die Richtschnur weicht der Krümme nicht.“[86] *„Wenn der Befehl streng durchgeführt wird, ist es unnötig, das Fa zu ändern; wenn das Fa gerecht ist, werden die Beamten nicht illoyal.“*[87] *„Für das Verwalten des Volks gibt es kein Permanentes, nur das Fa ist das Einzige zum Verwalten. Wenn das Fa sich mit der Zeit verändert, wird die Ordnung daraus entstehen; wenn das Fa der Welt angemessen ist, wird die Leistung daraus entspringen.“*[88]

c. Bewertung

Im Laufe der Entwicklung der traditionellen chinesischen Welt- und Rechtsordnung haben die konfuzianischen Gedanken die herrschende Stellung gewonnen, indem sie sich die vernünftigen Gedanken der Daoisten, der Legisten und der Buddhisten zu eigen gemacht hatten[89]. Daher kann wohl gesagt werden, daß die traditionelle chinesische Welt- und Rechtsordnung gewissermaßen schlicht die konfuzianische Welt- und Rechtsordnung ist, in der Dao, Li und Fa auf unterschiedlichen Ebenen als eine Einheit auf die gesellschaftliche Harmonie – die Harmonie zwischen den Menschen – und die Harmonie zwischen Menschen und Natur abzielen. Innerhalb dieser Einheit spielt das Fa – das Recht im heutigen Sinn – generell eine untergeordnete und das Li eine übergeordnete Rolle, während das Li und das Fa dem Dao entsprechen müssen.

Demgegenüber konzentriert man sich in der modernen, formell von der westlichen Rechtsordnung beeinflußten chinesischen Rechtsordnung ausschließlich auf das Fa – die unterste Stufe der Rechtseinheit, als ob allein das Fa, die Rechtsstaatlichkeit, mit den Problemen der gegenwärtigen Gesellschaft fertig zu werden vermöchte, während die Funktion des Li – die moderne moralische Erziehung – heutigentags vernachlässigt wird, ganz zu schweigen von dem fehlenden Bewußtsein gegenüber dem Dao.

An dieser Stelle taucht immer die Frage auf, ob die traditionelle chinesische Welt- und Rechtsordnung in der Berührung mit der westlichen Welt- und

---

[86] Das Buch – Han Feizi, Kapitel XIX (Shixie), zum chinesischen Text vgl. Si Ku Quan Shu, Bd. 729, S. 729-649.

[87] Das Buch – Han Feizi, Kapitel LIII (Chiling), zum chinesischen Text vgl. Si Ku Quan Shu, Bd. 729, S. 729-791.

[88] Das Buch – Han Feizi, Kapitel LIV (Xindu), zum chinesischen Text vgl. Si Ku Quan Shu, Bd. 729, S. 729-792.

[89] Vgl. dazu auch Wu Shuchen, Konfuzianische Rechtstradition, S. 16, 17.

Rechtsordnung historisch endgültig oder vorübergehend an Wirkung und Wert verloren hat. Gewiß war die von der sozialen Harmonie und Rücksichtnahme dominierend geprägte traditionelle chinesische Welt- und Rechtsordnung – eine auf der Menschheit basierende Kultur[90] – am Tiefpunkt des chinesischen nationalen Schicksals der mit schwerem Geschütz und Rücksichtslosigkeit ausgerüsteten westlichen Welt- und Rechtsordnung – einer auf der Göttlichkeit basierenden Kultur[91] –, die sich nicht zu einer solchen Harmonie und Rücksichtnahme, sondern zu den individualistischen Interessen bekannte, vorübergehend unterlegen. Endgültig verloren kann sie auf keinen Fall sein. Im Gegenteil versuchen die Chinesen seit dieser Niederlage ununterbrochen einen Ausweg daraus zu finden und die nationale Wiederbelebung in Gang zu setzen: von der Verwestlichungsbewegung (1860–1895)[92] über die Reformbewegung von 1898 und die Revolution von 1911 bis zur Gründung der VR China und der Öffnungspolitik seit 1978. Man war versucht, die westliche Welt- und Rechtsordnung aus Verworrenheit als hundertprozentige Kopiervorlage anzusehen, oder die eigene Welt- und Rechtsordnung aus Ignoranz aufzugeben, oder schließlich die marxistischen Vorstellungen des Westens als Hoffnungsträger zu betrachten.

Trotz all dieser Versuche hat sich die traditionelle chinesische Welt- und Rechtsordnung durch ihre tiefen Wurzeln und ihre starke Widerstandsfähigkeit gut bewährt. Dadurch haben die Chinesen allmählich erkannt, daß sie nur den eigenen Weg haben beschreiten müssen, indem auf der Grundlage der eigenen traditionellen Kultur der vernünftige Teil der westlichen Welt- und Rechtsordnung gelernt werden sollte. Damit hat die traditionelle chinesische Welt- und Rechtsordnung ihr tiefstes Tal der Entwicklung

---

[90] So Yang Zhenning (sino-amerikanischer Nobelpreisträger in Physik), in: „die Nachdenklichkeit über die Heimkehr", ein Vortrag gehalten in der Volkskongreßhalle am 20.4.2004, zum chinesischen Text vgl. http://tech.sina.com.cn/other/2004-04-20/1856351995.shtml - http://tech.sina.com.cn/other/2004-04-2, abgerufen am 22.4.2004.

[91] So Yang Zhenning (sinoamerikanischer Nobelpreisträger in Physik), in: „die Nachden klichkeit über die Heimkehr", ein Vortrag gehalten in der Volkskongreßhalle am 20.4.2004, zum chinesischen Text vgl. http://tech.sina.com.cn/other/2004-04-20/1856351995.shtml - http://tech.sina.com.cn/other/2004-04-2, abgerufen am 22.4.2004.

[92] Die Verwestlichungsbewegung bezieht sich auf die Maßnahmen der chinesischen Regierung der Qing-Dynastie zur eigenen Stärke, die angesichts der Situation der Unruhen im Inland und Übergriffe von außen her darauf abzielten, die westlichen Technologien zu erlernen und die Militär- und Zivilindustrie im Inland voranzutreiben sowie die Reformen in Militär, Diplomatie, Bildung etc. durchzuführen. Dazu Xia Dongyuan, Chinesische Enzyklopädie/chinesische Geschichte, Bd. III, S. 1375.

verlassen und bewegt sich nach und nach aufwärts in Richtung einer neuen einheitlichen chinesischen Rechtsordnung. Ein wichtiger Schritt ihres Aufwärtsgehens ist der gewesen, daß durch das Prinzip „Ein Staat, zwei Systeme" unterschiedliche Rechtssysteme der Rechtsgebiete Hongkong, Macau, Taiwan und Festland Chinas unter ein Dach der chinesischen traditionellen Kultur gebracht worden sind. Ihre Aufwärtsentwicklung wird unmittelbar oder mittelbar den Entwicklungskurs des chinesischen Internationalen Privatrechts bzw. Erbrechts entscheidend beeinflussen. Im Laufe der Zeit wird dieser Einfluß zunehmend sichtbar werden.

d. Zusammenfassung

In diesem riesigen Reich Asiens mit starkem kulturellen und wirtschaftlichen Einfluß auf die Nachbarstaaten war die Notwendigkeit eines IPR, generell gesprochen, nicht sehr erkennbar. Denn der Völkerverkehr war anders als der auf dem europäischen Kontinent. Dies ist auf die herrschenden chinesischen Vorstellungen zurückzuführen, daß China ein alleiniges, vom Himmel geordnetes Universalreich in der Mitte der Welt mit seiner Herrschaft über die gesamte Welt war. Die vorherrschende Einstellung der Chinesen, daß man das Gleiche wie die Römer tun sollte, wenn man in Rom lebt, gab auch der Anwendung fremden Rechts kaum Raum. Außerdem ließ die lange feudalistische Gesellschaft Chinas mit einem einheitlichen Rechtssystem im allgemeinen der Entwicklung des IPR wenig Spielraum, denn dessen Voraussetzungen – die internationalen Beziehungen und die Bereitschaft des Gerichts für die Anwendung ausländischen Rechts im Interesse der Gerechtigkeit[93] – waren meistens nicht vorhanden.

Nichtsdestoweniger waren die Entstehung und die Entwicklung des chinesischen Internationalen Privatrechts in einem bestimmten Abschnitt des langen Feudalismus nicht auszuschließen, soweit die Voraussetzungen dafür dort gegeben waren. Dies zeichnet sich in den nachstehend geschilderten drei unterschiedlichen Geschichtsabschnitten der Entwicklung des chinesischen Kollisionsrechts ab.

[93] Vgl. Cheshire and North's PIL, S. 17.

2. Frühe chinesische IPR-Entwicklung vor dem ersten Opiumkrieg

Aufs Ganze gesehen hat sich das Internationale Privatrecht Chinas infolge eigener Schwäche und äußerer Störung geschichtlich nicht so systematisch und konsequent entwickelt wie die entsprechenden Rechte auf dem europäischen Kontinent. Trotzdem hat es fortschrittliche geschriebene Kollisionsregeln in der frühen chinesischen feudalistischen Gesellschaft gegeben, was dagegen in Europa und anderswo nicht anzutreffen ist.

a. Weltälteste kollisionsrechtliche Entwicklung der Tang-Dynastie

Das Entstehen der weltältesten Kollisionsregelung in der Tang-Dynastie Chinas beruht auf der politischen, wirtschaftlichen und kulturellen Entwicklung der Gesellschaft ihrer Zeit.

aa. Weltälteste Kollisionsnormen im Yonghui-Kodex der Tang-Dynastie

Die frühesten geschriebenen IPR-Regeln der Welt sind im Gesetzestext der Tang-Dynastie (618–907) – dem Yonghui-Kodex[94] – zu finden, der in der Mitte des 7. Jahrhunderts (650–655) geschaffen wurde.[95]

Diese ältesten internationalprivatrechtlichen Gesetzesnormen im 1. Kapitel „Mingli" („Allgemeine Bestimmungen") des Yonghui-Kodex der Tang-Dynastie (Art. 48[96]) lauten:

---

[94] Der Yonghui-Kodex der Tang-Dynastie von 651 ist das vollkommen erhaltene früheste Gesetzbuch Chinas, vgl. Wu Jianfan, Chinesische Enzyklopädie/Rechtswissenschaft, S. 579.

[95] So Xiao Yongping, in: Han Depei, Neues IPR, S. 80; Zhang/Zhao, IPR 2002, S. 35; Huang Jin, IPR Chinas, S. 40; von Senger/Xu, IPR Chinas, S. 100; Lü/Dai/Zheng, IPR, S. 67; Zhang Xiaojian, IPR, S. 120; Ding Wei/Chen Zhidong, Kollisionsrecht, S. 38, 39; Li Wang, Neues IPR, S. 56; Li Shuangyuan/Jin Pengnian, IPR, S. 90; Huang Jin, IPR, S. 92, 93; Liu Xiangshu, IPR-Fragen, S. 34; Liu Renshan, IPR, S. 49; Yu Xianyu, Kollisionsrecht, S. 44; Ding Wei, Rückblick und Ausblick der IPR-Gesetzgebung, S. 1; Li Shuangyuan, IPR, S. 89; Dong Likun, IPR 2000, S. 036; Xu Donggen/Xue Fan, IPR-Vervollkommnung, S. 105.

[96] Vgl. auch Yang, Rechtliche Verhaltenssteuerung, S. 9, Fußnote 17.

„Hinsichtlich der Übergriffe gegeneinander von allen Personen aus den Gebieten außerhalb der chinesischen Zivilisation erfolgt die Beurteilung nach ihren eigenen Sitten und Gesetzen, wenn sie von den Menschen gleicher Art begangen sind; die Beurteilung erfolgt nach dem chinesischen Recht, wenn sie von den Menschen unterschiedlicher Art begangen sind."[97]

Die oben zitierten Kollisionsnormen wurden im offiziellen Kommentar des Yonghui-Kodex – dem Kommentar des Tang-Kodex[98] – so erläutert:

„Die sogenannten Personen aus den Gebieten außerhalb der chinesischen Zivilisation sind die aus den anderen fremden barbarischen Ländern[99]*, welche die eigenen Herrschaftssysteme, die eigenen Sitten und die sich von den anderen unterscheidenden Rechtssysteme besitzen. Wenn die Übergriffe gegeneinander von den Personen gleicher Art begangen sind, müssen sie an dem System ihres eigenen Landes gemessen und gemäß ihrer eigenen Sitten und Gesetzen beurteilt werden. Wenn die Übergriffe gegeneinander von den Personen unterschiedlicher Art begangen sind, wie beispielshalber die Übergriffe gegeneinander von den Personen aus Gaoli*[100] *und Baiji*[101]*, werden sie aus-*

---

[97] Die Übersetzung des originalen chinesischen Texts: „諸化外人同類自相犯者，各依本俗法；异類相犯者，以法律論" vom Verfasser; zur ähnlichen Übersetzung vgl. von Senger/Xu, IPR Chinas, S. 100.

[98] „Tanglü Shuyi" („唐律疏義"), ein offizieller Kommentar des Tang-Kodex, wurde von 19 Großgelehrten unter der Federführung des großen chinesischen Juristen Zhangsun Wuji fertiggestellt. Vgl. dazu Wu Jianfan, Chinesische Enzyklopädie/Rechtswissenschaft, S. 579, 580; Tang Congyao, Chinesische Enzyklopädie/Rechtswissenschaft, S. 81; von Senger/Xu, IPR Chinas, S. 101.

[99] Diese Einstellung der Chinesen gegenüber den Ausländern war historisch bedingt und damit verständlich. So hat auch Willoughby die Hintergründe dargestellt:

> „During centuries of her history China had been in direct contact only with peoples whose civilizations were distinctly inferior to her own, and, as she was well aware, such culture as these other peoples came to have was, to a considerable degree, obtained by borrowing from and imitating her own. It is thus understandable that she should have felt that, as compared with herself, other peoples of the world were barbarians and worthy of treatment as such" (Willoughby, Foreign Rights and Interests in China, S. 545, 546).

[100] „Gaoli" war der alte Name für den nördlichen Teil des heutigen Koreas.

[101] „Baiji" war der alte Name für den südwestlichen Teil des heutigen Koreas.

> *nahmslos nach dem chinesischen Gesetz an den Pönalbestimmungen gemessen und entsprechend beurteilt.*“[102]

Im modernen kollisionsrechtlichen Sinn heißen diese zitierten Regeln aus dem Yonghui-Kodex der Tang-Dynastie so:

> *Wenn Ausländer aus gleichem Herkunftsland auf chinesischem Territorium Übergriffe gegeneinander begangen haben, werden sie nach ihrem Heimatrecht beurteilt; wenn sie aus den unterschiedlichen Heimatländern auf chinesischem Boden Übergriffe gegeneinander begangen haben, werden sie gemäß dem chinesischen Recht der Tang-Dynastie beurteilt.*

Ohne irgendeine Differenzierung zwischen Strafrecht und Zivilrecht im modernen Sinn waren im traditionellen chinesischen Rechtssystem einschließlich des Yonghui-Kodex alle gesetzlichen Regeln unterschiedlicher Art in einem Gesetzbuch enthalten.[103] Die heutige strenge Trennung zwischen Straf- und Zivilrecht gab es im alten chinesischen Rechtssystem der Kaiserzeit (221 v.Chr.–1911 n.Chr.) also nicht. Deshalb galten diese Kollisionsregeln nicht nur für die strafrechtlichen, sondern auch für die zivilrechtlichen Sachverhalte mit Auslandsbezug.[104]

In der Tat stellen diese kollisionsrechtlichen Normen den Keimling der modernen Kollisionsnormierung dar, ohne daß ähnliche schriftliche Regeln

---

[102] Die entsprechende chinesische Version lautet: „化外人，謂藩夷之國别立君長者，各有風俗，制法不同。其有同類相犯者，須問本國之制，依其俗法斷之。异類相犯者，若高麗之與百濟相犯之類，皆以國家法律論定刑名“. Vgl. dazu Zhangsun Wuji, Kommentar des Tang-Kodex, S. 133. Zur entsprechenden Übersetzung vgl. auch von Senger/Xu, IPR Chinas, S. 101.

[103] So Li Shuangyuan, IPR, S. 89; Li Wang, Neues IPR, S. 56; Huang Jin, IPR, S. 93; Liu Renshan, IPR, S. 49; Ding Wei, Rückblick und Ausblick der IPR-Gesetzgebung, S. 1; Ding Wei/Chen Zhidong, Kollisionsrecht, S. 139; Li Shuangyuan/Jin Pengnian, IPR, S. 90; Zhang Xiaojian, IPR, S. 120; Yu Xianyu, Kollisionsrecht, S. 44; Lü/Dai/Zheng, IPR, S. 67; Huang Jin, IPR Chinas, S. 40; Zhang/Zhao, IPR 2002, S. 44, 45.

[104] So Li Shuangyuan, IPR, S. 89; Li Wang, Neues IPR, S. 56; Huang Jin, IPR, S. 93; Liu Renshan, IPR, S. 49; Ding Wei, Rückblick und Ausblick der IPR-Gesetzgebung, S. 1; Ding Wei/Chen Zhidong, Kollisionsrecht, S. 139; Li Shuangyuan/Jin Pengnian, IPR, S. 90; Zhang Xiaojian, IPR, S. 120; Yu Xianyu, Kollisionsrecht, S. 44; Lü/Dai/Zheng, IPR, S. 67; Huang Jin, IPR Chinas, S. 40; Zhang/Zhao, IPR 2002, S. 44, 45. Für die Gegenmeinung vgl. Süß, IPR-Grundzüge Chinas, S. 18, 19.

im gleichen Zeitraum in den anderen Staaten der Welt zu finden sind.[105] Erst 1 105 Jahre später wurde die älteste europäische schriftliche Kollisionsnorm im bayerischen Codex Maximilianeus Bavaricus von 1756 aufgestellt.[106] Die Kollisionsnormen im Yonghui-Kodex der Tang-Dynastie zeigen, daß China mit seiner damaligen hochentwickelten alten Rechtskultur der älteste Staat mit internationalprivatrechtlicher Gesetzgebung war.[107] Also hat es eine glänzende Vergangenheit[108], genauer gesagt, einen hervorragenden Anfang der kollisionsrechtlichen Entwicklung in der chinesischen Rechtsgeschichte gegeben.

bb. Seinerzeitige soziale Gegebenheiten der Tang-Dynastie

Die hoch entwickelte Kollisionsregelung, in der das Personalitätsprinzip und das Territorialitätsprinzip entsprechend dem konkreten Sachverhalt jeweils zur Anwendung kamen[109], stand in engem Zusammenhang mit der sozialen Wirklichkeit der Tang-Dynastie – dem vernünftigen Rechtsgedanken, der weisen Öffnungspolitik der Herrschenden und der Existenz zahlreicher Rechtsverhältnisse mit Auslandsbeziehungen in einem starken vereinigten großen Reich.

Der leitende Rechtsgedanke hinter dieser fortschrittlichen Kollisionsnormen, war der, daß Ausländer von Ausländern selbst mit ihren eigenen Sitten und Gesetzen zu verwalten sein, während die Chinesen gewissermaßen nur – möglichst zurückhaltend – eine aufsichtführende Funktion übernehmen sollten. Dieser grundsätzliche Gedanke entwickelte sich aus den Erfahrungen, welche die Han-Chinesen im Umgang mit den anderen Chinesen

---

[105] So Li Shuangyuan, IPR, S. 89; Li Wang, Neues IPR, S. 56; Huang Jin, IPR, S. 93; Liu Renshan, IPR, S. 49; Ding Wei, Rückblick und Ausblick der IPR-Gesetzgebung, S. 1; Ding Wei/Chen Zhidong, Kollisionsrecht, S. 139; Li Shuangyuan/Jin Pengnian, IPR, S. 90; Zhang Xiaojian, IPR, S. 120; Yu Xianyu, Kollisionsrecht, S. 44; Lü/Dai/Zheng, IPR, S. 67; Huang Jin, IPR Chinas, S. 40; Zhang/Zhao, IPR 2002, S. 44, 45.

[106] So Lü/Dai/Zheng, IPR, S. 68; Zhang Xiaojian, IPR, S. 120; Li Shuangyuan/Jin Pengnian, IPR, S. 90; von Senger/Xu, IPR Chinas, S. 101.

[107] Vgl. Zhang Xiaojian, IPR, S. 120; Ding Wei/Chen Zhidong, Kollisionsrecht, S. 39; Yu Xianyu, Kollisionsrecht, S. 44; Liu Xiangshu, IPR-Fragen, S. 34; Ding Wei, Rückblick und Ausblick der IPR-Gesetzgebung, S. 1; Zhang/Zhao, IPR 2002, S. 44, 45.

[108] So Ding Wei, Rückblick und Ausblick der IPR-Gesetzgebung, S. 1.

[109] So auch Huang Jin, IPR, S. 162.

ethnischer Minderheitsstämme gemacht hatten, und wurde bereits in den anderen Dynastien vor der Tang-Dynastie mit Kontinuität, besonders in der Han-Dynastie (206 v.Chr.–220 n.Chr.) praktiziert.[110]

Das sich in der Blüte der chinesischen Kaiserzeit befindende, relativ nach außen öffnende starke Tang-Kaiserreich (618–907) war ein großes Reich der Prosperität[111], und zwar ein politisches, wirtschaftliches und kulturelles Zentrum in Asien und sogar auf der Welt.[112] Es gab viele ausländische Studierende, die nach China kamen, um Wissenschaft, Technologie und Kultur zu lernen, und auch viele Geschäftsleute, die Wirtschafts- und Handelstätigkeiten betrieben.[113] Vor allem waren in der Hauptstadt Changan[114] – der Metropole Asiens und sogar der Welt – zahlreiche Studenten und Geschäftsleute aus Dashi[115], Daqin[116], Xinluo[117], Baiji[118], Gaoli[119], Japan, Indien und den anderen arabischen Ländern zu finden.[120] Es gab dort einen

---

[110] Das bekannteste Beispiel der Praktizierung dieser Politik ist die Verwaltung der Menschen in Tibet durch ihren eigenen lokalen Herrscher in der Han-Dynastie Chinas.

[111] Dies ist auf die weise und vernünftige Politik unter der Führung von dem ersten Tang-Kaiser Li Shimin und den anderen nachfolgenden Tang-Kaisern zurückzuführen.

[112] Vgl. Dong Likun, IPR 2000, S. 035; Li Shuangyuan, IPR, S. 89; Xu Donggen/Xue Fan, IPR-Vervollkommnung, S. 105; Lü/Dai/Zheng, IPR, S. 67; Li Shuangyuan/Jin Pengnian, IPR, S. 90; Huang Jin, IPR, S. 93; Ding Wei/Chen Zhidong, Kollisionsrecht, S. 39; Yu Xianyu, Kollisionsrecht, S. 44; Zhang Xiaojian, IPR, S. 120; Xiao Yongping, in: Han Depei, Neues IPR, S. 81; Zhang/Zhao, IPR 2002, S. 45; Huang Jin, IPR Chinas, S. 40.

[113] Vgl. Dong Likun, IPR 2000, S. 035; Li Shuangyuan, IPR, S. 89; Xu Donggen/Xue Fan, IPR-Vervollkommnung, S. 105; Lü/Dai/Zheng, IPR, S. 67; Li Shuangyuan/Jin Pengnian, IPR, S. 90; Huang Jin, IPR, S. 93; Ding Wei/Chen Zhidong, Kollisionsrecht, S. 39; Yu Xianyu, Kollisionsrecht, S. 44; Zhang Xiaojian, IPR, S. 120; Xiao Yongping, in: Han Depei, Neues IPR, S. 81; Zhang/Zhao, IPR 2002, S. 45; Huang Jin, IPR Chinas, S. 40.

[114] „Changan" ist der alte Name für die heutige Stadt „Xian".

[115] „Dashi" war Persien.

[116] „Daqin" war das damalige Ostrom.

[117] Ein alter koreanischer Staat.

[118] Ein alter koreanischer Staat.

[119] Ein alter koreanischer Staat.

[120] Vgl. Dong Likun, IPR 2000, S. 035; Li Shuangyuan, IPR, S. 89; Xu Donggen/Xue Fan, IPR-Vervollkommnung, S. 105; Lü/Dai/Zheng, IPR, S. 67; Li Shuangyuan/Jin Pengnian, IPR, S. 90; Huang Jin, IPR, S. 93; Ding Wei/Chen Zhidong, Kollisionsrecht, S. 39; Yu Xianyu, Kollisionsrecht, S. 44; Zhang Xiaojian, IPR, S. 120; Xiao Yongping, in: Han Depei, Neues IPR, S. 81; Zhang/Zhao, IPR 2002, S. 45; Huang Jin, IPR Chinas, S. 40.

ausschließlich für Ausländer errichteten „Fanshi“ (Ausländermarkt).[121] Demgemäß wurden ein Amt für auswärtige Angelegenheiten und Außenwirtschaft – „Honglu Guan“[122] – und eine spezielle Organisation für Außenhandel und Überseetransport – „Shibo Si“[123] (die Behörde für Außenhandel und Überseetransport) – in den Hafenstädten Guangzhou, Yangzhou[124] und Quanzhou[125] eingerichtet.[126] In der Zeit von Tang- und Song-Dynastie (960–1179) gab es eine große Anzahl Ausländer, die in China wohnten und Handel trieben.[127]

Nach geschichtlichen Aufzeichnungen genossen die in China ansässigen Ausländer in der Tang- und Song-Dynastie wie einheimische Bürger das Recht auf Handel, Klageerhebung und andere zivile Rechte.[128] Sie konnten z.B. Chinesen heiraten, chinesische Kinder adoptieren, unbewegliches Vermögen erwerben und sogar Pfandhäuser betreiben.[129]

Dementsprechend war in Guangzhou, wo sich viele Auslandsgeschäftsleute konzentriert niedergelassen hatten, ein „Fanfang“[130] – Ausländerbezirk – errichtet worden, in dem durch ein kaiserliches Edikt ein Ausländer zum Leiter des Ausländerbezirks ernannt wurde, der in chinesischer Amtstracht

---

[121] Vgl. Dong Likun, IPR 2000, S. 035; Li Shuangyuan, IPR, S. 89; Xu Donggen/Xue Fan, IPR-Vervollkommnung, S. 105; Lü/Dai/Zheng, IPR, S. 67; Li Shuangyuan/Jin Pengnian, IPR, S. 90; Huang Jin, IPR, S. 93; Ding Wei/Chen Zhidong, Kollisionsrecht, S. 39; Yu Xianyu, Kollisionsrecht, S. 44; Zhang Xiaojian, IPR, S. 120; Xiao Yongping, in: Han Depei, Neues IPR, S. 81; Zhang/Zhao, IPR 2002, S. 45; Huang Jin, IPR Chinas, S. 40.

[122] Auf chinesisch: „鴻臚館“.

[123] Auf chinesisch: „市舶司“.

[124] Ungefähr die heutige Stadt „Hanzhou“.

[125] Ungefähr die heutige Stadt „Fuzhou“.

[126] Vgl. Dong Likun, IPR 2000, S. 035; Zhang/Zhao, IPR 2002, S. 102.

[127] Dazu Dong Likun, IPR 2000, S. 035; Zhang/Zhao, IPR 2002, S. 102.

[128] Vgl. Dong Likun, IPR 2000, S. 035; Zhang/Zhao, IPR 2002, S. 102.

[129] Vgl. Dong Likun, IPR 2000, S. 035; Zhang/Zhao, IPR 2002, S. 102. Nach Angaben von „Zizhi Tongjian“ – einem großen Werk der historischen Aufzeichnungen von Si Maguang (1019–1086) aus der Song-Dynastie – gab es Ausländer, die sich in Changan lange Jahre aufgehalten hatten; manche hatten dort schon mehr als 40 Jahre gewohnt, alle hatten Familien gegründet, Kinder gehabt, Grundstücke und Ackerland gekauft, Geld durch Wucher verdient und nicht geplant, zurückzukehren. Dazu Si Maguang, Zizhi Tongjian, Band 232, S. 3850; vgl. Dong Likun, IPR 2000, S. 035.

[130] Auf chinesisch: „蕃坊“.

die allgemeinen Angelegenheiten des Bezirks einschließlich der normalen Streitigkeiten zwischen den Ausländern regelte, es sei denn, daß es sich um ein schweres Verbrechen handelte, das von einem höherrangigen chinesischen Beamten zu beurteilen war.[131]

b. Änderungen der IPR-Entwicklung in nachfolgenden Dynastien Chinas

Wie vorher erwähnt, gab es auch eine beträchtliche Anzahl von Ausländern in der Song-Dynastie (960–1179), in der China mit mehr als 50 Staaten und Regionen Handelsbeziehungen aufgenommen hatte[132]. So hatte sich der Yonghui-Kodex der Tang-Dynastie einschließlich der fortschrittlichen Kollisionsnormen, die den Schwerpunkt in gewissem Maß auf die lex personalis legten, weiter in der nachfolgenden Song-Dynastie erhalten.[133] Entsprechendes gilt auch in der Yuan-Dynastie[134] (1271–1368).[135]

In der Ming-Dynastie (1368–1644) war die kollisionsrechtliche Regelung so drastisch revidiert worden, daß nach der geänderten Kollisionsnorm im Ming-Kodex alle Übergriffe, die von den Ausländern auf chinesischem Boden begangen wurden, nach chinesischem Recht zu beurteilen waren; es wurde dagegen die lex fori anstelle der lex personalis, genauer gesagt die lex loci delicti anstelle der lex patriae angewandt.[136]

---

[131] So Dong Likun, IPR 2000, S. 035.

[132] Vgl. dazu Zhang/Zhao, IPR 2002, S. 102.

[133] So Liu Renshan, IPR, S. 50; Liu Xiangshu, IPR-Fragen, S. 34.

[134] Während dieser Zeit war der Italiener Marco Polo (1254–1324) mehrmals nach China gereist und hatte sich dort nacheinander insgesamt 17 Jahre als Beamter betätigt. Dazu vgl. Zhang/Zhao, IPR 2002, S. 102; dazu auch Williams, The Middle Kingdom, Vol. II, S. 420.

[135] Vgl. Xiao Yongping, in: Han Depei, Neues IPR, S. 80; Li Shuangyuan, IPR, S. 89. In der Yuan-Dynastie herrschte das Personalitätsprinzip relativ stark vor, denn es war den Yuan-Kaisern nicht gelungen, unter den vielen Stammesgruppen ein einheitliches Rechtssystem zu schaffen, folglich unterlagen die jeweiligen Stammesgruppen ihren eigenen angestammten zivilen Rechten und Sitten (so Huang Jin, IPR, S. 162).

[136] Vgl. Liu Renshan, IPR, S. 50; Li Wang, Neues IPR, S. 56; Liu Xiangshu, IPR-Fragen, S. 34.

Hauptsächlich rührte diese konservative Zurückhaltung gegenüber den Auslandsverhältnissen[137] daher, daß das Ming-Kaiserreich lange Zeit unter dem störenden Eindringen der Ausländer ins chinesische Territorium litt, wie das Eindringen von „Wokou“ (den japanischen Eindringlingen) in die südöstlichen Küstengebieten Chinas am Ende der Ming-Dynastie (ca. 1555–1567) und die Usurpation Macaus durch die Portugiesen[138] im Jahr 1537.[139]

Allerdings sollte darauf hingewiesen werden, daß ausnahmsweise die gleichen kollisionsrechtlichen Regeln aus dem Yonghui-Kodex der Tang-Dynastie auf die Behandlung der Fälle mit Bezug zu den in Macau ansässigen Portugiesen in der Rechtspraxis der Ming-Dynastie angewandt wurden.[140] Wenn Übergriffe unter den Portugiesen in Macau vorgefallen waren, war es lediglich gestattet, die Fälle durch einen Richter aus dem Kreis der dortigen Portugiesen nach dem portugiesischen Recht beurteilen zu lassen und eine Berufung bei dem oberen portugiesischen Gericht in Indien einzulegen. Aber wenn es um Übergriffe mit der Beteiligung von Chinesen ging, waren sie von den chinesischen Beamten in Macau zu beurteilen. Insbesondere hatten chinesische Beamten die Fälle zu beurteilen, bei denen es sich um die Ermordung von Chinesen handelte.

---

[137] So hat auch Willoughby gemeint:

> „As we shall presently see, the Chinese did, in earlier times, view foreigners and their civilizations with contempt, but that contempt was a tolerant one, and a reasonably liberal policy with regard to foreigners was pursued. It was not until the sixteenth and seventeenth centuries, when China had suffered from acts of violence of Portuguese, the Spaniards, the British, and Dutch, that she assumed a more exclusive and illiberal attitude“ (Willoughby, Foreign Rights and Interests in China, S. 545).

Dazu hat auch Williams zutreffend kommentiert:

> „The outrageous behavior of foreign traders themselves must, moreover, be regarded as a chief cause of the watchful seclusion with which they were treated. ... These characteristics of avarice, lawlessness, and power have been the leading traits in the Chinese estimate of foreigners from their first acquaintance with them, and the latter have done little to effectually disabuse orientals upon these points“ (Williams, The Middle Kingdom, Vol. II, S. 426, 427).

[138] Vgl. die betreffenden Details zur geschichtlichen Entwicklung Macaus im Teil B, II, 4, a, bb, S. 51 ff.

[139] Vgl. Liu Renshan, IPR, S. 50.

[140] So Huang/Wu, Überblick über Macau, S. 13, 14; vgl. auch Huang Jin, IPR, S. 93; Huang Jin, IPR Chinas, S. 40.

Bis zum ersten Opiumkrieg (1840–1842) war die Situation in bezug auf die kollisionsrechtliche Regelung in der nachfolgenden Qing-Dynastie (1616–1911) beinahe dieselbe wie zur Zeit der Ming-Dynastie, wobei das absolute Territorialitätsprinzip die Oberhand gewonnen hatte.

c. Zusammenfassung

Zusammenfassend ist festzustellen, daß die Vorstellungen der Herrschenden, daß die Erde unter dem Himmel zum Kaiserreich Chinas gehöre und die Menschen darauf seine Angehörigen seien, und die sich abkapselnde Außenpolitik der Herrschenden sowie die autarke Naturalwirtschaft Chinas den chinesischen Kollisionsnormen den Boden für ihre Weiterentwicklung entzogen und keinen Raum für die Anwendung ausländischen Rechts übrig ließen,[141] obwohl eine fortschrittliche kollisionsrechtliche Entwicklung – der Zenit der IPR-Entwicklung in der langen chinesischen feudalistischen Gesellschaftsordnung – in der Tang- und Song-Dynastie stattgefunden hatte.

3. Spätere chinesische IPR-Entwicklung nach dem ersten Opiumkrieg

Der erste Opiumkrieg (1840–1842), eine negative historische Wende, mit der die unglückliche, tief beschämende Geschichte Chinas begann[142], ist

---

[141] So Xiao Yongping, in: Han Depei, Neues IPR, S. 81.

[142] Hinsichtlich des Opiumkrieges, insbesondere des Charakters dieses Krieges hatte Gladstone es so wahrgenommen:

> „March 18th (1840) …The duke also said, our footing in China could not be reestablished, unless under some considerable naval and military demonstration, now that matters had gone so far. …
>
> The Chinese question was of the simplest. British subjects insisted on smuggling opium into China in the teeth of Chinese law. The British agent on the spot began war against China for protecting herself against these malpractices. There was no pretence that China was in the wrong, for in fact the British government had sent out orders that the opium-smugglers should not be shielded; but the orders arrived too late, and war having begun, Great Britain felt bound to see it through, with the result that China was compelled to open four ports, to cede Hong Kong, and to pay an indemnity of six hundred thousand pounds. …
>
> I do not know how it can be urged as a crime against the Chinese that they refused provisions to those who refused obedience to their laws whilst residing within their territory. I am not competent to judge how long this war may last, nor how protracted

auch, juristisch gesehen, der Anfang des dunklen Blattes der neuzeitlichen Rechtsgeschichte Chinas, in der das eigene chinesische traditionelle Rechtssystem mit dem westlichen Rechtssystem zum ersten Mal in Berührung kam. Während dieses langen Berührungsprozesses hatte das chinesische traditionelle Rechtssystem als ein geschichtlich vorübergehender Verlierer gezwungenermaßen viele Veränderungen erfahren, unter denen die auf dem Gebiet des Kollisionsrechts im folgenden zu erläutern sind.

a. Privilegien der ausländischen Mächte in China

Mit dem ersten Opiumkrieg und den nachfolgenden Kriegen war China schrittweise zu einem halbfeudalen und halbkolonialen Staat geworden. In der Zeit vom ersten Opiumkrieg bis zur Gründung der VR China hatten sich die ausländischen Mächte durch politisches, militärisches, wirtschaftliches und kulturelles Eindringen, besonders durch eine Reihe von ungleichen, die chinesischen Rechte nicht berücksichtigenden und dem chinesischen Volk

---

may be its operations, but this I can say, that a war more unjust in its origin, a war more calculated in its progress to cover this country with disgrace, I do not know and have not read of. ...but now under the auspices of the noble lord [Palmerston] that flag is hoisted to protect an infamous contraband traffic, and if it were never to be hoisted except as it is now hoisted on the coast of China, we should recoil from its sight with horror, and should never again feel our hearts thrill, as they now thrill ... Although the Chinese were undoubtedly guilty of much absurd phraseology, of no little ostentatious pride, and of some excess, justice in my opinion is with them..." (Morley, Life of Gladstone, S. 225, 226; dazu auch Willoughby, Foreign Rights and Interests in China, S. 1090, 1091).

In dieser Hinsicht hat sich Williams dazu so geäußert:

„ ... the first war between England and China is not only one of great historical interest, but one whose future consequences cannot ail to exercise increasing influence upon many millions of mankind. This war was extraordinary in its origin as growing chiefly out of a commercial misunderstanding; remarkable in its course as being waged between strength and weakness, conscious superiority and ignorant pride; melancholy in its end as forcing the weaker to pay for the opium within its borders against all its laws, thus paralyzing the little moral power its feeble government could exert to protect its subjects; and momentous in its results as introducing, on a basis of acknowledged obligations, one-half of the world to the other, without any arrogant demands from the victors or humiliating concessions from the vanquished. It was a turning-point in the national life of the Chinese race, but the compulsory payment of six million dollars for the opium destroyed has left a stigma upon the English name" (Williams, The Middle Kingdom, Vol. II, S. 463, 464).

gegenüber schmählichen Abkommen[143] zahlreiche einseitige Sonderrechte wie die Nationalbehandlung, Meistbegünstigung und Vorzugsbehandlung in Rechtspflege, Handel, Besteuerung, ewiger Pacht von Grundstücken, industriellem Eigentumsrecht, Urheberrecht, Binnenschiffahrt, Betreten des Inlandes, Einrichtung von Bergwerken und Fabriken, Eisenbahnbau, Finanz, Zoll, Postwesen, Bildung etc. angeeignet.[144]

---

[143] Die betreffenden ungleichen Abkommen sind hier nicht genau aufzulisten. Aber ein Überblick darüber ist dem nachstehenden Teil eines Leitartikels der Volkstageszeitung am 8.3.1963 zu entnehmen (zitiert nach Wang Tieya, International Law in China, S. 338, 339):

> „In the hundred years or so prior to the victory of the Chinese revolution, the imperialist and colonial powers – the United States, Britain, France, Czarist Russia, Germany, Japan, Italy, Austria, Belgium, the Netherlands, Spain and Portugal – carried out unbridled aggression against China. They compelled the governments of old China to sign a large number of unequal treaties: the Treaty of Nanjing of 1842, the Treaty of Aigum of 1858, the Treaty of Tianjin of 1858, the Treaty of Beijing of 1860, the Treaty of 1881, the Protocol of Lisbon of 1887, the Treaty of Shimononeseki of 1895, the Convention for the Extension of Hong Kong of 1898, the Protocol of 1901, etc. By virtue of those unequal treaties, they annexed Chinese territory in the north, south, east and west and held lease territories on the sea-board and in the hinterland of China. Some seized Taiwan and the Penghu Islands, others occupied Hong Kong and forcibly leased Kowloon, still others put Macau under perpetual occupation, and so forth.“

[144] So Zhang/Zhao, IPR 2002, S. 103. Wang Tieya hat eine ähnliche, aber ausführlichere Aufzählung der von den Weltmächten genossenen Sonderrechte und Privilegien aufgestellt.

Konkret lautet die Liste so:

> „1. the system of extraterritoriality including the foreign courts and the 'mixed court' at Shanghai;
>
> 2. fixed and low tariff provided by treaties;
>
> 3. foreign controlled settlements and concessions at the trade ports;
>
> 4. leased territories considered as 'disguised territorial cession';
>
> 5. foreign controlled Legation Quarter and Legation guards at Beijing;
>
> 6. foreign troops at Tienjin and at points along the railway from Beijing to the sea;
>
> 7. foreign gunboats and naval vessels at coastal ports and on the Yangzi River;
>
> 8. foreign police along certain railways;
>
> 9. foreign administered maritime customs service, postal service and Salt Gabelle (tax agency);

Daß die ausländischen Bürger, Unternehmen und die anderen wirtschaftlichen Organisationen sowie die ausländischen Staaten selbst[145] derartige – aus heutiger Sicht – unvorstellbar umfangreiche Sonderrechte in China genossen hatten, ist nicht nur eine geschichtliche Eigenart der chinesischen internationalen Beziehungen, sondern auch ein großer Skandal der Weltzivilisation.

b. Konsulargerichtsbarkeit auf chinesischem Boden

Eine Sonderentwicklung in der Geschichte des chinesischen Internationalen Privatrechts ist die Konsulargerichtsbarkeit[146] resp. Exterritorialität, eines der vielen von den ausländischen Mächten in China genossenen Sonderrechte.[147]

---

10. coastal navigation (cabotage) and navigation on inland waters;
11. immunity from direct taxation;
12. payment of indemnities;
13. loans and their guaranties;
14. railway, mining and telecommunication concessions;
15. the right issuing currency;
16. the right of missionaries to settle, acquire real property and proselytize throughout the country;
17. the establishment of educational institutions free from Chinese supervision;

and the most-favoured-nation clauses, which were unilateral, unconditional and broad in scope, extended all these special rights and privileges to all countries which were in a treaty relation with China“ (Wang Tieya, International Law in China, S. 252, 253).

[145] Zu den konkreten Staaten vgl. Fußnote 157, S. 38.

[146] Weiser bezeichnet die Konsulargerichtsbarkeit zutreffend als „schroffer Ausnahmezustand gegenüber den heute in allen Ländern des christlichen Europa und Amerika anerkannten staatsrechtlichen Grundsätzen der Territorialhoheit und der Territorialität des Rechts“ (Weiser, Konsulargerichtsbarkeit, S. 2), obwohl das dort genannte Bedürfnis – „den Staatsgenossen in den Ländern, die nach ihrer Kulturentwicklung, ihrer staatlichen Verfassung von der heimatlichen Kultur gänzlich verschieden sind, die Möglichkeit der Niederlassung und des friedlichen Handelsaustausches zu gewähren“ – nicht ganz zutreffend war. Denn die Begründung, den ausländischen Geschäftsleuten Sicherheiten zu gewährleisten und die Handelsbeziehungen überhaupt zu ermöglichen, stellten nur einen Vorwand dar; die wahren Beweggründe lagen in der Verfolgung von machtpolitischen Zielen der Großmächte (vgl. dazu Marchand, Konsulargerichtsbarkeit, S. 58).

[147] Vgl. auch Chen Tung-Pi, IPR Chinas, S. 445, 458.

Die Exterritorialität bedeutete, daß der in einem Residenzland ansässige Ausländer bei einem Gerichtsverfahren nicht dem Recht und der Gerichtsbarkeit des Residenzlandes[148], sondern dem Recht und der Gerichtsbarkeit seines Heimatlandes unterlag.[149]

Das Nanjing-Abkommen, das die Briten als Kriegsbeute aus dem ersten Opiumkrieg errungen hatten, war „der legitimierte Anfang des Systems der Exterritorialität in China“[150], denn obwohl eine ausdrückliche Klausel der Exterritorialität nicht in diesem Abkommen enthalten war, fand sich jedoch eine solche[151] in den „General Regulations“[152] hinsichtlich der Ausführung

---

[148] So Dong Likun, IPR 2000, S. 037.

[149] Die „Konsulargerichtsbarkeit“ ist „die Gesamtheit aller vor die Konsulargerichte im weiteren Sinn gehörigen Angelegenheiten“ (Weiser, Konsulargerichtsbarkeit, S. 1). In dieser Hinsicht hat Liu Shihshun eine anschauliche Definition aufgestellt: „Exterritorialität“ „is generally employed to describe the condition of law existing in certain Oriental countries, under which foreigners are exempt from the local jurisdiction and are subject to their national authorities, by virtue of well-established usage or treaty arrangement“ (Liu Shihshun, Extraterritoriality, S. 19).

[150] Vgl. Willoughby, Foreign Rights and Interests in China, S. 558.

[151] Der die Exterritorialität regelnde Artikel ist Art. XIII der General Regulations.

Art. XIII. – „Disputes Between British Subjects And Chinese“

„Whenever a British subject has reason to complain of a Chinese, he must first proceed to the Consulate and state his grievance. The Consul will thereupon inquire into the merits of the case, and do his utmost to arrange it amicably. In like manner, if a Chinese have reason to complain of a British subject, he shall no less listen to his complaint and endeavour to settle it in a friendly manner. If an English merchant have occasion to address the Chinese authorities, he shall send such address through the Consul, who will see that the language is becoming; and if otherwise, will direct it to be changed, or will refuse to convey the address. If unfortunately any disputes take place of such a nature that the Consul cannot arrange them amicably, then he shall request the assistance of a Chinese officer that they may together examine into the merits of the case, and decide it equitably. Regarding the punishment of English criminals, the English Government will enact the laws necessary to attain that end, and the Counsul will be empowered to put them in force; and regarding the punishment of Chinese criminals, these will be tried and punished by their own laws, in the way provided for by the correspondence which took place at Nanking after the concluding of the peace“ (Customs Treaties, Bd. I, S. 388; dazu auch Willoughby, Foreign Rights and Interests in China, S. 558, 559).

[152] Das Abkommen – „General Regulations, under which the British trade is to be conducted at the five ports of Canton, Amoy, Fiche, Mingo, and Shanghai“ – wurde am 22.7.1843 in Hongkong veröffentlicht (Customs Treaties, Bd. I, S. 383). Diese

des Abkommens.[153] Die ersten Klauseln über die Exterritorialität fanden sich also in den oben genannten „General Regulations" zwischen China und Großbritannien von 1843 und im Sino-Amerikanischen Wangxia Abkommen von 1844[154], wodurch die Exterritorialität formell fixiert und verfeinert wurde[155]. In der Folgezeit machte das Beispiel der Briten und Amerikaner Schule für die übrigen Mächte.[156] Durch Abkommen von 1844 mit Frankreich und das von 1847 mit Norwegen und Schweden hatten

---

Exterritorialität galt ausdrücklich zu diesem Zeitpunkt nur in den fünf genannten Hafenstädten gemäß dem „Supplementary Treaty" – „Supplementary Treaty signed by their Excellencies Sir Henry Pottinger and Ki Ying respectively, on the part of the sovereigns of Great Britain and China, at the Bogue, 8th October 1843" – zu dem Nanking-Abkommen von 1842 (Customs Treaties, Bd. I, S. 390-399; so auch Willoughby, Foreign Rights and Interests in China, S. 559).

[153] So Willoughby, Foreign Rights and Interests in China, S. 558.

[154] Die Artikel für die Exterritorialität in diesem Abkommen von 1844 waren: Artt. XVI, XIX, XXI, XXIV und XXV. Z.B.

Art. XXI:

„Subjects of China who may be guilty of any criminal act towards citizens of the United States shall be arrested and punished by the Chinese authorities according to the laws of China, and citizens of the United States who may commit any crime in China shall be subject to be tried and punished only by the Consul or other public functionary of the United States thereto authorised according to the laws of the United States; and in order to (secure) the prevention of all controversy and disaffection, justice shall be equitably and impartially administered on both sides" (Customs Treaties, Bd. I, S. 685; dazu auch Willoughby, Foreign Rights and Interests in China, S. 560);

Art. XXV:

„All questions in regard to rights, whether of property or person, arising between citizens of the United States in China shall be subject to the jurisdiction of and regulated by the authorities of their own Government; and all controversies occurring in China between the citizens of the United States and the subjects of any other Government shall be regulated by the Treaties existing between the United States and such Governments respectively, without interference on the part of China" (Customs Treaties, Bd. I. S. 687; auch Willoughby, Foreign Rights and Interests in China, S. 650).

[155] So Wang Tieya, International Law in China, S. 239.

[156] So Dong Likun, IPR 2000, S. 037.

beispielsweise die Franzosen, Norweger und Schweden letztlich die gleiche Exterritorialität erlangt.[157]

---

[157] Vgl. Willoughby, Foreign Rights and Interests in China, S. 561. Dazu hat Wang Tieya die 19 wichtigen Länder genannt (Wang Tieya, International Law in China, S. 252); vgl. dazu auch die Übersicht über die beteiligten Länder im Anhang 3 von Cheng Chiwei (Cheng Chiwei, IPR Taiwans). Im konkreten sind die folgenden Mächte, die dieses Sonderrecht genossen:

1. Großbritannien: „General Regulations, under which the British trade is to be conducted at the five ports of Canton, Amoy, Fuchow, Ningpo, and Shanghai" vom 22.7.1843 (Art. XIII), Customs Treaties, Bd. I, S. 383-389; „Treaty of Tientsin" vom 26.6.1858 (Artt. XV, XVI, XVII), Customs Treaties, Bd. I, S. 404-421; „Agreement between the Ministers Plenipotentiary of the Governments of Great Britain and China" vom 13.9.1876 (Section II – Official Intercourse) (Customs Treaties, Bd. I, S. 491-499);

2. Rußland: „Treaty of Tientsin" vom 1/13.6.1858 (Art. VII) (Customs Treaties, Bd. I, S. 85-91);

3. die USA: „Agreement Relating to Opium" vom 8.5.1911 (Artt. XXI, XXIV, XXV,) (Customs Treaties, Bd. I, S. 669-690); „Treaty of Tientsin" vom 18.6.1858 (Artt. XXVII, XXVIII) (Customs Treaties, Bd. I, S. 713-728); „Supplementary Treaty between the United States and China concerning Commercial Intercourse and Judicial Procedure" vom 17.11.1880 (Art. IV) (Customs Treaties, Bd. I, S. 736-739);

4. Frankreich: „Treaty of Whampoa" vom 24.10.1844 (Artt. XXV, XXVII, XXVIII), Customs Treaties, Bd. I, S. 771-790; „Treaty of Tientsin" vom 28.6.1858 (Artt. XXXV, XXXVIII, XXXIX) (Customs Treaties, Bd. I, S. 814-839);

5. Belgien: „Treaty of Peking" vom 2.11.1865 (Artt. XVI, XIX) (Customs Treaties, Bd. II, S. 4-22);

6/7: Norwegen und Schweden: „Treaty of Canton" vom 20.3.1847 (Artt. XXI, XXV) (Customs Treaties, Bd. II, S. 45-63);

8. Deutschland: „Treaty of Tientsin" vom 2.9.1861 (Artt. 35, 38, 39) – Freundschafts-, Handels- und Schifffahrts-Vertrag zwischen den Staaten des Deutschen Zoll- und Handels-Vereins, den Grossherzogthümern Mecklenburg-Schwerin und Mecklenburg-Strelitz, sowie den Hansestädten Lübeck, Bremen und Hamburg einerseits, und China andererseits – (Customs Treaties, Bd. II, S. 115-138, vgl. auch dazu Friedländer, Deutsche Konsulargerichtsbarkeit, S. 25);

Art. 35:

„Wenn ein Unterthan eines der contrahierenden Deutschen Staaten Ursache zur Beschwerde über einen Chinesen hat, so soll er sich zuvörderst zu dem Consular-Beamten begeben, und ihm den Gegenstand seiner Beschwerde auseinandersetzen. Der Consular-Beamte, nachdem er die Angelegenheit untersucht hat, wird sich Mühe geben, dieselbe gütlich auszugleichen. Ebenso wird der Consular-Beamte, wenn ein Chinese sich über einen Unterthan eines der contrahierenden Deutschen Staaten zu beschweren hat, ersterem williges Gehör schenken und eine gütliche Einigung herbeizuführen suchen. Sollte eine solche aber, in dem einen oder anderen Falle, nicht gelingen, so wird der Consular-Beamte die Mitwirkung des betreffenden Chinesischen Beamten in Anspruch nehmen, und beide vereint werden die Angelegenheit nach dem Grundsätzen der Billigkeit entscheiden" (Customs Treaties, Bd. II, S. 132);

Art. 38:

„Chinesische Unterthanen, welche sich einer verbrecherischen Handlung gegen einen Unterthanen eines der contrahierenden Deutschen Staaten schuldig machen, sollen von den Chinesischen Behörden verhaftet und nach Chinesischen Gesetzen bestraft werden. Unterthanen eines der contrahierenden Deutschen Staaten, wenn sie sich einer verbrecherischen Handlung gegen einen Chinesischen Unterthan schuldig machen, sollen vom Consular-Beamten verhaftet, und nach den Gesetzen des Staates, welchem sie angehören, bestraft werden" (Customs Treaties, Bd. II, S. 133);

Art. 39:

„Alle Fragen in bezug auf Rechte des Vermögens oder der Person, welche sich zwischen Unterthanen der contrahierenden Deutschen Staaten erheben, sollen der Jurisdiction der Behörden dieser Staaten unterworfen sein. Desgleichen werden sich die Chinesischen Behörden in keine Streitigkeiten mischen, welche zwischen Unterthanen eines der contrahierenden Deutschen Staaten und Fremden etwa entstehen sollten" (Customs Treaties, Bd. II, S. 134);

9. Portugal: „Treaty of Peking" vom 1.12.1887 (Artt. XLVII, XLVIII, LI) (Customs Treaties, Bd. II, S. 274-294);

10. Dänemark: „Treaty of Tientsin" vom 13.7.1863 (Artt. XV, XVI, XVII) (Customs Treaties, Bd. II, S. 313-330);

11. Die Niederlande: „Treaty of Tientsin" vom 6.10.1863 (Art. VI) (Customs Treaties, Bd. II, S. 339-351);

12. Spanien: „Treaty of Tientsin" vom 10.10.1864 (Artt. XII, XIII) (Customs Treaties, Bd. II, S. 359-377);

13. Italien: „Treaty of Peking" vom 26.10.1866 (Artt. XV, XVI, XVII) (Customs Treaties, Bd. II, S. 403-420);

14. Österreich-Ungarn: „Treaty of Peking" vom 2.9.1869 (Artt. XXXVIII, XXXIX, XL) (Customs Treaties, Bd. II, S. 457-476);

15. Japan: „Treaty of Commerce and Navigation" vom 21.7.1896 (Artt. XX, XXI, XXII) (Customs Treaties, Bd. II, S. 604-614) (Japan hatte zusätzlich polizeiliche

Demzufolge hatten Großbritannien und die USA Sondergerichte in China eingerichtet[158]; Frankreich und Italien hatten Sonderrichter nach China entsandt; Japan hatte Konsulrichter nach Shenyang, Tianjin, Shanghai, Qingdao und in andere Städten Chinas entsandt; Norwegen hatte Konsulrichter nach Shanghai entsandt.[159] Dabei kamen die jeweiligen ausländischen Rechtsordnungen zur Geltung.[160] In den ausländischen Konzessionen[161] war die Situation noch unbefriedigender als die in den sogenannten gemischten Gerichtshöfen, in denen chinesische Richter mit nichtchinesischen Bei-

Einrichtungen und Streitkräfte im Zusammenhang mit der Exterritorialität in Fujian, in Nordost Chinas und anderen Teilen Chinas aufgestellt, und zwar ohne irgendeine Grundlage in einem Abkommen, vgl. dazu Willoughby, Foreign Rights and Interests in China, S. 589);

16. Peru: „Treaty of Tientsin“ vom 26.6.1874 (Artt. XII, XIII, XIV) (Customs Treaties, Bd. II, S. 798-807);

17. Brasilien: „Treaty of Tientsin“ vom 3.10.1881 (Artt. IX, X, XI) (Customs Treaties, Bd. II, S. 813-822);

18. Mexico: „Treaty of Washington“ vom 14.12.1899 (Artt. XIII, XIV, XV) (Customs Treaties, Bd. II, S. 833-843);

19. die Schweiz: „Freundschaftsvertrag zwischen der Schweiz und der Republik China“ vom 13.6.1918 (Art. 2 sowie die Erklärung) (Amtliche Sammlung der Bundesgesetze und Verordnungen der schweizerischen Eidgenossenschaft, XXXVII Bd. Jg. 1921, S. 65-69; vgl. auch Marchand, Konsulargerichtsbarkeit, S. 67; dazu auch Liu Shihshun, Extraterritoriality, Fußnote 1, S. 91).

[158] Diese Gerichte waren: „the United States Court for China in 1906“, „a United States Commissioner at Shanghai in 1920“, „His Britannic Majesty's Supreme Court in 1904“, „British Provincial Courts and British Police Court at Shanghai“ (dazu Willoughby, Foreign Rights and Interests in China, S. 602-613).

[159] Vgl. Dong Likun, IPR 2000, S. 037; Marchand, Konsulargerichtsbarkeit, S. 103; Wang Tieya, International Law in China, S. 256.

[160] Vgl. Dong Likun, IPR 2000, S. 037; Marchand, Konsulargerichtsbarkeit, S. 103; Wang Tieya, International Law in China, S. 256.

[161] Insgesamt gab es in China 40 ausländische Niederlassungen bzw. Konzessionen in 19 Hafenstädten, insbesondere in Shanghai, Xiamen, Hankou und Tianjin, die ein „imperium in imperio“ bildeten (so Wang Tieya, International Law in China, S. 257; auch dazu Willoughby, Foreign Rights and Interests in China, S. 566). Es gab in Shanghai ursprünglich drei ausländische koloniale Niederlassungen bzw. Konzessionen, die französische, die englische und die amerikanische. Die englische Konzession und die amerikanische hatten sich im Jahr 1862 zusammengeschlossen und wurden als die internationale Konzession bezeichnet. In diesen Konzessionen gab es Polizeibehörden und Gefängnisse (dazu auch Marchand, Konsulargerichtsbarkeit, S. 103, 104).

sitzern zusammen über die Fälle befinden mußten, in denen ein Chinese oder ein Staatsbürger eines ausländischen Staats, dem keine Exterritorialität in China zustand, vor Gericht stand.[162]

Im großen und ganzen hatten die den Chinesen aufgezwungene Konsulargerichtsbarkeit und die anderen den ausländischen Mächten eingeräumten Sonderrechte die Staatssouveränität Chinas und die Einheit des chinesischen Rechtssystems zunichte gemacht.[163] Denn die ungleichen Verträge mit den ausländischen Mächten waren zur wichtigsten Grundlage für die Behandlung der Rechtsverhältnisse mit Auslandsbeziehungen geworden,[164] und die chinesische Gesetzgebung und Justiz waren insgesamt in ausländische Hände gefallen.[165] Folglich war eine Grundlage für die Fortentwicklung des Internationalen Privatrechts Chinas schlicht und einfach nicht mehr vorhanden.[166]

c. IPR-Vorschriften während der Republik China

Die Exterritorialität hatte zwar trotz des Untergangs der letzten chinesischen Dynastie und der Entstehung der ersten chinesischen Republik noch Bestand. Aber anders als z.B. in der Türkei oder anderen muslimischen Staaten, in denen man damit einverstanden war, daß Ausländer ihren eigenen Recht unterlagen, lief diese Institution a priori dem Willen der Chinesen zu-

---

[162] Vgl. Dong Likun, IPR 2000, S. 037; Marchand, Konsulargerichtsbarkeit, S. 103; Wang Tieya, International Law in China, S. 256.

[163] So hatte Willoughby gemeint: „The whole system (of extraterritoriality) is in serious derogation of the dignity and sovereignty of the Chinese State“ (Willoughby, Foreign Rights and Interests in China, S. 660). Ähnliches hat sich auch Marchand dazu geäußert: Die Konsulargerichtsbarkeit wurde in dem Reich der Mitte „als äusserst störende Beschneidung der eigenen Souveränität“ empfunden (Marchang, Konsulargerichtsbarkeit, S. 52). Dazu auch Wang Tieya so: „It created a peculiar judicial system in China, seriously restricting the judicial power of China and grossly violating its sovereignty“ (Wang Tieya, International Law in China, S. 256); Exterritorialität ist als „a sign of national subordination“„inflicted on China in total disregard of justice and righteousness“ (Wang Tieya, International Law in China, S. 259).

[164] So auch Wang Tieya, International Law in China, S. 258.

[165] Vgl. dazu Liu Renshan, IPR, S. 50; Dong Likun, IPR 2000, S. 037; Xiao Yongping, in: Han Depei, Neues IPR, S. 81; Huang Jin, IPR, S. 162.

[166] Vgl. dazu Liu Renshan, IPR, S. 50; Dong Likun, IPR 2000, S. 037; Xiao Yongping, in: Han Depei, Neues IPR, S. 81; Huang Jin, IPR, S. 162.

wider.[167] Die Beseitigung der Exterritorialität und die Bewahrung der Integrität der Staatssouveränität waren deswegen immer ein Bestandteil des langen Kampfs der Chinesen gegen Imperialismus und Feudalismus.[168]

Mit der Revolution von 1911 unter der Führung von Sun Zhongshan[169] wurde die erste Republik der chinesischen Geschichte – die Republik China (1912–1949) – ins Leben gerufen und die Qing-Dynastie – die letzte feudalistische Gesellschaftsordnung Chinas – kam zu ihrem Ende. Damit war das Bewußtsein der chinesischen Nation von Staatssouveränität und nationaler Würde wieder stärker geworden. So hatte die chinesische Regierung seinerzeit ständig versucht, die Konsulargerichtsbarkeit abzuschaffen[170]. Dieser Versuch war jedoch in der Pariser Friedenskonferenz von 1919 gescheitert.

Um die Spannungen im Inneren abzubauen und den Forderungen[171] der westlichen Mächte entgegenzukommen wurde in China eine Rechtsreform

---

[167] Vgl. Willoughby, Foreign Rights and Interests in China, S. 556. Dazu hat auch Liu Shihshun so erläutert:

> „A different story, however, must be told of the establishment of extraterritoriality in the Far East. There, religious differences did not necessitate a special jurisdiction, the motive of foreign intercourse was by no means persistent, and the force of custom was distinctly averse to the assertion of judicial competence by foreign magistrates. As is well known, Confucianism and Buddhism, the dominant systems of philosophy and religion in the Far East, make no discriminating distinctions between the native and the alien. They teach tolerance and indulgence to all alike. For this reason, the peculiar situation to which the Mohammedan religion gave rise in regard to the unbeliever did not exist in Eastern Asia" (Liu Shishun, Extraterritoriality, S. 76).

[168] So Dong Likun, IPR 2000, S. 037; Marchand, Konsulargerichtsbarkeit, S. 52.

[169] Auch Sun Yat-sen, Sung Chung-schan, bekannter chinesischer Revolutionär und Staatsmann, Pionier der westlichen Demokratie in China. Näheres dazu vgl. Brockhaus, Bd. XVIII, S. 351, 352; Brockhaus, 19. Aufl., Bd. XXI, S. 478-479; Collier, Vol. 21, S. 638, 639. Vgl. dazu auch Fußnote 24, S. 10.

[170] Hinsichtlich der Bemühungen der Chinesen um die Abschaffung der Konsulargerichtsbarkeit vgl. die ausführliche Darstellung von Marchand, Konsulargerichtsbarkeit, S. 52-57; dazu auch Wang Tieya, International Law in China, S. 259-262.

[171] Z.B. Art. XII des Mackay Abkommens zwischen China und Großbritannien von 1902:

> „China having expressed a strong desire to reform her judicial system, and to bring it into accord with that of Western nations, Great Britain agrees to give every assistance to such reform, and she will also be prepared to relinquish her extraterritorial rights when she is satisfied that the state of the Chinese laws, the arrangement for their administration, and other conditions warrant her in so doing."

durchgeführt. Zu diesem Zweck wurde bereits in der Endphase der Qing-Dynastie ein spezielles Amt für die Rechtsreform unter der Leitung von Shen Jiaben (1840–1912) und Wu Tingfang (1842–1922) eingerichtet. In der Folgezeit wurden verfassungs-, zivil-, straf-, handels-, prozeßrechtliche und gerichtsorganisatorische Rechtserlasse verkündet.[172] Dieser Prozeß der Rechtsentwicklung setzte sich während der Existenz der Republik China (1912–1949) fort, indem sich nicht nur zuerst die nördlichen Militärmachtinhaber, sondern auch später die Guomindang-Regierung[173] darum bemühten, die Rechtsreform weiter voranzutreiben und ein modernes Rechtssystem aufzubauen bzw. zu verfeinern. Bis zum Ende der Guomingdang-Zeit[174] vor 1949 wurde ein modernes chinesisches Rechtssystem in Form von sechs Gesetzen – dem Verfassungs-, Zivil-, Handels-, Straf-, Zivilprozeß- und Strafprozeßgesetz – ausdifferenziert.[175]

Vor diesem Hintergrund wurde „die Verordnung über Rechtsanwendung" (im folgenden als „Rechtsanwendungsverordnung" abgekürzt) – die erste moderne chinesische IPR-Gesetzgebung – am 5.8.1918 verkündet.[176] Diese Rechtsanwendungsverordnung verkörperte, obwohl sie unter japanischer Leitung eine Rezeption der deutschen und japanischen IPR-Gesetzgebung darstellte, dennoch objektiv gesehen die Wünsche der Chinesen

---

Die ähnliche Regelung fand sich auch in dem Abkommen Chinas mit Japan von 1903, mit den USA von 1903 und mit Schweden von 1908. Dazu Willoughby, Foreign Rights and Interests in China, S. 669; Marchand, Konsulargerichtsbarkeit, S. 52.

Dazu hat auch Liu Shihshun folgendes kommentiert:

> „With the growth of the territorial theory of law, States fettered with the anomaly of extraterritoriality have labored again and again to throw it off. Little by little, the statesmen of these countries have awakened to the fact that what had once been a normal practice had become a distinct limitation and derogation of their sovereignty. They have come to realize that the system is regarded as a humiliating sign of backwardness, which the Christian States had seen fit to put an end to, and which the non-Christian States should also claim a right to depart from. But the attempts of the latter have not been greeted with uniform success, and it is only by fulfilling many conditions that some States have been able to rid themselves of the increasingly distasteful anomaly" (Liu Shihshun, Extraterritoriality, S. 103).

[172] Vgl. von Senger/Xu, IPR Chinas, S. 103.

[173] Näheres über Guomindang vgl. Fußnote 24, S. 10.

[174] Näheres über Guomindang vgl. Fußnote 24, S. 10

[175] Vgl. Hou Fang, Erbrechtsvergleichung, S. 183.

[176] Vgl. auch Süß, IPR-Grundzüge Chinas, S. 19, 20.

gegen die imperialistische Invasion, für eine vollständige Staatssouveränität und die Gleichheit mit den anderen Völkern.[177]

Diese Rechtsanwendungsverordnung[178], welche generelle Bestimmungen, Regeln über Personen, Verwandten, Erbfolge, Vermögen, Form der Rechtsgeschäfte und Ergänzungsbestimmungen in insgesamt 7 Kapitel mit 27 Artikeln enthielt, war im Vergleich zu den damaligen IPR-Gesetzen anderer kapitalistischen Staaten, die IPR-Gesetzgebung mit den meisten Artikeln und den ausführlichsten Bestimmungen[179]. Sie wurde am 12.8.1927 von der chinesischen Regierung unter Guomindang[180] verabschiedet.[181]

Aber der seinerzeitigen Rechtsrealität Chinas – der verlorenen Staatssouveränität und der Abhängigkeit der Gesetzgebung und Justiz von ausländischen Mächten – entsprach diese Rechtsanwendungsverordnung überhaupt nicht, da von einer echten Anwendung in der Rechtspraxis keine Rede sein konnte; sie blieb daher schlicht auf dem Papier.[182] Denn aufgrund der Exterritorialität unterlagen die Fälle mit Auslandsbezug der Konsulargerichtsbarkeit, und China hatte insoweit überhaupt keine Jurisdiktion, ganz zu schweigen von der Anwendung eigener Kollisionsnormen.

Im Hinblick auf den akademischen Wert dieser IPR-Gesetzgebung hatte die Rechtsanwendungsverordnung trotzdem einen bedeutsamen Anstoß zur IPR-Forschung in China gegeben.[183] So hatte z.B. Guo Yunguan im Jahr 1948 einen erwähnenswerten IPR-Entwurf mit Begründung vorgelegt, der noch für die heutige chinesische IPR-Forschung von Bedeutung ist.[184]

---

[177] So Li Shuangyuan, IPR, S. 89; Li Shuangyuan/Jin Pengnian, IPR, S. 90.

[178] Zur deutschen Übersetzung vgl. Niemeyers Zeitschrift für Internationales Recht, XXXXII Bd./1930, S. 129-137.

[179] So Li Shuangyuan, IPR, S. 89; Mei Zhongxie, Neues IPR, S. 51.

[180] Näheres über Guomindang vgl. Fußnote 24, S. 10.

[181] Zur Weiterentwicklung der Rechtsanwendungsverordnung siehe: Teil B, II, 4, b, S. 57.

[182] Vgl. Li Shuangyuan/Jin Pengnian, IPR, S. 91; Xiao Yongping, in: Han Depei, Neues IPR, S. 82; Liu Renshan, IPR, S. 51; Liu Xiangshu, IPR-Fragen, S. 35; Xu Donggen/Xue Fan, IPR-Vervollkommnung, S. 105; Ding Wei/Chen Zhidong, Kollisionsrecht, S. 39; Yu Xianyu, Kollisionsrecht, S. 80; Zhang Xiaojian, IPR, S. 121; Zhang/Zhao, IPR 2002, S. 45; Dong Likun, IPR 2000, S. 037; Süß, IPR-Grundzüge Chinas, S. 20.

[183] So Dong Likun, IPR 2000, S. 037; Details über die erfolgreiche Forschung damals findet sich auch in Dong Likun, IPR 2000, S. 037, 038.

[184] So Dong Likun, IPR 2000, S. 037.

Allerdings konnte allen diesen Bestrebungen auf dem Gebiet des IPR in der halbkolonialen und halbfeudalistischen chinesischen Gesellschaftsordnung, in der die Grundlage für die Anwendung internationalprivatrechtlicher Regelungen fehlte, kein Erfolg beschieden sein.

4. Die moderne chinesische IPR-Entwicklung nach der Gründung der VR China

Die Gründung der VR China am 1.10.1949, als der Vorsitzende Mao Zedong (1893–1976)[185] der ganzen Welt erklärte: „Von diesem Moment an erhebt sich das chinesische Volk!", stellte eine weitere historische Zäsur für das chinesische Volk dar: Es handelt sich um das vollständige Ende des Kolonialismus und der Exterritorialität, eine Beseitigung der seit 1842 praktizierten Machtpolitik ausländischer Mächte über das chinesische Volk[186] und zugleich um den dornenreichen Aufstieg zu einer chinesischen nationalen Wiederbelebung, zu einem mächtigen und blühenden Staat von nationaler Unabhängigkeit, Prosperität und Demokratie. Damit wurde auch die Grundlage für die Weiterentwicklung des chinesischen Internationalen Privatrechts – wirklich gleichrangige internationale Beziehungen – geschaffen[187].[188]

---

[185] Gründer der VR China, bekannter chinesischer Revolutionär und Staatsmann sowie Militärstratege. Näheres dazu vgl. Brockhaus, Bd. XII, S. 112, 113; Collier, Vol. 15, S. 368-370; Collier 1995, Vol. 15, S. 364-366.

[186] Diese Beseitigung der Machtpolitik erfolgte allerdings nicht vollkommen, denn Chinas Einfluß auf die internationale Machtpolitik ist momentan noch von untergeordneter Bedeutung und bei der Taiwan-Frage spielt die Machtpolitik der USA immer noch eine wichtige Rolle.

[187] Dies bezieht sich nicht nur auf die Situation auf dem Rechtsgebiet Festland, sondern auch auf die auf den Rechtsgebieten Taiwan, Hongkong und Macau, deren IPR-Entwicklung erkennbar in unterschiedlichen Richtungen verlaufen ist.

[188] So Dong Likun, IPR 2000, S. 039; Xiao Yongping, in: Han Depei, Neues IPR, S. 82; Xu Donggen/Xue Fan, IPR-Vervollkommnung, S. 106; Yu Xianyu, Kollisionsrecht, S. 80; Huang Jin, IPR Chinas, S. 41; Huang Jin, IPR, S. 163.

a. IPR-Entwicklung auf den Rechtsgebieten Hongkong und Macau

Die IPR-Entwicklung in Hongkong und Macau zeichnet sich im Gegensatz zu der auf den Rechtsgebieten Festland und Taiwan durch eine andere Kontur aus, die infolge der Machtpolitik der ausländischen Mächte zeitlich früher als die auf dem Festland und Taiwan aufgekommen ist, und die auch demzufolge von der jeweiligen Hinterlassenschaft der Eroberer dominierend geprägt worden ist.

aa. IPR-Entwicklung auf dem Rechtsgebiet Hongkong

Die IPR-Entwicklung Hongkongs[189] trennte sich ab dem ersten Opiumkrieg von der gesamten chinesischen IPR-Entwicklung. Denn sie wurde zur englischen kollisionsrechtlichen Richtung gezwungen. Jedoch sind gewisse Eigentümlichkeiten beibehalten.

---

[189] Hongkong, genauer gesagt, die Hongkong-Region, von alters her Teil des Territoriums von China, bestehend aus Hongkong-Insel (die größte Insel der Hongkong-Region, 78 k m² in der Fläche), Kowloon, genauer ausdrückt, die Kowloon-Insel, („Jiulong“ auf chinesisch, gegenüber der Hongkong-Insel auf der anderen Seite des Meeres, 11.1 k m² in der Fläche) und die Neuen Territorien (auf chinesisch „Xinjie“ und auf englisch „New Territories“, bestehend aus 235 kleinen Inseln, 975.1 k m² in der Fläche, 92 % der gesamten Fläche Hongkongs), wurde im 19. Jahrhundert den Briten durch drei ungleiche Abkommen abgetreten bzw. ausgeliehen: Am 26.1.1841 wurde die Hongkong-Insel von britischen Soldaten erobert und den Briten durch das den Chinesen aufgezwungene Nanjing-Abkommen (29.8.1842) abgetreten; durch das den Chinesen aufgezwungene Beijing-Abkommen (24.10.1860) während des zweiten Opiumkrieges wurde Kowloon abgetreten und letztlich wurden die Neuen Territorien den Briten durch das den Chinesen aufgezwungene Sonderabkommen über die Territoriumsausdehnung Hongkongs (9.6.1898) bis zum 30.6.1997 ausgeliehen (vgl. dazu Lan Tian, Rechtsfragen aus „Ein Staat, zwei Systeme“, genereller Bd., S. 51). Während des zweiten Weltkrieges war Hongkong den Japanern in die Hände gefallen, und nach dem Kriegsende hatten die USA den Streit zwischen China unter der Guomindang-Regierung und Großbritannien darüber, wem gegenüber die Japaner kapitulieren sollten, zugunsten der Briten geschlichtet. Dadurch hatten die Briten Hongkong gewissermaßen erneut erobert (dazu auch Lan Tian, Rechtsfragen aus „Ein Staat, zwei Systeme“, genereller Bd., S. 52).

(1) Entwicklungsperioden vor der Rückgabe Hongkongs an China

Die IPR-Entwicklung in Hongkong läßt sich, ebenso wie die dortige Rechtsentwicklung im allgemeinen, geschichtlich in drei Perioden einteilen.

Im Zeitraum von 40 v.Chr. bis 1843[190] teilte Hongkong die Rechtsentwicklung bzw. IPR-Entwicklung Chinas. Im Jahr 214 v.Chr. wurde eine Nanhai-Jun[191] dort errichtet, die in vier Kreise[192] unterteilt wurde, wobei ein Kreis davon der Fayu-Kreis war, zu dem Hongkong gehörte.[193] Folglich galt damals in Hongkong der Qin-Kodex.[194]

Seit der Qin-Dynastie hatten die nachfolgenden Dynastien in der Hongkong-Region Verwaltungs- und Verteidigungsorganisationen eingerichtet.[195] Also galt in Hongkong vor 1843 in einer Herrschaftsregion unter der Qing-Dynastie der „Kodex der Großen Qing-Dynastie", dessen zivilrechtliche Bestimmungen hauptsächlich das Eigentum und die Übertragung von Boden, Ackerland, Häusern und Feldfrüchten, aber weniger Handwerk und Kommerz regelten.[196]

Nach 1843 setzten sich in Hongkong allmählich im großen und ganzen die britischen zivil- und handelsrechtlichen Regeln – in Form des „common law" und „equity law" – durch; zugleich spielten die alten Regeln der Qing-Dynastie und die traditionellen chinesischen Gebräuche nur noch in Bereichen wie Ehe, Familie, Hypothek, Erbfolge eine begrenzte Rolle.[197]

---

[190] Wie erwähnt wurde das ungleiche Nanjing-Abkommen, durch das die Hongkong-Insel den Briten abgetreten wurde, am 29.8.1842 unterzeichnet. Danach wurde am 5.4.1843 der Notenwechsel für dieses Abkommen in Hongkong durchgeführt, und die Briten erklärten Hongkong offiziell zu ihrer Kolonie (vgl. Lan Tian, Rechtsfragen aus „Ein Staat, zwei Systeme", genereller Bd., S. 51).

[191] Es handelte sich um eine alte Verwaltungsorganisation der Qin-Dynastie (221 v.Chr.–207 v.Chr.) vergleichbar mit einer heutigen Provinz.

[192] Es handelte sich um eine alte Verwaltungsorganisation der Qin-Dynastie (221 v.Chr.–207 v.Chr.).

[193] Vgl. Lan Tian, Rechtsfragen aus „Ein Staat, zwei Systeme", Hongkonger Bd., S. 3.

[194] Vgl. Lan Tian, Rechtsfragen aus „Ein Staat, zwei Systeme", Hongkonger Bd., S. 3.

[195] Vgl. Lan Tian, Rechtsfragen aus „Ein Staat, zwei Systeme", Hongkonger Bd., S. 4.

[196] Vgl. Lan Tian, Rechtsfragen aus „Ein Staat, zwei Systeme", Hongkonger Bd., S. 4.

[197] Vgl. Lan Tian, Rechtsfragen aus „Ein Staat, zwei Systeme", Hongkonger Bd., S. 8-10.

(2) Gesetzliche Veränderungen nach der Rückgabe Hongkongs an China

Seit der Rückgabe Hongkongs an China am 1.7.1997 sind, ungeachtet der grundsätzlichen Beibehaltung des ursprünglichen Rechtssystems, Veränderungen in Übereinstimmung mit der gemeinsamen chinesisch-britischen Erklärung über die Hongkong-Frage[198] und dem Grundgesetz der Hongkong-Sonderverwaltungszone (SVZ)[199] in folgenden Punkten vorgenommen worden.[200]

Erstens wurde die „koloniale Färbung" in den Gesetzestexten beseitigt, wie beispielsweise die Begriffe „koloniales Aktiengesetz" oder „koloniales Testamentsprüfungsgesetz", während die Gesetzesinhalte selbst von der Hongkong-SVZ beibehalten worden sind.[201]

Zweitens wurden bestimmte, auf Hongkong anwendbare britische zivil- und handelsrechtliche Gesetze, die schon in der Rechtspraxis Teil der Rechtsordnung Hongkongs geworden waren und deren Abschaffung möglicherweise zu einer Beeinträchtigung des wirtschaftlichen und sozialen Lebens geführt hätte, von der Hongkong-SVZ durch ähnliche aber neu erlassene Gesetze ersetzt.

Schließlich wurden die Gesetze, welche die Bodenverträge Hongkongs betrafen, im Geist des Grundgesetzes von Hongkong revidiert, damit die Bodenrechte und das Boden-Leasing entsprechend geschützt werden konnten[202].

---

[198] Die Gemeinsame Erklärung der Regierung der VR China und der Regierung des Vereinigten Königreichs Großbritannien und Nordirland über die Hongkong-Frage vom 9.12.1984 sowie ihre drei Anhänge, abgekürzt als „die gemeinsame chinesisch-britische Erklärung über die Hongkong-Frage".

[199] Das Grundgesetz der Hongkong-Sonderverwaltungszone der VR China vom 4.4.1990.

[200] Vgl. Lan Tian, Rechtsfragen aus „Ein Staat, zwei Systeme", Hongkonger Bd., S. 10, 11.

[201] Vor Rückgabe Hongkongs an China existierte in den mehr als 640 „ordinances" und 1 160 „subsidary legislations, regulations, by-laws, orders" eine große Menge an Gesetzestexten mit „kolonialer Färbung", mit Begriffen wie „Her Majesty", „Crown", „Her Majesty's Armed Forces" und ähnlichen. Dazu Chen Youqing, Anpassung der Gesetzesregelungen Hongkongs, S. 15; Xiao Yongping, Kollisionsrecht, S. 336.

[202] So gemäß dem Anhang III der chinesisch-britischen gemeinsamen Erklärung über die Hongkong-Frage.

Allerdings sind diese Veränderungen nur quantitativer Natur, denn das soziale und das rechtliche System bleiben unverändert, wie es ausdrücklich in der gemeinsamen chinesisch-britischen Erklärung (vgl. lit. c, e und l der Erklärung der chinesischen Regierung) und dem Grundgesetz von Hongkong (Art. 5, 8) vorgeschrieben ist.

Freilich werden auch die kollisionsrechtlichen Regeln Hongkongs von den oben genannten Veränderungen erfaßt. Die Kollisionsnormen Hongkongs sind grundsätzlich mit den britischen Kollisionsregeln, die größtenteils in den Präjudizien des „common law" zu finden sind, identisch.[203] Darauf sollte unter näher eingegangen werden.[204]

(3) Rechtsquellen von Hongkong

Die heute in Hongkong geltenden Gesetze lassen sich folgendermaßen darstellen:[205]

1. verfassungsrechtliche Bestimmungen – das Grundgesetz der Hongkong-SVZ,
2. die in Hongkong anwendbaren chinesischen nationalen Gesetze[206],
3. die in Hongkong anwendbaren und angepaßten geschriebenen Vorschriften britischer Herkunft,

---

[203] So Lan Tian, Rechtsfragen aus „Ein Staat, zwei Systeme", Hongkonger Bd., S. 37.

[204] Vgl. die jeweiligen Kollisionsnormen im Teil C, I, 1, S. 67 ff.

[205] Dazu Yao Tianchong/Wang Xuecheng, Besonderheiten der Zivilrechtskonflikte zwischen HK und dem Festland, S. 29; Li Changhao, Rechtsentwicklung Hongkongs, S. 78; Luo Xu/Qiao Keyu/Gao Qicai, Rechtsquellen Hongkongs, S. 20-23; Xiao Yongping/Min Qiwu, Rechtskonflikte und Koordination zwischen Festland und HK, S. 86.

[206] Gemäß dem Anhang III des Grundgesetzes der Hongkong-SVZ sind die folgenden nationalen Gesetze der VR China auf die Hongkong-SVZ anwendbar:

1. Beschluß über die Hauptstadt, den Kalender, die Nationalhymne und die Staatsflagge der VR China;
2. Beschluß über den Nationalfeiertag der VR China;
3. Anordnung der zentralen Regierung über das Staatsemblem der VR China;
4. Erklärung der Regierung der VR China über die Territorialgewässer;
5. Staatsangehörigkeitsgesetz der VR China;
6. Verordnung über die diplomatischen Privilegien und Immunitäten der VR China.

4. die vom Gesetzgebungsamt in Hongkong erlassenen Regelungen und subsidiären Gesetze,

5. „common law“ und „equity law“,

6. das auf Hongkong bezogene lokale Fallrecht, das auf den seit 1905 registrierten Gerichtsentscheidungen beruht,

7. traditionelle chinesische schriftliche Gesetze und Gewohnheitsrechte, hauptsächlich der Qing-Kodex, die alten chinesischen und die in Hongkong neu entwickelten Gebräuche,

8. internationale Abkommen[207] und

---

[207] Die entsprechenden internationalen IPR-Abkommen sind die Folgenden (vgl. dazu auch die Homepage für „Hongkong Treaty Project“ unter http://www.hku.hk/ccpl/database /multi%7Esubject.html, abgerufen am 18.10.2003):

1. New Yorker Übereinkommen über die Anerkennung und Vollstreckung ausländischer Schiedssprüche vom 10.6.1958 (Convention on the Recognition and Enforcement of Foreign Arbitral Awards, New York, 10.6.1958);

2. Haager Übereinkommen über das auf die Form letztwilliger Verfügungen anzuwendende Recht vom 5.10.1961 (Convention on the Conflicts of Laws Relating to the Form of Testamentary Dispositions, The Hague, 5.10.1961);

3. Haager Übereinkommen zur Befreiung ausländischer Urkunden von der Legalisation vom 5.10.1961 (Convention Abolishing the Requirement of Legalisation for Foreign Public Documents, The Hague, 5.10.1961);

4. Haager Übereinkommen über die Zustellung im Ausland von gerichtlichen und außergerichtlichen Schriftstücken in Zivil- und Handelssachen vom 15.11.1965 (Convention on the Service Abroad of Judicial and Extrajudicial Documents in Civil or Commercial Matters, The Hague, 15.11.1965);

5. Haager Übereinkommen über Beweisaufnahmen im Ausland in Zivil- und Handelssachen vom 18.3.1970 (Convention on the Taking of Evidence Abroad in Civil or Commercial Matters, The Hague, 18.3.1970);

6. Haager Übereinkommen über die Anerkennung von Scheidungen sowie Ehetrennungen vom 1.6.1970 (Convention on the Recognition of Divorces and Legal Separations, The Hague, 1.6.1970);

7. Haager Übereinkommen über die zivilrechtlichen Aspekte der Kindesentführung vom 25.10.1980 (Convention on the Civil Aspects of International Child Abduction, The Hague, 25.10.1980);

8. Haager Übereinkommen über das auf den trust anzuwendende Recht und seine Anerkennung vom 1.7.1985 (Convention on the Law Applicable to Trusts and on Their Recognition, The Hague, 1.7.1985).

9. autoritative Rechtswerke.

bb. IPR-Entwicklung auf dem Rechtsgebiet Macau

Ähnlich wie die IPR-Entwicklung in Hongkong ist auch ein kompliziertes Bild von Kollisionsrechtsentwicklung in Macau[208] anzutreffen. Dessen Rechtsentwicklung resp. IPR-Entwicklung ist vom ersten Opiumkrieg an allmählich und gezwungenermaßen vom portugiesischen Recht beeinflußt worden. Während der langen Kolonialherrschaft hat sich in Macau ein vollständiges, stark vom portugiesischen Recht geprägtes Rechtssystem entwickelt.

(1) Zivilrechtsentwicklung Macaus im allgemeinen

Parallel zu der mehr als 400-jährigen portugiesischen Entwicklung in Macau[209], die von der anfänglichen Niederlassung in Macau über die Er-

---

[208] Macau, dessen alter chinesischer Name „Hao Jingao“ (wörtlich: „der Hafen des Wasserspiegels“) war und dessen moderner chinesischer Name „Aomen“ lautet (wörtlich: „das Tor des Hafens“), bezeichnet tatsächlich die Macau-Region, die aus der Macau-Insel (6,05 k m^2 in der Fläche), Taipa-Insel (Dangzai-Insel auf chinesisch, 3,78 k m^2) und Coloane-Insel (Luhuan-Insel auf chinesisch, 7,09 k m^2) besteht (vgl. Yang/Wang /Huang/Zhang/Liu, Rechtsgrundriß Macaus, S. 364, 365). Der Name „Macau“ geht auf den Irrtum der Portugiesen zurück, die den Namen des im Jahr 1488 von chinesischen Fischern aus der Fujian Provinz auf der südlichen Seite der Habinsel errichteten, bekannten buddhistischen Tempels – A-Ma Tempel „Amacau“ (abgekürzt „Macau“) für die Göttin A-Ma – für den Namen der Region gehalten hatten (vgl. dazu Yang/Wang /Huang/Zhang/Liu, Rechtsgrundriß Macaus, S. 365; Fallon, HK und Macau, S. 298; ähnlich auch Williams, The Middle Kingdom, Vol. II, S. 428, Fußnote 1).

[209] Die Geschichte Macaus läßt sich wie folgt skizzieren:

Macau ist von alters her Teil des chinesischen Territoriums. Seit 214 v.Chr. hatte jede chinesische Dynastie hier Verwaltungsorganisationen eingerichtet.

Im Jahr 1553 hatten die Portugiesen unter dem Vorwand, dort überflutete Frachtgüter zu trocknen, darum gebeten, den Hafen Macau zu benutzen, und den damaligen zuständigen Beamten namens Wangbo der Ming-Dynastie bestochen. Damit war den Portugiesen gestattet, den Hafen für Handelschiffe zu nutzen, vorausgesetzt, daß sie entsprechende Steuer entrichteten, jedoch war ihnen damals die Benutzung des Hafens zum bloßen Aufenthalt verboten (vgl. Yang/Wang/Huang/Zhuang/Liu, Rechtsgrundriß Macaus, S. 366; Lan Tian, Rechtsfragen aus „Ein Staat, zwei Systeme“, genereller Bd., S. 104; ausführlich vgl. Williams, The Middle Kingdom, Vol. II, S. 426 ff.).

Später entwickelte sich diese Benutzung jedoch durch Bestechung und Duldung der lokalen zuständigen Beamten zu einer Niederlassung der Pourtugiesen weiter, allerdings

oberung, Pacht, Kolonialherrschaft bis zur Übergangszeit (1987–1999) reichte, verläuft die Rechtsentwicklung, insbesondere auf dem Gebiet des Zivilrechts, das stark vom Recht der Kolonialmacht beeinflußt wurde, in mehreren Phasen:

1. Von 1553 bis 1842 herrschte das traditionelle chinesische Rechtssystem vor, und zwar auch hinsichtlich der Rechtsfälle zwischen Chinesen und Portugiesen, zugleich galt das portugiesische Recht nur für die in Macau ansässigen Portugiesen[210];

---

ohne die formelle Erlaubnis der Ming-Dynastie. Dafür hatten die Portugiesen von 1572 bis 1849 jährlich eine Grundrente von 500 Tael (alte chinesische Geldeinheit, vgl. Langenscheidts, S. 1451) Silber (taels) zu bezahlen (vgl. Lan Tian, Rechtsfragen aus „Ein Staat, zwei Systeme", genereller Bd., S. 104, 105).

Nach dem ersten Opiumkrieg hatten sich die Portugiesen nicht nur geweigert, die schon lange gezahlte Steuer weiter zu zahlen, sondern sich auch noch angemaßt, Macau im Jahr 1845 zum „freien Hafen" zu erklären und Ferrera do Amaral als Generalgouverneur Macaus zu ernennen; dieser zerstörte später das Ackerland und die Ahnengräber der örtlichen Bauern und wurde daraufhin im August 1849 getötet. Danach hatten die portugiesischen Soldaten zuerst die Macau-Insel, später in den Jahren 1851 und 1864 die Taipa-Insel und die Coloane-Insel erobert (vgl. Lan Tian, Rechtsfragen aus „Ein Staat, zwei Systeme", genereller Bd., S. 105, 106; Yang/Wang/Huang/Zhuang/Liu, Rechtsgrundriß Macaus, S. 366).

Am 26.3.1887 wurde das Sino-Portugiesische Abkommen unterzeichnet, das den Portugiesen das Recht gewährte, Macau „ewig" zu besetzen und zu verwalten. Es enthielt eine Klausel, wonach ein weiteres Abkommen über die Grenzziehung für Macau zwischen China und Portugal getroffen werden sollte. Jedoch ist ein solches Abkommen trotz neun Sitzungen während vieler Jahre nicht zustande gekommen. Das am 28.8.1888 entstandene Handels- und Freundschaftsabkommen, das die portugiesische Souveränität über Macau anerkannte, war nie von China ratifiziert worden (vgl. dazu die Homepage http://motherearthtravel.com/macau/history.htm, abgerufen am 29.12.2003; dazu auch Williams, The Middle Kingdom, Vol. II, S. 430, 431).

Im Februar 1979 wurden die diplomatischen Beziehungen zwischen China und Portugal wieder aufgenommen und ein Abkommen hinsichtlich der Macau-Frage mit der Feststellung getroffen, daß Macau, als Teil des chinesischen Territoriums, zur Zeit von den Portugiesen verwaltet wurde, und die Macau-Frage zu einem geeigneten Zeitpunkt durch freundschaftliche Konsultationen von beiden Staaten gelöst werden sollte.

Die am 13.4.1987 abgegebene gemeinsame Erklärung der beiden Staaten bestimmte, daß China am 20.12.1999 wieder das Hoheitsrecht über die Macau-Region ausüben sollte.

[210] Dazu Wang Chunxu/Luo Bin, Zivil- und Handelsrecht aus HK, Macau und Taiwan, S. 118.

2. von 1842 bis zum Beginn der Kolonialherrschaft im Jahr 1879 setzte sich in Macau allmählich das portugiesische Recht durch, obwohl bis dahin die zivilrechtlichen Bestimmungen noch nicht in Form eines Gesetzbuches existierten[211];

3. in der Zeitspanne von 1879 bis 1968 wurde das im Jahr 1868 in Kraft getretene portugiesische ZGB[212] in Macau angewandt, ergänzt durch die ab dem 2.9.1909 geltenden, den chinesischen Gebräuchen entsprechenden familiären und erbrechtlichen Bestimmungen[213];

4. für den Zeitraum von 1968 bis 1999 hatte das neue portugiesische ZGB von 1966[214] das alte ZGB von 1867 ersetzt und galt in Macau ab dem 1.1.1968[215];

5. schließlich gilt ab dem 2.8.1999 das auf dem portugiesischen ZGB basierende, neu angepaßte ZGB Macau[216].

(2) IPR-Entwicklung Macaus im besonderen

Die Besonderheit der IPR-Entwicklung von Macau liegt darin, daß in Macau sehr früh Völker und Kulturen zusammentrafen und reichen Nährboden für vielschichtige kollisionsrechtliche Entwicklungen boten. Der allgemeinen Rechtsentwicklung Macaus entsprechend erfolgte auch die IPR-Entwicklung dort in mehreren Phasen.

Im Zeitraum von 1553 bis 1849 dominierte das chinesische Recht, während sich das portugiesische Recht nur auf die dort ansässigen Portugiesen

---

[211] Dazu Wang Chunxu/Luo Bin, Zivil- und Handelsrecht aus HK, Macau und Taiwan, S. 118, 119.

[212] Das ZGB von 1867 folgte der römischen Rechtstradition und war stark vom französischen ZGB geprägt. Vgl. dazu Wang Chunxu/Luo Bin, Zivil- und Handelsrecht aus HK, Macau und Taiwan, S. 119,120.

[213] Dazu Wang Chunxu/Luo Bin, Zivil- und Handelsrecht aus HK, Macau und Taiwan, S. 119, 120.

[214] Das ZGB von 1967 wurde diesmal von dem deutschen BGB und dem italienischen ZGB erheblich beeinflußt. Vgl. dazu Wang Chunxu/Luo Bin, Zivil- und Handelsrecht aus HK, Macau und Taiwan, S. 120.

[215] Dazu Wang Chunxu/Luo Bin, Zivil- und Handelsrecht aus HK, Macau und Taiwan, S. 120.

[216] Vgl. dazu Lan Tian, Rechtsfragen aus „Ein Staat, zwei Systeme", Macauer Bd., S. 16.

beschränkte. Kollisionsrechtliche Besonderheiten bestanden nicht.[217] D.h., kollisionsrechtlich ergab sich nichts anderes: Das chinesische Recht galt für Fälle zwischen Chinesen und Portugiesen, und das portugiesische Recht im Verhältnis der Portugiesen untereinander. Obwohl in den Ming- und Qing-Dynastien das Territorialitätsprinzip im allgemeinen vorherrschte, galten in Macau während der Ming-Dynastie (1369–1644), wie erwähnt, ausnahmsweise die von der Kombination von Personalität und Territorialität beherrschten Kollisionsregeln der Tang-Dynastie[218].[219] Diese kollisionsrechtliche Situation blieb auch in der Qing-Dynastie während des Zeitraums von 1644 bis 1849 so erhalten.

Ab dem Jahr 1849 kamen mit der Kolonialherrschaft die portugiesischen Vorschriften entsprechend den damaligen Gegebenheiten Macaus allmählich zur Anwendung. Das portugiesische ZGB von 1867 trat zwei Jahre später in Macau in Kraft. Die in diesem ZGB enthaltenen Kollisionsregeln – Artt. 26-31 hinsichtlich der Ausländer in Portugal im fünften Kapitel des ersten Buches – galten selbstverständlich auch für Macau, jedoch nur unter dem Vorbehalt, daß die die Chinesen betreffenden Sitten und Gebräuche weiterhin zur Geltung kamen.[220]

In diesem Sinn war am 17.6.1909 das Gesetzbuch über die chinesischen Sitten und Gebräuche entstanden, in dem die auf die chinesische Familie und Erbfolge bezogenen sachrechtlichen und kollisionsrechtlichen Bestimmungen enthalten waren.[221]

Mit der Zeit hatten sich die chinesischen Sitten und Gebräuche stark verändert, zumal nach der Revolution von 1911. So wurde das Gesetzbuch von 1909 am 24.7.1948 durch das Dekret Nr. 36987 abgeschafft, während die kollisionsrechtlichen Normen weiterhin flexibel beibehalten wurden, wo-

---

[217] So Wang Chunxu/Luo Bin, Zivil- und Handelsrecht aus HK, Macau und Taiwan, S. 118.

[218] So Huang Jin, IPR, S. 93, 163; Huang Jin, IPR Chinas, S. 40; Huang Hanqiang/Wu Zhiliang, Überblick über Macau, S. 13.

[219] Vgl. oben im Teil B, II, 2, b, S. 30 f.

[220] Vgl. Lan Tian, Rechtsfragen aus „Ein Staat, zwei Systeme", Macauer Bd., S. 13; Yu Xianyu, Kollisionsrecht, S. 414.

[221] Z.B. war gemäß Art. 30 dieses Gesetzbuches die Möglichkeit eröffnet, zwischen dem portugiesischen ZGB und anderen Vorschriften zu wählen. Dazu auch Lan Tian, Rechtsfragen aus „Ein Staat, zwei Systeme", Macauer Bd., S. 14; Yu Xianyu, Kollisionsrecht, S. 415.

nach die in Macau geborenen Personen mit portugiesischer Staatsangehörigkeit dem portugiesischem Recht, die dort geborenen Chinesen ohne portugiesische Staatsangehörigkeit und andere Chinesen in familiären und erbrechtlichen Bereichen dem chinesischen Zivilrecht[222] unterlagen.[223]

Im Laufe der Zeit kam das neue portugiesische ZGB von 1966 anstatt des alten am 4.9.1967 in Macau zur Anwendung. In diesem Gesetz waren die IPR-Bestimmungen im dritten Kapitel über „die Rechte der Ausländer und die Rechtskollisionen" enthalten.[224] Während der Übergangszeit ab dem 13.4.1987 haben die IPR-Vorschriften Macaus inhaltliche und formale Änderungen erfahren. Zum einen ist der Art. 31 ZGB aus dem Jahr 1966 revidiert worden, indem die lex personalis für die in Macau gewöhnlich wohnenden Personen das Recht Macaus (die lex domicilii) sein soll[225]. Zugleich ist auch das Dekret Nr. 36987 abgeschafft worden, damit das ZGB von Macau einheitlich gilt.[226] Zum anderen ist das portugiesische ZGB von 1966 auch in anderen Punkten angepaßt worden[227], damit das neu ent-

---

[222] Das hier gemeinte Zivilrecht war das unter der Guomindang-Regierung gestellte alte chinesische ZGB von 1931, das bis 1991 in Macau angewandt wurde (vgl. dazu Yang/Wang/Huang/Zhuang/Liu, Rechtsgrundriß Macaus, S. 27). In dieser Hinsicht hätte nach dem Dekret Nr. 36987 das neue chinesische Zivilrecht auf dem Festland nach 1949, insbesondere nach der Wiederaufnahme der diplomatischen Beziehungen zwischen China und Portugal, anstatt des alten Rechts zur Anwendung kommen sollen. Auf diesen Widerspruch zwischen der Gesetzgebung und der Rechtspraxis haben Lan Tian und Yu Xianyu auch zutreffend hingewiesen (dazu Lan Tian, Rechtsfragen aus „Ein Staat, zwei Systeme", Macauer Bd., S. 15; Yu Xianyu, Kollisionsrecht, S. 416). Der Grund für diese Vorgehensweise in Macau könnte darin liegen, daß die Regelungen des alten chinesischen ZGB über Familie und Erbfolge schon in Macau herangezogen wurden und die Menschen dort daran gewöhnt waren, sich an diesen Regelungen zu orientieren, während das Zivilrecht auf dem Festland auf einem langen Weg allmählich und vereinzelt zustande kam und es den Menschen in Macau einfach fremd oder es nicht ganz anwendungsfähig war. Also spielten Rechtssicherheit und Vertrauensschutz hier eine entscheidende Rolle.

[223] So Artt. 1, 2 des Dekrets Nr. 36987. Auch dazu Lan Tian, Rechtsfragen aus „Ein Staat, zwei Systeme", Macauer Bd., S. 14; Yu Xianyu, Kollisionsrecht, S. 415.

[224] Dazu Lan Tian, Rechtsfragen aus „Ein Staat, zwei Systeme", Macauer Bd., S. 14, 15; Yu Xianyu, Kollisionsrecht, S. 416.

[225] Die neue Bestimmung findet sich jetzt in Art. 30 I ZGB Macau.

[226] Dazu auch Lan Tian, Rechtsfragen aus „Ein Staat, zwei Systeme", Macauer Bd., S. 15, 16; Yu Xianyu, Kollisionsrecht, S. 417.

[227] Dazu siehe: Teil C, I, 2, a, ll, S. 144 f.

standene ZGB von Macau[228] Teil des Rechts auf dem Rechtsgebiet Macau geworden ist.[229]

(3) Rechtsquellen Macaus

Die nach der Rückgabe in Macau geltenden Rechtsvorschriften lassen sich folgendermaßen systematisieren:

1. die verfassungsrechtlichen Bestimmungen – das Grundgesetz der SVZ Macau,
2. die auf Macau anwendbaren nationalen Gesetze der VR China[230],
3. die dem Grundgesetz von Macau entsprechend angepaßten portugiesischen Regelungen[231] wie das ZGB und das HGB von Macau,

---

[228] Das ZGB Macau wurde am 3.8.1999 verkündet und ist am 1.10.1999 in Kraft getreten, vgl. das Dekret Nr. 39/99/M unter http://www.imprensa.macau.gov.mo/bo/i/99/31/codcivcn/declei39.asp, abgerufen am 3.4.2005.

[229] Vgl. auch Lan Tian, Rechtsfragen aus „Ein Staat, zwei Systeme", Macauer Bd., S. 15, 16; Yu Xianyu, Kollisionsrecht, S. 417.

[230] In Gemäßheit des Anhangs III des Grundgesetzes der Macau-SVZ finden die folgenden nationalen Gesetze der VR China auf Macau Anwendung (zum chinesischen Gesetzestext vgl. http://www.imprensa.macau.gov.mo/cn/legis/categories.asp?CatID=1000, abgerufen am 3.4.2005):

1. Beschluß über die Hauptstadt, den Kalender, die Nationalhymne und die Staatsflagge der VR China;
2. Beschluß über den Nationalfeiertag der VR China;
3. Staatsangehörigkeitsgesetz der VR China;
4. Verordnung über die diplomatischen Privilegien und Immunitäten der VR China;
5. Verordnung über die konsularischen Privilegien und Immunitäten der VR China;
6. Gesetz über die Staatsflagge der VR China;
7. Gesetz über das Staatsemblem der VR China;
8. Gesetz über die Territorialgewässer und die angrenzenden Zonen der VR China.

[231] Die auf Macau anwendbaren Gesetzesregelungen waren letztlich die portugiesischen Gesetzesbestimmungen, die streng genommen nicht ganz geeignet für Macau als SVZ Chinas waren. Infolgedessen wurde im Geist der sino-portugiesischen gemeinsamen Erklärung und des Grundgesetzes von Macau die Anpassung des dortigen Rechts durchgeführt, indem die geltenden Gesetze neu geordnet, aufeinander abgestimmt, revidiert, auf chinesisch und portugiesisch abgefaßt und schließlich durch das entsprechende Gesetzgebungsverfahren des eigenen Gesetzgebungsorgans erlassen wurden. Bei diesen

4. die vom Gesetzgebungsorgan Macaus erlassenen Gesetze und Verordnungen wie zum Arbeitsrecht oder Bankrecht[232] und schließlich

5. die internationalen Abkommen[233], denen Macau beigetreten ist[234].

b. IPR-Entwicklung auf dem Rechtsgebiet Taiwan

Die Entwicklung des Rechtssystems auf Taiwan[235], einschließlich der des IPR, reicht bis zur Rechtsentwicklung Chinas ab dem ersten Opiumkrieg zurück. D.h., der gewissermaßen von den ausländischen Mächten aufgezwungene, dem Rechtssystem Deutschlands und Japans als Muster folgende Aufbau des modernen chinesischen Rechtssystems entwickelte sich unbeschränkt bis 1949 auf dem ganzen Territorium Chinas einschließlich Tai-

inhaltlichen und formalen Veränderungen blieb das ursprüngliche Recht Macaus inhaltlich immer noch grundsätzlich unverändert (vgl. dazu auch Yu Xianyu, Kollisionsrecht, S. 410; Huang Jin/Guo Huacheng, IPR Macaus Teil II, S. 5). Dieser Rechtsänderungsprozeß in Macau ist dem Hongkongs ähnlich, allerdings war der Umfang der Veränderungen wegen der Anzahl von schriftlichen Gesetzen größer als der in Hongkong.

232 Vgl. Yang/Wang/Huang/Zhuang/Liu, Rechtsgrundriß Macaus, S. 27.

233 Vgl. die IPR-Rechtsquellen Macaus im Teil C, I, 2, a, cc, S. 131 f.

234 Vgl. Yang/Wang/Huang/Zhuang/Liu, Rechtsgrundriß Macaus, S. 27-29; Huang Jin/ Guo Huacheng, Macau und IPR-Abkommen, S. 58-60.

235 Taiwan, Teil des chinesischen Territoriums seit alters, ist, trotz der kurzen Trennungen aufgrund ausländischer Invasionen oder des Separatismus, ständig eng mit dem Festland verbunden gewesen und teilte dessen Schicksal (so Lan Tian, Rechtsfragen aus „Ein Staat, zwei Systeme“, genereller Bd., S. 128). Beispielsweise ist Taiwan innerhalb der zurückliegenden 300 Jahre drei Mal vom Festland getrennt und wiederum drei Mal mit dem Festland wiedervereinigt worden: Zuerst waren in den Jahren 1624 und 1626 die Niederländer und Spanier in Taiwan eingefallen, später im Jahr 1662 hatte Zheng Chenggong (1624–1662) die niederländischen Invasoren verjagt, der bald danach starb; sein Sohn Zhengjing regierte Taiwan und hatte sich gegen den Willen seines Vaters vom Festland getrennt, im Jahr 1683 hatte der Qing-Kaiser Kangxi Taiwan wiederum befreit und unter zentrale Kontrolle der Fujian Provinz gestellt; im Jahr 1895 hatten die Japaner Taiwan gemäß dem Sino-japanischen Maguan Abkommen – einem Resultat des chinesischen verlorenen Krieges gegen Japan – erobert, dagegen hatten die Chinesen unablässig gekämpft und die japanischen Invasoren schließlich im Jahr 1945 vertrieben, damit vereinigte sich Taiwan wieder mit dem Festland (vgl. Lan Tian, Rechtsfragen aus „Ein Staat, zwei Systeme“, genereller Bd., S. 128, 129. Zur Besatzung Taiwans von den Niederländern vgl. auch Williams, The Middle Kingdom, Vol. II, S. 433-437).

wans und dann unablässig aber nur beschränkt auf Taiwan.[236] Konkret ist auf Taiwan das Sechs-Gesetzes-System[237] erhalten geblieben, aber an die Stelle des Handelsrechts ist das Verwaltungsrecht getreten und das Handelsrecht ist jeweils im Zivil- und Verwaltungsrecht angesiedelt worden[238]. Zugleich sind bestimmte Prinzipien und Inhalte aus dem „common law“ System in das bestehende Rechtssystem eingebürgert worden.[239]

Gleiches gilt für die IPR-Gesetzgebung. Die früher erwähnte Rechtsanwendungsverordnung[240] blieb auf dem Rechtsgebiet Taiwan dauernd in Kraft. Am 6.6.1953 wurde sie dann umbenannt in „Gesetz über die Rechtsanwendung auf die Zivilrechtsfälle mit Außenbeziehungen“ (im folgenden

---

[236] Zum Aufbau des modernen chinesischen Rechtssystems siehe auch: Teil B, II, 3, c, S. 41.

Im Jahr 1949 hatte die Guomindang (Näheres dazu vgl. Fußnote 24, S. 10) unter der Führung von Jiang Jieshi (1887–1975) (Chiang Kai-schek, chinesischer Staatsmann, ausführlich dazu vgl. Brockhaus, 19. Aufl., IV, S. 461; Collier 1995, Vol. 6, S. 203, 204.) den chinesischen Bürgerkrieg gegenüber der KP Chinas unter der Führung von Mao Zedong (vgl. Fußnote 185, S. 45) endgültig verloren und war nach Taiwan geflohen. Da wurde das existierende System der Republik China, und zwar im Namen der „Republik China“, weiter durchgeführt bzw. verbessert. So existiert die Regierung der „Republik China“ auf Taiwan bis heute, wo das alte System der Republik China einschließlich des rechtlichen weiter durchgeführt bzw. verbessert worden ist. Die Regierung der VR China betrachtet Taiwan als Teil bzw. Provinz Chinas, was völkerrechtlich anerkannt ist, obwohl Taiwans politische Wiedervereinigung mit dem Festland Chinas noch nicht zustande gekommen ist. Der Verfasser schließt sich dieser international anerkannten Ansicht an und verwendet daher den Ausdruck „Recht Taiwans“ statt „Recht der Republik China“ im entsprechenden Teil. Vgl. diesbezüglich auch Fußnote 20, S. 5.

[237] Auf oberster Ebene des Sechs-Gesetzes-Systems stehen die wesentlichen Gesetzbücher – im Verfassungs-, Zivil-, Zivilprozeß-, Straf- und Strafprozeß- sowie Verwaltungsrecht, das nicht in Form eines Gesetzbuches besteht; auf unterer Ebene finden sich in den jeweiligen eigenen Rechtsbereichen eine Reihe von relevanten Regelungen – die „Beziehungsregelungen“; auf unterster Ebene stehen die vom obersten Gericht erlassenen Präjudizien sowie die von der Richtersitzung des Justizministeriums unternommenen Auslegungen und Schlüsse. So Zeng/Guo/Zhao/Zheng, Rechtsfragen im Verkehr Festland-Taiwan, S. 216, 217.

[238] Vgl. Hou Fang, Erbrechtsvergleichung, S. 183.

[239] Zeng/Guo/Zhao/Zheng, Rechtsfragen im Verkehr Festland-Taiwan, S. 4.

[240] Zur Entstehung der Rechtsanwendungsverordnung vgl. Teil B, II, 3, c, S. 43.

„RAG")[241], das bis heute auf Taiwan Geltung besitzt.[242] Ein auf das Internationale Erbrecht bezogenes internationales Abkommen gibt es auf diesem Rechtsgebiet nicht.[243]

Im Gegensatz zu der schwierigen Situation auf dem Festland wurde die IPR-Forschung auf Taiwan ununterbrochen weiter betrieben. Dabei sind eine Reihe von Gelehrten mit herausragenden Leistungen hervorgetreten, wie beispielsweise Ma Hanbo, Liu Tiezheng, Zengchen Ruming, Liu Jiayi usw.[244]

c. IPR-Entwicklung auf dem Rechtsgebiet Festland

Die Gründung der VR China sollte eine gewaltige Wirkung unmittelbar auf die kollisionsrechtliche Fortentwicklung des Festlands entfalten. Jedoch ist keinesfalls eine gerade Entwicklungslinie auszumachen.

aa. IPR-Entwicklung vor 1976

Indes nahm das IPR im Zeitraum 1949–1976 nicht, wie erwartet, einen raschen Aufschwung, sondern konnte angesichts der westlichen Wirtschaftsblockade, der sich abkapselnden Politik, der wegen des rechtlichen Nihilismus[245] fehlenden Bedeutung des Rechtswesens und vor allem wegen des partiellen Abweichens von der chinesischen kulturellen Tradition nicht

---

[241] Zur deutschen Übersetzung des Gesetzes vgl. Kropholler/Krüger/Riering/Samtleben-/Siehr, Außereuropäische IPR-Gesetze, S. 782-803. Zu den betreffenden internationalen erbrechtlichen Kollisionsnormen siehe: Teil C, I, 3, S. 160 ff.

[242] Zhang/Zhao, IPR 2002, S. 45; Zhang Xiaojian, IPR, S. 127; Li Shuangyuan/Jin Pengnian, IPR, S. 96; Li Wang, IPR, S. 56; Ding Wei/Chen Zhidong, Kollisionsrecht, S. 39; Lü/Dai/Zheng, IPR, S. 60; Yu Xianyu, Kollisionsrecht, S. 80; Liu Xiangshu, IPR-Fragen, S. 35; Gu Haibo, IPR-Einführung, S. 47.

[243] Vgl. auch Süß, in: Ferid/Firsching/Dörner/Hausmann, Internationales Erbrecht, Republik China (Taiwan), S. 3, Rn. 4. Zu den IPR-Rechtsquellen Taiwans siehe: Teil C, I, 3, a, aa, S. 161 ff.

[244] So Zhang Xiaojian, IPR, S. 127; Li Shuangyuan/Jin Pengnian, IPR, S. 96.

[245] Vgl. Huang Jin, IPR, S. 163; Li Shuangyuan, IPR, S. 90; Li Shuangyuan/Jin Pengnian, IPR, S. 93; Xiao Yongping, in: Han Depei, Neues IPR, S. 82; Liu Renshan, IPR, S. 51; Liu Xiangshu, IPR-Fragen, S. 35; Xu Donggen/Xue Fan, IPR-Vervollkommnung, S. 106; Lü/Dai/Zheng, IPR, S. 68; Ding Wei/Chen Zhidong, Kollisionsrecht, S. 39; Yu Xianyu, Kollisionsrecht, S. 80; Ding Wei, Rückblick und Ausblick der IPR-Gesetzgebung, S. 2; Zhang Xiaojian, IPR, S. 121; Zhang/Zhao, IPR 2002, S. 45; Huang Jin, IPR Chinas, S. 41.

fortentwickelt werden.[246] Bei genauerer Betrachtung kann man von einem Rückschritt sprechen.

An die Stelle des durch die Abschaffung der Rechtsanwendungsverordnung entstandenen Vakuums auf dem Gebiet des IPR traten (neben verfassungsrechtlichen Bestimmungen[247]) die vor 1966 verkündeten, als IPR-Regelung funktionierenden Rechtserlasse[248] und die mit den ausländischen Regie-

---

[246] Ausführlich dazu Süß, IPR-Grundzüge Chinas, S. 20-23.

[247] So gemäß Art. 57 des „Allgemeinen Programms der Politischen Konsultativkonferenz des chinesischen Volks“ vom 29.4.1949 – des ersten Dokuments verfassungsrechtlicher Art der VR China – „kann China auf der Basis der Gleichberechtigung und des gegenseitigen Nutzens mit allen ausländischen Regierungen und Völkern die Kommerz- und Handelsbeziehungen wiederherstellen und sich weiterentwickeln“. Gemäß Art. 58 dieses Programms soll China das Beste tun, um die legitimen Rechte und Interessen der Auslandschinesen zu schützen und laut Art. 59 dieses Programms schützt China die sich an die Gesetze haltenden Ausländer in China. Ähnliche Bestimmungen finden sich später in der Verfassung von 1954, 1978 und 1982. Dazu Dong Likun, IPR 2000, S. 039. Für die betreffenden chinesischen Texte vgl. Li/Ou/Xiong, IPR-Materialien, S. 3.

[248] Solche Rechtserlasse sind wie z.B. die Folgenden:

1. die „Einstweiligen Vorschriften über die Kontrolle des Außenhandels“ vom 8.12.1950 (zum chinesischen Text vgl. IPR-Materialien zum Nachschlagen, Bd. I, S. 51 ff.; vgl. dazu auch von Senger/Xu, IPR Chinas, S. 106);

2. der vom Innenministerium verkündete „Rückvermerk über die Behandlung der Probleme der Ehe zwischen den in China ansässigen ausländischen Mitbürgern sowie zwischen den in China ansässigen ausländischen Mitbürgern und den chinesischen Staatsbürgern“ vom 16.10.1951, der bestimmte, das chinesische Recht soll zur Anwendung kommen, wenn solche Ehen in China geschlossen wurden (vgl. dazu Zhang Xiaojian, IPR, S. 122);

3. die „Vorschriften über die Kontrolle von Schiffen mit ausländischer Staatsangehörigkeit“ vom 12.3.1957 (zum chinesischen Text vgl. IPR-Materialien zum Nachschlagen, Bd. I, S. 88 ff.; vgl. dazu auch von Senger/Xu, IPR Chinas, S. 106);

4. die vom OVGH erlassene „Mitteilung, wonach bei der Regelung von den die ausländischen Mitbürger in China betreffenden Fällen Kontakt zu den örtlichen mit auswärtigen Angelegenheiten befaßten Stellen sofort aufzunehmen ist“ vom 13.8.1951 (zum chinesischen Text vgl. IPR-Materialien zum Nachschlagen, Bd. I, S. 269; vgl. dazu auch von Senger/Xu, IPR Chinas, S. 106);

5. von dem Außenministerium und dem OVGH erlassene „Prinzipien für die Regelung der Erbschaftsprobleme von Ausländern in China“ von 1954 (zum chinesischen Text vgl. IPR-Materialien zum Nachschlagen, Bd. I, S. 249 ff.; vgl. dazu auch von Senger/Xu, IPR Chinas, S. 106);

rungen vereinbarten bilateralen Bestimmungen[249]. Beispielsweise lautete Art. 20 des Konsularabkommens zwischen der VR China und der UdSSR von 1959[250]:

> *„Das Vermögen, das ein Staatsangehöriger der kontrahierenden Partei auf dem Territorium der anderen kontrahierenden Partei nach seinem Tod hinterläßt, einschließlich Mobilien und Immobilien, unterliegt dem Recht des Staats, in dem sich das Vermögen befindet.“*[251]

Die zehn Jahre andauernde, für das chinesische Volk katastrophale Kulturrevolution (1966–1976)[252] hat den Aufbau des Rechtssystems zum Erliegen

---

6. eine vom OVGH stammende „Schriftliche Antwort auf die Frage der Unterhaltsbeträge für Kinder aus geschiedenen Ehen von chinesischen und ausländischen Staatsangehörigen“ vom 24.3.1962 (zum chinesischen Text vgl. IPR-Materialien zum Nachschlagen, Bd. I, S. 243; vgl. dazu auch von Senger/Xu, IPR Chinas, S. 106);

7. eine vom Innenministerium erteilte „Schriftliche Antwort hinsichtlich der Regelung von Scheidungsfällen mit Auslandsbezug“ vom 19.3.1964 (zum chinesischen Text vgl. IPR-Materialien zum Nachschlagen, Bd. I, S. 244 ff.; vgl. dazu auch von Senger/Xu, IPR Chinas, S. 106).

[249] Andere bilaterale Bestimmungen lauten beispielsweise wie folgt:

1. der Vertrag zwischen der VR China und der Republik Indonesien über die Fragen der doppelten Staatsangehörigkeit vom 22.4.1955 (zum chinesischen Text vgl. IPR-Materialien zum Nachschlagen, Bd. I, S. 11 ff.; vgl. dazu auch von Senger/Xu, IPR Chinas, S. 106);

2. das Handels- und Zahlungsabkommen zwischen der VR China und Norwegen von 1958 (zum chinesischen Text vgl. IPR-Materialien zum Nachschlagen, Bd. I, S. 172 ff.; vgl. dazu auch von Senger/Xu, IPR Chinas, S. 107);

3. der Notenwechsel zwischen der VR China und Dänemark über die gegenseitige Begünstigung bei der Registrierung von Handelsmarken von 1958 (zum chinesischen Text vgl. IPR-Materialien zum Nachschlagen, Bd. I, S. 187 ff.; vgl. dazu auch von Senger/Xu, IPR Chinas, S. 107).

[250] Dieses Abkommen war am 19.12.1959 in Kraft getreten und wurde am 16.4.1987 durch das neue chinesisch-sowjetische Konsularabkommen ersetzt, vgl. dazu auch von Senger/Xu, IPR Chinas, S. 107; Chen Tung-Pi, IPR Chinas, S. 476.

[251] Es handelt sich um die Übersetzung der chinesischen Version: „締約任何一方公民死亡之后遺留在另一方領土上的財產，包括動產與不動產，均按財產所在地國家的法律處理“ vom Verfasser.

[252] Näheres dazu vgl. Brockhaus, Bd. X, S. 744-745; Brockhaus, 19. Aufl., Bd. XII, S. 589.

gebracht oder sogar zum Rückschritt geführt. Trotzdem wurden einige internationalprivatrechtlich funktionierende Bestimmungen[253] in dieser Zeitspanne erlassen.

bb. IPR-Entwicklung nach der Kulturrevolution

Die Ereignisse, die sich im Jahr 1976 und später zugetragen haben – das Ableben des Vorsitzenden Mao[254], der Untergang der Viererbande[255], das Ende des zehnjährigen Chaos[256] und die erneute Erlangung der Führungsmacht von Deng Xiaoping (1904–1997)[257] – stellen die neueste, positive

---

[253] So z. B.

1. die vom OVGH erlassene „Mitteilung mit einer Zusammenfassung der Ergebnisse einer Aussprache über die Regelung von Scheidungen zwischen den Staatsbürgern Chinas und Koreas (der Demokratischen VR Korea)" vom 12.5.1966 (zum chinesischen Text vgl. IPR-Materialien zum Nachschlagen, Bd. I, S. 245 ff.; vgl. dazu auch von Senger/Xu, IPR Chinas, S. 107);

2. die vom Verkehrsministerium verkündeten „Vorschriften über die Untersuchung und Regelung von Havarieunfällen auf dem Meer" vom 1.1.1972 (zum chinesischen Text vgl. IPR-Materialien zum Nachschlagen, Bd. I, S. 318 ff.; vgl. dazu auch von Senger/Xu, IPR Chinas, S. 107);

3. die von dem Außenministerium und dem Ministerium für öffentliche Sicherheit verkündeten „Vorschriften über die Regelung der Probleme der Eheschließung zwischen den nach China gekommenen ausländischen Staatsbürgern und den chinesischen Staatsbürgern" vom 17.1.1975 (zum chinesischen Text vgl. IPR-Materialien zum Nachschlagen, Bd. I, S. 248; vgl. dazu auch von Senger/Xu, IPR Chinas, S. 107).

[254] Vgl. Fußnote 185, S. 45.

[255] Nähere Informationen dazu vgl. Brockhaus, 19. Aufl., Bd. XXIII, S. 327.

[256] D.h. die Kulturrevolution (1966–1976).

[257] Deng Xiaoping, der dem damaligen Staatspräsidenten Liu Shaoqi (ein bekannter chinesischer Revolutionär und Staatsmann sowie „military strategist and ideological innovator", der damals nach dem sogenannten „großen Sprung nach vorn" im Jahr 1959 eine von der Politik des Vorsitzenden Mao verschiedene, aber der heutigen Politik ähnliche Politik verfolgte, um zahlreiche Menschen vor dem Hunger zu retten, wurde während der Kulturrevolution politisch verfolgt und starb tragisch am 12.11.1969, mehr dazu vgl. Colliers 1995, Vol. 14, S. 698; Brockhaus, Bd. XI, S. 533; Brockhaus, 19. Aufl., Bd. XIII, S. 463) zur Seite stand, kam im Jahr 1978 auf dem 3. Plenum des XI. Zentralkomittees der KP Chinas wieder an die Macht und brachte die Politik der Reform und Eröffnung zustande, um China endgültig wieder auf den richtigen Weg zur

historische Wende der chinesischen Geschichte dar. Daher entfaltet sich, entsprechend den Bedürfnissen der sozialen Entwicklung – vor allem dank der Reform- und Öffnungspolitik von Deng Xiaoping –, die Blüte des chinesischen Rechtswesens. Dementsprechend vervollständigt sich das moderne chinesische Rechtssystem des Festlands Schritt für Schritt.

Dies trifft selbstverständlich auch auf die IPR-Entwicklung zu.[258] In bezug auf die IPR-Gesetzgebung ist allmählich ein vierstufiges IPR-Rechtssystem aufgebaut worden. Auf der höchsten Stufe befinden sich die darauf bezüglichen verfassungsrechtlichen Grundprinzipien, welche für internationalprivatrechtliche Verhältnisse gelten müssen.[259] Auf der zweiten Stufe sind viele fundamentale zivilrechtliche Gesetze[260] anzutreffen.[261] Dazu gehören zunächst Sachnormen, welche unmittelbar auf Zivilrechtsverhältnisse mit Auslandsbezug und auf Zivilverfahrensrechtsverhältnisse mit Auslandsbe-

---

Prosperität, Macht und Demokratie zu bringen (dazu Brockhaus, 19. Aufl., Bd. V, S. 244; Bertelsmann, Bd. 3, S. 357).

[258] Ausführlich dazu Süß, IPR-Grundzüge Chinas, S. 23-26.

[259] Dazu Li Shuangyuan, IPR, S. 90, 91; Ding Wei, Rückblick und Ausblick der IPR-Gesetzgebung, S. 4, 5; Huang Jin, IPR, S. 165.

[260] Darunter fallen insbesondere

1. Artt. 19-35, 217, 237-269 des „Zivilprozeßgesetzes" vom 9.4.1991,

2. Art. 12 der „Ausführungsvorschriften für das Gesetz über sino-ausländische Joint Ventures" vom 20.9.1983,

3. Art. 36 des „Erbgesetzes" vom 10.4.1985,

4. Art. 5 des „Gesetzes über Wirtschaftsverträge mit Auslandsbezug" vom 21.3.1985 (das Gesetz wurde am 1.10.1999 wegen des am 15.3.1999 verkündeten einheitlichen Vertragsgesetzes außer Kraft gesetzt),

5. Artt. 142-150 im Kapitel VIII der „Allgemeinen Grundsätze des Zivilrechts" vom 12.4.1986,

6. Artt. 268-276 im Kapitel XIV des „Seegesetzes" vom 7.11.1992,

7. Artt. 199-205 des „Gesellschaftsgesetzes" vom 29.12.1993 (revidiert am 25.12.1999),

8. Artt. 95-102 im Kapitel V des „Wechselgesetzes" vom 10.5.1995,

9. 184-190 im Kapitel XIV des „Zivilluftgesetzes" vom 30.10.1995,

10. Art. 126 des „Vertragsgesetzes" vom 15.3.1999 usw. Dazu auch Li Shuangyuan, IPR, S. 90.

[261] Vgl. dazu Li Shuangyuan, IPR, S. 90.

rührung anwendbar sind, ferner Kollisionsnormen, welche die auf die Rechtsverhältnisse mit Auslandsberührung anwendbaren Sachnormen und die entsprechende Gerichtsjurisdiktion bestimmen. Schließlich zählen dazu die kollisionsrechtlich berufenen materiellen oder verfahrensrechtlichen Normen, die mittelbar auf Zivilrechtsverhältnisse mit Auslandsbezug und auf Zivilverfahrensrechtsverhältnisse mit Auslandsberührung anwendbar sind. Auf der dritten Stufe existieren in Verordnungen und Verwaltungsregeln[262] enthaltene Bestimmungen, welche Zivilrechtsverhältnisse mit Auslandsbezug und Zivilverfahrensrechtsverhältnisse mit Auslandsberührung regeln.[263] Auf der untersten Stufe ist letztlich die justizielle Gesetzesauslegung zu beachten, die vom OVGH in Hinsicht auf bestimmte IPR-Normen vorgenommenen worden ist.[264] Diese Gesetzesauslegung findet sich in Vermerken zu Einzelfällen, in den Antwortschreiben auf Bitten um Instruktionen zu bestimmten Fragen mit Auslandsberührung und in den Antworten und Ansichten mit Bezug auf konkrete Gesetzesanwendungen auf Zivilrechtsverhältnisse und Zivilverfahrensrechtsverhältnisse mit Auslandsbezug.[265]

Diese internationalprivatrechtlichen Bestimmungen, die in die Bereiche der internationalen Kollisionsnormen, des internationalen Zivilverfahrens und des internationalen kommerziellen Schiedssystems aufgeteilt sind, wurden

---

[262] Diese Verordnungen und Verwaltungsregeln sind von dem Ständigen Ausschuß des Nationalen Volkskongresses, dem Staatsrat oder den dem Staatsrat unterstehenden Ministerien, Komitees oder Behörden erlassen worden. Beispiele dafür sind erstens die vom Ständigen Ausschuß des Nationalen Volkskongresses erlassene „Verordnung über diplomatische Privilegien und Immunität der VR China“ von 1989 und die „Verordnung über konsularische Privilegien und Immunität der VR China“ von 1990, zweitens die verschiedenen Verordnungen und detaillierten Ausführungsbestimmungen sowie Ausführungsmethoden, die vom Staatsrat verkündet sind, und schließlich die vom Ministerium der Zivilverwaltung erlassene „Methode der Eheregistrierung“, „einigen Bestimmungen über die Durchführung der Eheregistrierung zwischen den Auslandschinesen und den Chinesen des Festlands sowie zwischen den Landesleuten aus Hongkong, Macau und Taiwan und den festländischen Chinesen“. Vgl. dazu Li Shuangyuan, IPR, S. 90.

[263] Dazu Li Shuangyuan, IPR, S. 90, 91; Ding Wei, Rückblick und Ausblick der IPR-Gesetzgebung, S. 4, 5; Huang Jin, IPR, S. 165.

[264] Dazu Li Shuangyuan, IPR, S. 90, 91; Ding Wei, Rückblick und Ausblick der IPR-Gesetzgebung, S. 4, 5; Huang Jin, IPR, S. 165.

[265] Dazu Li Shuangyuan, IPR, S. 90, 91; Ding Wei, Rückblick und Ausblick der IPR-Gesetzgebung, S. 4, 5; Huang Jin, IPR, S. 165.

getroffen für Immobilien, Wechsel, Vertrag, Delikt, Ehesachen, Adoption, Erbschaft, Seewesen usw.[266]

Hinzu kommen noch die internationalen Abkommen, die von China (Festland) abgeschlossen worden sind oder denen China (Festland) beigetreten ist,[267] und die zwischen der VR China und anderen Staaten abgeschlossenen Rechtshilfeabkommen[268].

Im übrigen verdienen im Prozeß der IPR-Entwicklung das „Modellgesetz des Internationalen Privatrechts der VR China" von 2000 (sechster Entwurf, im folgenden als „IPR-Modellgesetz" abgekürzt) und die „Modellvorschriften über die Zivilrechtsanwendung zwischen dem Festland, Taiwan, Hongkong und Macau" von 1991 Beachtung.

Das IPR-Modellgesetz[269], entworfen und ausgearbeitet von der Planungskommission für ein IPR-Modellgesetz der Chinesischen Wissenschaftlichen Gesellschaft für Internationales Privatrecht[270] unter der Federführung Han

---

[266] Vgl. Ding Wei, Rückblick und Ausblick der IPR-Gesetzgebung, S. 5; Lü/Dai/Zheng, IPR, S. 68, 69; Li Shuangyuan, IPR, S. 91, 92; Liu Renshan, IPR, S. 51-53; Xiao Yongping, in: Han Depei, Neues IPR, S. 83.

[267] Die betreffenden internationalen Abkommen belaufen sich bis zum 24.3.2003 insgesamt auf 268 (vgl. dazu die konkrete Auflistung auf der Homepage des chinesischen Außenministeriums unter http://www.fmprc.gov.cn/chn/wjb/zzjg/tyfls/tyfl/1154/t4985.htm, abgerufen am 23.12.2003), aber bis heute ist China (Festland) keinem internationalen kollisionsrechtlichen Abkommen beigetreten. Vgl. dazu auch Huang Jin, IPR Chinas, S. 21, 22; Zhu Kepeng, in: Han Depei, Neues IPR, S. 45.

[268] Bis zum 30.5.2003 hat die VR China 60 Rechtshilfeabkommen mit 40 anderen Staaten abgeschlossen. Vgl. dazu die konkrete Auflistung auf der Homepage des chinesischen Außenministeriums unter http://www.fmprc.gov.cn/chn/wjb/zzjg/tyfls/tyfl/1149/t23609.htm, abgerufen am 23.12.2003.

[269] Zum Hauptinhalt der Fassung von 1995 vgl. Ma Lin, IPR-Entwicklung, S. 334-336. Zu den erbrechtlichen Kollisionsnormen des IPR-Modellgesetzes siehe: Teil C, I, 4, S. 188.

[270] Die Chinesische Wissenschaftliche Gesellschaft für Internationales Privatrecht (früher „Chinesische Forschungsgesellschaft für Internationales Privatrecht") ist eine landesweite nichtstaatliche akademische Vereinigung unter dem Vorsitz Han Depei, die im Oktober 1987 ins Leben gerufen wurde. Sie besteht aus den besten IPR-Rechtswissenschaftlern nicht nur aus Universitäten und Instituten, sondern auch aus der Rechtspraxis wie Richter und Rechtanwälte. An den bisherigen Jahrestagungen (bis 2002) waren auch die IPR-Experten aus Hongkong, Macau und Taiwan beteiligt. Dazu Han Depei, Vorwort des IPR-Modellgesetzes, S. 2, 3; Xiao Yongqing, in: Han Depei, Neues IPR, S. 88; Huang Jin, IPR Chinas, S. 45; von Senger/Xu, IPR Chinas, S. 123-125; Gu Haibo, IPR-Einführung, S. 49.

Depeis zwischen 1993 und 2000, dessen erhebliche Auswirkung auf die IPR-Entwicklung in Zukunft noch mehr zu spüren sein wird, setzt sich aus 5 Kapiteln und 166 Artikeln zusammen. Damit haben die chinesischen IPR-Rechtswissenschaftler einen Meilenstein für die Entwicklung des chinesischen Internationalen Privatrechts gesetzt.[271]

Die von Han Depei und Huang Jin entworfenen interlokalen Modellvorschriften stellen auch einen wegweisenden Versuch zur Lösung der interlokalen Rechtskonflikte im Verhältnis der vier Rechtsgebiete untereinander dar.[272]

III. Zusammenfassung

Die Entwicklung der chinesischen internationalen Kollisionsnormen ist also durch Rechtseinheit, Verlust der Rechtseinheit und einen allmählichen Prozeß hin zu einer Wiedererlangung eines einheitlichen Rechtszustandes charakterisiert. Dieser Prozeß verläuft parallel zur Entwicklung des chinesischen Reiches von einer Weltmacht zum Spielball der Kolonialmächte bis wiederum hin zum schwerfälligen, selbstbewußten Wiederaufstieg zu einer künftigen Weltmacht in neuerer Zeit.

Nach dieser allgemeinen geschichtlichen Betrachtung des chinesischen Internationalen Privatrechts ist der Weg zum Hauptthema – dem heutigen chinesischen Internationalen Erbrecht – geebnet.

---

[271] Vgl. Yu Xianyu, Kollisionsrecht, S. 83; Dong Likun, IPR 2000, S. 042, 043; Ding Wei/Chen Zhidong, Kollisionsrecht, S. 40; Zhang/Zhao, IPR 2002, S. 47, 48; Ding Wei, Rückblick und Ausblick der IPR-Gesetzgebung, S. 7; Lü/Dai/Zheng, IPR, S. 69, 70.

[272] Ausführliche Erörterung dazu vgl. Teil C, II, 4, d, S. 247 ff.

C. Das heutige chinesische Internationale Erbrecht

Mit dem in Teil B gewonnenen Verständnis der historischen Entwicklung des chinesischen Rechtssystems im allgemeinen und des chinesischen Internationalen Privatrechts im besonderen lassen sich nunmehr die gegenwärtigen chinesischen Erbkollisionsnormen ins Blickfeld rücken.

Allgemein gesprochen kommt das Internationale Erbrecht ins Spiel, wenn ein erbrechtliches Verhältnis mit Außenbeziehung vorliegt. Dies ist der Fall, wenn mindestens eines von drei Elementen – Subjekt (Erblasser, Erbe und Vermächtnisnehmer), Objekt (Nachlaß) und Rechtstatsache (der Tod des Erblassers einschließlich der Todeserklärung des Erblassers sowie die Vornahme der Testamentserrichtung) – einen ausländischen Faktor beinhaltet.[273] Konkret liegt beispielsweise ein Erbfall mit Auslandsbezug vor, wenn der Erblasser resp. seine Erben oder beide Ausländer bzw. Staatenlose sind oder einer der Erben eine ausländische juristische Person ist oder der Erblasser resp. seine Erben oder beide im Ausland wohnen. Gleiches gilt, wenn der gesamte Nachlaß bzw. ein Teil davon im Ausland liegt oder der Tod bzw. die Todeserklärung des Erblassers in einem ausländischen Staat erfolgt oder ein Testament in einem ausländischen Staat errichtet worden ist usw.

I. Gespaltenes internationales Erbkollisionsrecht Chinas

Wie früher dargelegt, gelten bis heute keine einheitlichen gesamtchinesischen Kollisionsnormen. Daher ist zunächst auf das Internationale Erbrecht der jeweiligen vier Rechtsgebiete einzugehen.

1. Internationales Erbrecht auf dem Rechtsgebiet Hongkong

Die Kollisionsnormen Hongkongs sind, wie erwähnt, mit den englischen identisch. Dabei geht es um die nachfolgenden Einzelaspekte.

---

[273] Vgl. dazu auch Zhang Xiaojian, IPR, S. 405; Yu Xianyu, Kollisionsrecht, S. 329; Gu Yu, IPR, S. 227; Huang Jin, IPR, S. 496; Huang Jin, IPR Chinas, S. 247; von Senger, Ferid/Firsching/Dörner/Hausmann, Internationales Erbrecht, VR China, S. 8.

a. Allgemeine kollisionsrechtliche Grundsätze

Nachfolgende allgemeine Grundsätze der Internationalen Privatrechtsnormen von Hongkong gelten auch für das Internationale Erbrecht.

aa. Natur der Kollisionsnormen

Die Kollisionsnormen Hongkongs enthalten die Lösung sowohl der internationalen als auch der interlokalen Rechtskonflikte.[274] Die einschlägigen Kollisionsnormen sind also nicht nur auf die Rechtskonflikte internationaler Natur wie im Verhältnis von China (Hongkong) und Deutschland anwendbar, sondern auch auf Rechtskollisionen interlokaler Natur wie im Verhältnis von Hongkong und Macau, da ein „Auslandsbezug“[275] als Berührung mit einer außerhalb Hongkongs bestehenden Rechtsordnung zu verstehen ist und „Ausland“ insoweit jedes außerhalb Hongkongs bestehende Rechtsgebiet bezeichnet.[276]

bb. Inhaltsumfang der Kollisionsnormen

Die Kollisionsnormen von Hongkong beziehen sich auf Regeln zu folgenden drei Aspekten: die Jurisdiktion über Fälle mit Auslandsbezug, die Wahl des anwendbaren ausländischen oder heimischen Rechts („choice of law“) so-

---

[274] Morris, Conflict of Laws, S. 3; Collins, Dicey and Morris on the Conflict of Laws 13th, S. 3, Rn. 1-001; Lan Tian, Rechtsfragen aus „Ein Staat, zwei Systeme“, Hongkonger Bd., S. 37.

[275] Im englischen Kollisionsrecht gibt es eine strenge Unterscheidung zwischen dem Wort „country“ und dem Wort „state“. Einerseits bedeutet „country“ „‘the whole of a territory subject under one sovereign to one body of law’“, genauer gesagt „law district“ (Collins, Dicey and Morris on the Conflict of Laws 13th, S. 26, Rn. 1-060). Andererseits bezeichnet „state“ „the whole of a territory subject to one sovereign power“ (Collins, Dicey and Morris on the Conflict of Laws 13th, S. 27, Rn. 1-064). Gemäß dieser Unterscheidung bedeutet das Wort „foreign“ schlicht „not English“ (Collins, Dicey and Morris on the Conflict of Laws 13th, S. 28, Rn. 1-066). Was die Kollisionsnormen Hongkongs angeht, steht das Wort „foreign“ schlicht für „not Hong Kong“ (zur ausführlichen Unterscheidung zwischen den beiden Wörtern vgl. Collins, Dicey and Morris on the Conflict of Laws 13th, S. 26-28, Rn. 1-060-1-066; Collier, Conflict of Laws, S. 6; Cheshire and North’s PIL 13th, S. 9).

[276] Morris, Conflict of Laws, S. 3; Collins, Dicey and Morris on the Conflict of Laws 13th, S. 3, Rn. 1-001; Lan Tian, Rechtsfragen aus „Ein Staat, zwei Systeme“, Hongkonger Bd., S. 37.

wie die Anerkennung und Vollstreckung ausländischer Entscheidungen.[277] Die vorliegende Untersuchung beschränkt sich jedoch nur auf die Darstellung des Kollisionsrechts.

cc. Qualifikation

Im Sinne des „common law" versteht man unter der Qualifikation[278] die Zuordnung von Fragen in bezug auf Sachverhalte mit Auslandsberührung zu einer bestimmten rechtlichen Kategorie.[279] Sie erfolgt nach der lex fori von Hongkong.[280]

Bezüglich der Qualifikation wurden zahlreiche Theorien aufgestellt, die aber die Gerichtspraxis in Hongkong bzw. England kaum beeinflußt haben.[281] In praxi ist die Qualifikation ein Prozeß der Verfeinerung der Kollisionsnormen durch genauere Formulierungen[282] oder ein Prozeß der richtigen Auslegung der inländischen Regelungen[283].

Bei diesem Vorgang sind die Grundprinzipien der Kollisionsnormen im „common law" und der Zweck der zu qualifizierenden materiellen Regelung in Erwägung zu ziehen.[284] Dabei sind inländische und ausländische Bestimmungen der gleichen Natur auf die gleiche Weise zu qualifizieren.[285] Zugleich ist hierbei die Analogie flexibel anzuwenden, um zu einer vernünftigen Lösung gelangen zu können[286].

---

[277] Lan Tian, Rechtsfragen aus „Ein Staat, zwei Systeme", Hongkonger Bd., S. 37, 38; Collier, Conflict of Laws, S. 1; Cheshire and North's PIL 13th, S. 7; Collins, Dicey and Morris on the Conflict of Laws 13th, S. 4, Rn. 1-004; Graveson, Conflict of Laws, S. 12.

[278] „Characterisation" oder „classification" auf englisch sind gleichbedeutend mit „Qualifikation" im Deutschen.

[279] Vgl. Lan Tian, Rechtsfragen aus „Ein Staat, zwei Systeme", Hongkonger Bd., S. 40.

[280] Vgl. Lan Tian, Rechtsfragen aus „Ein Staat, zwei Systeme", Hongkonger Bd., S. 40.

[281] So Collins, Dicey and Morris on the Conflict of Laws 13th, S. 34, Rn. 2-006.

[282] Vgl. Collins, Dicey and Morris on the Conflict of Laws 13th, S. 42, Rn. 2-034.

[283] Wolff, PIL, S. 166.

[284] So Collins, Dicey and Morris on the Conflict of Laws 13th, S. 42, Rn. 2-035.

[285] So Collins, Dicey and Morris on the Conflict of Laws 13th, S. 43, Rn. 2-038.

[286] Birks, English Private Laws, S. 724.

dd. Renvoi

Nach dem IPR von Hongkong ist der Renvoi beachtlich. Er wird bei der Ermittlung des anwendbaren Rechts häufiger angewandt.

Die dominierende, von den Gerichten praktizierte Theorie heißt „Doktrin des double renvoi", „total renvoi", „foreign-court-Theorie" oder „die englische Doktrin des Renvoi". Sie verlangt[287], daß ein Richter, wenn er durch seine inländischen Kollisionsnormen auf ein ausländisches Recht verwiesen wird, über einen Fall genauso zu befinden hat, wie ein Richter in dem betreffenden Staat gemäß dem dort geltenden Recht denselben Fall entscheiden würde.[288]

So herrschend diese „foreign-court-Theorie" in der Rechtspraxis ist, so zutreffend sind die Einwände dagegen. Vor allem hat man gegen diese Theorie ins Feld geführt[289], daß der Zweck des Renvoi – die Entscheidungsharmonie, wonach der gleiche Sachverhalt, unabhängig davon, wo er zu entscheiden ist, nach den gleichen Regeln beurteilt wird – nicht unbedingt erreicht wird. Zudem werden die inländischen Rechtsanwendungsregeln aufgrund der „Doktrin des double renvoi" tatsächlich den ausländischen Kollisionsnormen untergeordnet.[290] Außerdem kann sich der Renvoi-Prozeß logisch gesehen endlos fortsetzen,[291] so daß die Möglichkeit eines „circulus inextricabilis" besteht[292].

Eine Betrachtung der Urteile, in denen der Renvoi zur Geltung kam, wie z.B. in Collier v. Rivaz[293], Re Ross[294], Re Askew[295] und ähnlichen, läßt sich feststellen, daß die „Doktrin des double renvoi" zumeist angewandt worden ist, wenn es um die Gültigkeit eines Vermächtnisses, die erbrechtlichen

---

[287] Kegel, IPR, S. 341.

[288] Vgl. Cheshire and North's PIL 13th, S. 55.

[289] Cheshire and North's PIL 13th, S. 56.

[290] Vgl. Cheshire and North's PIL 13th, S. 57; Collier, Conflict of Laws, S. 23.

[291] Vgl. Collier, Conflict of Laws, S. 40.

[292] Collins, Dicey and Morris on the Conflict of Laws 13th, S. 78, Rn. 4-031.

[293] Collier v. Rivaz (1841) 2 Curt. 855.

[294] In re Ross, Ross v. Waterfield [1930] 1 Ch. 377, Webb/Brown, Casebook on the Conflict of Laws, S. 65-70.

[295] Re Askew. Marjoribanks v. Askew [1930] All E.R., 174, 183.

Ansprüche auf ausländische Mobilien und Immobilien sowie die formelle Gültigkeit einer Ehe, also häufig um erbrechtliche Ansprüche ging[296].

ee. Beweis ausländischen Rechts

Die Feststellung eines ausländischen Rechts als Tatsache, und zwar als ungewöhnliche Tatsache, da sie nur zur Zufriedenstellung des Richters, aber nicht zur Befriedigung der Jury bewiesen zu werden braucht[297], obliegt der Partei, die sich auf das ausländische Recht berufen möchte, indem die Beweise durch Sachverständigenaussage oder auf andere Weise erbracht werden. Kommt diese Partei der Beweislast nicht nach, erlangt die lex fori Hongkongs Geltung, als ob der Auslandsbezug im betreffenden Fall nicht bestünde.[298] Jedoch kann ausnahmsweise auf den Beweis eines ausländischen Rechts in Gemäßheit bestimmter Gesetzesbestimmungen verzichtet werden (Section 32 (1), (2) Evidence Ordinance).[299]

ff. Ausschluß ausländischen Rechts

Die Anwendung eines ausländischen Rechts durch die kollisionsrechtlichen Bestimmungen Hongkongs ist unter den Aspekten der „public policy", „public laws" und „acts of state" ausgeschlossen.

(1) „Public policy"

Der erste Fall des Ausschlusses ausländischen Rechts ist der, daß das ausländische Recht oder das Ergebnis seiner Anwendung gegen die „public policy"[300] verstößt.[301] Diese Doktrin der „public policy" beansprucht nur

---

[296] So Collins, Dicey and Morris on the Conflict of Laws 13th, S. 74, 75, Rn. 4-022-4-024; Cheshire and North's PIL 13th, S. 65, 66; Collier, Conflict of Laws, S. 26, 27.

[297] So Collier, Conflict of Laws, S. 33.

[298] Vgl. Lan Tian, Rechtsfragen aus „Ein Staat, zwei Systeme", Hongkonger Bd., S. 41; Collins, Dicey and Morris on the Conflict of Laws 13th, S. 221, Rn. 9-003; Morris, Conflict of Laws, S. 37; Cheshire and North's PIL 13th, S. 99, 100; Collier, Conflict of Laws, S. 33, 34.

[299] Vgl. dazu auch Morris, Conflict of Laws, S. 40, 41; Collins, Dicey and Morris on the Conflict of Laws 13th, S. 222, 223, Rn. 9-005-9-009.

[300] Die englische „public policy" spielt im Vergleich zu dem „ordre public" der kontinentaleuropäischen Staaten eine geringere Rolle im Rechtssystem der Kollisionsnormen, denn in den Bereichen, auf die der kontinentaleuropäische „ordre public" häufig Anwendung findet, erlangt häufig das englische inländische Recht statt der englischen

Geltung, wenn „der Schaden an öffentlichen Interessen wirklich unbestreitbar“[302] ist und wenn „das Grundprinzip der Gerechtigkeit, die vorherrschende Konzeption der guten Sitten und die tief einwurzelnde Tradition des

---

„public policy“ Geltung (vgl. dazu Morris, Conflict of Laws, S. 42, 43; Collier, Conflict of Laws, S. 361; Collins, Dicey and Morris on the Conflict of Laws, S. 88, 89; Collins, Dicey and Morris on the Conflict of Laws 13th, S. 82, Rn. 5-004; Wolff, PIL, S. 176). Konsequenterweise findet die englische Doktrin der „public policy“ möglicherweise nur in den Bereichen Anwendung, die sich auf ausländische Verträge und einen ausländischen Status beziehen (dazu Collier, Conflict of Laws, S. 361; Morris, Conflict of Laws, S. 44; Collins, Dicey and Morris on the Conflict of Laws 13th, S. 84-86). Eine solche Anwendung kommt nicht sehr häufig vor (dazu Wolff, PIL, S. 180).

Dieser zurückhaltende Gebrauch von der „public policy“ geht auf das englische zutreffende Verständnis der „public policy“ zurück:

> „[public policy] is a vague and unsatisfactory term, and calculated to lead to uncertainty and error, when applied to the decision of legal rights; it is capable of being understood in different senses; it may, and does, in its ordinary sense, mean 'political expedience', or that which is best for the common good of the community; and in that sense there may be every variety of opinion, according to education, habits, talents, and dispositions of each person, who is to decide whether an act is against public policy or not. To allow this to be a ground of judicial decision, would lead to the greatest uncertainty and confusion. It is the province of the statesman, and not the lawyer, to discuss, and the legislature to determine what is best for the public good, and to provide for it by proper enactments. It is the province of the judge to expound the law only; the written from the statutes; the unwritten from text writers of acknowledged authority, and upon the principles to be clearly deduced from them by sound reason and just inference; not to speculate upon what is the best in his opinion for the advantage of the community. ...They have become a part of the recognised law; and we are therefore bound by them, but we are not thereby authorised to establish as law everything which we may think for the public good, and prohibit everything which we think otherweise“ (Fender v. Mildmay [1937] 3 All E.R., 402, 406).

[301] So Collins, Dicey and Morris on the Conflict of Laws 13th, S. 81, Rn. 5-002; Cheshire and North's PIL 13th, S. 106, 107.

[302] Fender v. Mildmay [1937] 3 All E.R., 402, 407; Fender v. St. John-Mildmay [1938] A. C. 1, 12. Vgl. auch Morris, Conflict of Laws, S. 42; Collins, Dicey and Morris on the Conflict of Laws 13th, S. 81, Rn. 5-003.

Gemeinwohls“[303] verletzt werden, denn dieser moralische, soziale oder wirtschaftliche Grundsatz darf mitnichten verletzt werden[304].

(2) Öffentlich-rechtliche Vorschriften

Der zweite Fall dieses Ausschlusses bezieht sich darauf, daß die unmittelbare oder mittelbare Vollstreckung einer ausländischen öffentlich-rechtlichen Vorschrift nicht von den Gerichten Hongkongs vorgenommen werden kann, weil diese öffentlich-rechtlichen Bestimmungen strenggenommen einen territorialen Charakter aufweisen.[305] Demgemäß ist es nicht Aufgabe eines souveränen Staates bzw. eines Rechtsgebietes dieses souveränen Staates, die Interessen eines anderen Staates als solche zu schützen.[306] Unter die ausländischen öffentlich-rechtlichen Vorschriften fallen die strafrechtlichen, steuerrechtlichen und anderen die ausländische Staatsautorität ausübenden Gesetzesregeln wie beispielsweise die Bestimmungen über die Kontrolle der ausländischen Währung[307].[308]

(3) Staatliche Handlung

Schließlich kann ein auf einem staatlichen Akt – Handlung eines Staates zur Ausübung der staatlichen Souveränität[309]– basierender Anspruch nicht gerichtlich in Hongkong durchgesetzt werden.[310] Denn es fehlt eine Jurisdiktion der Gerichte, das hoheitliche Handeln eines ausländischen Staates zu beurteilen[311] oder einen Anspruch aus einem solchen staatlichen Akt zu

---

[303] Loucks v. Standard Oil Co., 224 N. Y. 99, 111, 120 N. E. 198, 202 (1918). Vgl. auch Collins, Dicey and Morris on the Conflict of Laws 13th, S. 81, Rn. 5-003; Morris, Conflict of Laws, S. 42.

[304] Vgl. Cheshire and North's PIL 13th, S. 123.

[305] So Wolff, PIL, S. 171.

[306] So Wolff, PIL, S. 171.

[307] Vgl. Collier, Conflict of Laws, S. 371-374.

[308] So Collins, Dicey and Morris on the Conflict of Laws 13th, S. 92-100, Rn. 5-025-5-037; Morris, Conflict of Laws, S. 48-51; Collier, Conflict of Laws, S. 362-371.

[309] Dazu Collins, Dicey and Morris on the Conflict of Laws 13th, S. 101, Rn. 5-039.

[310] Vgl. Collins, Dicey and Morris on the Conflict of Laws 13th, S. 101, Rn. 5-039.

[311] Vgl. Collins, Dicey and Morris on the Conflict of Laws 13th, S. 89, Rn. 5R-018, 100, Rn. 5-038.

vollstrecken, es sei denn, daß dieser staatliche Akt schon in das inländische Recht umgesetzt worden ist[312].

gg. Lex personalis

Im Kollisionsrecht von Hongkong wird das Personalstatut von der lex domicilii – dem Recht des Wohnsitzes – bestimmt. Das englische Domizil ist zu verstehen als „ein von einem Recht geschaffener Maßstab zur Feststellung des zivilen Status“[313], als „eine von einem Recht geschaffene Beziehung zwischen einem Einzelnen und einem bestimmten Gebiet bzw. Staat“[314], also als die von einem Recht geschaffene Zugehörigkeit eines Menschen zu einer Rechtsordnung[315].

In bezug auf das Domizil gelten die nachfolgenden Grundprinzipien.[316] Erstens hat eine Person nur ein einziges Domizil innerhalb eines Rechtsgebietes, ohne Rücksicht darauf, ob sie dort permanent beheimatet ist.[317] Zweitens muß jede Person ein Domizil haben und kann zum gleichen Zweck gleichzeitig nur ein Domizil besitzen.[318] Drittens ist ein existierendes Domizil als fortbestehend anzunehmen, bis zum Beweis, daß ein neues Domizil erworben wurde[319]. Letztlich bestimmt sich die Frage, wo das Domizil einer Person liegt, nach dem Recht von Hongkong.[320]

Unter der Geltung der oben erläuterten Grundsätze sind drei Typen des Domizils zu unterscheiden: das Ursprungsdomizil („domicile of origin“)[321],

---

312 Vgl. Collins, Dicey and Morris on the Conflict of Laws 13th, S. 100-101, Rn. 5-038-5-039.

313 Udny v. Udny (1869) L. R. 1 Sc. & Div. 441, 457; vgl. auch Schmitthoff, Conflict of Laws, S. 69.

314 Bell v. Kennedy (1868) L. R. 1 Sc. 307, 320; auch dazu Schmitthoff, Conflict of Laws, S. 71.

315 Vgl. Henrich, Domizilbegriff im englischen IPR, S. 456, 457; Henrich, in: Ferid /Firsching/Dörner/Hausmann, Internationales Erbrecht, Großbritannien, S. 14, Rn. 44.

316 Vgl. dazu Cheshire and North's PIL 13th, S. 135-137.

317 So Collins, Dicey and Morris on the Conflict of Laws 13th, S. 107, Rn. 6R-001.

318 So Collins, Dicey and Morris on the Conflict of Laws 13th, S. 110, Rn. 6R-011, S. 111, Rn. 6R-013.

319 So Collins, Dicey and Morris on the Conflict of Laws 13th, S. 112, Rn. 6R-017.

320 So Collins, Dicey and Morris on the Conflict of Laws 13th, S. 113, Rn. 6R-021.

321 Hinsichtlich des Ursprungsdomizils hat sich Lord Westbury dazu so geäußert:

das Wahldomizil („domicile of choice“)[322] und das Domizil abhängiger Personen („domicile of dependence“). Das Ursprungsdomizil ist das Domizil, das jedes neu geborene Kind kraft Gesetzes[323] durch Geburt bis zu dem Zeitpunkt erhält[324], in dem durch einen tatsächlichen Aufenthalt und die Absicht[325], dort einen permanenten Aufenthalt oder zumindest einen solchen von unbestimmter Dauer zu begründen, ein Wahldomizil erworben wird.[326] Gibt eine Person durch das Fehlen der oben genannten zwei Voraussetzungen ihr Wahldomizil auf[327], wird entweder ein neues Wahldomizil erworben oder das Ursprungsdomizil wiederhergestellt.[328] Unter das Domizil abhängiger Personen fallen das Domizil der Ehefrau – also das Domizil des

---

„It is a settled principle that no man shall be without a domicile, and to secure this result the law attributes to every individual as soon as he is born the domicile of his father, if the child be legitimate, and the domicile of the mother if illegitimate. This has been called the domicile of origin, and is involuntary. ... When another domicile is put on, the domicile of origin is for that purpose relinquished, and remains in abeyance during the continuance of the domicile of choice; ... the domicile of origin is the creature of law, and independent of the will of the party, ... It revives and exists whenever there is no other domicile, ...“ (Morris, Cases on PIL, Udny v. Udny (1869) L. R. 1 Sc. & Div. 441, S. 40).

322 In bezug auf das Wahldomizil war Lord Westbury der Meinung:

„... For as soon as an individual is sui juris it is competent to him to elect and assume another domicile, the continuance of which depends on his will and act. ...Domicile of choice is a conclusion or inference which the law derives from the fact of a man fixing voluntarily his sole or chief residence in a particular place, with an intention of continuing to reside there for an unlimited time. ... Domicile of choice, as it is gained animo et facto, so it may be put an end to in the same manner. ...“(Morris, Cases on PIL, Udny v. Udny (1869) L. R. 1 Sc. & Div. 441, S. 40, 41).

323 Udny v. Udny (1869) L. R. 1 Sc. & Div. 441, 457.

324 So Yu Xianyu, S. 400; Collins, Dicey and Morris on the Conflict of Laws 13th, S. 135, 136, Rn. 6-079; Graveson, Conflict of Laws, S. 195; Cheshire and North’s PIL 13th, S. 154.

325 Vgl. Collins, Dicey and Morris on the Conflict of Laws 13th, S. 117, Rn. 6R-033.

326 So Yu Xianyu, Kollisionsrecht, S. 401; Graveson, Conflict of Laws, S. 200; Cheshire and North’s PIL 13th, S. 135.

327 Dazu Graveson, Conflict of Laws, S. 206, 207; Cheshire and North’s PIL 13th, S. 151,152.

328 Vgl. Yu Xianyu, Kollisionsrecht, S. 401.

Ehemannes –[329] und das Domizil des Vormundes für einen Geisteskranken oder ein Kind, das unter dem 18. Lebensjahr und unverheiratet ist.[330]

---

[329] Von Rechts wegen ist das Domizil einer verheirateten Frau vom Domizil ihres Ehemannes abhängig. Im allgemeinen teilt eine Ehefrau das Domizil ihres Ehemannes, und ihr Domizil ändert sich mit der Domiziländerung ihres Ehemannes. Der Grundsatz gilt, selbst wenn die Ehefrau und der Ehemann in unterschiedlichen Staaten leben, oder eine gesetzliche Trennung vom Gericht erlassen ist, oder die Ehe vernichtbar ist, es sei denn, daß die Ehe von Anfang an nichtig ist. Bezüglich der Gerichtsjurisdiktion in Hongkong für bestimmte Ehesachen wie Scheidung, Nichtigkeit der Ehe und gesetzliche Trennung kann eine verheiratete Frau jedoch ihr unabhängiges Domizil haben, so Section 11C und Part II Matrimonial Causes Ordinance (dazu „The existing rules for determining a person's domicile" in: „Rules for Determining Domicile" von 2.2004, das Konsultationspapier der Rechtsreformkommission Hongkongs, S. 8. Zum englischen Text vgl. http://www.hklii.org.hk/hk/other/hklrc/cp/2004/1/2.html#Heading371, abgerufen am 12.3. 2005.)

Allerdings ist diese Bestimmung nicht zeitgemäß, vor allem verstößt sie gegen den Grundsatz der Gleichberechtigung zwischen Mann und Frau, was in Art. 15 IV des Abkommens zur Beseitigung aller Formen der Diskriminierung gegen Frauen (Convention on the Elimination of All Forms of Discrimination against Women, unterzeichnet von China in 1997, auf Hongkong anwendbar. Zum Gesetzestext in Englisch vgl. http://www.unhchr.ch/html/menu3/b/e1cedaw.htm, abgerufen am 14.3.2005. Zur Anwendung dieses Abkommens vgl. http://www.legislation.gov.hk/choice.htm und http://www.legislation.gov.hk/interlaw.htm#Human%20Rights, abgerufen am 14.3.2005.) und in Artt. 25, 39 des Grundgesetzes von Hongkong eindeutig vorgeschrieben ist (ausführlich dazu „Problems of the existing law" in: „Rules for Determining Domicile" von 2.2004, das Konsultationspapier der Rechtsreformkommission Hongkongs, S. 21. Zum englischen Text vgl. http://www.hklii.org.hk/hk/other/hklrc/cp/2004/1/3.html#fn118, abgerufen am 14.3. 2005). Daher muß sie modifiziert werden (zu den Reformvorschlägen vgl. „The law in other jurisdictions, – options for reform and recommendations" in: „Rules for Determining Domicile" von 2.2004, das Konsultationspapier der Rechtsreformkommission Hongkongs, S.71, zum englischen Text vgl. http://www.hklii.org.hk/hk/other/hklrc/cp/2004/1/5.html#Heading1536, abgerufen am 14.3.2005). Dies zeigt auch, daß der Anpassungsprozeß des Rechtssystems in Hongkong seit 1997 noch andauert.

[330] So Yu Xianyu, S. 401; Collins, Dicey and Morris on the Conflict of Laws 13th, S. 135, 136, Rn. 6R-078-6-079; Cheshire and North's PIL 13th, S. 157, 158. Dazu auch „The existing rules for determining a person's domicile" in: „Rules for Determining Domicile" von 2.2004, das Konsultationspapier der Rechtsreformkommission Hongkongs, S. 8. Zum englischen Text vgl. http://www.hklii.org.hk/hk/other/hklrc/cp/2004/1/2.html#Heading371, abgerufen am 25.5.2004.

b. Internationale Erbkollisionsnormen

Im Internationalen Erbrecht von Hongkong dominieren zwei Grundprinzipien. Für bewegliche Nachlaßgegenstände gilt die lex domicilii, für unbewegliches Vermögen die lex rei sitae – d.h., das Recht des Ortes, an dem sich der Gegenstand befindet. Es herrscht also Nachlaßspaltung.

aa. Unterscheidung zwischen beweglichem und unbeweglichem Vermögen

Während das englische Sachrecht von der Unterscheidung zwischen „realty“[331] (Immobilien) und „personalty“[332] (bewegliches Vermögen) beherrscht wird, liegt dem englischen Kollisionsrecht der Unterschied zwischen beweglichem („movable“) und unbeweglichem („immovable“) Vermögen zugrunde. Damit wird „eine Basis für die Beurteilung der Fragen hinsichtlich der Bewohner aus zwei Staaten mit unterschiedlichen Rechtssystemen“[333] gebildet. Auf dieser Unterscheidung bauen also die entsprechenden Kollisionsnormen, insbesondere die des Internationalen Erbrechts auf.

Ergeben sich in der Frage, ob ein bestimmter Gegenstand zum beweglichen oder unbeweglichen Vermögen gehört, Unterschiede zwischen der lex fori und der lex rei sitae, wird die Entscheidung darüber von der lex rei sitae ge-

---

[331] „Realty“, eine Kurzform für „real property“, „real estate“, bezeichnet „land and things attached to land so as to become part of it“, „excluding anything that may be severed without injury to the land“ und die auf ein Grundstück bezogenen Rechte, welche ein Leben lang andauern oder gemäß den Bestimmungen vor 1926 vererbbar waren (Garner, Black’s Law Dictionary, S. 1293; Saunders, Words and Phrases Legally Defined, Vol. 4, S. 257, 258).

[332] „Personalty“, eine Kurzform für „personal property“, „personal estate“, „movable estate“ und „things personal“, in „chattels personal“ und „chattels real“ eingeteilt, bezeichnet alle Arten von Vermögen, welche „movable or immovable, corporeal or incorporeal, other than freehold estates and interests in land and its appurtenances“ sind (Garner, Black’s Law Dictionary, S. 1254; Saunders, Words and Phrases Legally Defined, Vol. 4, S. 117, 118).

[333] Re Hoyles [1911] 1 Ch. 179, 185. Vgl. dazu auch Morris, Conflict of Laws, S. 333; Cheshire and North’s PIL 13th, S. 923; Collins, Dicey and Morris on the Conflict of Laws 13th, S. 918, Rn. 22-004.

troffen.[334] „Leaseholds“ (Mietgrundstück), „rent charges“ (Grunddienstbarkeit) und „mortgages“ (Grundpfandrecht) sind beispielsweise in Hongkong als unbeweglich zu qualifizieren.[335]

Die lex rei sitae für „choses in action“ („intangible movables“, unkörperliche Rechtsgegenstände) ist das Recht des Landes, in dem sie zurückerhalten oder durchgesetzt werden können[336]. Die lex rei sitae für ein Grundstück ist das Recht des Landes, in dem es liegt.[337] Die lex rei sitae für „chattels“ („tangible movables“, bewegliches Vermögen) ist im Regelfall das Recht des Landes, in dem sie sich zu dem gegebenen Zeitpunkt befinden[338]. Ausnahmsweise ist das Recht des Registrierungshafens die lex rei sitae für ein Handelsschiff[339] und das Recht des Registrierungsstaats die lex rei sitae für ein Zivilflugzeug[340].

---

[334] Re Hoyles [1911] 1 Ch. 179 (C. A.). Dazu auch Collins, Dicey and Morris on the Conflict of Laws 13th, S. 917, Rn. 22R-001, 919, Rn. 22-009; Cheshire and North's PIL 13th, S. 924; Morris, on the Conflict of Laws, S. 334.

[335] Dazu Collins, Dicey and Morris on the Conflict of Laws 13th, S. 920, 921, Rn. 22-011-022-014. Details in dieser Hinsicht vgl. auch Collins, Dicey and Morris on the Conflict of Laws 13th, S. 920-923, Rn. 22-011-22-019; Cheshire and North's PIL 13th, S. 925, 926; Henrich, in: Ferid/Firsching/Dörner/Hausmann, Internationales Erbrecht, Großbritannien, S. 6-8, Rn. 11-16.

[336] New York Life Insurance Co. v. Public Trustee [1924] 2 Ch. 101, 109 (C. A.); Alloway v. Phillips [1980] 3 All E.R., 138, 143, 147; Kwok Chi Leung Karl v. Commissioner of Estate Duty [1988] 1 W. L. R. (P. C.). Dazu auch Collins, Dicey and Morris on the Conflict of Laws 13th, S. 923-935, Rn. 22R-023-22-051.

[337] Cammell v. Sewell (1860) 5 H. & N. 728; Re Haig (1922) 17 A. T. C. 635, 644 (C. A.). Dazu Collins, Dicey and Morris on the Conflict of Laws 13th, S. 924-935, Rn. 22-024-22-051.

[338] Cammell v. Sewell (1860) 5 H. & N. 728; Re Haig (1922) 17 A. T. C. 635, 644 (C. A.). Dazu Collins, Dicey and Morris on the Conflict of Laws 13th, S. 924-935, Rn. 22-024-22-051.

[339] Vgl. Collins, Dicey and Morris on the Conflict of Laws 13th, S. 936, 937, Rn. 22E-057-22-058.

[340] Vgl. Collins, Dicey and Morris on the Conflict of Laws 13th, S. 937, Rn. 22E-060-22-061.

Bewegliches Vermögen ist im kollisionsrechtlichen Sinn von „tangible“ oder „intangible“ Natur[341]. „Tangible“ bewegliche Vermögensgegenstände sind „chattels in possession“, also „choses in possession“ (bewegliche Sachen), weil sie in Besitz genommen werden können.[342] „Intangible“ bewegliche Vermögensgegenstände sind dagegen „things in action“, also „choses in action“[343], da sie nur durch ein Gerichtsverfahren zurückerhalten werden können.[344] Für „choses in possession“ gilt kollisionsrechtlich die lex domicilii, also „mobilia sequuntur personam“.[345]

bb. Erbschaftsverwaltung

Eine der Besonderheiten des „common law“ im Verfahren der Nachlaßverwaltung liegt darin, daß der Nachlaß nicht unmittelbar auf die Erben übergeht, sondern Zwischenpersonen „personal representatives“ eingeschaltet werden: so etwa ein „executor“ bei testamentarischer Erbfolge (Testamentsvollstrecker), ein „administrator cum testamento annexo“ (Erbschaftsverwalter) und ein „administrator“ bei gesetzlicher Erbfolge (Erbschaftsverwalter) im konkreten[346]. Ihnen werden seitens der öffentlichen Autorität sogenannte „grants“ (gerichtliche Bewilligungen)[347] verliehen, wonach sie allein zur Nachlaßverwaltung berechtigt sind.[348]

---

[341] „Tangible property“ ist „property that has physical form and characteristics“ (Garner, Black´s Law Dictionary, S. 1234), während „intangible property“ „property that lacks a physical existence“ ist (Garner, Black´s Law Dictionary, S. 1233).

[342] So Schmitthoff, Conflict of Laws, S. 190.

[343] Es gibt vier Typen der „choses in action“: „negotiable instruments“ wie „bills of lading“, „specialties“ wie „money bond“, „contract debts“ und „personal properties of an incorporeal nature“ wie Patent (Schmitthoff, Conflict of Laws, P. 204-206).

[344] So Schmitthoff, Conflict of Laws, S. 190.

[345] So Schmitthoff, Conflict of Laws, S. 192.

[346] Dazu Cheshire and North's PIL 13th, S. 974; Collins, Dicey and Morris on the Conflict of Laws 13th, S. 1006, 1007, Rn. 26-002.

[347] Generell gesprochen gibt es drei Typen von „grant“: „probate“ (nur unter Testament), „administration cum testamento annexo“ (unter Testament, aber keine oder fehlgeschlagene Ernennung) und „administration“ (ohne Testament). Dazu Mellows, Law of Succession, S. 215; Collins, Dicey and Morris on the Conflict of Laws 13th, S. 1006, 1007, Rn. 26-002.

[348] Vgl. Cheshire and North' PIL, S. 826; Henrich, in: Ferid/Firsching/Dörner/Hausmann, Internationales Erbrecht, Großbritannien, S. 23, Rn. 67.

Diese „administration" der Erbschaft kann in zweifachem Sinn verstanden werden. In weiterem Sinn werden unter „administration" die Sammlung des Vermögens, die Begleichung der Schulden und die Verteilung des übriggebliebenen Nachlasses erfaßt.[349] In engerem Sinn beinhaltet „administration" kollisionsrechtlich nur die erwähnten ersten zwei Aufgaben – die Vermögenssammlung und Schuldenbegleichung –, die sich kollisionsrechtlich nach der lex fori richten, während die Verteilung des übrigen Vermögens unter die Erbberechtigten zur „succession" (Erbfolge) gehört, in der andere Kollisionsregeln – die lex domicilii des Erblassers bei beweglichen Nachlaßgegenständen, die lex rei sitae bei unbeweglichen Nachlaßgegenständen – gelten.[350] Dementsprechend sind die Aufgaben der „personal representatives" – Verwaltung der Schulden (Abgabenzahlung[351] und

[349] Dazu Graveson, Conflict of Laws, S. 514; Schmitthoff, Conflict of Laws, S. 221, 228; Halsbury's Laws of England, S. 691, 692, Para. 946.

[350] Dazu Graveson, Conflict of Laws, S. 514; Schmitthoff, Conflict of Laws, S. 221, 228; Halsbury's Laws of England, S. 691, 692, Para. 946.

[351] In dieser Beziehung ist vor allem die Erbschaftsteuer in Hongkong zu beachten. Das Erbschaftsteuersystem Hongkongs basiert auf dem Gesetz „Estate Duty Ordinance". Die Erbschaftsteuer gilt für jede Person, die nach dem 1.1.1916 gestorben ist (Section 2 Estate Duty Ordinance).

Sie beruht auf dem durch gesetzliche Bestimmungen (z.B. Section 32, 33, 35, 36, 39, 40, 44 Estate Duty Ordinance) festgesetzten Hauptwert („principal value") der Erbmasse mit einem gestuften Steuersatz (Section 5 Estate Duty Ordinance).

Zu der Erbmasse des Erblassers gehören:

1. das Vermögen, über das der Erblasser im Zeitpunkt seines Todes verfügen kann (Section b (1) (a) Estate Duty Ordinance);

2. das Vermögen, an dem der Erblasser oder irgendeine andere Person ein Interesse hat, das im Zeitpunkt des Todes des Erblassers endet, sofern dadurch ein Vorteil daraus entstanden ist (Section 6 (1) (b) Estate Duty Ordinance);

3. das Vermögen, das als eine Schenkung vor dem Tod („a donatio mortis causa") oder als eine sofortige Schenkung „inter vivos" von dem Erblasser gemacht worden ist (Section 6 (1) (c) Estate Duty Ordinance);

4. das Vermögen, an dem der Erblasser absolut berechtigt ist (Section 6 (1) (d) Estate Duty Ordinance);

5. das Vermögen, das von dem Erblasser durch ein anderes Übertragungsinstrument als das Testament in der Vergangenheit oder in Zukunft transferiert wird (Section 6 (1) (e) Estate Duty Ordinance);

6. Jahresrenten („annuity“) oder andere Anteile („interest“), die von dem Erblasser allein oder zusammen mit anderen gekauft oder geliefert wurden (Section 6 (1) (f) Estate Duty Ordinance);

7. Schulden, die der Schuldner in Hongkong dem Erblasser im Zeitpunkt seines Todes schuldig ist (Section 6 (1) (g) Estate Duty Ordinance) etc. (Details dafür vgl. Section 6 Estate Duty Ordinance).

In dieser Hinsicht sind die Steuerbefreiungen (Section 8 Estate Duty Ordinance), der Freibetrag (Section 13 Estate Duty Ordinance) und die Ausnahmebestimmungen (Section 10, 10A Estate Duty Ordinance) zu beachten. Insbesondere verdient eine Steuererleichterung bei der sogenannten „schnellen Vererbung“ Beachtung. Wenn der gleiche Nachlaß, der sich aus Mietvermögen („leasehold property“) oder aus einem Gewerbe (nicht in Form einer Gesellschaft geführt) oder irgendwelcher Anteile an einem solchen Mietvermögen oder Gewerbe zusammensetzt, innerhalb von fünf Jahren erneut Erbschaftsteuerpflichtig wird, vorausgesetzt, daß der zweite steuerpflichtige Wert den ersten überschreitet, wird die Summe der Erbschaftsteuer für den zweiten Tod reduziert

um 50 % im Falle des zweiten Todes binnen einem Jahr des ersten Todes;

um 40 % im Falle des zweiten Todes binnen zwei Jahren des ersten Todes;

um 30 % im Falle des zweiten Todes binnen drei Jahren des ersten Todes;

um 20 % im Falle des zweiten Todes binnen vier Jahren des ersten Todes;

um 10 % im Falle des zweiten Todes binnen fünf Jahren des ersten Todes (Section 31 Estate Duty Ordinance).

Der Steuersatz der Erbschaftsteuer ist jeweils unterschiedlich, abhängig von dem Datum des Todes (Section 3 (1) (c) i.V.m. Schedule 1 Estate Duty Ordinance). Wenn beispielsweise eine Person am 1.4.1997 oder danach und vor 1.4.1998 gestorben ist, gilt die Regelung im Teil 23 der Tabelle 1 (Section 3 (1) (c) i.V.m. Schedule 1 Part 23 Estate Duty Ordinance):

Der steuerpflichtige Wert		Steuersatz
Untere Grenze	Obere Grenze	Prozent
$ 7 000 000	$ 8 500 000	6
$ 8 500 000	$ 10 000 000	12
$ 10 000 000		18

Wenn z.B. eine Person am 1.4.1998 oder danach gestorben ist, gilt die Regelung im Teil 24 der Tabelle 1 (Section 3 (1) (c) i.V.m. Schedule 1 Part 24 Estate Duty Ordinance):

Schuldenbegleichung) und Verteilung des verbleibenden Nachlasses unter die Erbberechtigten – den unterschiedlichen Kollisionsnormen unterworfen.[352]

(1) Zuständigkeit zur Erteilung des „grant"

Das Gericht in Hongkong ist für die Erteilung, Änderung oder den Widerruf des „grant" zuständig (Section 3 (1) Probate and Administration Ordinance). Zugleich werden „grants of probate and letters of administration", die von einem Gericht aus irgendeinem in Schedule 2 genannten Staat oder Ort erteilt werden, von den Gerichten in Hongkong anerkannt (Section 3 (3), Section 49 i.V.m. Schedule 2 Probate and Administration Ordinance), vorausgesetzt, daß in diesem Staat oder an diesem Ort gegenüber einem „grant" aus Hongkong in gleicher Weise verfahren wird (Section 49 A (2) Probate and Administration Ordinance).[353]

Wenn ein Testator zwei testamentarische Verfügungen über die jeweiligen inländischen und ausländischen Nachlaßgegenstände getroffen hat, muß ein „executor" ein „grant" bzw. „probate" für die beiden Testamente beantragen, falls das eine Testament das andere bestätigt und die beiden Testamente gemeinsam das Testament des Testators bilden.[354] Wenn aber die beiden voneinander unabhängig sind, kann der „executor" normalerweise nur für das inländische Testament ein „grant" beantragen, für das ausländische

Der steuerpflichtige Wert		Steuersatz
Untere Grenze	Obere Grenze	Prozent
$ 7 500 000	$ 9 000 000	5
$ 9 000 000	$ 10 500 000	10
$ 10 500 000		15

[352] So Cheshire and North's PIL 13th, S. 975; Collins, Dicey and Morris on the Conflict of Laws 13th, S. 1016, 1017, Rn. 26R-030-26-033; Morris, Conflict of Laws, S. 382.

[353] Die in Schedule 2 genannten Staaten oder Orte sind „the Australian States of Tasmania, Victoria and South Australia and the Northern Territory of Australia", „New Zealand", „Sri Lanka", „United Kingdom" (Schedule 2 Probate and Administration Ordinance).

[354] In the Estate of Wayland [1951] 2 All E.R., 1041, 1044. Dazu Cheshire and North's PIL 13th, S. 976; Collins, Dicey and Morris on the Conflict of Laws 13th, S. 1008, Rn. 26-005; Morris, Conflict of Laws, S. 383.

Vermögen dann, wenn ein bestimmter Grund dafür existiert.[355] Vor allem findet sich die Rechtsgrundlage für derartige „grants" in bezug auf ausländisches Vermögen in „Section 3 (2) Probate and Administration Ordinance"[356].

(2) Reichweite des „grant"

Theoretisch erstreckt sich ein „grant" auf das ganze Vermögen, gleichgültig, wo es sich befindet.[357] Tatsächlich betrifft es aber nur die Nachlaßgegenstände, die sich im Zeitpunkt des Todes des Erblassers in Hongkong befinden, sowie das bewegliche Vermögen des Erblassers, das nach seinem Tod nach Hongkong gebracht wurde, es sei denn, daß dieses Vermögen einem anderen bereits durch einen „administrator" im Ausland gemäß der dortigen lex rei sitae zugefallen ist.[358]

(3) Rechtsanwendung bei der „administration"

Die Nachlaßverwaltung bestimmt sich allein nach dem Recht des Staates, in dem der „personal representative" sein „grant" erhält, also der lex fori.[359] Die Verwaltung des Nachlaßvermögens durch einen „personal representative" in

---

[355] In the Estate of Wayland [1951] 2 All E.R., 1041, 1044. Dazu Cheshire and North's PIL 13th, S. 976; Collins, Dicey and Morris on the Conflict of Laws 13th, S. 1008, Rn. 26-005; Morris, Conflict of Laws, S. 383.

Der konkrete Grund im Fall „In the Estate of Wayland" lag darin, daß der „executor" ohne ein entsprechendes englisches „grant" das in Belgien befindliche Nachlaßvermögen aufgrund der hohen Steuerlast hätte aufgeben müssen (in the Estate of Wayland [1951] 2 All E.R., 1041, 1042, 1044).

[356] Section 3 (2) Probate and Administration Ordinance:

> The court shall have jurisdiction to make a grant of probate or administration in respect of a deceased person notwithstanding that the deceased person left no estate.

[357] Cheshire and North's PIL 13th, S. 979; Morris, Conflict of Laws, S. 386; Collins, Dicey and Morris on the Conflict of Laws 13th, S. 1013, 1014, Rn. 26R-021-26-023; Halsbury's Laws of England, S. 692, Para. 948.

[358] Cheshire and North's PIL 13th, S. 979; Morris, Conflict of Laws, S. 386; Collins, Dicey and Morris on the Conflict of Laws 13th, S. 1013, 1014, Rn. 26R-021-26-023; Halsbury's Laws of England, S. 692, Para. 948.

[359] Collins, Dicey and Morris on the Conflict of Laws 13th, S. 1016, 1017, Rn. 26-030-26-032; Morris, Conflict of Laws, S. 387; Cheshire and North's PIL 13th, S. 979; Halsbury's Laws of England, S. 691, Para. 945.

Hongkong richtet sich also nach der lex fori Hongkongs, die Nachlaßverwaltung durch einen im Ausland bestellten „personal representative“ nach der dortigen lex fori, also dem ausländischen Recht. Demgemäß bestimmt die lex fori alle Fragen in bezug auf die Zulässigkeit und Priorität der Schulden sowie die Vollmacht zur Verschiebung des Nachlaßverkaufs etc.[360]

(4) Person, der ein „grant“ verliehen werden kann

Bei der Frage, welcher Person ein „grant“ von einem Gericht verliehen werden kann, ist folgendes zu unterscheiden.

Wenn das Domizil des Erblassers in Hongkong liegt, wird ein „probate“ dem in einem Testament ernannten „executor“ verliehen, oder die „administration“ einem „administrator“ anvertraut, der ein eigenes Interesse in bezug auf die Nachlaßverteilung hat.[361] Konkret richtet sich die Reihenfolge der für die Erteilung eines „grant“ in Betracht kommenden Personen nach der testamentarischen oder gesetzlichen Erbfolge (Rule 19, 21 Non-Contentious Probate Rules).

Liegt das Domizil des Erblassers in einem ausländischen Staat oder an einem auswärtigen Ort, kann ein „grant“ derjenigen Person erteilt werden, die vom zuständigen Gericht am Domizil des Erblassers mit der „administration“ des Vermögens betraut wurde (Rule 29 (a), (b) Non-Contentious Probate Rules).[362] Wenn eine solche Person nicht vorhanden ist, erfolgt die Verleihung des „grant“ den Umständen entsprechend nach dem Ermessen des Gerichts in Hongkong (Rule 29 (c), (d) Non-Contentious Probate Rules).[363]

Jedoch darf ein „grant“ in bezug auf dasselbe Vermögen höchstens an vier Personen verliehen werden, und zwar soll ein „grant“ der „administration“[364]

---

[360] Vgl. Collins, Dicey and Morris on the Conflict of Laws 13th, S. 1016-1018, Rn. 26-032-26-034; Morris, Conflict of Laws, S. 388; Cheshire and North's PIL 13th, S. 979.

[361] Cheshire and North's PIL 13th, S. 977.

[362] So Morris, Conflict of Laws, S. 383; Collins, Dicey and Morris on the Conflict of Laws 13th, S. 1009, Rn. 26-008; Cheshire and North's PIL 13th, S. 977.

[363] So Morris, Conflict of Laws, S. 383; Collins, Dicey and Morris on the Conflict of Laws 13th, S. 1009, Rn. 26-008; Cheshire and North's PIL 13th, S. 977.

[364] Vgl. zu den Typen von „grant“ vgl. Fußnote 347, S. 79.

entweder einer „trust corporation“[365] (öffentliche Treuhandstelle) mit oder ohne natürliche Person oder mindestens zwei natürlichen Personen verliehen werden, sofern es unter den Erbberechtigten einen Minderjährigen gibt oder ein „life interest“ (lebenslänglicher Nießbrauch) bei testamentarischer oder gesetzlicher Erbfolge entsteht (Section 25 (1) Probate and Administration Ordinance).

(5) Ausländische „personal representatives"

Ein ausländischer „personal representative“, der einen Erblasser auf dem Rechtsgebiet Hongkong vertreten möchte, muß ein „grant“ von einem Gericht Hongkongs erhalten.[366] Denn der Status eines ausländischen „personal representative“ wird in Hongkong nicht anerkannt; der Betreffende kann als ausländischer „personal representative“ auf dem Gebiet Hongkong nicht klagen oder verklagt werden, selbst wenn er das ausländische Vermögen in Hongkong gebracht hat.[367] Deswegen haftet ein ausländischer „personal representative“ dafür als ein „executor de son tort“: Er geht also alle Verbindlichkeiten ein, ohne irgendwelche Privilegien zu genießen, wenn er ohne inländisches „grant“ über das dortige Vermögen verfügt.[368] Natürlich kann ein ausländischer „personal representative“ persönlich in Hongkong klagen und verklagt werden.[369]

cc. Internationale Erbkollisionsbestimmungen

Wenn die „administration“ des Nachlasses abgeschlossen ist, also alle Schulden, Abgaben und Unkosten beglichen sind, tauchen zwangsläufig weitere Fragen auf, die sich auf die Verteilung des übrigen Nachlaßvermögens beziehen. An dieser Stelle kommt das Internationale Erbrecht

---

[365] „Trust corporation“ bedeutet „a corporation appointed by the court in any particular case to be a trustee“ und „any trust company registered under Part III of the Trustee Ordinance“ (Section 2 (b), (c) Probate and Administration Ordinance).

[366] Vgl. Collins, Dicey and Morris on the Conflict of Laws 13th, S. 1018, 1019, Rn. 26R-036-26-037; Morris, Conflict of Laws, S. 388; Cheshire and North's PIL 13th, S. 981, 982.

[367] Vgl. Collins, Dicey and Morris on the Conflict of Laws 13th, S. 1018, 1019, Rn. 26R-036-26-037; Morris, Conflict of Laws, S. 388; Cheshire and North's PIL 13th, S. 981, 982.

[368] So Morris, Conflict of Laws, S. 388, 389; Collins, Dicey and Morris on the Conflict of Laws 13th, S. 1019, Rn. 26-037; Cheshire and North's PIL 13th, S. 979, 980.

[369] Dazu Cheshire and North's PIL 13th, S. 982; Morris, Conflict of Laws, S. 389; Collins, Dicey and Morris on the Conflict of Laws 13th, S. 1021, Rn. 26-045.

bezüglich des beweglichen und unbeweglichen Nachlaßgegenstandes ins Spiel.

(1) Internationale Erbkollisionsbestimmungen bei gesetzlicher Erbfolge

Stirbt eine Person in Hongkong, ohne zuvor ein gültiges Testament errichtet zu haben, kommen die erbrechtlichen Kollisionsnormen für die gesetzliche Erbfolge zur Anwendung.

(a) Bei beweglichem Nachlaßvermögen

Der kollisionsrechtliche Grundsatz bei gesetzlicher Erbfolge in einen beweglichen Nachlaßgegenstand lautet: Die lex domicilii des Erblassers im Zeitpunkt seines Todes bestimmt die gesetzliche Erbfolge.[370] Somit gilt der alte Grundsatz „mobilia sequuntur personam".[371] Und zwar bezieht sich diese Verweisung sowohl auf die sachrechtlichen als auch auf die kollisionsrechtlichen Bestimmungen der lex domicilii.[372] Mithin gilt „die englische Doktrin des Renvoi"[373] unbeschränkt.

Demnach beherrscht die lex domicilii die entsprechenden erbrechtlichen Fragen bei der Vererbung beweglichen Vermögens, wie z.B. die Frage, wer Erbe ist, welche Erbanteile den einzelnen Erben jeweils zustehen, nach welcher Ordnung ihnen die Nachlaßgegenstände bzw. die Erbanteile zuteil werden usw.[374]

Allerdings ist dieses Grundprinzip nur auf die erbrechtlichen Ansprüche anwendbar.[375] Wenn ein Erblasser mit Domizil in einem ausländischen Staat

---

[370] Vgl. dazu Collins, Dicey and Morris on the Conflict of Laws 13th, S. 1026, Rn. 27R-010-27-011; Cheshire and North's PIL 13th, S. 985; Westlake, PIL, S. 113; Schmitthoff, Conflict of Laws, S. 232; Morris, Conflict of Laws, S. 390; Henrich, in: Ferid/Firsching/Dörner/Hausmann, Internationales Erbrecht, Großbritannien, S. 14, Rn. 43.

[371] Pipon v. Pipon (1744) Amb. 25. Dazu auch Schmitthoff, Conflict of Laws, S. 232; Graveson, Conflict of Laws, S. 518.

[372] Vgl. dazu Henrich, in: Ferid/Firsching/Dörner/Hausmann, Internationales Erbrecht, Großbritannien, S. 16, Rn. 50.

[373] Dazu vgl. Teil C, I, a, dd, S. 70.

[374] So Graveson, Conflict of Laws, S. 518.

[375] So Collins, Dicey and Morris on the Conflict of Laws 13th, S. 1026, Rn. 27-012.

ohne Erben stirbt und der ausländische Staat nach seinem Recht einen Anspruch auf die beweglichen Nachlaßgegenstände als erbenloser Nachlaß erhebt, entscheidet die lex rei sitae der Nachlaßgegenstände über ihr endgültiges Schicksal. So ergreift die SVZ Hongkong durch „jus regale" Besitz von den in Hongkong belegenen Nachlaßgegenständen als „bona vacantia", weil in diesem Fall kein gesetzliches Erbrecht zu erkennen ist.[376] Wenn in demselben Fall ein ausländischer Staat nach seinen eigenen Sachnormen diese Mobilien als „ultimus heres" beansprucht, gilt der Grundsatz „mobilia sequuntur personam", und sein Anspruch wird von den Gerichten in Hongkong anerkannt, weil in diesem Fall ein gesetzliches Erbrecht festzustellen ist.[377]

(b) Bei unbeweglichem Nachlaßvermögen

Die gesetzliche Erbfolge für unbewegliches Vermögen bestimmt sich nach der lex rei sitae des Vermögens, also nach dem Recht des Staates bzw. des Ortes, an dem sich das unbewegliche Vermögen befindet.[378] Diese traditionelle englische Kollisionsnorm, der vor 1926 ein besonderer Sinn zukam, weil bis zu diesem Zeitpunkt zwei Systeme der gesetzlichen Erbfolge, das eine für „realty"[379] and das andere für „personalty"[380] galten, ist häufig kritisiert worden.[381] So mache diese Norm keinen Sinn mehr, da nach 1926

---

[376] In re Maldonado [1954] C. A., Morris, Cases on PIL, S. 444-449. Vgl. auch Schmitthoff, Conflict of Laws, S. 233; Collins, Dicey and Morris on the Conflict of Laws 13th, S. 1026, 1027, Rn. 27-012-27-013; Cheshire and North's PIL 13th, S. 985; Morris, Conflict of Laws, S. 390, 391; Henrich, in: Ferid/Firsching/Dörner/Hausmann, Internationales Erbrecht, Großbritannien, S. 17, Rn. 51a.

[377] Vgl. Schmitthoff, Conflict of Laws, S. 233; Collins, Dicey and Morris on the Conflict of Laws 13th, S. 1026, 1027, Rn. 27-012-27-013; Cheshire and North's PIL 13th, S. 985; Morris, Conflict of Laws, S. 390, 391; Henrich, in: Ferid/Firsching/Dörner/Hausmann, Internationales Erbrecht, Großbritannien, S. 17, Rn. 51a.

[378] So Schmitthoff, Conflict of Laws, S. 248; Collins, Dicey and Morris on the Conflict of Laws 13th, S. 1027, Rn. 27R-015-27-016; Cheshire and North's PIL 13th, S. 999; Morris, Conflict of Laws, S. 391; Henrich, in: Ferid/Firsching/Dörner/Hausmann, Internationales Erbrecht, Großbritannien, S. 8, Rn. 19; Graveson, Conflict of Laws, S. 520.

[379] Vgl. Fußnote 331, S. 77.

[380] Vgl. Fußnote 332, S. 77.

[381] Collins, Dicey and Morris on the Conflict of Laws 13th, S. 1027-1029, Rn. 27-016-27-020; Cheshire and North's PIL 13th, S. 999, 1000; Morris, Conflict of Laws, S. 391, 392.

in England und den meisten anderen Staaten ein einheitliches System der gesetzlichen Erbfolge die Oberhand gewonnen und diese Norm überdies zu einigen ungewöhnlichen Entscheidungen wie z.B. Re Collens[382] geführt habe.[383]

Gleichfalls gilt die „foreign-court-Theorie" für die Verweisung auf die lex rei sitae eines unbeweglichen Vermögens.

(c) Sachrechtliche Bestimmungen über die gesetzliche Erbfolge

Sachrechtlich sehen die erbrechtlichen Bestimmungen[384] über die gesetzliche Erbfolge in Hongkong folgendermaßen aus.

(aa) Erbfall und Erben

Der Erbfall tritt mit dem Tod des Erblassers ein, was den Bestimmungen (Section 10, 12 (1) Probate and Administration Ordinance und Section 3 (1) Inheritance Ordinance) mittelbar zu entnehmen ist.[385] Die Erben bei gesetz-

---

[382] Dabei ging es um die Frage, ob die hinterlassene Frau, die schon $ 1 Million aus den im Ausland belegenen Nachlaßgegenständen nach dem Domizilrecht des Erblassers beim Tode bekommen hatte, gemäß Section 46 Administration of Estates Act 1925 noch die gesetzliche Erbschaft £5 000 aus dem in Großbritannien belegenen Grundstück bekommen sollte (ähnlich wie Section 4 (3) Intestates's Estates Ordinance in Hongkong). Gemäß der lex rei sitae des in Großbritannien belegenen Grundstücks hatte das Gericht die Frage bejahen müssen. Die lex rei sitae beziehe sich nur auf das Vermögen in Großbritannien, nicht auf das im Ausland liegende Vermögen. Wäre die lex domicilii des Erblassers beim Tode die englische Kollisionsnorm auch für unbewegliches Nachlaßvermögen gewesen, hätten die Nachlaßgegenstände demnach einheitlich vererbt werden können und wäre eine gerechte Vererbung unter den Erben (der Frau und den Kindern) möglich gewesen. Ausführlich dazu Re Collens (deceased) [1986] 1 All E.R., 611-616. Vgl. auch Collins, Dicey and Morris on the Conflict of Laws 13th, S. 1028, Rn. 27-018.

[383] So Collins, Dicey and Morris on the Conflict of Laws 13th, S. 1027-1029, Rn. 27-016-27-020; Cheshire and North's PIL 13th, S. 999, 1000; Morris, Conflict of Laws, S. 391, 392.

[384] Zum Erbrecht im allgemeinen vgl. auch Ma Lin, Innerchinesisches Kollisionsrecht, S. 29, 30.

[385] So Henrich, in: Ferid/Firsching/Dörner/Hausmann, Internationales Erbrecht, Großbritannien, S. 36, Rn. 101.

licher Erbfolge („intestacy") für den zu verteilenden Nachlaß („residuary estate of the intestate"[386]) sind

1. der überlebende Ehegatte,
2. die Abkömmlinge,
3. die Eltern,
4. die vollbürtigen (von den gleichen Eltern stammenden) Geschwister,
5. die entfernten Verwandten und
6. die SVZ Hongkong (Section 4 Intestates' Estates Ordinance).[387]

(bb) Erbrechtliche Berechtigungen des Ehegatten

Dem überlebenden Ehegatten steht die gesamte Erbschaft zu, wenn ein Erblasser weder Abkömmlinge noch Eltern oder vollbürtige Geschwister oder Abkömmlinge der vollbürtigen Geschwister hinterläßt (Section 4 (2) Intestates' Estates Ordinance).[388] Wenn ein Erblasser seinen Ehegatten und seine Abkömmlinge hinterläßt, erhält der Ehegatte die „personal chattels"[389] (zum persönlichen Gebrauch bestimmtes bewegliches Vermögen), einen

---

[386] „The residuary estate of the intestate" bedeutet „every beneficial interest in an estate as to which a person dies intestate, after payment of all such funeral and administration expenses, debts and other liabilities as are properly payable thereout, which (otherweise than in right of a „power of appointment") he could, if of full age and capacity, have disposed of by his will" (Section 2 (1) (b) Intestates' Estates Ordinance).

[387] Vgl. Henrich, in: Ferid/Firsching/Dörner/Hausmann, Internationales Erbrecht, Großbritannien, S. 47, Rn. 136; Halsbury's Laws of England, Vol. 17 (2), S. 93, Para. 158.

[388] So Mellows, Law of Succession, S. 152; Henrich, in: Ferid/Firsching/Dörner /Hausmann, Internationales Erbrecht, Großbritannien, S. 47, Rn. 136; Halsbury's Laws of England, Vol. 17 (2), S. 318, Para. 591.

[389] Die „personal chattels" beziehen sich auf die Gegenstände für den Haushalt und das alltägliche persönliche Leben (vgl. Mellows, Law of Succession, S. 152). Konkret sind damit die sich an dem Wohnsitz des überlebenden Ehepartners im Zeitpunkt des Todes des Erblassers befindenden Gegenstände gemeint: „furniture, clothes, articles of adornment, articles of household, personal, recreational or decorative use, consumable stores, garden effects and domestic animals; and motor vehicles and accessories, but does not include any chattel used exclusively or principally for business or professional purposes, or money or securities for money" (Section 2 (1)(a), (b) Intestates' Estates Ordinance).

Betrag von $ 500 000[390], frei von Erbschaftssteuer und Kosten zuzüglich Zinsen vom Todestag des Erblassers an bis zum Tag der Auszahlung (Section 4 (3) Intestates' Estates Ordinance) mit einem vom „Chief Justice" (Vorsitzender eines hohen Gerichts) bestimmten Zinssatz (Section (1) (b) High Court Ordinance), sowie die Hälfte des verbleibenden Nachlasses „in trust" (in treuhänderischer Verwaltung) nach Section 4 (3) (a) Intestates' Estates Ordinance.[391] Wenn ein Erblasser seinen Ehegatten, seine Eltern oder seine vollbürtigen Geschwister oder die Abkömmlinge der vollbürtigen Geschwister hinterläßt, stehen dem Ehegatten die „personal chattels", ein Betrag von $ 1 000 000 frei von Erbschaftssteuer und Kosten zuzüglich Zinsen vom Todestag des Erblassers an bis zum Tag der Auszahlung mit einem vom „Chief Justice" bestimmten Zinssatz, sowie die Hälfte des verbleibenden Nachlasses „in trust" zu (Section 4 (4) (a) Intestates' Estates Ordinance).[392]

Außerdem soll das eigene Vermögen des überlebenden Ehegatten von dem zu verteilenden Nachlaß getrennt und festgesetzt werden.[393] Anstatt des ihnen zustehenden „life interest" können der überlebende Ehegatte und die überlebende Partnerin eines Konkubinats („tsip") (Schedule 1 1 (1) Intestates' Estates Ordinance) von dem „personal representative" eine Kapitalauszahlung verlangen (Schedule 1 5 (1)-(5) Intestates' Estates Ordinance).[394] Zudem genießt der überlebende Ehegatte ein Sonderrecht in bezug auf die Wohnung – als Teil der Erbschaft –, in der er zum Zeitpunkt des Todes des Erblassers wohnte: Er kann von dem „personal representative" verlangen, daß er Eigentümer der Wohnung wird (Section 7 i.V.m. Schedule 2 1 (1) (a), (b) Intestates' Estates Ordinance).[395] Aber ein überlebender Ehegatte, der

---

[390] In diesem Teil handelt es sich bei der Währung um den Hongkong Dollar. Der Wechselkurs des Euros gegenüber Hongkong Dollar war am 12.1.2004: 1 Euro (EUR) = 9.96050 Hong Kong Dollar, vgl. dazu http://www.oanda.com/convert/classic.

[391] Vgl. Mellows, Law of Succession, S. 152-154; Henrich, in: Ferid/Firsching/Dörner /Hausmann, Internationales Erbrecht, Großbritannien, S. 47, 48, Rn. 137; Halsbury's Laws of England, Vol. 17 (2), S. 320, Para. 592.

[392] Vgl. Mellows, Law of Succession, S. 154; Henrich, in: Ferid/Firsching /Dörner/Hausmann, Internationales Erbrecht, Großbritannien, S. 48, 49, Rn. 140; Halsbury's Laws of England, Vol. 17 (2), S. 318, Para. 591.

[393] Vgl. dazu Mellows, Law of Succession, S. 154.

[394] Vgl. Mellows, Law of Succession, S. 154.

[395] Vgl. Mellows, Law of Succession, S. 155, 156; Halsbury's Laws of England, Vol. 17 (2), S. 320, Para. 593.

durch eine gerichtliche Anordnung von dem Erblasser getrennt lebte, ist nicht berechtigt, an der Erbschaft teilzuhaben (Section 4 A (1) Intestates' Estates Ordinance).[396] Wenn eine Ehe nichtig ist oder durch eine Gerichtsentscheidung („a decree absolute of divorce") aufgelöst worden ist, erhält die andere Partei nichts, da der Ehegattenstatus wegfällt.[397]

(cc) Erbrechtliche Berechtigungen der Abkömmlinge

Wenn ein überlebender Ehegatte existiert, erhalten die Abkömmlinge[398] den Teil der Erbschaft, der dem Ehegatten nicht zusteht, also die andere Hälfte der verbleibenden Erbschaft in den „statutory trusts" (gesetzlich vorgeschriebenes Treuhandeigentum, vgl. Section 4 (3) (b) Intestates' Estates Ordinance). In allen anderen Fällen erhalten die Abkömmlinge den gesamten verbleibenden Nachlaß als „statutory trusts" (Section 4 (5) Intestates' Estates Ordinance).[399]

Die sich in den vom „personal representative" verwalteten „statutory trusts" befindende Erbschaft ist unter den Kindern, die zum Zeitpunkt des Todes des Erblassers am Leben sind und das 18. Lebensjahr vollendet haben oder vor dem 18. Lebensjahr verheiratet sind, zu gleichen Erbteilen zu verteilen (Section 5 (1) (a) Intestates' Estates Ordinance). Stirbt ein Kind vor dem Erblasser, treten die Kinder dieses Kindes an die Stelle, wenn sie zum Zeitpunkt des Todes des Erblassers am Leben sind und das 18. Lebensjahr

---

[396] Vgl. Mellows, Law of Succession, S. 157; Henrich, in: Ferid/Firsching/Dörner /Hausmann, Internationales Erbrecht, Großbritannien, S. 49, Rn. 141; Halsbury's Laws of England, Vol. 17 (2), S. 322, Para. 595.

[397] Vgl. Halsbury's Laws of England, Vol. 17 (2), S. 323, Para. 596. Zur Definition einer „gültigen Ehe" vgl. Section 3 (a) - (d) Intestates' Estates Ordinance.

[398] Bei den Abkömmlingen handelt es sich nicht nur um die ehelichen Kinder, sondern auch die für ehelich erklärten Kinder (Section 5 Legitimacy Ordinance), weiter die Kinder aus einer nichtigen Ehe, vorausgesetzt, daß mindestens ein Elternteil bei der Zeugung oder der Eheschließung in bezug auf die Ehegültigkeit gutgläubig war (Section 11 (1) Legitimacy Ordinance), die Kinder aus einer vernichtbaren Ehe und die an Kindes Statt angenommenen Kinder (Section 13, 15 Adoption Ordinance) sowie die nicht ehelichen Kinder, die im Hinblick auf ihr Verhältnis zu ihren Eltern den ehelichen Kindern durch „Legitimacy Ordinance" gleichgestellt worden sind (Section 4, 5 Legitimacy Ordinance). Dazu Mellows, Law of Succession, S. 163; Henrich, in: Ferid/Firsching /Dörner/Hausmann, Internationales Erbrecht, Großbritannien, S. 49, Rn. 142.

[399] Vgl. Mellows, Law of Succession, S. 157; Henrich, in: Ferid/Firsching/Dörner /Hausmann, Internationales Erbrecht, Großbritannien, S. 50, Rn. 143, 146.

vollendet haben oder vor diesem Zeitpunkt verheiratet sind (Section 5 (1) (a) Intestates' Estates Ordinance).[400] Wenn einem Kind des Erblassers irgendein Nachlaßgegenstand oder irgendeine Auszahlung aus der in den „statutory trusts" befindlichen Erbschaft in Form einer Förderung („advancement") oder anläßlich der Heirat des Kindes zugeflossen ist, wird diese gegenständliche oder finanzielle Zuwendung, vorbehaltlich einer gegenteiligen Absicht des Erblassers, auf den ihm zustehenden Erbanteil angerechnet (Section 5 (1) (c) Intestates' Estates Ordinance).[401]

(dd) Erbrechtliche Berechtigungen der Eltern

Wenn ein Erblasser nur seinen Ehegatten und seine Eltern hinterläßt, gebührt den Eltern die dem Ehegatten nicht zustehende Erbschaft „in trust", und zwar zu gleichen Teilen, wenn die beiden Eltern am Leben sind (Section 4 (4) (b) (i) Intestates' Estates Ordinance).[402] Wenn der Erblasser nur die Eltern oder einen Elternteil hinterläßt, fällt die gesamte Erbschaft „in trust" an die Eltern zu gleichen Teilen bzw. an den Elternteil (Section 4 (6), (7) Intestates' Estates Ordinance).[403]

(ee) Erbrechtliche Berechtigungen der übrigen

Wenn ein Erblasser keinen Ehegatten, keine Abkömmlinge und keine Eltern hinterläßt, steht die Erbschaft jeweils den folgenden Personen in der genannten Reihenfolge zu, die zum Zeitpunkt des Todes des Erblassers am Leben sind (Section 4 (8) Intestates' Estates Ordinance). Dabei kommen die Personen des nächsten Rangs nur in Betracht, wenn der vorrangige Erbberechtigte nicht vorhanden ist (Section 4 (8) Intestates' Estates Ordinance).

Die konkrete Reihenfolge der Erbberechtigten lautet (Section 4 (8) Intestates' Estates Ordinance):

---

[400] Vgl. Mellows, Law of Succession, S. 157; Henrich, in: Ferid/Firsching/Dörner /Hausmann, Internationales Erbrecht, Großbritannien, S. 50, Rn. 146; Halsbury's Laws of England, Vol. 17 (2), S. 327, Para. 604.

[401] Vgl. Mellows, Law of Succession, S. 158-160; Halsbury's Laws of England, Vol. 17 (2), S. 327, Para. 605.

[402] Vgl. Halsbury's Laws of England, Vol. 17 (2), S. 330, Para. 609.

[403] Vgl. Mellows, Law of Succession, S. 161; Halsbury's Laws of England, Vol. 17 (2), S. 330, Para. 610.

1. die vollbürtigen Geschwister des Erblassers in Form der „statutory trusts“,

2. die halbbürtigen Geschwister des Erblassers in Form der „statutory trusts“,

3. die Großeltern des Erblassers zu gleichen Teilen „in trust“,

4. die vollbürtigen Onkel und Tanten des Erblassers in Form der „statutory trusts“,

5. die halbbürtigen Onkel und Tanten des Erblassers in Form der „statutory trusts“ und schließlich

6. die SVZ Hongkong, die weiterhin darüber entscheidet, ob die wirtschaftlich vom Erblasser bisher abhängigen Personen und die anderen Personen, gleich, ob sie Verwandten des Erblassers sind oder nicht, sofern der Erblasser vernünftigerweise für sie weiter sorgen würde, mit der gesamten oder partiellen Erbschaft als „bona vacantia“ versorgt werden (Section 4 (9) Intestates' Estates Ordinance).[404]

(ff) Erbrechtliche Berechtigungen der Konkubine

Eine Besonderheit des materiellen Erbrechts auf dem Rechtsgebiet Hongkong liegt in den Bestimmungen über die erbrechtlichen Berechtigungen der Konkubine („tsip“). Dabei handelt es sich um ein Relikt der chinesischen Tradition aus der Zeit vor der Gründung der VR China.

(i) Anwendungsvoraussetzungen

Die Bestimmungen über die Rechte der Konkubine sind deshalb von vorübergehender Natur, weil sie nur für diejenigen Konkubinate gelten, die vor dem 7.10.1971 entstanden sind (Section 13 (1) Intestates' Estates Ordinance), und in denen die Konkubine während der Lebenszeit des Partners von dessen Ehefrau als Konkubine ihres Ehemannes akzeptiert und von der Familie des Ehemannes generell anerkannt worden ist (Section 13 (2) Intestates' Estates Ordinance). Vor einem Gerichtsverfahren gilt vorbehaltlich eines gegensätzlichen Beweises die Vermutung der Akzeptanz und der Anerkennung eines derartigen Konkubinats (Section 13 (1) Intestates' Estates Ordinance).

---

[404] Vgl. dazu Mellows, Law of Succession, S. 161, 162; Henrich, in: Ferid/Firsching/Dörner/Hausmann, Internationales Erbrecht, Großbritannien, S. 52-54, Rn. 152-159; Halsbury's Laws of England, Vol. 17 (2), S. 330-332, Para. 611-613.

(ii) Ansprüche der Konkubine auf die Erbschaft

Wenn ein Erblasser im Zeitpunkt seines Todes ein Konkubinat bzw. mehrere Konkubinate unterhielt, stehen der Konkubine bzw. den Konkubinen die nachfolgenden Ansprüche zu, wegen denen das betreffende Gesetz – „Section 4 Intestates' Estates Ordinance" – entsprechend abgeändert werden soll (Schedule 1 3 Intestates' Estates Ordinance). Konkret fallen diese Ansprüche unterschiedlich aus.

Demnach wird von der ersten Gruppe der Ansprüche folgendes umfaßt: Ein Drittel der gemäß „Section 4 (2) Intestates' Estates Ordinance" der überlebenden Ehefrau des Erblassers „in trust" zustehenden Erbschaft oder ein Drittel der gemäß „Section 4 (4) (b) Intestates' Estates Ordinance" „in trust" bestehenden Hälfte des verbleibenden Nachlasses oder ein Drittel der gemäß „Section 4 (6), (7) or (8) Intestates' Estates Ordinance" „in trust" bestehenden Erbschaft steht „in trust" der Konkubine allein oder den Konkubinen zu gleichen Teilen zu (Schedule 1 4 (1), (2), (5), (6), (9) und (10) Intestates' Estates Ordinance).

Die zweite Gruppe der Ansprüche setzt sich wie folgt zusammen: Ein Drittel der gemäß „Section 4 (3) Intestates' Estates Ordinance" der überlebenden Ehefrau des Erblassers „in trust" zustehenden Hälfte des verbleibenden Nachlasses oder ein Drittel der gemäß „Section 4 (5) Intestates' Estates Ordinance" den Abkömmlingen des Erblassers in Form der „statutory trusts" zustehenden Erbschaft gebührt „in trust" der Konkubine bzw. den Konkubinen, in dem aus diesem Drittel ihr Unterhalt für den Rest ihres Lebens bestritten wird, vorausgesetzt jedoch, daß sie nicht heiraten werden (Schedule 1 4 (3), (4), (7) und (8) i.V.m. (12) Intestates' Estates Ordinance).

Letztendlich steht die gemäß „Section 4 (9) Intestates' Estates Ordinance" der SVZ Hongkong gebührende Erbschaft „in trust" der Konkubine allein bzw. den Konkubinen zu gleichen Teilen zu (Schedule 1 4 (10A), (10B) Intestates' Estates Ordinance).

(2) Internationale Erbkollisionsbestimmungen bei gewillkürter Erbfolge

Hat der in Hongkong ansässige Erblasser ein gültiges Testament errichtet, kommen die internationalen Erbkollisionsregeln für gewillkürte Erbfolge zur Geltung. Die testamentarische Erbfolge erscheint im Vergleich zur gesetzlichen komplizierter. Denn um das Thema Testament drehen sich viele Fragen hinsichtlich Testierfähigkeit, formeller und materieller Gültigkeit, Auslegung, Widerruf usw.

(a) Bei beweglichen Nachlaßgegenständen

Kollisionsrechtlich gilt für die testamentarische Erbfolge bei beweglichem Vermögen folgendes.

(aa) Grundprinzip

Der Grundsatz der testamentarischen Erbfolge für Mobilien ist die lex domicilii, d.h., die gewillkürte Erbfolge bemißt sich ausschließlich nach dem Domizilrecht des Erblassers im Zeitpunkt seines Todes.[405] Dennoch gilt dieses Grundprinzip, wie zu zeigen sein wird, nicht immer ohne Einschränkungen.[406] Genauer gesagt bestimmt dieser Grundsatz uneingeschränkt den Inhalt und die Gültigkeit eines Testaments, jedoch erfährt er in bezug auf Testierfähigkeit, formelle Gültigkeit, Auslegung und Widerruf eines Testaments Modifikationen.[407]

(bb) Testierfähigkeit

Wie vorher erwähnt, gilt die lex domicilii grundsätzlich für die Testierfähigkeit, insbesondere wenn das Domizil des Erblassers im Zeitpunkt der Testamentserrichtung und das im Zeitpunkt des Todes identisch sind.[408] Aber wenn diese beiden Orte auseinanderfallen und unterschiedliche Rechte gelten, stellt sich die Frage, welche der beiden Rechtsordnungen zur Anwendung kommen sollte.

Diese Frage ist strittig. Eine Meinung spricht sich für die Anwendung des Domizilrechts im Zeitpunkt des Todes aus.[409] Nach der zweiten, wohl herrschenden Ansicht hat das Domizilrecht im Zeitpunkt der Testaments-

---

405 So Graveson, Conflict of Laws, S. 519; Schmitthoff, Conflict of Laws, S. 234; Henrich, in: Ferid/Firsching/Dörner/Hausmann, Internationales Erbrecht, Großbritannien, S. 17, Rn. 52; Collins, Dicey and Morris on the Conflict of Laws 13th, S. 1027, Rn. 27R-021-27-022; Cheshire and North's PIL 13th, S. 986.

406 Vgl. Schmitthoff, Conflict of Laws, S. 234; Henrich, in: Ferid/Firsching/Dörner /Hausmann, Internationales Erbrecht, Großbritannien, S. 17, Rn. 53.

407 Collins, Dicey and Morris on the Conflict of Laws 13th, S. 1029, Rn. 27-022.

408 So auch Collins, Dicey and Morris on the Conflict of Laws 13th, S. 1029, Rn. 27-022; Cheshire and North's PIL 13th, S. 986.

409 Philipson-Stow v. Inland Revenue Commissioners [1961] A. C. 727, 761. Vgl. dazu Henrich, in: Ferid/Firsching/Dörner/Hausmann, Internationales Erbrecht, Großbritannien, S. 17, Rn. 53.

errichtung das letzte Wort, denn es ist darauf hinzuweisen, daß nach den englischen Sachnormen und vermutlich auch nach den Sachnormen anderer Staaten der Testator im Zeitpunkt der Testamentserrichtung Testierfähigkeit besitzen muß.[410] Eine dritte – vermittelnde Meinung –, die vorzugswürdig erscheint, begnügt sich damit, daß der Testator im Zeitpunkt der Testamentserrichtung oder des Todes testierfähig gewesen sein muß[411]. Denn das von der ersten Ansicht bevorzugte Domizilrecht beim Tod des Erblassers und das stark auf den Sachnormen gründende Domizilrecht bei der Testamentserrichtung sind für die Testierfähigkeit des Erblassers wichtig, so daß auf diese vermittelnde Weise entsprechend dem Geist des Gesetzes („Section 24, 25 Wills Ordinance“) einem Testament nach Möglichkeit Geltung verschafft wird[412].[413]

(cc) Formelle Gültigkeit

Die Formgültigkeit eines Testaments in bezug auf bewegliches Vermögen hängt von dem Zeitpunkt seiner Errichtung – vor oder nach dem 1.1.1964 – ab.

Wenn ein Erblasser vor dem 1.1.1964 verstorben war, galt das Domizilrecht des Erblassers bei seinem Tod für die formelle Gültigkeit eines Testaments[414], wobei andere Faktoren wie die Nationalität, das Domizilrecht bei der Testamentserrichtung etc. keine Rolle spielten.[415]

Diese Verweisung auf das Domizilrecht des Erblassers beim Tod unterlag auch der „foreign-court-Theorie“ des Renvoi.

---

410 In the Estate of Fuld, Hartley and Another v. Fuld and Others [1965] 3 All E.R., 776, 784. So Cheshire and North's PIL 13th, S. 987; Morris, Conflict of Laws, S. 392; Collins, Dicey and Morris on the Conflict of Laws 13th, S. 1029, 1030, Rn. 27-022; Wolff, PIL, S. 581, 582; Sherrin/Barlow/Wallington, Law of Wills, S. 24; Cretney/Dworkin, Theobald on Wills, Rn. 35; Parry, Law of Succession, S. 7.

411 Dazu Graveson, Conflict of Laws, S. 486; Henrich, in: Ferid/Firsching/Dörner /Hausmann, Internationales Erbrecht, Großbritannien, S. 17, Rn. 53.

412 Vgl. Schmitthoff, Conflict of Laws, S. 234.

413 Vgl. Graveson, Conflict of Laws, S. 485, 486.

414 Croker v. Marquis of Hertford (1844) 4 Moo. P. C. 339; Bremer v. Freeman (1857) 10 Moo. P. C. 306.

415 So Collins, Dicey and Morris on the Conflict of Laws 13th, S. 1031, Rn. 27-029; Cheshire and North's PIL 13th, S. 987; Morris, Conflict of Laws, S. 393.

Die Inflexibilität dieses Grundsatzes führte zu der Entstehung des neuen Gesetzes – „Wills Act 1861".[416] Hinsichtlich der Formgültigkeit eröffnete das Gesetz auch die Möglichkeit für die Anwendung der Formregeln des Errichtungsortes, des Domizilrechts des Erblassers bei der Testamentserrichtung und des Rechts des britischen Ursprungsdomizils des Erblassers (Wills Act 1861). Allerdings beschränkte es sich nur auf die britischen Staatsbürger.

Verstarb ein Erblasser am 1.1.1964 oder später, gelten die Regeln des neuen Gesetzes – „Wills Act 1963" (Wills Ordinance in Hongkong) –, welches das alte Gesetz – „Wills Act 1861" – ersetzt und mehr Flexibilität für die Formgültigkeit eines Testaments schafft.

Gemäß den allgemeinen Regeln über die Formgültigkeit von Testamenten (Section 24 Wills Ordinance[417]) wird ein Testament als formgültig errichtet angesehen, wenn es den internen Formvorschriften eines Ortes entspricht, an dem

1. das Testament errichtet wurde,
2. der Erblasser zur Zeit der Testamentserrichtung sein Domizil hatte,
3. der Erblasser zur Zeit seines Todes sein Domizil hatte,
4. der Erblasser zur Zeit der Testamentserrichtung seinen gewöhnlichen Aufenthalt hatte,
5. der Erblasser zur Zeit seines Todes seinen gewöhnlichen Aufenthalt hatte,
6. der Erblasser zur Zeit der Testamentserrichtung seine Staatsangehörigkeit besaß, oder
7. der Erblasser zur Zeit seines Todes seine Staatsangehörigkeit besaß.[418]

Also ist hier dem Haager Übereinkommen über das auf die testamentarische Form anzuwendende Recht vom 5.10.1961 Genüge getan worden.

---

[416] Vgl. Collins, Dicey and Morris on the Conflict of Laws 13th, S. 1032, Rn. 27-029; Cheshire and North's PIL 13th, S. 987; Morris, Conflict of Laws, S. 393; Henrich, in: Ferid/Firsching/Dörner/Hausmann, Internationales Erbrecht, Großbritannien, S. 18, Rn. 54.

[417] Vgl. den Gesetzestext in Fußnote 442, S. 101.

[418] Vgl. dazu Cheshire and North's PIL 13th, S. 988; Morris, Conflict of Laws, S. 393, 394; Henrich, in: Ferid/Firsching/Dörner/Hausmann, Internationales Erbrecht, Großbritannien, S. 18, Rn. 55.

Wie oben gesehen wird nach dieser Regelung nur auf die internen Sachnormen, nicht aber auf die Kollisionsnormen verwiesen. Es handelt sich also um eine Sachnormverweisung. Dementsprechend gilt die „foreign-court-Theorie“ des Renvoi nicht mehr.[419]

Eine spezielle Kollisionsnorm hinsichtlich der See- und Lufttestamente ist in „Section 25 (1) (a) Wills Ordinance“[420] zu finden. Ein auf einem Schiff oder in einem Flugzeug errichtetes Testament ist demgemäß formgültig, wenn es den internen Sachnormen des Staates genügt, zu dem das Schiff oder Flugzeug unter Berücksichtigung des vorhandenen Registrierungsortes und sonstiger Umstände die engste Verbindung aufweist.[421] Mithin kommen beispielsweise das Recht des Staates, in dem sich das Schiff oder Flugzeug gerade befindet, das Recht der Flagge und das Recht des Registrierungsortes in Betracht.[422]

(dd) Materielle Gültigkeit

Die materielle Gültigkeit eines Testaments in bezug auf bewegliches Vermögen richtet sich ausschließlich nach dem Domizilrecht des Erblassers bei seinem Tod.[423] Sie bezieht sich etwa auf die Frage[424], ob der Erblasser seiner

---

[419] So gemäß der Interpretation in Section 2 Wills Ordinance. Vgl. Morris, Conflict of Laws, S. 395; Cheshire and North’s PIL 13th, S. 990; Collins, Dicey and Morris on the Conflict of Laws 13th, S. 1034, Rn. 27-035; Henrich, in: Ferid/Firsching/Dörner /Hausmann, Internationales Erbrecht, Großbritannien, S. 18, 19, Rn. 55.

[420] Section 25 (1) (a) Wills Ordinance:

(1) Without prejudice to section 24, the following shall be treated as properly executed-

> (a) a will executed on board a vessel or aircraft of any description, if the execution of the will conformed to the internal law in force in the territory with which, having regard to its registration (if any) and other relevant circumstances the vessel or aircraft may be taken to have been most closely connected.

[421] Dazu auch Collins, Dicey and Morris on the Conflict of Laws 13th, S. 1033, Rn. 27-032; Henrich, in: Ferid/Firsching/Dörner/Hausmann, Internationales Erbrecht, Großbritannien, S. 10, Rn. 25; Morris, Conflict of Laws, S. 394.

[422] Dazu auch Morris, Conflict of Laws, S. 394, 395.

[423] Whicker v. Hume [1843-60] All E.R., 450, 460; Re Groos [1915] 1 Ch. 572; Re Annesley [1926] Ch. 692. Dazu auch Collins, Dicey and Morris on the Conflict of Laws 13th, S. 1036, Rn. 27R-042-27-043; Cheshire and North’s PIL 13th, S. 992; Graveson, Conflict of Laws, S. 493, 494; Morris, Conflict of Laws, S. 396; Henrich, in: Ferid/Firsching/Dörner/Hausmann, Internationales Erbrecht, Großbritannien, S. 19, Rn. 56.

Frau oder seinen Kindern bestimmte Bruchteile seines Vermögens kraft Gesetzes zu hinterlassen hat, ob Schenkungen für die Testamentszeugen gültig sind und ob Schenkungen für gemeinnützige Einrichtungen Gültigkeit erlangen. Also geht es dabei um die zentrale Fragestellung, ob die letztwilligen Verfügungen von Todes wegen des Erblassers über sein bewegliches Vermögen irgendwelchen Einschränkungen unterliegen[425].

In bestimmter Frage ist die Unterscheidung zwischen formeller und materieller Gültigkeit eines Testaments erforderlich. Ob die Anwesenheit von Zeugen bei der Testamentserrichtung notwendig ist, stellt eine formelle Frage dar; ob ein Testament einen Zeugen oder einen Verwandten ausschließt, ist hingegen eine materielle Frage.[426]

(ee) Auslegung

Der Zweck eines Testaments liegt darin, die Wünsche des Testators hinsichtlich der letztwilligen Verfügungen über sein eigenes Vermögen deutlich zu machen[427]. Daher zielt die Auslegung von Testamenten darauf ab, die durch die im Testament niedergeschriebenen Worte ausgedrückten Wünsche des Testators unter angemessener Interpretation zu ermitteln.[428] Der Grundsatz derartiger Auslegung in bezug auf bewegliches Vermögen lautet: Ein Testament ist in Übereinstimmung mit dem vom Testator ins Auge gefaßten Gesetz auszulegen; ohne gegenteilige Anzeichen ist dies das Domizilrecht des Testators bei Testamentserrichtung.[429]

Dieses Grundprinzip der Auslegung gilt mit folgender Maßgabe: Erstens braucht man die kollisionsrechtlichen Auslegungsregeln nicht heranzuziehen, wenn der Wille[430] des Testators eindeutig ist, denn in diesem Fall

---

[424] Morris, Conflict of Laws, S. 396.

[425] So Schmitthoff, Conflict of Laws, S. 239.

[426] So Graveson, Conflict of Laws, S. 494; dazu auch Henrich, in: Ferid/Firsching /Dörner/Hausmann, Internationales Erbrecht, Großbritannien, S. 19, Rn. 56.

[427] So Graveson, Conflict of Laws, S. 494.

[428] So Cheshire and North's PIL 13th, S. 995.

[429] So Collins, Dicey and Morris on the Conflict of Laws 13th, S. 1040, Rn. 27R-054; Morris, Conflict of Laws, S. 398; Collier, Conflict of Laws, S. 273; Halsbury's Laws of England, S. 701, Para. 966.

[430] Die Willensrichtung eines Testators mag sich in dem Testament ausdrücken oder mag auf die Umstände wie den Gebrauch einer bestimmten Sprache oder eines einem

muß dem ins Auge gefaßten Recht durch Auslegung Geltung verschafft werden.[431] Zweitens wird die Frage der Kollisionsrechtsanwendung bei der Auslegung bedeutsam, wenn die Willensrichtung des Testators zweifelhaft ist oder für bestimmte zukünftige Entwicklungen keine letztwilligen Verfügungen von Todes wegen getroffen worden sind.[432] In einer solchen Situation ist anschließend das Rechtssystem festzustellen, mit dem der Erblasser am meisten vertraut war und nach dem er vermutlich sein Testament errichtet hat.[433] Daher ist anzunehmen, daß das Domizilrecht des Testators im Zeitpunkt der Testamentserrichtung für die Auslegung seines Testaments maßgeblich sein sollte, selbst wenn das Domizilrecht des Testators beim Tod ein anderes ist.[434] Etwas anderes gilt nur, wenn es Beweise dafür gibt, daß der Testator seine letztwilligen Verfügungen von Todes wegen einem anderen Recht unterstellen wollte.[435] Diese Vorgehensweise ist durch die gerichtliche Entscheidung[436] und die Gesetzesregelung („Section 27 Wills Ordinance“[437]) bestätigt worden.

---

bestimmten Recht eigenen Ausdrucks schließen lassen, dazu Halsbury's Laws of England, S. 701, Para. 966.

[431] Vgl. dazu Cheshire and North's PIL 13th, S. 995.

[432] Vgl. dazu Cheshire and North's PIL 13th, S. 995.

[433] Vgl. dazu Cheshire and North's PIL 13th, S. 996.

[434] So Cheshire and North's PIL 13th, S. 996; Collins, Dicey and Morris on the Conflict of Laws 13th, S. 1041, Rn. 27-058; Morris, Conflict of Laws, S. 398; Schmitthoff, Conflict of Laws, S. 241; Henrich, in: Ferid/Firsching/Dörner/Hausmann, Internationales Erbrecht, Großbritannien, S. 20, Rn. 58.

[435] So Cheshire and North's PIL 13th, S. 996; Collins, Dicey and Morris on the Conflict of Laws 13th, S. 1041, Rn. 27-058; Morris, Conflict of Laws, S. 398; Schmitthoff, Conflict of Laws, S. 241; Henrich, in: Ferid/Firsching/Dörner/Hausmann, Internationales Erbrecht, Großbritannien, S. 20, Rn. 58.

[436] Die konkrete Entscheidung lautet:

> „... if a question arises as to the interpretation of the will and it should appear that the testator has changed his domicile between making his will and his death, his will may fall to be construed according to the law of his domicile at the time he made it“ (Philipson-Stow v. Inland Revenue Commissioners[1960] 3 All. E. R., 814, 830. Vgl. auch Collins, Dicey and Morris on the Conflict of Laws 13th, S. 1041, Rn. 27-058).

[437] Section 27 Wills Ordinance:

> The construction of a will shall not be altered by reason of any change in the testator's domicile after the execution of the will.

(ff) Widerruf

Die Frage, welchem Recht der Widerruf einer Verfügung von Todes wegen über bewegliches Vermögen unterliegt, hängt davon ab, ob ein Testament durch ein nachfolgendes Testament, durch die Vernichtung des ursprünglichen Testaments oder durch eine nachfolgende Heirat des Erblassers widerrufen wird.[438]

(i) Widerruf durch ein nachfolgendes Testament

Der Widerruf eines vorherigen Testaments durch ein nachfolgendes kann zum einen auf ausdrücklicher Weise durch eine Widerrufsklausel geschehen.[439] Weiter kann er durch schlüssiges Verhalten erfolgen, wie beispielsweise durch die Bezeichnung eines späteren Testaments als das letzte oder durch die Unvereinbarkeit von Klauseln in dem früher und dem später errichteten Testament.[440]

Wenn ein Testament durch ein nachfolgendes ausdrücklich widerrufen werden sollte, hängt die Wirksamkeit des Widerrufs davon ab, ob das nachfolgende Testament überhaupt gültig ist.[441] Das nachfolgende, auf den Widerruf zielende Testament ist als formgültig anzusehen, wenn dieses Testament gemäß „Wills Ordinance“[442] den Anforderungen des Rechts

---

[438] Morris, Conflict of Laws, S. 400; Cheshire and North's PIL 13th, S. 996; Collier, Conflict of Laws, S. 273; Collins, Dicey and Morris on the Conflict of Laws 13th, S. 1050, Rn. 27-084.

[439] So Morris, Conflict of Laws, S. 400, 401; Collier, Conflict of Laws, S. 275.

[440] So Morris, Conflict of Laws, S. 400, 401; Collier, Conflict of Laws, S. 275.

[441] So Collins, Dicey and Morris on the Conflict of Laws 13th, S. 1052, 1053, Rn. 27E-091-27-092; Halsbury's Laws of England, S. 705, Para. 971.

[442] Section 24 Wills Ordinance:

> A will shall be treated as properly executed if its execution conformed to the internal law in force in the territory where it was executed, or in the territory where, at the time of its execution or of the testator's death, he was domiciled or had his habitual residence, or in a state of which, at either of those times, he was a national.

Section 25 (1)(c) Wills Ordinance:

(1) Without prejudice to section 24, the following shall be treated as properly executed-

> (c) a will so far as it revokes a will which under this Part would be treated as properly executed or revokes a provision which under this Part would be treated as comprised

genügt, nach dem sich die formelle Gültigkeit des zuerst errichteten Testaments beurteilt.[443]

Wenn jedoch das vorherige Testament nicht durch das spätere ausdrücklich widerrufen wird und nur die Klauseln der beiden Testamente nicht übereinstimmen, ist die Auslegungsfrage, ob der Testator durch das spätere Testament darauf abzielt, das vorherige zu widerrufen, nach dem Domizilrecht des Testators bei der Testamentserrichtung zu beurteilen.[444] In Ausnahmefällen wird trotz Widerrufsklausel durch ein späteres Testament, das sich ausschließlich auf ein Vermögen in Hongkong bezieht, das frühere, in der Form eines ausländischen Rechts errichtete Testament nicht widerrufen, wenn sich dies nur auf ein ausländisches Vermögen bezieht.[445]

(ii) Widerruf durch die Vernichtung des Testaments selbst

Die Frage, ob eine letztwillige Verfügung über bewegliches Vermögen durch Akte der Vernichtung wie Verbrennen, Zerreißen etc. widerrufen werden kann, ist auf der Basis des Domizilrechts des Testators zu beantworten.[446] Aber für die weitere Frage, welches Domizilrecht gelten soll, wenn aufgrund eines Domizilwechsels das Domizilrecht des Testators bei der Vernichtungshandlung und das bei seinem Tod nicht identisch sind, gibt es keine einheitliche Antwort. Dazu mangelt es insoweit an einer autoritativen Ansicht.[447] Allerdings geht die herrschende Lehre dahin, daß das Domizilrecht des Testators zum Zeitpunkt des Vernichtungsakts zur Geltung kommen sollte.[448]

---

in a properly executed will, if the execution of the later will conformed to any law by reference to which the revoked will or provision would be so treated.

[443] Vgl. dazu Cheshire and North's PIL 13th, S. 997; Morris, Conflict of Laws, S. 401; Halsbury's Laws of England, S. 705, Para. 971; Collier, Conflict of Laws, S. 275. Siehe auch: Teil C, I, 1, b, cc, (2), (a), (cc), S. 96 f.

[444] So Collier, Conflict of Laws, S. 275.

[445] So in the Estate of Wayland [1951] 2 All E.R., 1041, 1044. Dazu auch Morris, Conflict of Laws, S. 401; Cheshire and North's PIL 13th, S. 997.

[446] Vgl. Morris, Conflict of Laws, S. 401; Halsbury's Laws of England, S. 705, Para. 971.

[447] Vgl. Morris, Conflict of Laws, S. 402.

[448] So Morris, Conflict of Laws, S. 402; Cheshire and North's PIL 13th, S. 997, 998; Collins, Dicey and Morris on the Conflict of Laws 13th, S. 1050, Rn. 27-085; Cretney/Dworkin, Theobald on Wills, Rn. 42.

(iii) Widerruf durch die spätere Heirat

Die Frage, ob ein Testator sein vorheriges Testament über bewegliches Vermögen durch seine spätere Heirat widerruft, bestimmt sich nach dem Domizilrecht des Testators im Zeitpunkt der Eheschließung.[449] Denn die Frage des Testamentswiderrufs durch Heirat zählt nach der Natur der Sachen zum Eherecht.[450] Natürlich übt eine ungültige Eheschließung nach den Kollisionsnormen Hongkongs keinen Einfluß auf ein früher errichtetes Testament[451] aus; dagegen wird das vorangehende Testament durch eine vernichtbare Ehe widerrufen.[452]

(gg) „Powers of appointment" durch Testament über bewegliche Gegenstände

Im Folgenden sollen kollisionsrechtliche Facetten der „powers of appointment" durch Testament – der testamentarisch übertragenen Befugnis, über bewegliche Nachlaßgegenstände zu bestimmen – untersucht werden.

(i) Rechtsnatur der „powers of appointment"

Charakteristisch für das „common law" ist das Instrument der „powers of appointment.[453] Ein Testator hat damit die Möglichkeit, eine mittelbare Vermögensverfügung vorzunehmen.[454] Dabei verleiht der Eigentümer („donor") einer anderen Person („donee" oder „appointor") testamentarisch die Befugnis („power"), durch ihr eigenes Testament eine bestimmte dritte

---

[449] In Re Martin, Loustalan v. Loustalan [1900] P 211, C A. Dazu auch Halsbury's Laws of England, S. 706, Para. 972; Morris, Conflict of Laws, S. 402; Collins, Dicey and Morris on the Conflict of Laws 13th, S. 1051, Rn. 27-087; Cheshire and North's PIL 13th, S. 998; Collier, Conflict of Laws, S. 274.

[450] Vgl. Cheshire and North's PIL 13th, S. 998.

[451] Mette v. Mette (1859) 1 Sw. & Tr. 416

[452] Re Roberts [1978] All E.R., 225, 234. Dazu auch Morris, Conflict of Laws, S. 402; Collins, Dicey and Morris on the Conflict of Laws 13th, S. 1052, Rn. 27-089; Cheshire and North's PIL 13th, S. 999.

[453] Das Instrument der „powers of appointment" ist normalerweise in einem Ehevertrag („marriage settlement") oder einem Testament zu finden. Hier handelt es sich ausschließlich um dieses Instrument in einem Testament.

[454] So Morris, Conflict of Laws, S. 403; Collins, Dicey and Morris on the Conflict of Laws 13th, S. 1054, Rn. 27-096; Cheshire and North's PIL 13th, S. 1008.

Person („appointee“) nach dem Tode des Testators zu dessen Erben zu berufen.[455]

Wenn der „appointor“ eine Person nach seinem Gutdünken (einschließlich sich selbst) berufen kann, liegt eine „general power“ (allgemeine Bestimmungsbefugnis) vor. Kann die Ernennung nur beschränkt auf einen bestimmten Personenkreis erfolgen, ist von einer „special power“ (beschränkte Bestimmungsbefugnis) die Rede.[456]

Die Bedeutung der Unterscheidung zwischen „general power“ und „special power“ liegt darin begründet, daß der „appointor“ mit der „special power“ durch die entsprechende Ernennung theoretisch und tatsächlich über das Vermögen des „donor“ verfügt, während er aber mit der „general power“ durch die entsprechende Ernennung über das Vermögen des „donor“ offensichtlich nur theoretisch verfügt.[457] Denn der „appointor“ verfügt tatsächlich über sein eigenes Vermögen, falls er mit der „general power“ durch sein Testament sich selbst als Erbe ernennt.

Aufgrund der möglichen unterschiedlichen Domizile von „donor“, „appointor“ und „appointee“ ergeben sich viele Fragen der Kollisionsrechtsanwendung, die sich um das Testament in Ausübung einer „power of appointment“ drehen. In Anbetracht der Umstände, daß die „powers of appointment“ den meisten ausländischen Staaten fremd sind und der „appointor“ in Ausübung einer „power of appointment“ (sowohl bei Übertragung einer „special“ wie einer „general power“) nicht über sein eigenes Vermögen, sondern über das Vermögen des „donor“ verfügt, kommt dem die Begründung der „powers of appointment“ regelnden Recht (im folgenden als „Begründungsstatut“ bezeichnet) – nämlich dem Recht des Landes, wo die „powers of appointment“ begründet bzw. normiert worden sind – eine dominante Rolle zu.[458]

---

[455] So Morris, Conflict of Laws, S. 403; Collins, Dicey and Morris on the Conflict of Laws 13th, S. 1054, Rn. 27-096; Cheshire and North's PIL 13th, S. 1008.

[456] Vgl. Morris, Conflict of Laws, S. 403; Collins, Dicey and Morris on the Conflict of Laws 13th, S. 1054, Rn. 27-096; Cheshire and North's PIL 13th, S. 1008.

[457] So Collins, Dicey and Morris on the Conflict of Laws 13th, S. 1054, Rn. 27-096; Cheshire and North's PIL 13th, S. 1008; Morris, Conflict of Laws, S. 403.

[458] Vgl. Collins, Dicey and Morris on the Conflict of Laws 13th, S. 1054, 1055, Rn. 27-097; Morris, Conflict of Laws, S. 403; Cheshire and North's PIL 13th, S. 1008, 1009.

(ii) Lex causae für die Rechtsnatur der „powers of appointment"

Hinsichtlich der Rechtsnatur der „powers of appointment" – „special" oder „general powers" – hat das Begründungsstatut prinzipiell das letzte Wort.[459] Denn unter den mit den „powers of appointment" vertrauten Staaten gibt es keine einheitliche Vorstellung von der Rechtsnatur der „powers of appointment". In diesen Staaten wird ihre Rechtsnatur unterschiedlich klassifiziert.[460] Selbst im inländischen Rechtssystem ist es nicht immer einfach, über ihre Rechtsnatur zu entscheiden[461]. Ein anderes Statut anstelle des Begründungsstatuts als die lex causae für ihre Rechtsnatur wird daher ihrer richtigen Feststellung nicht gerecht.

(iii) Fähigkeit

Ein Testator resp. ein „appointor" besitzt die Fähigkeit, eine „power of appointment" durch Testament zu übertragen, wenn er gemäß seinem Domizilrecht im Zeitpunkt der Testamentserrichtung testierfähig ist, selbst wenn er nach dem Begründungsstatut nicht testierfähig sein sollte.[462] Die Behandlung des umgekehrten Falles, in dem der „appointor" nach dem Begründungsstatut testierfähig, nach seinem Domizilrecht bei der Testamentserrichtung jedoch testierunfähig ist, bleibt umstritten.[463] Cheshire stellt sich auf den Standpunkt, daß der „appointor" in diesem Fall fähig sei, eine „special power of appointment", aber keine „general power of appointment" auszuüben.[464] Demnach ist der „appointor" in der Lage, eine testamentarische „general power of appointment" auszuüben, wenn er nach seinem Domizilrecht bei der Testamentserrichtung Testierfähigkeit besitzt.[465] Im Gegensatz dazu sollte der „appointor" immer in der Lage sein,

---

[459] So Cheshire and North's PIL 13th, S. 1009.

[460] So Cheshire and North's PIL 13th, S. 1009.

[461] So Cheshire and North's PIL 13th, S. 1009.

[462] In Re Lewal's Settlement Trusts [1918] 2 Ch. 391. Dazu auch Cheshire and North's PIL 13th, S. 1009; Morris, Conflict of Laws, S. 404; Collins, Dicey and Morris on the Conflict of Laws 13th, S. 1055, Rn. 27-099; Halsbury's Laws of England, S. 706, Para. 973; Cretney/Dworkin, Theobald on Wills, Rn. 48.

[463] Vgl. Morris, Conflict of Laws, S. 404.

[464] So Cheshire and North's PIL 13th, S. 1010; Morris, Conflict of Laws, S. 404; Collins, Dicey and Morris on the Conflict of Laws 13th, S. 1055, Rn. 27-099.

[465] So Cheshire and North's PIL 13th, S. 1010.

eine „special power of appointment“ durch Testament zu übertragen, wenn er nach seinem Domizilrecht bei der Testamentserrichtung oder dem Begründungsstatut testierfähig ist.[466]

(iv) Formelle Gültigkeit

Die formelle Gültigkeit eines Testaments in Ausübung einer „power of appointment“ ist in dreierlei Hinsicht zu prüfen.

Ein solches Testament ist einerseits als formgültig anzusehen, wenn seine Errichtung den Sachnormen einer der Rechtsordnungen entspricht, die in „Section 24[467], 25 (1) (a)[468], (b)[469], (c)[470] Wills Ordinance“ festgelegt sind.[471] Andererseits ist es laut „Section 25 (1) (d) Wills Ordinance[472]“ auch dann formgültig, wenn seine Errichtung dem die materielle Gültigkeit einer „power of appointment“ bestimmenden Recht, also dem Begründungsstatut entspricht.[473] Weiterhin wird ein solches Testament trotzdem als formgültig betrachtet, wenn seine Errichtung lediglich formellen Erfordernissen nicht genügt, welche die Begründung der „powers“ in sich birgt (Section 25 (2) Wills Ordinance[474]).[475]

---

[466] So Cheshire and North's PIL 13th, S. 1010.

[467] Vgl. den Gesetzestext in Fußnote 442, S. 101.

[468] Vgl. den Gesetzestext in Fußnote 420, S. 98.

[469] Vgl. den Gesetzestext in Fußnote 504, S. 111.

[470] Vgl. den Gesetzestext in Fußnote 442, S. 101.

[471] Vgl. die entsprechenden Informationen auch im Teil C, I, 1, b, cc, (2), (a), (cc), S. 96 f. So Morris, Conflict of Laws, S. 404; Collins, Dicey and Morris on the Conflict of Laws 13th, S. 1056, Rn. 27-103; Cheshire and North's PIL 13th, S. 1010; Cretney/Dworkin, Theobald on Wills, Rn. 49; Halsbury's Laws of England, S. 706, Para. 974; Graveson, Conflict of Laws, S. 505.

[472] Vgl. den Gesetzestext in Fußnote 486, S. 108.

[473] So Morris, Conflict of Laws, S. 404; Collins, Dicey and Morris on the Conflict of Laws 13th, S. 1056, Rn. 27-104; Cheshire and North's PIL 13th, S. 1010; Graveson, Conflict of Laws, S. 505; Cretney/Dworkin, Theobald on Wills, Rn. 49; Halsbury's Laws of England, S. 706, Para. 974.

[474] Section 25 (2) Wills Ordinance:

> A will so far as it exercises a power of appointment shall not be treated as improperly executed by reason only that its execution was not in accordance with any formal requirements contained in the instrument creating the power.

(v) Materielle Gültigkeit

Die materielle Gültigkeit eines Testaments im Hinblick auf die Ausübung einer „power of appointment" richtet sich grundsätzlich nach dem Begründungsstatut.[476] Denn normalerweise behandelt der „appointor" bei einer „special power of appointment" und auch einer „general power of appointment", in der er das in der „power of appointment" genannte bewegliche Vermögen von seinem eigenen trennt, das genannte Vermögen nur als Vertreter des Eigentümers („donor").[477] Aber wenn der „appointor" bei einer „general power of appointment" das in der „power of appointment" bezeichnete bewegliche Vermögen und sein eigenes Vermögen miteinander vermischt, bemißt sich die materielle Gültigkeit dieses Testaments nach dem Domizilrecht des „appointor" bei seinem Tod[478], da der „appointor" das genannte Vermögen ausnahmsweise als sein eigenes Vermögen betrachtet[479].

(vi) Auslegung

Die Auslegung eines Testaments im Hinblick auf die Ausübung einer „power of appointment" beurteilt sich, den Auslegungsregeln eines Testaments im allgemeinen entsprechend, nach dem vom „appointor" ins Auge

---

[475] Dazu auch Morris, Conflict of Laws, S. 405; Collins, Dicey and Morris on the Conflict of Laws 13th, S. 1056, Rn. 27-105; Halsbury's Laws of England, S. 706, Para. 974; Cheshire and North's PIL 13th, S. 1011; Graveson, Conflict of Laws, S. 505, 506.

[476] So Halsbury's Laws of England, S. 707, Para. 976; Collins, Dicey and Morris on the Conflict of Laws 13th, S. 1060, 1061, Rn. 27R-116-27-118; Morris, Conflict of Laws, S. 406, 407; Cheshire and North's PIL 13th, S. 1011; Cretney/Dworkin, Theobald on Wills, Rn. 51. Weniger differenziert Graveson, Conflict of Laws, S. 506.

[477] So Collins, Dicey and Morris on the Conflict of Laws 13th, S. 1060, 1061, Rn. 27-117-27-118; Morris, Conflict of Laws, S. 406, 407; Cheshire and North's PIL 13th, S. 1011, 1012; Cretney/Dworkin, Theobald on Wills, Rn. 51. Weniger differenziert Graveson, Conflict of Laws, S. 506.

[478] So Halsbury's Laws of England, S. 707, Para. 976; Collins, Dicey and Morris on the Conflict of Laws 13th, S. 1060, 1061, Rn. 27R-116-27-118; Morris, Conflict of Laws, S. 406, 407; Cheshire and North's PIL 13th, S. 1011; Cretney/Dworkin, Theobald on Wills, Rn. 51. Weniger differenziert Graveson, Conflict of Laws, S. 506.

[479] So Collins, Dicey and Morris on the Conflict of Laws 13th, S. 1060, 1061, Rn. 27-117-27-118; Morris, Conflict of Laws, S. 406, 407; Cheshire and North's PIL 13th, S. 1011, 1012; Cretney/Dworkin, Theobald on Wills, Rn. 51. Weniger differenziert Graveson, Conflict of Laws, S. 506.

gefaßten Recht, also bei Fehlen gegensätzlicher Hinweise nach dem Domizilrecht des „appointor“ bei der Testamentserrichtung.[480] Gibt es aber ausreichende Hinweise darauf, daß der „appointor“ das Testament nach dem Begründungsstatut ausgelegt wissen will, oder wenn das Institut der „powers of appointment“ dem Domizilrecht des „appointor“ fremd ist, bestimmt sich die Auslegung eines solchen Testaments nach dem Begründungsstatut.[481]

(vii) Widerruf

Ein Testament in Ausübung einer „power of appointment“ kann gemäß dem Domizilrecht des „appointor“ bei der Testamentserrichtung widerrufen werden.[482] Weiterhin kann ein solches Testament durch ein nachfolgendes Testament aufgehoben werden, das nach den entsprechenden Bestimmungen – „Section 24 Wills Ordinance“[483] oder „Section 25 (1) (c) Wills Ordinance“[484] – formgültig ist.[485]

Nach „Section 25 (1) (d) Wills Ordinance“[486] ist ein in Ausübung einer „power of appointment“ errichtetes Testament formgültig, wenn es dem die

---

[480] Pouey v. Hordern [1900] 1 Ch. 492 („special power“). Dazu auch Collins, Dicey and Morris on the Conflict of Laws 13th, S. 1057, Rn. 27R-107; Morris, Conflict of Laws, S. 405; Cheshire and North's PIL 13th, S. 1012; Halsbury's Laws of England, S. 707, Para. 975; Cretney/Dworkin, Theobald on Wills, Rn. 52.

[481] Vgl. dazu Halsbury's Laws of England, S. 707, Para. 975; Collins, Dicey and Morris on the Conflict of Laws 13th, S. 1058, 1059, Rn. 27E-113; Morris, Conflict of Laws, S. 406; Cheshire and North's PIL 13th, S. 1012; Cretney/Dworkin, Theobald on Wills, Rn. 52.

[482] Velasco v. Coney [1934] All E.R., 630, 632. Dazu auch Cheshire and North's PIL 13th, S. 1013; Collins, Dicey and Morris on the Conflict of Laws 13th, S. 1063, Rn. 27R-127; Morris, Conflict of Laws, S. 407; Cretney/Dworkin, Theobald on Wills, Rn. 50; Halsbury's Laws of England, S. 708, Para. 977.

[483] Vgl. den Gesetzestext in Fußnote 442, S. 101.

[484] Vgl. den Gesetzestext in Fußnote 442, S. 101.

[485] Vgl. auch Cretney/Dworkin, Theobald on Wills, Rn. 50; Collins, Dicey and Morris on the Conflict of Laws 13th, S. 1063, Rn. 27R-127; Morris, Conflict of Laws, S. 407, 408; Cheshire and North's PIL 13th, S. 1013.

[486] Section 25 (1) (d) Wills Ordinance:

(1) Without prejudice to section 24, the following shall be treated as properly executed-

(d) a will so far as it exercises a power of appointment, if the execution of the will conformed to the law governing the essential validity of the power.

materielle Gültigkeit der „power of appointment“ regelnden Recht entspricht. Jedoch ist diese Regelung auf ein Testament nicht anwendbar, durch das nur eine „power of appointment“ ohne die entsprechende Substitution einer anderen „power of appointment“ widerrufen wird, denn durch ein solches Testament wird eine „power of appointment“ im Sinne der „Section 25 (1) (d) Wills Ordinance“ nicht ausgeübt[487]. Dagegen wird durch das zweite Testament das vorherige in Ausübung einer „power of appointment“ widerrufen, wenn das zweite Testament gemäß „Section 25 (1) (c) Wills Ordinance“[488] entsprechend dem die materielle Gültigkeit der „power of appointment“ regelnden Recht formgültig ist (Section 25 (1) (d) Wills Ordinance[489]).[490]

Schließlich hängt die Frage, ob ein Testament in Ausübung einer „power of appointment“ durch eine nachfolgende Eheschließung widerrufen wird, von dem Domizilrecht des „appointor“ im Zeitpunkt der Eheschließung ab.[491] Nichtsdestotrotz hat ein solches Testament nach „Section 14 (2) Wills Ordinance“[492] trotz der späteren Ehe des „appointor“ Bestand, es sei denn, daß das in der „power of appointment“ bezeichnete Vermögen mangels solcher Ernennung auf seinen „personal representative“ übergehen würde.

(hh) „Election“

Die englische Doktrin der „election“ (Wahl) – eine andere Besonderheit des „common law“ – beschreibt ein von den Gerichten angewandtes, auf den „Billigkeitsgrundsätzen der Gerechtigkeit und Unparteilichkeit“[493] beru-

---

[487] So Collins, Dicey and Morris on the Conflict of Laws 13th, S. 1064, Rn. 27-130; Cheshire and North’s PIL 13th, S. 1013; Morris, Conflict of Laws, S. 408.

[488] Vgl. den Gesetzestext in Fußnote 442, S. 101.

[489] Vgl. den Gesetzestext in Fußnote 486, S. 108.

[490] Morris, Conflict of Laws, S. 408; Collins, Dicey and Morris on the Conflict of Laws 13th, S. 1064, Rn. 27-130.

[491] Vgl. dazu Cheshire and North’s PIL 13th, S. 1014; Collins, Dicey and Morris on the Conflict of Laws 13th, S. 1064, Rn. 27-131; Morris, Conflict of Laws, S. 408; Cretney/Dworkin, Theobald on Wills, Rn. 50.

[492] Section 14 (2) Wills Ordinance:

> A disposition in a will in exercise of a power of appointment shall take effect notwithstanding the testator’s subsequent marriage unless the property so appointed would in default of appointment pass to his personal representatives.

[493] Graveson, Conflict of Laws, S. 524.

hendes Prinzip in Ausübung einer „Billigkeitsgerichtsbarkeit“, um eine gerechte Nachlaßverteilung zu gewährleisten[494]. Diese Doktrin stützt sich auf die Vermutung, daß ein Testator seinen Willen im Testament tatsächlich verwirklicht sehen wollte.[495]

Konkret geht es darum, daß einem testamentarisch Begünstigten möglicherweise anheim gegeben wird, zwischen einem Vermögensvorteil aufgrund eines Testaments und einem außerhalb eines Testaments zu wählen, wie beispielsweise in einer Situation, in der ein Testator durch sein Testament sein Vermögen dem A und einen dem A gehörenden Gegenstand dem B zuweist, infolgedessen A entweder die testamentarische Zuwendung erhält, aber seinen eigenen Gegenstand dem B übergeben muß, oder diese Auflage nicht erfüllt und dann auch das Vermächtnis nicht erhält.[496]

In einem solchen Fall ist zu fragen, welchem Recht die Frage unterliegt, ob ein Vermächtnisnehmer zwischen einem Vermächtnis von beweglichem Ver und einem in einem ausländischen Staat belegenen unbeweglichen Vermögen außerhalb des Testaments wählen muß.[497]

Die Beantwortung dieser Frage steht in engem Zusammenhang mit der Rechtsnatur der „election“. Nach der herrschenden Lehre ist die Doktrin der „election“ eine zwingende Regelung, also geht es um die materielle Gültigkeit eines Testaments, wobei dem Domizilrecht des Testators im Zeitpunkt seines Todes das letzte Wort zukommt[498], während die lex rei sitae eines unbeweglichen Vermögens außerhalb der testamentarischen Verfügung als Vorteil keine Rolle spielt[499]. Einer modifizierenden Meinung nach entscheidet das Domizilrecht des Testators bei seinem Tod, es sei denn, daß die Verfügung des Testators über das in einem ausländischen Staat belegene unbewegliche Vermögen nach der lex rei sitae keine Bindungswirkung

---

[494] So Saunders, Words and Phrases Legally Defined, Vol. 2, S. 148.

[495] Cheshire and North's PIL 13th, S. 1005.

[496] Vgl. Graveson, Conflict of Laws, S. 522; Collins, Dicey and Morris on the Conflict of Laws 13th, S. 1045, Rn. 27-073.

[497] Vgl. Collins, Dicey and Morris on the Conflict of Laws 13th, S. 1045, Rn. 27-073.

[498] Vgl. Collins, Dicey and Morris on the Conflict of Laws 13th, S. 1045, Rn. 27-073; Cheshire and North's PIL 13th, S. 1005.

[499] Halsbury's Laws of England, S. 704, Para. 970.

entfalten kann.[500] Letztendlich geht es um die Verwirklichung bzw. Durchsetzung des testamentarischen Willens. Wenn dabei das Domizilrecht des Testators beim Tod der lex rei sitae widerspricht, sollte die lex rei sitae das letzte Wort haben. Daher ist die modifizierende Auffassung überzeugender.

(b) Bei unbeweglichen Nachlaßgegenständen

Bei der testamentarischen Vererbung unbeweglichen Vermögens stehen die nachfolgenden kollisionsrechtlichen Probleme im Blickpunkt.

(aa) Grundsatz

Ebenso wie die gesetzliche Erbfolge in unbeweglichen Nachlaß richtet sich die testamentarische Erbfolge in unbewegliches Vermögen grundsätzlich nach der lex rei sitae.[501] Jedoch wird dieses Grundprinzip in verschiedene Hinsicht eingeschränkt, wie im folgenden zu zeigen sein wird.

(bb) Testierfähigkeit

Die lex rei sitae, und zwar die lex rei sitae beim Tod des Erblassers[502] entscheidet darüber, ob der Erblasser fähig ist, ein Testament über unbewegliches Vermögen zu errichten.[503]

(cc) Formelle Gültigkeit

Ein Testament über unbewegliches Nachlaßvermögen ist formell gültig, wenn es entweder den Sachnormen der lex rei sitae (Section 25(1) (b) Wills Ordinance[504]) oder einem der in „Section 24 Wills Ordinance“[505] aufge-

---

[500] Vgl. Cretney/Dworkin, Theobald on Wills, Rn. 57; Graveson, Conflict of Laws, S. 525.

[501] So Cheshire and North's PIL 13th, S. 1000; Cretney/Dworkin, Theobald on Wills, Rn. 53; Henrich, in: Ferid/Firsching/Dörner/Hausmann, Internationales Erbrecht, Großbritannien, S. 9, Rn. 21.

[502] So Graveson, Conflict of Laws, S. 485.

[503] So Cheshire and North's PIL 13th, S. 1001; Halsbury's Laws of England, S. 699, Para. 962; Morris, Conflict of Laws, S. 392; Graveson, Conflict of Laws, S. 485.

[504] Section 25 (1) (b) Wills Ordinance:

(1) Without prejudice to section 24, the following shall be treated as properly executed-

> (b) a will so far as it disposes of immovable property, if its execution conformed to the internal law in force in the territory where the property was situated.

listeten sieben Rechte entspricht.[506] Demgemäß wird wiederum auf die entsprechenden Sachnormen verwiesen.

Für die formelle Gültigkeit von See- und Lufttestamenten über unbewegliches Vermögen gilt ebenfalls „Section 25 (1) (a) Wills Ordinance“[507].[508]

(dd) Materielle Gültigkeit

Über die materielle Gültigkeit eines Testaments in bezug auf einen unbeweglichen Nachlaßgegenstand entscheidet allein die lex rei sitae des Vermögens; dieses Recht legt z.B. fest, ob der Erblasser einen Teil des unbeweglichen Vermögens seiner Frau oder seinen Kindern hinterlassen muß oder ob eine Schenkung des unbeweglichen Nachlaßvermögens für eine gemeinnützige Einrichtung gültig ist usw.[509]

(ee) Auslegung

Die Auslegung eines Testaments über unbewegliches Vermögen erfolgt wie bei der Auslegung eines Testaments in bezug auf bewegliches Nachlaßvermögen nach dem vom Testator ins Auge gefaßten Rechtssystem – in der Regel nach seinem Domizilrecht im Zeitpunkt der Testamentserrichtung –, es sei denn, dem Testament kann ein Wille des Testators entnommen werden, wonach es nach einem anderen Rechtssystem auszulegen ist.[510] Wenn allerdings die danach ermittelten Verfügungen nach der lex rei sitae nicht erlaubt

---

[505] Vgl. den Gesetzestext in Fußnote 442, S. 101.

[506] So Cheshire and North's PIL 13th, S. 1001; Halsbury's Laws of England, S. 699, 700, Para. 963, 964; Henrich, in: Ferid/Firsching/Dörner/Hausmann, Internationales Erbrecht, Großbritannien, S. 9, Rn. 23; Cretney/Dworkin, Theobald on Wills, Rn. 54. Vgl. dazu auch im Teil C, I, 1, b, cc, (2), (a), (cc), S. 96 f.

[507] Vgl. den Gesetzestext in Fußnote 420, S. 98.

[508] Vgl. oben im Teil C, I, 1, b, cc, (2), (a), (cc), S. 96 f.

[509] Vgl. Cheshire and North's PIL 13th, S. 1001; Halsbury's Laws of England, S. 703, 704, Para. 969; Morris, Conflict of Laws, S. 397; Collins, Dicey and Morris on the Conflict of Laws 13th, S. 1039, Rn. 27R-051-27-052; Cretney/Dworkin, Theobald on Wills, Rn. 56; Graveson, Conflict of Laws, S. 493.

[510] Vgl. dazu Cheshire and North's PIL 13th, S. 1003; Cretney/Dworkin, Theobald on Wills, Rn. 58; Morris, Conflict of Laws, S. 399; Collins, Dicey and Morris on the Conflict of Laws 13th, S. 1042, Rn. 27-063-27-064; Halsbury's Laws of England, S. 701, Para. 966; Henrich, in: Ferid/Firsching/Dörner/Hausmann, Internationales Erbrecht, Großbritannien, S. 11, Rn. 35.

sind oder nicht anerkannt werden, sollte bei der Testamentsauslegung die lex rei sitae herangezogen werden.[511]

(ff) Widerruf

Ebenso wie ein Testament über bewegliches Vermögen kann ein Testament über unbewegliches Nachlaßvermögen in dreifacher Weise widerrufen werden.

Erstens kann ein solches Testament durch ein späteres Testament widerrufen werden, dessen Gültigkeit sich nach den oben erörterten Kollisionsregeln über Formgültigkeit und materielle Gültigkeit eines Testaments über bewegliche Nachlaßgegenstände bemißt.[512,513] „Section 25 (1) (c) Wills Ordinance“[514] findet hier ebenfalls Anwendung. Zweitens richtet sich der Widerruf durch Vernichtung eines derartigen Testaments selbst nach der lex rei sitae.[515] Drittens bestimmt sich die Frage, ob ein derartiges Testament durch eine spätere Eheschließung des Testators widerrufen werden kann, entsprechend der herrschenden Lehre nicht nach der lex rei sitae, sondern nach dem Domizilrecht des Testators bei der Eheschließung, ebenso wie im Falle eines Testaments über bewegliches Nachlaßvermögen, denn eine solche Frage ist ehe-, nicht erbrechtlich zu qualifizieren.[516] Nach anderer Ansicht sollte dagegen die lex rei sitae Anwendung finden.[517]

---

[511] Vgl. dazu Cheshire and North's PIL 13th, S. 1003; Cretney/Dworkin, Theobald on Wills, Rn. 58; Morris, Conflict of Laws, S. 399; Collins, Dicey and Morris on the Conflict of Laws 13th, S. 1042, Rn. 27-063-27-064; Halsbury's Laws of England, S. 701, Para. 966; Henrich, in: Ferid/Firsching/Dörner/Hausmann, Internationales Erbrecht, Großbritannien, S. 11, Rn. 35.

[512] Vgl. Cheshire and North's PIL 13th, S. 1007; Cretney/Dworkin, Theobald on Wills, Rn. 55.

[513] Dazu siehe: Teil C, I, 1, b, cc, (2), (a), (cc), S. 96 f. und (dd), S. 98 f.

[514] Vgl. den Gesetzestext in Fußnote 442, S. 101.

[515] So Cheshire and North's PIL 13th, S. 1007; Morris, Conflict of Laws, S. 401; Henrich, in: Ferid/Firsching/Dörner/Hausmann, Internationales Erbrecht, Großbritannien, S. 12, Rn. 37; Halsbury's Laws of England, S. 705, Para. 971.

[516] Dazu Cheshire and North's PIL 13th, S. 1007; Cretney/Dworkin, Theobald on Wills, Rn. 55; Collins, Dicey and Morris on the Conflict of Laws 13th, S. 1051, 1052, Rn. 27-088.

[517] So Halsbury's Laws of England, S. 706, Para. 972.

(gg) „Election“

Die Doktrin der „election“ kommt häufiger zur Anwendung, wenn über unbewegliches Vermögen verfügt wird. Dieselbe Frage, ob ein Vermächtnisnehmer zwischen einem ihm durch Testament vermachten unbeweglichen Vermögen und einem durch Testament jemandem anderen vermachten Vorteil, zu dem er außerhalb des Testaments berechtigt ist, wählen muß, unterliegt der lex rei sitae des im Testament genannten unbeweglichen Nachlaßvermögens.[518] Dabei spielt die lex rei sitae des unbeweglichen Vermögens außerhalb des Testaments oder das Domizilrecht des Testators keine Rolle.[519]

Wenn einem inländischen Vermächtnisnehmer unbewegliches Vermögen in einem ausländischen Staat vermacht wird, das betreffende Testament jedoch unwirksam ist, zugleich dem Erben des im ausländischen Staat belegenen unbeweglichen Vermögens unbewegliches Vermögen im Inland oder bewegliches Vermögen vermacht wird, dann wird von dem Erben des ausländischen unbeweglichen Vermögens verlangt, entweder das im ausländischen Staat belegene unbewegliche Vermögen aufzugeben oder für das Behalten des unbeweglichen Vermögens eine Entschädigung zu leisten.[520] Diese Anwendung der „election“ setzt jedoch voraus, daß der Testator tatsächlich beabsichtigt hat, das im ausländischen Staat belegene unbewegliche Vermögen dem ausländischen Erben zu nehmen und dem inländischen Vermächtnisnehmer zu vermachen, was durch entsprechende Auslegung festzustellen ist.[521]

---

[518] Halsbury’s Laws of England, S. 704, Para. 970; Cretney/Dworkin, Theobald on Wills, Rn. 57.

[519] Halsbury’s Laws of England, S. 704, Para. 970; Cretney/Dworkin, Theobald on Wills, Rn. 57.

[520] Cretney/Dworkin, Theobald on Wills, Rn. 57; Collins, Dicey and Morris on the Conflict of Laws 13th, S. 1047, Rn. 27R-075; Cheshire and North’s PIL 13th, S. 1006, 1007; Halsbury’s Laws of England, S. 704, Para. 970.

[521] Dazu Cretney/Dworkin, Theobald on Wills, Rn. 57; Cheshire and North’s PIL 13th, S. 1007.

(hh) „Powers of appointment“ durch Testament über unbewegliche Gegenstände[522]

Die Ausübung der „power of appointment“ aufgrund eines Testaments, das sich auf unbewegliches Vermögen bezieht, unterscheidet sich kollisionsrechtlich von der Ausübung in bezug auf bewegliches Vermögen in den nachstehenden Punkten: Die Fähigkeit eines Testators, eine „power of appointment“ durch Testament über unbewegliches Nachlaßvermögen auszuüben, richtet sich nach dem Recht des Lageorts dieses Vermögens.[523] Die materielle Gültigkeit eines solchen Testaments bestimmt sich nach der entsprechenden lex rei sitae.[524] Schließlich gilt hinsichtlich der Formgültigkeit eines derartigen Testaments auch das für die testamentarische Formgültigkeit in Ausübung einer „power of appointment“ über bewegliches Vermögen Gesagte entsprechend.[525] Zusätzlich ist ein solches Testament als formgültig anzusehen, wenn es mit den Sachnormen der entsprechenden lex rei sitae übereinstimmt.[526]

(c) Sachrechtliche Bestimmungen über die gewillkürte Erbfolge

Für die testamentarische Erbfolge gelten nach dem Recht von Hongkong besondere Regeln.

(aa) Charakteristika eines Testaments

Ein Testament ist die in vorgeschriebener Form errichtete einseitige Willenserklärung eines Testators über Angelegenheiten von Todes wegen.[527]

---

[522] Vgl. auch den vorangehenden Teil C, I, 1, b, cc, (2), (a), (gg), S. 103 ff.

[523] Halsbury's Laws of England, S. 706, Para. 973; Collins, Dicey and Morris on the Conflict of Laws 13th, S. 1055, Rn. 27-100.

[524] Halsbury's Laws of England, S. 707, Para. 976; Morris, Conflict of Laws, S. 407; Collins, Dicey and Morris on the Conflict of Laws 13th, S. 1062, Rn. 27-125; Cheshire and North's PIL 13th, S. 1012.

[525] Cheshire and North's PIL 13th, S. 1010; Morris, Conflict of Laws, S. 404; Collins, Dicey and Morris on the Conflict of Laws 13th, S. 1056, Rn. 27-103. Dazu vgl. auch Teil C, I, 1, b, cc, (2), (a), (gg), (iv), S. 106.

[526] Cheshire and North's PIL 13th, S. 1010; Morris, Conflict of Laws, S. 404; Collins, Dicey and Morris on the Conflict of Laws 13th, S. 1056, Rn. 27-103.

[527] Mellows, Law of Succession, S. 6.

Es kann folglich nicht nur Vermögensverfügungen enthalten.[528] Es entfaltet Wirkung erst im Zeitpunkt des Todes des Testators und ist vor diesem Zeitpunkt stets widerruflich.[529]

(bb) Voraussetzungen für ein gültiges Testament

Ein Testament ist nur gültig, wenn der Testator im Zeitpunkt der Errichtung das 18. Lebensjahr vollendet hat, geistig gesund gewesen ist und die formellen testamentarischen Voraussetzungen erfüllt hat.

(i) Volljährigkeit

Ein Testament, das von einem Minderjährigen errichtet wurde, der das 18. Lebensjahr noch nicht vollendet hat, ist ungültig (Section 4 (1) Wills Ordinance i.V.m. Section 2 Age of Majority Ordinance).[530] Ein Testament, das am 18. Geburtstag des Testators errichtet wurde, ist grundsätzlich gültig; ausgenommen von diesem Grundsatz sind die Soldaten im aktiven Dienst und Seeleute oder Matrosen auf dem Meer.[531]

(ii) Geistige Voraussetzungen

Zur Gültigkeit eines Testaments muß ein Testator Testierfähigkeit und den Vorsatz der Testamentserrichtung gehabt sowie seinen Willen frei betätigt haben.[532] Ein Testator, der ein Testament errichtet hat, muß Testierfähigkeit und einen entsprechenden Vorsatz im Zeitpunkt der Testamentserrichtung in der Weise besessen haben, daß der gesunde Geisteszustand der Verfügung („the sound disposing mind“) sowohl in dem Zeitpunkt, in dem die Anweisungen für die Testamentserrichtung gegeben worden sind, als auch in

---

[528] So Mellows, Law of Succession, S. 6-8.

[529] So Mellows, Law of Succession, S. 6-8.

[530] Vgl. Sherrin/Barlow/Wallington, Law of Wills, S. 25; Mellows, Law of Succession, S. 31; Cretney/Dworkin, Theobald on Wills, Rn. 102; Henrich, in: Ferid/Firsching/Dörner /Hausmann, Internationales Erbrecht, Großbritannien, S. 55, Rn. 161.

[531] Vgl. Sherrin/Barlow/Wallington, Law of Wills, S. 25; Mellows, Law of Succession, S. 31; Cretney/Dworkin, Theobald on Wills, Rn. 102; Henrich, in: Ferid/Firsching/Dörner /Hausmann, Internationales Erbrecht, Großbritannien, S. 55, Rn. 161.

[532] Vgl. Mellows, Law of Succession, S. 31.

dem Zeitpunkt, in dem das Testament formell errichtet worden ist, existiert hat.[533]

Der entsprechende Maßstab für den gesunden Geisteszustand der Verfügung läßt sich folgendermaßen formulieren:

> „*For a testator to be capable of making a valid will he must be able to understand the nature of the act and its effects and the extent of the property of which he is disposing, and he must be able to comprehend and appreciate the claims to which he ought to give effect and the manner in which his property is to be distributed between them. The fact that the testator suffers from mental illness which does not interfere with the general powers and faculties of his mind, and, in particular, does not prevent his possessing the faculties mentioned above, so that there is no connection between the illness and the will, will not render the will liable to be overthrown on the ground of the testator's incapacity.*“[534]

Die Frage der geistigen Gesundheit ist somit eine Frage des Einzelfalls, die durch entsprechende Tatsachen belegt werden muß.[535] Eine Person mit geistiger Störung ist deshalb nicht auf jeden Fall testierunfähig. Vielmehr muß diese geistige Störung gemäß „Section 7, 19 Mental Health Ordinance“ mit medizinischen und psychiatrischen Beweisen jeweils im Einzelfall überprüft werden.[536] Ein gesunder Geisteszustand wird vermutet, jedoch obliegt die Beweislast der Person, die sich auf den gesunden Geisteszustand des Testators im Zeitpunkt der Testamentserrichtung beruft, wenn dieser in Frage gestellt wird.[537]

Dahin gehend ist es für die geistigen Voraussetzungen ausreichend, daß das Testament entsprechend den Anweisungen des Testators entworfen worden ist, die er im gesunden Geisteszustand der Verfügung getroffen hat, und er sich bewußt ist, einzuschätzen, daß er sein eigenes Testament formell errichtet hat, obwohl er in diesem Moment nicht alle Bestimmungen des

---

[533] So Sherrin/Barlow/Wallington, Law of Wills, S. 25.

[534] Banks v. Goodfellow (1870) LR 5 QB 549 at 565 [1861-73] All E.R., 47, 78. Dazu auch Sherrin/Barlow/Wallington, Law of Wills, S. 26.

[535] So Cretney/Dworkin, Theobald on Wills, Rn. 101.

[536] Vgl. Sherrin/Barlow/Wallington, Law of Wills, S. 27.

[537] Vgl. Sherrin/Barlow/Wallington, Law of Wills, S. 27; Henrich, in: Ferid/Firsching /Dörner/Hausmann, Internationales Erbrecht, Großbritannien, S. 56, Rn. 162.

Testaments versteht.[538] Daher beeinträchtigt eine später eingetretene Testierunfähigkeit die Gültigkeit eines in testierfähigem Zustand errichteten Testaments nicht.[539] Gleichfalls vermag eine später erworbene Testierfähigkeit die Ungültigkeit eines von einem testierunfähigen Testator errichteten Testaments nicht zu heilen.[540]

Ein Testament ist nur ungültig, wenn der Testator derart in seinen geistigen Fähigkeiten gestört ist, daß seine Verfügungen durch die Störung beeinflußt worden sind, wobei die Frage, ob eine solche Beeinflussung vorliegt, von dem Einzelfall[541] und dem Grade der geistigen Störung abhängt[542].

War der Testator vor der Errichtung des Testaments geisteskrank, ist es nur gültig, wenn sich später herausstellt, daß es während eines Moments der geistigen Klarheit[543] oder nach vollständiger Genesung[544] errichtet wurde.

Zugleich muß das Testament in freiem Willen errichtet worden sein. Demgemäß hat ein Testament keine Gültigkeit, welches unter der Wirkung von Gewalt, Betrug oder unzulässigem Einfluß errichtet worden ist.[545]

(iii) Formelle Voraussetzungen

Zur Gültigkeit eines Testaments müssen die folgenden formellen Voraussetzungen erfüllt werden.[546]

1. Ein Testament ist in Schriftform zu errichten (Section 5 (1) (a) Wills Ordinance). Für die Schriftform reicht eine dauerhafte Verkörperung der visuellen Darstellung aus.[547] Keine Anforderungen sind in bezug auf die

---

538 Batten Singh and Others v. Amirchand and Others [1948] 1 All E.R., 152, 157. Vgl auch Sherrin/Barlow/Wallington, Law of Wills, S. 25; Cretney/Dworkin, Theobald on Wills, Rn. 111.

539 So Sherrin/Barlow/Wallington, Law of Wills, S. 24.

540 So Sherrin/Barlow/Wallington, Law of Wills, S. 24.

541 Vgl. Sherrin/Barlow/Wallington, Law of Wills, S. 29.

542 Vgl. Mellows, Law of Succession, S. 36.

543 So Sherrin/Barlow/Wallington, Law of Wills, S. 28; Cretney/Dworkin, Theobald on Wills, Rn. 101.

544 Cretney/Dworkin, Theobald on Wills, Rn. 101.

545 Mellows, Law of Succession, S. 46.

546 Vgl. auch Mellows, Law of Succession, S. 51.

547 So Mellows, Law of Succession, S. 53.

Sprache gestellt, in der ein Testament zu verfassen ist, oder in bezug auf das Material, auf dem ein Testament niedergeschrieben wird.[548] Ein Testament kann also auf jedem beliebigen Material in beliebiger Sprache und in beliebiger schriftlichen Form errichtet werden.[549]

2. Ein Testament wird vom Testator oder von einer anderen Person in Anwesenheit des Testators auf seine Anweisung hin unterzeichnet (Section 5 (1) (a) Wills Ordinance). Die Unterschrift ist in dem Sinn zu verstehen, daß der Testator ein bestimmtes von ihm als Unterschrift beabsichtigtes Zeichen unter das Testament setzt.[550]

3. Es muß den Anschein haben, daß der Testator durch die Unterschrift beabsichtigte, das Testament zustande zu bringen und für gültig zu erklären (Section 5 (1) (b) Wills Ordinance[551]).

4. Ein Testament wird in Gegenwart von mindestens zwei gleichzeitig anwesenden Zeugen vom Testator unterzeichnet, oder die Unterschrift auf dem Testament wird vom Testator in Gegenwart von mindestens zwei gleichzeitig anwesenden Zeugen anerkannt (Section 5 (1) (c) Wills Ordinance).

5. Jeder Zeuge beglaubigt und unterzeichnet das Testament ohne die notwendige Form der Beglaubigung[552] oder erkennt die Unterschrift des Testators in dessen Anwesenheit an (Section 5 (1) (d) Wills Ordinance).

---

[548] Vgl. Sherrin/Barlow/Wallington, Law of Wills, S. 89.

[549] Vgl. Sherrin/Barlow/Wallington, Law of Wills, S. 89.

[550] So Mellows, Law of Succession, S. 54, 55; Sherrin/Barlow/Wallington, Law of Wills, S. 96, 97; Cretney/Dworkin, Theobald on Wills, Rn. 114.

[551] Section 5 (1) (b) Wills Ordinance:

> (1) Subject to section 6 and [23D], no will shall be valid unless-
>
> (b) it appears that the testator intended by his signature to give effect to the will.

[552] Nicht notwendig, aber üblich und empfehlenswert ist es, ein Testament mit einer Zusicherungsklausel („attestation clause") zu beenden, die ungefähr so lautet (dazu Mellows, Law of Succession, S. 60; Henrich, in: Ferid/Firsching/Dörner/Hausmann, Internationales Erbrecht, Großbritannien, S. 59, Rn. 172; Sherrin/Barlow/Wallington, Law of Wills, S. 105, Fußnote (b)):

> Signed by the above named x x x (name of the testator) as his last will in the joint presence of us who at his request in his presence and in the presence of each other have hereunto subscribed our names as witnesses.

Ausnahmen von den oben genannten formellen Voraussetzungen bilden die sogenannten privilegierten Testamente („privileged wills“) beliebiger Personen im See-, Militär-, oder Luftdienst oder beliebiger Matrosen oder Seeleute auf dem Meer, die alle keinen formellen Anforderungen unterliegen (Section 6 Wills Ordinance). Eine wie auch immer geartete Willensäußerung des Testators in bezug auf die Verfügung seines Vermögens im Falle des Todes reicht formell für ein derartiges Testament aus.[553]

(cc) Möglicher Inhalt eines Testaments

Der Testamentsinhalt beschränkt sich, wie erwähnt, nicht nur auf die Vermögensverfügungen eines Testators. Im einzelnen kann er sich auf die nachstehenden Aspekte beziehen:[554]

1. Vermögensverfügungen,
2. Ernennung von Testamentsvollstreckern,
3. Ernennung von „trustees“ im Falle der Errichtung von „trusts“,
4. Ernennung von „special personal representatives of settled land“[555],
5. Ernennung von Vormündern für Minderjährigen (Section 6 Guardianship of Minors Ordinance),
6. Widerruf eines vorangehenden Testaments,
7. Verleihung der besonderen Ermächtigung an Testamentsvollstreckern und „trustees“,
8. Ausschließung bestimmter „Billigkeitsbestimmungen“[556],

---

553 Vgl. Mellows, Law of Succession, S. 71; Sherrin/Barlow/Wallington, Law of Wills, S. 117.

554 Vgl. Mellows, Law of Succession, S. 6, 7; Henrich, in: Ferid/Firsching/Dörner /Hausmann, Internationales Erbrecht, Großbritannien, S. 69-80, Rn. 192-223a.

555 Mellows, Law of Succession, S. 7. Das „settled land“ ist das „land which is or is deemed to be the subject of a settlement“ (Saunders, Words and Phrases Legally Defined, Vol. 5, S. 55), also der der Verfügungsfreiheit entzogene, erbrechtlich gebundene Grundbesitz (ausführlich dazu Jowitt/Walsh, Dictionary of English Law, S. 1622-1626).

556 Z.B. „rules of apportionment“ („a division of a whole into parts proportioned to the rights of more claimants than one“, Jowitt/Walsch, Dictionary of English Law, S. 136) in „Howe v. Earl of Dartmouth“, wobei Nachlaßgegenstände eines „wasting or reversionary character“ im Zuge der „administration“ entsprechend dem Willen des Testators in feste,

9. Anweisungen in bezug auf die Beisetzung des Leichnams und die Spende von Körperorganen sowie

10. Ausübung einer testamentarischen „power of appointment“.

(dd) Auslegung eines Testaments

Im allgemeinen muß man sich bei der Testamentsauslegung an das generelle Prinzip halten, daß der Wille des Testators nur aus dem Testament abzuleiten ist.[557] So ist ein Testament vorbehaltlich des gegenteiligen Willens des Testators in der Weise auszulegen, als ob es unmittelbar vor seinem Tod errichtet worden wäre (Section 19 Wills Ordinance). Dementsprechend obliegt dem Gericht die Aufgabe, die vom Testator verwandten Wörter des Testaments nach seinem Willen auszulegen und keine davon abweichenden Verfügungen anzuordnen.[558] Demnach ist der Wille, der sich im Testament niedergeschlagen hat, unter der Betrachtung des Testaments als ein Ganzes zu interpretieren.[559]

Konkret ist zur Testamentsauslegung erstens die Bedeutung eines Wortes zu beachten, die nach der Definition des Testators im Testament oder den Umständen nach klar festzustellen ist.[560] Zweitens muß die Bedeutung eines vom Testator verwandten Fachwortes Beachtung finden.[561] Drittens kommt der allgemeinen Bedeutung eines vom Testator verwandten Wortes Geltung zu, und zwar die allgemeine Bedeutung des Wortes, die den Umständen nach

---

anerkannte Investitionsform umwandelt werden sollten (Howe v. Earl of Dartmouth [1775-1802] All E.R., 24, 30). Dazu Mellows, Law of Succession, S. 7.

[557] So Mellows, Law of Succession, S. 113. Vgl. auch Henrich, in: Ferid/Firsching/Dörner /Hausmann, Internationales Erbrecht, Großbritannien, S. 81, Rn. 224; Sherrin/Barlow /Wallington, Law of Wills, S. 433.

[558] So Mellows, Law of Succession, S. 116; Sherrin/Barlow/Wallington, Law of Wills, S. 433.

[559] So Mellows, Law of Succession, S. 117. Vgl. auch Henrich, in: Ferid/Firsching/Dörner /Hausmann, Internationales Erbrecht, Großbritannien, S. 81, Rn. 225; Sherrin/Barlow /Wallington, Law of Wills, S. 438.

[560] Vgl. Mellows, Law of Succession, S. 121.

[561] Vgl. Mellows, Law of Succession, S. 121; Sherrin/Barlow/Wallington, Law of Wills, S. 443.

für die Auslegung am geeignetsten ist, falls das Wort mehr als eine allgemeine Bedeutung besitzt.[562]

Zusätzlich sind die folgenden subsidiären Auslegungsprinzipien anzuwenden. Das erste Prinzip („Golden Rule“) lautet, daß die Bestimmungen eines Testaments möglichst derart auszulegen sind, daß eine gesetzliche Erbfolge nicht eintritt.[563] Es gilt weiterhin generell, daß der spätere Teil des Testaments Geltung erlangt, wenn zwei Teile eines Testaments in Widerspruch zueinander stehen. Allerdings wird dieser Grundsatz nicht angewandt, wenn das Testament aufgrund der Auslegung derart als Einheit scheint, daß der Testator den früheren Teil eindeutig zur Geltung kommen lassen will.[564] Weiter soll der frühere Teil zur Geltung kommen, wenn bei Anwendung des späteren Teils die gesetzliche Erbfolge eintreten würde.[565] Im Falle einer Schenkung desselben Nachlaßgegenstandes an zwei Personen sind die beiderseitigen Interessen zu berücksichtigen.[566]

Außerdem wird ein Wort mit weiter Bedeutung durch ein Wort mit enger Bedeutung beschränkt, wenn die beiden zusammen im Wortlaut eines Testaments verwendet werden („ejusdem generis“).[567] Der Umfang einer klaren Schenkung in einem Testament wird nicht durch die nachfolgenden mehrdeutigen oder nicht gleich klaren Wörter reduziert.[568]

Anschließend gilt das Prinzip „falsa demonstratio non nocet cum de corpore constat“. Wenn demnach zum einen die Beschreibung einer Person oder eines Gegenstandes aus zwei Teilen besteht, der eine Teil mit Gewißheit richtig ist und der andere falsch ist, dann ist der unrichtige Teil unbeachtlich, um die Schenkung nicht zu beeinträchtigen.[569] Zum anderen dürfen nach

---

[562] Vgl. Mellows, Law of Succession, S. 121; Sherrin/Barlow/Wallington, Law of Wills, S. 441.

[563] Re Arnould, Arnould v. Lloyd and Others [1955] 2 All E.R., 316, 320. Vgl. auch Mellows, Law of Succession, S. 123.

[564] Vgl. Mellows, Law of Succession, S. 122.

[565] Vgl. Mellows, Law of Succession, S. 122.

[566] Vgl. Mellows, Law of Succession, S. 122.

[567] Vgl. Mellows, Law of Succession, S. 123.

[568] Re Gouk, Allen v. Allen and Others [1957] 1 All E.R., 469, 470. Vgl. auch Mellows, Law of Succession, S. 124.

[569] Z.B. hat ein Testator durch sein Testament seiner Frau Lena eine Schenkung gemacht, wobei er eine Frau Tina hatte, aber mit Lena zusammen wohnte, mit der er eine nichtige

diesem Prinzip die zusätzlichen Wörter nicht vernachlässigt werden, wenn sie als vom Testator gewollte Einschränkung zu verstehen sind.[570] Später ist die Anwendung des Prinzips erweitert worden. Dementsprechend wird dem mutmaßlichen Willen eines Testators Geltung verschafft, wenn die testamentarische Beschreibung völlig falsch ist, zugleich der Testamentskontext und die diesbezüglichen Umstände eindeutig gezeigt haben, was der Testator wirklich gewollt hat.[571]

Schließlich werden im Zuge der Auslegung ausnahmsweise äußere Beweise herangezogen, wenn die relevanten Umstände der Testamentserrichtung berücksichtigt werden, denn ein Gericht sollte sich in die Position des Testators versetzen.[572] Gleiches gilt, wenn die vom Testator verwandten Wörter auf den ersten Blick mehrdeutig oder angesichts der Umstände mehrdeutig sind.[573] Ebenfalls werden die äußeren Beweise berücksichtigt, wenn ein Teil des Testaments bedeutungslos ist oder die Vermutung hinsichtlich des Willens des Testators dadurch unterstützt oder widerlegt werden kann.[574]

Ehe hatte. In diesem Fall wird die Schenkung nicht durch das falsche Wort „Frau“ beeinträchtigt. Also sollte Lena die Schenkung bekommen. Dazu Mellows, Law of Succession, S. 124-126.

[570] Re Fleming's Will Trusts, Ennion v. Hampstead Old People's Housing Trust Ltd and another [1974] 3 All E.R., 323, 326. Wenn z.B. ein Testator A eine Schenkung gemacht hatte, welche die dem A nahe lebenden Enkelkinder bekommen sollten, wobei A drei Enkelkinder hatte, aber nur zwei in der Nähe von A lebten, dann sollte die Schenkung nur den zwei Enkelkindern zustehen, nicht jedoch dem dritten Enkelkind, das nicht in der Nähe von A lebte. Dazu Mellows, Law of Succession, S. 124-126.

[571] Re Fleming's Will Trusts, Ennion v. Hampstead Old People's Housing Trust Ltd and another [1974] 3 All E.R., 323, 326. Vgl. Mellows, Law of Succession, S. 124-126.

[572] Vgl. Mellows, Law of Succession, S. 126-129.

[573] Vgl. Mellows, Law of Succession, S. 126-129.

[574] Vgl. Mellows, Law of Succession, S. 126-129.

(ee) Widerruf eines Testaments

Bezüglich des Testamentswiderrufs gilt der Grundsatz, daß ein Testator sein Testament jederzeit widerrufen kann.[575] Dabei ist zwischen dem unfreiwilligen und freiwilligen Testamentswiderruf zu unterscheiden.[576]

(i) Unfreiwilliger Testamentswiderruf

Unabhängig von der Testierfähigkeit und dem Willen des Testators findet der unfreiwillige Widerruf bzw. der gesetzliche Widerruf eines Testaments bei der Eheschließung und der Eheauflösung statt.[577]

Zum einen wird ein Testament durch die nachfolgende Eheschließung widerrufen (Section 14 (1) Wills Ordinance). In diesem Fall erfolgt der Widerruf automatisch, unabhängig vom Willen des Testators.[578] Es muß sich um eine gültige Eheschließung handeln, während eine ungültige Eheschließung zu keinem Testamentswiderruf führt.[579] Dabei ist eine vernichtbare Eheschließung unschädlich, die immer gültig bleibt, bis sie für ungültig erklärt wird; die Nichtigkeitserklärung der Ehe entfaltet keine Rückwirkung.[580]

Dennoch sind im Gesetz drei Ausnahmefälle von diesem Grundsatz vorgesehen. Erstens wird ein Testament nicht durch Eheschließung widerrufen, wenn sich aus dem Testament ergibt, daß der Testator zum Zeitpunkt der Testamentserrichtung erwartungsgemäß eine bestimmte Person heiraten wollte und er beabsichtigte, das Testament nicht durch die Eheschließung zu widerrufen (Section 14 (3) Wills Ordinance).[581] Zweitens wird eine Ver-

---

[575] So Mellows, Law of Succession, S. 80; Sherrin/Barlow/Wallington, Law of Wills, S. 145; Henrich, in: Ferid/Firsching/Dörner/Hausmann, Internationales Erbrecht, Großbritannien, S. 61, Rn. 179.

[576] Vgl. Sherrin/Barlow/Wallington, Law of Wills, S. 144; Mellows, Law of Succession, S. 80.

[577] Vgl. Mellows, Law of Succession, S. 80, 99.

[578] So Mellows, Law of Succession, S. 96; Sherrin/Barlow/Wallington, Law of Wills, S. 137.

[579] Vgl. Mellows, Law of Succession, S. 96; Sherrin/Barlow/Wallington, Law of Wills, S. 38, 140.

[580] Re Roberts, Roberts v. Roberts [1978] 3 All E.R., 225, 234.

[581] Vgl. Mellows, Law of Succession, S. 97; Sherrin/Barlow/Wallington, Law of Wills, S. 140.

fügung in einem Testament nicht durch Eheschließung widerrufen, wenn sich aus dem Testament ergibt, daß der Testator bei der Testamentserrichtung erwartungsgemäß eine bestimmte Person heiraten wollte und er beabsichtigte, diese Verfügung nicht durch die Eheschließung zu widerrufen (Section 14 (4) Wills Ordinance).[582] Drittens bleibt eine Verfügung in Ausübung einer „power of appointment" trotz der nachfolgenden Eheschließung gültig, es sei denn, daß das betreffende Vermögen in dieser „power of appointment" mangels solcher Ernennung an den „personal representative" des Testators fallen würde (Section 14 (2) Wills Ordinance[583]).[584]

Zum anderen erfolgt der Testamentswiderruf automatisch, unabhängig von der geistigen Fähigkeit oder dem Willen des Testators, wenn eine Ehe aufgelöst wird.[585] Die Bestimmungen eines Testaments, daß der frühere Ehepartner als Testamentsvollstrecker bzw. „trustee" (Treuhänder) zu ernennen ist, sowie daß Schenkungen an den früheren Ehepartner zu machen sind, werden vorbehaltlich eines gegenteiligen Willens im Testament widerrufen, wenn eine Ehe durch eine Gerichtsentscheidung aufgelöst bzw. annulliert wird (Section 15 (1) Wills Ordinance[586]).[587]

---

[582] Vgl. Mellows, Law of Succession, S. 98; Sherrin/Barlow/Wallington, Law of Wills, S. 140, 141.

[583] Vgl. den Gesetzestext in Fußnote 492, S. 109.

[584] Vgl. Mellows, Law of Succession, S. 98, 99; Sherrin/Barlow/Wallington, Law of Wills, S. 141.

[585] Vgl. Mellows, Law of Succession, S. 99; Sherrin/Barlow/Wallington, Law of Wills, S. 142.

[586] Section 15 (1) Wills Ordinance:

> (1) Where, after a testator has made a will, his marriage is validly dissolved, annulled or declared void –
>
> > (a) the will shall take effect as if any appointment of the former spouse as an executor or as the executor and trustee of the will were omitted; and
> >
> > (b) any devise or bequest to the former spouse shall lapse, except in so far as a contrary intention appears from the will.

[587] Vgl. Mellows, Law of Succession, S. 99; Sherrin/Barlow/Wallington, Law of Wills, S. 142.

(ii) Freiwilliger Testamentswiderruf

Ein Testament kann auch freiwillig widerrufen werden. Dazu muß ein Testator grundsätzlich das 18. Lebensjahr vollendet haben, geistige Gesundheit[588] und den Willen zum Widerruf besitzen sowie eine der folgenden drei Widerrufshandlungen unternehmen: Errichtung eines Widerrufsdokuments nach den Formalitäten für die Errichtung eines Testaments, formloser Widerruf eines privilegierten Testaments oder tatsächliche Vernichtung des Testaments selbst.[589]

Die erste Widerrufshandlung – die Errichtung eines Widerrufsdokuments – umfaßt ein anderes gültiges Testament und einen schriftlichen Widerruf, der nach den Regeln für die Testamentserrichtung errichtet worden ist (Section (13) (1) (b), (c) Wills Ordinance). Daher wird ein früheres Testament unmittelbar durch eine ausdrückliche Widerrufsklausel in einem späteren Widerrufsdokument oder mittelbar durch einen sich aus den Umständen ergebenden Widerruf in Form einer sich widersprechenden Klausel zu dem früheren Testament im späteren Dokument widerrufen.[590] Bei dem Widerrufsdokument kann es sich um ein Testament, ein „codicil“[591], eine Notiz über das zu widerrufende Testament, einen Brief etc. handeln.[592] Das Widerrufsdokument muß also nicht unbedingt ein Testament sein.[593]

---

[588] Vgl. Mellows, Law of Succession, S. 82.

[589] Vgl. Mellows, Law of Succession, S. 80; Sherrin/Barlow/Wallington, Law of Wills, S. 144.

[590] Vgl. Sherrin/Barlow/Wallington, Law of Wills, S. 150, 151; Mellows, Law of Succession, S. 83.

[591] Ein „codicil“ ist eine Ergänzung zu einem Testament. In bezug auf den Zweck und die Form eines „codicil“ ist seine Natur der eines Testaments ähnlich. Sein Bestand ist nicht von dem eines Testaments abhängig. Seine Funktion liegt darin, eine testamentarische Verfügung zu ändern, zu beschränken, zu widerrufen, zu erläutern oder zu bestätigen. Dazu Garner, Black's Law Dictionary, S. 275; Saunders, Words and Phrases Legally Defined, Vol. 1, S. 272.

[592] Vgl. Sherrin/Barlow/Wallington, Law of Wills, S. 150, 151; Mellows, Law of Succession, S. 83.

[593] Vgl. Sherrin/Barlow/Wallington, Law of Wills, S. 150, 151; Mellows, Law of Succession, S. 83.

Die zweite Widerrufshandlung erfolgt durch eine formlose Widerrufserklärung einer Person, die berechtigt ist, ein privilegiertes Testament zu errichten.[594]

Die dritte Widerrufshandlung ist die vom Widerrufswillen getragene tatsächliche Vernichtung des Testaments selbst durch Verbrennen, Zerreißen oder andere physische Vernichtung durch den Testator oder eine bestimmte andere Person, die in Gegenwart und auf Anweisung des Testators handelt (Section 13 (1) (d) Wills Ordinance).

(ff) Beschränkung der Testierfreiheit

Die Vorstellung, daß der Testator unter dem englischen Rechtssystem die vollständige Freiheit genießt, sein Vermögen auf beliebige Personen letztwillig übertragen zu können, ist schon längst realitätsfremd.[595] Im Gegenteil ist die Testierfreiheit familiären Beschränkungen ausgesetzt. Im Gegensatz zu den Bestimmungen über den Pflichtteil für bestimmte Berechtigten in den kontinentaleuropäischen Staaten orientieren sich die Beschränkungen in Hongkong an den wirklichen Bedürfnissen der individuellen Berechtigten.[596]

Diese familiären Beschränkungen finden sich in der „Inheritance Ordinance", wonach die Gerichte Anordnungen treffen können, daß der Bedürftige – ein Mitglied der Familie des Erblassers oder ein finanziell Abhängiger des Erblassers – mittels der Erbschaft versorgt wird.

Ein erfolgreicher Antrag auf eine solche gerichtliche Anordnung setzt zuerst voraus, daß der Antragsteller beweisen muß, daß der Erblasser entweder sein letztes Domizil in Hongkong oder in den drei Jahren unmittelbar vor seinem Tod seinen gewöhnlichen Wohnsitz in Hongkong hatte (Section 3 (1) (a), (b) Inheritance Ordinance) und daß er ein berechtigter Antragsteller ist (Section 3 (1) (b) (i)-(ix) Inheritance Ordinance).[597] Weiter muß der Antragsteller das Gericht davon überzeugen, daß aufgrund des Testaments des Erblassers oder

---

[594] In the Estate of Gossage, Wood v. Gossage [1921] P. 194. Vgl. Mellows, Law of Succession, S. 88.

[595] Vgl. dazu Mellows, Law of Succession, S. 175; Sherrin/Barlow/Wallington, Law of Wills, S. 800.

[596] Vgl. Mellows, Law of Succession, S. 175, 176.

[597] Vgl. dazu auch Mellows, Law of Succession, S. 177; Sherrin/Barlow/Wallington, Law of Wills, S. 800-802.

der gesetzlichen Erbfolge oder der Kombination von beiden für den Antragsteller nicht in angemessener Weise gesorgt wurde (Section 3 (1) (b) (ix) Inheritance Ordinance).[598]

Als berechtigte Antragsteller kommen folgende Personen in Betracht (Section 3 (1) (b) (i)-(ix) Inheritance Ordinance):

1. der Ehepartner des Erblassers;

2. der ehemalige Ehepartner des Erblassers, der nicht wieder verheiratet ist und für den der Erblasser unmittelbar vor seinem Tod gänzlich oder wesentlich gesorgt hatte;

3. der Partner bzw. die Konkubine des Erblassers;

4. ein Elternteil des Erblassers, für den der Erblasser unmittelbar vor seinem Tod gänzlich oder wesentlich gesorgt hatte;

5. ein minderjähriges Kind des Erblassers oder ein Kind des Erblassers, das aufgrund geistiger oder physischer Behinderung außerstande ist, für sich selbst zu sorgen;

6. ein erwachsenes Kind des Erblassers, für das der Erblasser unmittelbar vor seinem Tod gänzlich oder wesentlich gesorgt hatte;

7. irgendeine Person (nicht ein Kind des Erblassers), die als Kind aus einer Ehe des Erblassers betrachtet wird und für die der Erblasser unmittelbar vor seinem Tod gänzlich oder wesentlich gesorgt hatte;

8. ein vollbürtiger bzw. halbbürtiger Bruder oder eine vollbürtige bzw. halbbürtige Schwester des Erblassers, für den oder die der Erblasser unmittelbar vor seinem Tod gänzlich oder wesentlich gesorgt hatte;

9. beliebige Personen (unter Ausschluß der oben genannten Berechtigten), für die der Erblasser unmittelbar vor seinem Tod gänzlich oder wesentlich gesorgt hatte.

Die angemessene finanzielle Versorgung ist auf verschiedene Weise festzustellen, abhängig davon, ob der Antragsteller ein Partner des Konkubinats oder eine andere Person ist. Für die Beurteilung der angemessenen finanziellen Versorgung im Falle eines Partners des Konkubinats sind alle Umstände des Einzelfalls zu berücksichtigen, einschließlich der Frage, ob eine solche Versorgung für den Unterhalt dieser Person vonnöten ist (Section 3 (2)

---

[598] Vgl. dazu auch Mellows, Law of Succession, S. 177; Sherrin/Barlow/Wallington, Law of Wills, S. 800-802.

(a) (ii) Inheritance Ordinance). Für die entsprechende Beurteilung im Falle einer anderen Person sind alle Umstände des Einzelfalls in bezug auf den Unterhalt dieser Person zu berücksichtigen (Section 3 (2) (b) Inheritance Ordinance). Vor allem wird die Frage der angemessenen finanziellen Versorgung nach den dem Gericht bekannten Tatsachen objektiv beurteilt.[599]

Wenn das Gericht zu der Überzeugung gekommen ist, daß eine angemessene finanzielle Versorgung für den Antragsteller nicht festzustellen ist, kann es periodische Zahlungen, eine einmalige Zahlung oder die Übertragung eines Nachlaßgegenstandes etc. anordnen (Section 4 (1) Inheritance Ordinance).[600]

Die konkreten Anordnungen unterliegen dem Ermessen des Gerichts, das die folgenden Faktoren in Erwägung ziehen muß (Section 5 (1), (2), (3), (4), (5), (6), (7), (8) Inheritance Ordinance):

1. die finanzielle Lage des Antragstellers,
2. die finanzielle Lage der übrigen Antragsteller,
3. die finanzielle Lage der Begünstigten,
4. die Verpflichtungen und Verantwortungen des Erblassers,
5. die Größe und Natur der Nettoerbschaftsmasse („net estate") des Erblassers,
6. geistige oder physische Behinderung eines Antragstellers oder Begünstigten,
7. das Alter des Antragstellers und die Dauer einer Ehe bzw. eines Konkubinats,
8. den Beitrag des Antragstellers zum Wohl der Familie des Erblassers und
9. die anderen Umstände, in denen der Erblasser für den Antragsteller gesorgt hatte.[601]

---

[599] Re Goodwin, Goodwin v. Goodwin [1969] 1 Ch. 283, [1968] 3 All E.R., 12, 17. Vgl. dazu auch Mellows, Law of Succession, S. 185.

[600] Vgl. dazu auch Henrich, in: Ferid/Firsching/Dörner/Hausmann, Internationales Erbrecht, Großbritannien, S. 83, 84, Rn. 231; Mellows, Law of Succession, S. 197, 198; Sherrin/Barlow/Wallington, Law of Wills, S. 812, 813.

[601] Vgl. auch Mellows, Law of Succession, S. 187-190; Sherrin/Barlow/Wallington, Law of Wills, S. 809-811.

2. Internationales Erbrecht auf dem Rechtsgebiet Macau

Wie im historischen Teil erwähnt, gehen die Kollisionsnormen Macaus im Grunde genommen auf das portugiesische Internationale Privatrecht zurück, das zuerst unter dem starken Einfluß des französischen Rechts und später des deutschen Rechts gestanden hat. Im einzelnen sind die folgenden Aspekte des Internationalen Erbrechts Macaus zu beachten.

a. Allgemeine kollisionsrechtliche Grundsätze

Folgende allgemeine kollisionsrechtliche Grundsätze sind im Internationalen Erbrecht Macaus von Bedeutung.

aa. Begriff und Gegenstand der Kollisionsnormen

Das Internationale Privatrecht Macaus bezeichnet den Inbegriff der Rechtsnormen Macaus, die darauf abzielen, die zivil- und handelsrechtlichen Konflikte zwischen den Staaten zu lösen und die zivil- und handelsrechtlichen Verhältnisse zwischenstaatlicher Natur zu regeln.[602]

Unter den drei Typen von Privatrechtsverhältnissen – den reinen inländischen Rechtsverhältnissen, den relativen ausländischen Rechtsverhältnissen (eine Kombination von inländischen und ausländischen Rechtsverhältnissen) und den absoluten ausländischen Rechtsverhältnissen – sind, der Kontinuität, Berechenbarkeit und Sicherheit des Rechts wegen, die letzten beiden die kollisionsrechtlich zu regelnden Rechtsverhältnisse – grenzüberschreitende Rechtsverhältnisse privatrechtlicher Natur.[603]

bb. Umfang der Kollisionsnormen

Zu den IPR-Normen von Macau, die als Voraussetzungen oder Abgrenzungen für die kollisionsrechtliche Anwendung betrachtet werden, gehören die generellen Regeln über die Staatsangehörigkeit, die den Status oder die Rechte der Ausländer regelnden Normen[604], die Anerkennungsregelungen für ausländische Entscheidungen und Schiedssprüche, die Rechtsanwen-

---

[602] Vgl. Huang Jin/Guo Huacheng, IPR Macaus, Teil I, S. 9.

[603] So Huang Jin/Guo Huacheng, IPR Macaus, Teil I, S. 10.

[604] So z.B. Art. 13 ZGB Macau über die Rechtsstellung der auswärtigen Bewohner.

dungsbestimmungen im Hinblick auf die interlokalen bzw. interpersonalen Kollisionen[605] usw.[606]

Vor allem aber beinhaltet das von der deutschen Rechtstheorie und -praxis über das Kollisionsrecht stark beeinflußte Internationale Privatrecht Macaus die Kollisionsnormen über zivil- und handelsrechtliche Verhältnisse, wie sie in Artt. 13-62 ZGB Macau zum Ausdruck kommen.

cc. Rechtsquellen der Kollisionsnormen

Die IPR-Rechtsquellen Macaus sind internationaler und inländischer Natur.

Zu den IPR-Rechtsquellen auf internationaler Ebene gehören die bilateralen und multilateralen internationalen Abkommen[607], die internationalen Gebräuche wie die lex rei sitae und die internationalen Präjudizien.[608]

---

[605] So z.B. Art. 18 ZGB Macau über Rechtsordnungen mit mehreren Rechtssystemen. Zum Gesetzestext vgl. Fußnote 635, S. 139.

[606] Vgl. Huang Jin/Guo Huacheng, IPR Macaus, Teil I, S. 11, 12.

[607] Bisher finden die folgenden sieben Haager Übereinkommen, denen Portugal beigetreten ist, in Macau Anwendung (vgl. dazu auch Huang Jin/Guo Huacheng, Macau und IPR-Abkommen, S. 58-60):

1. Übereinkommen über den Zivilprozeß vom 14.11.1896 und Protokoll vom 22.5.1897, verkündet am 15.7.1899 in Nr. 28 des Amtsblatts Macaus, ersetzt durch das nachfolgende;

2. Übereinkommen über den Zivilprozeß vom 1.3.1954, verkündet am 6.1.1968 in Nr. 1 des Amtsblatts Macaus;

3. Übereinkommen über das auf die Unterhaltspflichten gegenüber Kindern anwendbare Recht vom 24.10.1956, verkündet am 29.3.1969 in Nr. 13 des Amtsblatts Macaus;

4. Übereinkommen über die Zuständigkeit der Behörden und das anzuwendende Recht auf dem Gebiet des Schutzes von Minderjährigen vom 5.10.1961, verkündet am 29.3.1969 in Nr. 13 des Amtsblatts Macaus;

5. Übereinkommen zur Befreiung ausländischer öffentlicher Urkunden von der Legalisation vom 5.10.1961, verkündet am 13.6.1970 in Nr. 24 des Amtsblatts Macaus;

6. Übereinkommen über die Zustellung im Ausland von gerichtlichen und außergerichtlichen Schriftstücken in Zivil- und Handelssachen vom 15.11.1965, verkündet am 3.7.1971 in Nr. 27 des Amtsblatts Macaus;

Die IPR-Rechtsquellen auf nationaler Ebene sind vielfältig[609]. Vor allem zählen die verfassungsrechtlichen Bestimmungen[610], die Gesetze[611] und die

7. Übereinkommen über die zivilrechtlichen Folgen der internationalen Entführung von Kindern vom 25.10.1980, verkündet am 18.8.1998 in Nr. 33 des Amtsblatts Macaus.

Außerdem erlangen noch zwei den Wechsel betreffende internationale Abkommen in Macau Geltung:

1. Abkommen über die Lösung der etwaigen Rechtskollisionen in bezug auf Wechsel und Solawechsel vom 7.6.1930, verkündet am 3.7.1943 in Nr. 14 des Amtsblatts Macaus;

2. Abkommen über die Lösung der etwaigen Rechtskollisionen in bezug auf Scheck vom 19.3.1931, verkündet am 3.7.1943 in Nr. 14 des Amtsblatts Macaus.

608 Vgl. Huang Jin/Guo Huacheng, IPR Macaus, Teil I, S. 12.

609 Die Präjudizien wurden gemäß Artt. 2, 8 III ZGB Portugal als eine Rechtsquelle angesehen. Gemäß Art. 2 mußten Gerichte in den gesetzlich geregelten Fällen die allgemeingültigen Regeln mit Hilfe von Präjudizien feststellen. Nach Art. 8 III mußten die Richter alle Einzelfälle, die analog zu behandeln waren, in Erwägung ziehen, damit die Auslegung und die Anwendung des Rechts vereinheitlicht wurden. Nach langer Diskussion in Portugal über die Verfassungswidrigkeit dieser gesetzlichen Regelungen wurde im Dezember 1995 die Verfassungswidrigkeit dieser Vorschrift bestätigt, und die entsprechenden Regelungen im ZGB Portugal wurden außer Kraft gesetzt. Das ZGB Macau hat sich während seiner Anpassung dieser portugiesischen Entscheidung angeschlossen, indem der alte Artikel 2 des portugiesischen ZGB im ZGB Macau weggefallen ist und der alte Art. 8 III in dem neuen Art. 7 III des ZGB Macau weiterhin beibehalten worden ist. Art. 7 III ZGB Macau lautet: Wenn ein Richter über einen Sachverhalt eine Entscheidung fällt, muß er alle Einzelfälle, die analog zu behandeln sind, in Erwägung ziehen, damit die Auslegung und die Anwendung des Rechts vereinheitlicht werden (dazu Du Huifang, Erneuerungen des ZGB Macau, Fußnote 4, zum entsprechenden Text vgl. http://www.civillaw.com.cn./twcivillaw/research/yj11-1.asp, abgerufen am 23.7.2003. In bezug auf den alten Rechtszustand vgl. auch Huang Jin/Guo Huacheng, IPR Macaus, Teil I, S. 13; Conotilho, Portugal, IntEncCompL, P-189). Außerdem üben Lehrmeinungen, trotz der Tatsache, daß die Rechtstheorie in Portugal bzw. Macau keine Rechtsquelle ist, einen wichtigen Einfluß auf die richterlichen Entscheidungen aus (so Huang Jin/Guo Huacheng, IPR Macaus, Teil I, S. 14).

610 Z.B. Artt. 4, 43, 44 des Grundgesetzes von Macau.

611 Vor allem das ZGB Macau (Artt. 13-62) und das ZPGB Macau.

Dekrete dazu.[612] Hinzu kommen mittelbar noch die Gebräuche und das Prinzip der „equity"[613].[614]

dd. Prinzipien der Kollisionsnormen

Bestimmte Grundprinzipien des IPR gewinnen bei der Formulierung, Auslegung und Anwendung der im ZGB von Macau enthaltenen Kollisionsnormen Bedeutung.[615] Im einzelnen läßt sich folgendes feststellen.

(1) Abwägung internationalprivatrechtlicher Interessen

In den Kollisionsnormen Macaus spiegeln sich die bekannten kollisionsrechtlichen Interessen wider:

Um der Ordnungsinteressen[616] willen sollte möglichst eine innere und äußere Entscheidungsharmonie erzielt werden. Der Parteiinteressen halber – ein durchschnittlicher Rechtsgenosse hat ein wesentliches Interesse an der Heranziehung eines Rechtssystems, mit dem er eng verbunden ist[617] – sind das Recht des gewöhnlichen Aufenthalts und das Recht der Staatsangehörigkeit maßgeblich für den Status einer Person.[618] Aus Gründen des Ver-

---

[612] Vgl. Huang Jin/Guo Huacheng, IPR Macaus, Teil I, S. 13, 14; Conotilho, Portugal, IntEncCompL, P-189.

[613] Die Funktion des Prinzips der „equity" besteht darin, daß der Richter Bedacht auf die besonderen Umstände eines Einzelfalls nehmen kann, ohne daß die allgemeinen Normen starr und unflexibel angewandt werden müssen. Deswegen bestimmt Art. 3 ZGB Macau, daß das Prinzip der „equity" zwecks Beilegung der Konflikte angewandt werden kann, wenn es im Gesetz gestattet wird oder es einen gemeinsamen Willen hinsichtlich der zur Disposition stehenden Rechtsverhältnisse gibt oder die Anwendung dieses Prinzips vorher im Schiedsvertrag enthalten ist.

[614] Vgl. Huang Jin/Guo Huacheng, IPR Macaus, Teil I, S. 13, 14; Conotilho, Portugal, IntEncCompL, P-189.

[615] Vgl. dazu Huang Jin/Guo Huacheng, IPR Macaus, Teil II, S. 2-4.

[616] Zu diesem Problem vgl. auch Kegel/Schurig, IPR, S. 139: Recht ist von Menschen aufgestellt, um das Leben zu regeln bzw. zu ordnen. Deswegen muß das Recht einheitliche Geltung erlangen und seine Bestimmungen müssen aufeinander abgestimmt sein, damit dem Rechtsgenossen eine „brauchbare Ordnung" zur Verfügung gestellt werden kann.

[617] Zu diesem Problem vgl. auch Kegel/Schurig, IPR, S. 135.

[618] Vgl. Artt. 25, 31 ZGB Portugal, Artt. 24, 30 ZGB Macau.

kehrsinteresses[619] werden die lex loci actus[620] und die lex rei sitae[621] herangezogen.

(2) Innere Entscheidungsharmonie

Was die Kollisionsnormen selbst betrifft, sollten einheitliche und aufeinander abgestimmte Kollisionsnormen auf alle sozialen Aspekte angewandt werden, damit Konflikte innerhalb des eigenen Rechtssystems – Normenwidersprüche – vermieden werden.[622] Dadurch wird eine interne Entscheidungsharmonie erzielt.

(3) Äußere Entscheidungsharmonie

Das Prinzip der internationalen Entscheidungsharmonie oder des internationalen Entscheidungseinklangs[623] („Grundsatz des Konfliktsminimums“[624]) zielt darauf ab, daß der gleiche Sachverhalt, gleichgültig, welche lex fori anzuwenden ist, möglichst gleich beurteilt wird, oder nach möglichst gleichen Wertungen entschieden wird, um „ein Minimum von Konflikten mit anderen Staaten“[625] hervorzurufen.[626] Dieser Grundsatz drückt sich in den IPR-Normen deutlich aus, wie beispielsweise in Art. 30 ZGB Macau über die Feststellung der lex personalis. In der Tat werden das Prinzip der Gleichheit zwischen lex fori und ausländischem Recht, die Normierung der fast ausschließlich allseitigen Kollisionsnormen und die Renvoi-Anwen-

---

[619] Zu diesem Problem auch Kegel/Schurig, IPR, S. 137.

[620] Vgl. Artt. 35 I, 49 I, 62 I ZGB Macau.

[621] Vgl. Art. 45 I ZGB Macau.

[622] Vgl. Huang Jin/Guo Huacheng, IPR Macaus, Teil II, S. 2; Brandi, Haager Erbrechtsübereinkommen, S. 169.

[623] Zu diesem Problem auch Kegel/Schurig, IPR, S. 140; Neuhaus, Grundbegriffe des IPR, S. 49. Savigny hat den Grundsatz der Entscheidungsharmonie so beschrieben, daß „die Rechtsverhältnisse, in Fällen einer Collision der Gesetze, dieselbe Beurteilung zu erwarten haben, ohne Unterschied, ob in diesem oder jenem Staate das Urteil gesprochen werde“ (Savigny, System des heutigen römischen Rechts, S. 27; dazu auch Neuhaus, Grundbegriffe des IPR, S. 49).

[624] Wengler, Allgemeine Rechtsgrundsätze des IPR, S. 483.

[625] Wengler, Allgemeine Rechtsgrundsätze des IPR, S. 483.

[626] Vgl. Huang Jin/Guo Huacheng, IPR Macaus, Teil II, S. 2.

dung in Macau ebenfalls von diesem Grundsatz des Entscheidungseinklangs getragen.

(4) Grundsatz der Effektivität

Der Grundsatz der Effektivität bei der Durchsetzung einer Entscheidung verlangt, daß die Rechtsordnung, auf welche die Kollisionsnormen verweisen, diejenige des Staates mit der größten Durchsetzungskraft sein sollte. Dieser Grundsatz findet sich genau in Art. 45 I, III ZGB Macau.[627] Daher erlangt dasjenige Recht eines Staates Geltung, das für die Durchsetzung einer Entscheidung günstiger ist.

(5) Grundsatz materieller Gerechtigkeit

Für manche Sachverhalte sollte man nicht an starren Kollisionsnormen festhalten[628], sondern die einem Sachverhalt am nächsten stehende, „richtige“ Rechtsordnung zur Geltung bringen[629], um dabei letztendlich bei der Beurteilung des Sachverhalts der materiellen Gerechtigkeit zur Geltung zu verhelfen.[630]

Dies kommt in verschiedenen IPR-Normen zum Ausdruck. Nach Art. 11 ZGB Macau haben die Normen im Regelfall keine Rückwirkung. Gemäß Art. 28 ZGB Macau beeinträchtigt der Wechsel des Personalstatuts die nach dem früheren Personalstatut erworbene Volljährigkeit nicht. Laut Art. 31 III ZGB Macau verliert eine juristische Person ihre Rechtsfähigkeit mit Sitzverlegung von einem Staat in einen anderen nicht. Nach Art. 17 ZGB Macau wird die Anwendung des Renvoi ausgeschlossen, wenn ein gültiges oder

---

[627] Art. 45 [Dingliche Rechte]

(1) Die Regelung des Besitzes, des Eigentums und der übrigen dinglichen Rechte unterliegt dem Recht des Staates, auf dessen Gebiet sich die Sachen befinden;

(2)Wenn die dinglichen Rechte an Sachen in Transport begründet bzw. übertragen werden, sind die Sachen als im Bestimmungsstaat belegen zu betrachten;

(3) Die Begründung und Übertragung von Rechten an Transportmitteln, die zur Registrierung verpflichtet sind, unterliegen dem Recht des Registrierungsstaates (vgl. Hartard, in: Riering, IPR-Gesetze in Europa, S. 123; Neuhaus/Rau, IPR im portugiesischen ZGB, S. 520).

[628] Dazu auch Conotilho, Portugal, IntEncCompL, P-190.

[629] Neuhaus, Grundbegriffe des IPR, S. 42.

[630] Dazu auch Conotilho, Portugal, IntEncCompL, P-190.

wirksames Rechtsgeschäft durch diese Renvoi-Anwendung ungültig oder unwirksam werden oder ein legitimer Status dadurch illegitim werden würde. Hinter diesen Regeln stehen die Gedanken des Vertrauensschutzes und des Schutzes wohlerworbener Rechte, und damit letztlich die Idee der materiellen Gerechtigkeit.

ee. Qualifikation

Wenn kollisionsrechtlich auf ein Recht außerhalb der Macau-Region verwiesen wird, stellt sich zunächst die Frage, welche Normen von diesem Wirkungsstatut erfaßt werden. Eine Antwort auf diese Frage findet sich in Art. 14 ZGB[631].[632]

Demnach beschränkt sich der Umfang der eventuell zur Anwendung kommenden Normen der lex causae auf solche Normen, die, ausgehend von ihrem Inhalt und ihrer Funktion in der lex causae, als Bestandteil des Rechtsinstitutes anzusehen sind, das von der Kollisionsnorm umfaßt wird. Damit wird der Umfang der Verweisung festgelegt. Darin liegt ein erster Schritt zur endgültigen Feststellung der maßgebenden Sachnormen.

ff. Renvoi

Das IPR von Macau enthält eine im Vergleich zu den anderen Rechtsgebieten ausführlichere Regelung der Renvoiproblematik.[633]

---

[631] Die Überschrift „Qualifikation" in Art. 14 ZGB Macau ist nicht ganz zutreffend oder sogar irreführend. Letztlich handelt es sich um den Umfang des maßgebenden Rechts oder eine Beschränkung des maßgebenden Rechts. Bestenfalls geht es „um eine Art der sekundären Qualifikation", zugleich ist in dem IPR-Gesetz die primäre Qualifikation nicht geregelt (Neuhaus/Rau, IPR im portugiesischen ZGB, S. 506).

[632] Art. 14 [Qualifikation]

> Das als lex causae berufene Recht umfaßt nur diejenigen Normen, die nach ihrem Inhalt und ihrer Funktion, die sie in diesem Recht haben, einen Bestandteil der Regelung des von der Kollisionsnorm ins Auge gefaßten Rechtsinstituts bilden (vgl. Hartard, in: Riering, IPR-Gesetze in Europa, S. 109; Neuhaus/Rau, IPR im portugiesischen ZGB, S. 513).

[633] Die den Renvoi betreffenden Regelungen im ZGB Macau sind (vgl. Hartard, in: Riering, IPR-Gesetze in Europa, S. 109-111; Neuhaus/Rau, IPR im portugiesischen ZGB, S. 513, 514):

Art. 15 [Verweisung auf ein dem Macau-Recht nicht zugehöriges Recht; allgemeiner Grundsatz]

(1) Grundsatz

Grundsätzlich sprechen die Kollisionsnormen von Macau nach Art. 15 ZGB eine Sachnormverweisung aus. D.h., es wird auf die internen Sachnormen eines ausländischen Rechts verwiesen. Der Sinn dieser Regelung liegt darin begründet, daß ein Richter, der einen Sachverhalt mit Bezug zum Ausland zu beurteilen hat, aufgrund der Verweisung das zur Anwendung gelangende Statut ausfindig machen kann, ohne auf die entsprechenden Kollisionsregeln des betreffenden Rechtssystems Rücksicht nehmen zu müssen. Dadurch wird die richterliche Arbeit erleichtert.

(2) Ausnahmen

Gegenüber der prinzipiellen Sachnormverweisung des Renvoi in Art. 15 ZGB Macau sieht Art. 16 ZGB Macau ausnahmsweise eine Weiterverweisung und Rückverweisung vor.

---

(1) Wenn durch die Kollisionsnormen auf ein dem Macau-Recht nicht zugehöriges Recht verwiesen wird, finden mangels einer gegenteiligen Regelung die internen Vorschriften des Rechts Anwendung;

(2) Der Wirkung der Vorschriften in diesem Kapitel wegen handelt es sich bei den internen Regelungen um die Sachnormen, und zwar unter Ausschluß der Kollisionsnormen.

Art. 16 [Renvoi]

(1) Wenn jedoch die Kollisionsnorm des durch die Kollisionsnormen Macaus berufenen Rechts auf ein anderes Recht weiterverweist und dieses sich als zuständig ansieht, den betreffenden Fall zu regeln, so sind die internen Regelungen des Rechts maßgeblich;

(2) Wenn die Kollisionsnorm des durch die Kollisionsnormen berufenen Rechts auf die internen Regelungen Macaus zurückverweist, sind diese internen Regelungen Macaus anwendbar.

Art. 17 [Fälle des Ausschlusses des Renvoi]

(1) Der vorstehende Artikel wird nicht angewandt, wenn seine Anwendung zur Ungültigkeit oder Unwirksamkeit eines Rechtsgeschäfts führt, das gemäß Art. 15 eigentlich gültig oder wirksam wäre, oder zur Illegitimität eines Status, der ansonsten legitim wäre;

(2) Der vorstehende Artikel findet ebenfalls keine Anwendung, wenn die Beteiligten das anwendbare Recht schon gewählt haben, soweit die Rechtswahl zulässig ist.

Nach Art 16 I ZGB Macau ist eine Weiterverweisung als Sachnormverweisung anzusehen, wenn das in Bezug genommene Recht seinerseits sich selbst für zuständig ansieht.

Hierbei geht es dem Gesetzgeber darum, die möglichst geeignete Gesetzesregelung für einen bestimmten Sachverhalt zu suchen. Denn es ist nicht der Fall, daß eine beliebige Regelung einem Sachverhalt gerecht wird. Sondern vielmehr dient die Schaffung einer bestimmten Gesetzesnorm einem bestimmten Typus der Sachverhalte und diese Norm ist also auf diesen Typus zugeschnitten. Auf diese Weise wird ein Rechtsverhältnis mit Außenbeziehung nach Möglichkeit gerecht entschieden. Dahinter steht im Endergebnis der Grundsatz der materiellen Gerechtigkeit.

Zum anderen ist nach Art. 16 II ZGB Macau eine Rückverweisung auf die Sachnormen der Macau-Region beachtlich. Damit wird die Verweisungskette abgebrochen und das heimische Recht zur Geltung gebracht. Darin zeigt sich die Bevorzugung des inländischen Rechts aufgrund des Renvoi, was durchaus internationaler Übung entspricht. Dadurch wird die Aufgabe des Richters erleichtert, die Richtigkeit der Rechtsanwendung gewährleistet und letztendlich die materielle Gerechtigkeit gefördert.

(3) Ausschlüsse

Rück- und Weiterverweisung sind allerdings nach Art. 17 ZGB Macau Grenzen gesetzt. Eine erste Begrenzung liegt in Art. 17 II ZGB Macau für den Fall, daß die Beteiligten von einer erlaubten Rechtswahl Gebrauch gemacht und so das anwendbare Recht festgesetzt haben. In diesem Fall ist nicht erst eine Weiterverweisung oder Rückverweisung ausgeschlossen. Vielmehr wird von vornherein eine Sachnormverweisung angesprochen, da der Wille der Parteien hinsichtlich der Rechtswahl den absoluten Vorrang vor der Anwendung der gesetzlichen Bestimmungen hat. Das anwendbare Recht ist also bereits durch eine Rechtswahl festgelegt. Es besteht keine Notwendigkeit, das anwendbare Recht durch objektive Anknüpfung unter Zuhilfenahme eines Renvoi zu ermitteln.

Eine andere, kompliziertere Beschränkung findet sich in Art. 17 I ZGB Macau. Hier werden Weiter- und Rückverweisung nach Art. 16 ZGB Macau ausgeschlossen, wenn dadurch die Wirksamkeit eines Rechtsgeschäfts oder die Legitimität des Personalstatus einer Partei zunichte gemacht würde. Im Interesse der materiellen Gerechtigkeit wird eine zur Ungültigkeit eines Rechtsgeschäfts oder zur Illegitimität des persönlichen Statuts führende Anknüpfung verhindert.

gg. Rechtsanwendung bei mehreren Rechtssystemen

Durch die Sachnormverweisung gemäß Art. 15 ZGB Macau kann das maßgebende Recht unmittelbar ermittelt werden, sofern auf einen Staat mit einheitlicher Rechtsordnung verwiesen wird.

Wie aber ist vorzugehen, wenn die betreffende Rechtsordnung aus mehreren Rechtssystemen besteht, d.h., innerhalb eines Staates aufgrund einer interlokalen oder interpersonalen Rechtsspaltung mehrere Teilrechtssysteme existieren?[634] In diesem Fall muß Art. 18 ZGB Macau[635] herangezogen werden.

Art. 18 I ZGB Macau schreibt zunächst vor, daß für die Feststellung der lex causae die im Gesamtstaat verwandten Kriterien herangezogen werden sollen, wenn keine Bestimmung über das anzuwendende Rechtssystem vorhanden ist. Mit anderen Worten: Die in dieser Rechtsordnung getroffenen Bestimmungen – d.h. interlokale oder interpersonale Kollisionsnormen – werden auf den betreffenden Sachverhalt angewandt.

Wenn derartige Bestimmungen innerhalb der Rechtsordnung fehlen, also keine einheitliche interlokale bzw. interpersonale Kollisionsregelung trotz mehrerer Rechtssysteme vorzufinden ist, muß an ihre Stelle das Recht treten, zu dem die entsprechenden Umstände eine engere Verbindung aufweisen (Art. 18 II ZGB Macau). Das anzuwendende Recht für einen Sachverhalt mit internationalem Einschlag wird also durch zwei gestufte Konkretisierungen festgestellt.

---

[634] Zum entsprechenden Teil über das chinesische Interlokale Erbrecht siehe: Teil C, II, S. 232 ff.

[635] Art. 18 [Rechtsordnung mit mehreren Rechtssystemen]

(1) Wenn innerhalb der als lex causae berufenen Rechtsordnung mehrere Rechtssysteme auf Grund von interlokalen oder interpersonalen Faktoren nebeneinander bestehen, wird mangels einer Bestimmung über das anwendbare Rechtssystem das maßgebliche Recht nach den auf diese Rechtsordnung angewandten Kriterien festgestellt (vgl. Hartard, in: Riering, IPR-Gesetze in Europa, S. 111-113; Neuhaus/Rau, IPR im portugiesischen ZGB, S. 514);

(2) Fehlen solche Kriterien, ist das Rechtssystem maßgeblich, das zu den betreffenden Umständen engere Verbindung aufweist.

hh. Gesetzesumgehung

Der Grundsatz der materiellen Gerechtigkeit erlaubt die von einer betrügerischen Absicht getragene Umgehung des anwendbaren Rechts nicht. Denn ein bestimmtes anzuwendendes Recht dient der gerechten Beurteilung eines bestimmten Sachverhalts mit ausländischem Einschlag. Würden die faktischen und rechtlichen Anwendungsvoraussetzungen durch die von den Beteiligten mit betrügerischer Absicht künstlich geschaffenen ersetzt, würde das Endziel der materiellen Gerechtigkeit in Gefahr geraten. Deshalb sollen bei der Anknüpfung solche Umstände keine Berücksichtigung finden, die zwecks Gesetzesumgehung geschaffen worden sind (Art. 19 ZGB Macau[636]).

Dies gilt sowohl dann, wenn inländisches, als auch dann, wenn ausländisches Recht umgangen werden soll. Ein Unterschied zwischen inländischem und ausländischem Recht ist nicht zu machen.

ii. Ordre public

Bei der Konzeption des ordre public ist zwischen dem inländischen ordre public und dem internationalen ordre public zu unterscheiden: Der erste ist Inbegriff der vom Willen der Parteien unabhängigen zwingenden Normen, die auf inländische Sachverhalte anwendbar sind; der letzte ist ein Grundsatz der lex fori zur Einschränkung der Anwendung eines ausländischen Rechts.[637] Der internationale ordre public stellt also die Limitierung der Geltung des ausländischen Rechts dar[638], damit die heimischen Grundinteressen geschützt, die heimischen rechtlichen und moralischen Grundsätze sowie die eigene Rechtsordnung gewahrt werden.[639]

---

[636] Art. 19 [Gesetzesumgehung]

Bei Anwendung der Kollisionsnormen sind die faktischen oder rechtlichen Umstände nicht zu berücksichtigen, die mit betrügerischer Absicht zur Vermeidung des eigentlich unter anderen Umständen anwendbaren Rechts geschaffen worden sind (vgl. Hartard, in: Riering, IPR-Gesetze in Europa, S. 113; Neuhaus/Rau, IPR im portugiesischen ZGB, S. 515).

[637] Vgl. Huang Jin/Guo Huacheng, Ordre public, S. 16.

[638] Dazu auch Huang Jin/Guo Huacheng, Ordre public, S. 16.

[639] Vgl. Huang Jin/Guo Huacheng, Ordre public, S. 16.

Die entsprechende Regelung in Art. 20 ZGB Macau[640], die zum internationalen ordre public zählt, trägt ihr eigenes Gepräge. In Absatz I dieser Regelung geht es nur um eine generelle abstrakte Normierung, ohne dem ordre public eine Definition zu geben. Denn es fällt schwer, den sich im Zeitablauf ändernden ordre public zu definieren. Werden ausländische Normen wegen Verstoßes gegen den ordre public nicht angewandt, stellt sich die Frage, welche Bestimmungen dann an ihre Stelle treten. Diese Frage beantwortet Art. 20 II ZGB Macau. Zwar ist es üblich, die entsprechende inländische Bestimmung an die Stelle der berufenen und nicht anwendbaren ausländischen Norm treten zu lassen. Jedoch tritt die Regelung des Rechts von Macau aber nicht unmittelbar, sondern nur subsidiär an die Stelle der ausländischen Norm, wenn eine geeignetere Norm des berufenen ausländischen Rechts nicht zu finden ist. Damit besteht eine Wahlmöglichkeit zwischen der geeigneteren ausländischen Sachnorm und der internen Sachnorm Macaus mit Priorität für die ausländische Sachnorm. Darin ist das Bestreben zu erkennen, das berufene ausländische Recht nach Möglichkeit zur Geltung zu bringen, d.h. das Prinzip der minimalen Beeinträchtigung des ausländischen Rechts[641].

jj. Ermittlung und Auslegung der lex causae

Ausführliche Bestimmungen über die Feststellung und Auslegung des anwendbaren Rechts finden sich in Artt. 341, 22 ZGB Macau[642].

---

640 Art. 20 [Ordre public]

(1) Wenn die Anwendung der von der Kollisionsnorm berufenen außerhalb Macaus bestehenden Vorschriften zum offenkundigen Verstoß gegen den ordre public führt, werden diese Vorschriften nicht angewandt;

(2) In diesem Fall sind die geeigneteren Normen der berufenen Rechtsordnung des auswärtigen Orts oder subsidiär die internen Vorschriften der Macau-Region anwendbar (vgl. Hartard, in: Riering, IPR-Gesetze in Europa, S. 113; Neuhaus/Rau, IPR im portugiesischen ZGB, S. 515).

641 Vgl. Huang Jin/Guo Huacheng, Ordre public, S. 20.

642 Art. 22 [Auslegung und Ermittlung des anwendbaren Rechts]

(1) Ein außerhalb Macaus bestehendes maßgebliches Recht ist im Rahmen des Rechtssystems, zu dem es gehört, nach den darin festgelegten Auslegungsregeln auszulegen;

(2) Ist der Inhalt des maßgeblichen Rechts nicht feststellbar, muß das subsidiär anwendbare Recht maßgebend sein; in gleicher Weise ist vorzugehen, wenn die

Logischerweise muß zunächst das berufene ausländische Recht inhaltlich ermittelt werden, bevor es ggf. nach Auslegung zur Anwendung kommt.

(1) Ermittlung der lex causae

Die Ermittlung eines ausländischen Rechts soll im Interesse des Entscheidungseinklangs nach Möglichkeit gewährleistet werden. Zu diesem Zweck enthält das Recht von Macau zwei Bestimmungen:

Zum einen ist die Feststellung eines solchen Rechts als Tatsache der Partei aufgebürdet, die sich darauf beruft (Art. 341 I Halbsatz 1 ZGB Macau). Daher obliegt die Beweislast für die Existenz und den Inhalt dieses Rechts der Partei, die dieses Recht anwenden möchte. Diese Regelung ist ähnlich wie im Recht von Hongkong.

Zum anderen ist es zugleich Aufgabe des Gerichts, das anwendbare Recht von Amts wegen festzustellen (Art. 341 I Halbsatz 2 ZGB Macau). Somit obliegt die Aufgabe der Rechtsermittlung gleichzeitig dem Gericht. Das Gericht soll von Amts wegen das anzuwendende Recht feststellen, wenn zur Beurteilung eines Sachverhalts dieses Recht herangezogen werden muß und keine der Parteien sich darauf berufen hat oder die Gegenseite der sich auf das Recht berufenden Seite den Bestand und den Inhalt des Rechts zugesteht oder dagegen keinen Einwand vorbringt (Art. 341 II ZGB Macau). Mithin hat das Gesetz das Gericht dazu verpflichtet, das maßgebende Recht zu ermitteln. Denn es ist letztendlich das Gericht, welches das anwendbare

---

faktischen oder rechtlichen Elemente zur Feststellung des anwendbaren Rechts nicht zu ermitteln sind (vgl. Hartard, in: Riering, IPR-Gesetze in Europa, S. 113; Neuhaus/Rau, IPR im portugiesischen ZGB, S. 515).

Art. 341 [Das Gewohnheitsrecht oder das außerhalb der Macau-Region bestehende Recht]

(1) Wer sich auf das Gewohnheitsrecht oder das außerhalb der Macau-Region bestehende Recht beruft, soll die Existenz und den Inhalt dieses Rechts beweisen; dennoch soll das Gericht von Amts wegen das betreffende Recht nach Möglichkeit zu ermitteln suchen;

(2) Wenn das Gericht nach dem Gewohnheitsrecht oder dem außerhalb der Macau-Region bestehenden Recht einen Fall beurteilen muß, und sich keine der Parteien auf das Recht beruft, oder die Gegenpartei der sich auf das Recht berufenden Partei die Existenz und den Inhalt des Rechts gesteht oder dagegen keinen Einwand erhebt, soll das Gericht auch das betreffende Recht von Amts wegen ermitteln;

(3) Wenn das Gericht den Inhalt des maßgebenden Rechts nicht feststellen kann, sollen die Normen des allgemeinen Rechts Macaus zur Anwendung kommen.

Recht auf einen Sachverhalt mit Bezug zu einer anderen Rechtsordnung anwendet, um die gerechte Beurteilung zu erzielen und möglicherweise die Entscheidungsharmonie herzustellen. Insgesamt sollte die Feststellung des anwendbaren Rechts durch die Verpflichtung auf seiten der Parteien und des Gerichts garantiert werden, damit der Weg zur Rechtsharmonie zwischen den verschiedenen Rechtsordnungen gebahnt wird.[643]

Infolgedessen taucht die Frage auf, wie vorzugehen ist, wenn das zuerst berufene Recht inhaltlich nicht feststellbar ist. Ist es inhaltlich nicht zu ermitteln, kann es offensichtlich auch nicht angewandt werden. Theoretisch könnte in diesem Fall die lex fori als Ersatzrecht an die Stelle treten. Tatsächlich wird in Macau eine andere Vorgehensweise gewählt. So tritt ein subsidiär maßgebendes Recht an die Stelle des ersten, inhaltlich nicht feststellbaren Rechts, vorausgesetzt, daß dieses zweite Recht nunmehr inhaltlich zu ermitteln ist (Art. 22 II Halbsatz 1 ZGB Macau).

Wenn faktische oder rechtliche Faktoren zur Berufung der lex causae nicht feststellbar sind, ist in gleicher Weise vorzugehen (Art. 22 II Halbsatz 2 ZGB Macau). D.h., es ist auf das subsidiär maßgebliche Recht zurückzugreifen, damit das maßgebende Statut endgültig ermittelt werden kann.

Jedoch bleibt es kollisionsrechtlich unklar, wie zu verfahren ist, wenn sich das zweite Recht inhaltlich gleichfalls nicht feststellen läßt. Der Wertung des IPR von Macau, insbesondere des Art. 20 ZGB entspricht es, daß letztendlich die Sachnormen der lex fori Macaus die Funktion der lex causae übernehmen. In diesem Sinn schreibt Art. 341 III ZGB Macau auf sachrechtlicher Ebene vor, daß die Sachnormen Macaus zur Geltung gebracht werden sollen, wenn der Inhalt des maßgebenden Rechts nicht feststellbar ist.[644]

Die dabei zu beachtende ratio legis – nämlich: das zunächst berufene Recht im Interesse einer Entscheidungsharmonie möglichst zur Geltung zu bringen, anstatt bedingungslos heimwärts zu streben – wird wiederum in Art. 22 II ZGB Macau deutlich.

---

[643] Dazu auch Neuhaus/Rau, IPR im portugiesischen ZGB, S. 504.

[644] Vgl. dazu Neuhaus/Rau, IPR im portugiesischen ZGB, S. 506; Conotilho, Portugal, IntEncCompL, P-200.

(2) Auslegung der ermittelten lex causae

Nachdem das berufene Wirkungsstatut entsprechend den oben genannten Regeln endgültig festgestellt worden ist, kommt die Frage der Auslegung ins Spiel. Diesbezüglich ist in Art. 22 I ZGB Macau vorgesehen, daß das ermittelte Wirkungsstatut innerhalb des Rechtssystems, zu dem das Statut gehört, nach den in diesem Rechtssystem getroffenen Auslegungsregeln zu interpretieren ist. Diese Auslegung des maßgebenden Rechts bietet die Gewähr für seine richtige Anwendung.[645]

kk. Maßgebendes Recht für Rechtshandlungen an Bord

Kriegsschiffe und –luftfahrzeuge sind als Ausdehnung des Territoriums eines Staates oder des Gebietes einer Region anzusehen (Art. 23 II ZGB Macau[646]). Daher richten sich die sich an Bord von Schiffen oder Luftfahrzeugen außerhalb von See- oder Flughäfen abspielenden Rechtshandlungen nach dem Recht des Registrierungsortes, wenn das jeweilige territoriale Recht das Wirkungsstatut ist (Art. 23 I ZGB Macau).

ll. Personalstatut und gewöhnlicher Aufenthalt

Als Macau unter portugiesischer Kolonialherrschaft stand, galt dort das Staatsangehörigkeitsprinzip. Somit bestimmte die Staatsangehörigkeit als Anknüpfungsmoment das Personalstatut.[647]

---

[645] In dieser Hinsicht ist die Reihenfolge zwischen Auslegung und Ermittlung des maßgeblichen Rechts in der Normierung des ZGB Macau bzw. Portugal nicht logisch. Streng logisch betrachtet geht die Ermittlung der Auslegung vor. Deshalb ist es am Platze, die Normierung des Art. 22 ZGB Macau rein logisch einzuordnen und als „Feststellung und Auslegung der lex causae" zu bezeichnen. Dazu auch Neuhaus/Rau, IPR im portugiesischen ZGB, S. 506.

[646] Art. 23 [Rechtshandlungen an Bord]

(1) Das Recht des betreffenden Registrierungsortes ist maßgeblich für die Rechtshandlungen, die sich an Bord von Schiffen oder Luftfahrzeugen außerhalb der Häfen oder Flugplätze abspielen, wenn das jeweilige territoriale Recht die lex causae ist;

(2) Die Kriegsschiffe und –luftfahrzeuge werden als Teil des Territoriums des Staates angesehen, dem sie gehören, oder als Teil des Gebietes der Region, der sie gehören (vgl. Hartard, in: Riering, IPR-Gesetze in Europa, S. 113; Neuhaus/Rau, IPR im portugiesischen ZGB, S. 515).

[647] Vgl. Art. 31 I ZGB Portugal: Das Personalstatut ist das Recht der Staatsangehörigkeit des Einzelnen.

Das gleiche Prinzip kann nach Rückgabe Macaus an China nicht mehr funktionieren. Denn zum einen besitzen die Menschen in Macau zwar die chinesische Staatsangehörigkeit, aber unter der chinesischen Staatsangehörigkeit besteht jedenfalls zur Zeit kein einheitliches Rechtssystem. Zum anderen muß das weitsichtige politische Grundprinzip – „Ein Staat, zwei Systeme“ – auch in Macau zur Geltung gebracht werden; demnach muß das Recht Macaus seine Geltung weiter behalten. Daher ist an die Stelle der Staatsangehörigkeit der gewöhnliche Aufenthalt getreten, der den gegenwärtigen rechtlichen Gegebenheiten in Macau und dem erwähnten politischen Grundsatz Rechnung trägt.[648]

In praxi tritt demzufolge die Staatsangehörigkeit als IPR-Anknüpfungspunkt zurück. Statt dessen rückt der gewöhnliche Aufenthalt[649] in den Vordergrund. Der gewöhnliche Aufenthalt spielt dementsprechend heute die wichtigste Rolle im Kollisionsrecht von Macau: Außer dem bereits erwähnten Art. 30 I ZGB Macau knüpfen auch die nachfolgenden Kollisionsnormen im ZGB Macau an den gewöhnlichen Aufenthalt an: Artt. 30 IV, V (Bestimmung des gewöhnlichen Aufenthalts), 34 II, III (Deutung des Verhaltens bei rechtsgeschäftlicher Erklärung), 44 III (außervertragliche Haftung), 50 (Beziehungen zwischen den Ehegatten), 51 (Voreheliche Vereinbarungen und Güterstand), 55 I (Beziehungen zwischen Eltern und Kindern), 56 II (Adoptivkindschaft), 58 (Voraussetzungen und Wirkung der tatsächlichen Ehe).

---

[648] Vgl. Art. 30 I ZGB Macau: Das Personalstatut ist das Recht des gewöhnlichen Aufenthalts des Einzelnen.

[649] Hinsichtlich des gewöhnlichen Aufenthalts muß auf die nachstehenden Artikel hingewiesen werden. Laut Art. 83 I Halbsatz 1 ZGB Macau liegt der Wohnsitz einer Person dort, wo sie gewöhnlich wohnt. Wenn eine Person ihren gewöhnlichen Aufenthalt an unterschiedlichen Orten hat, ist irgendeiner der gewöhnlichen Aufenthalte ihr Wohnsitz (Art. 83 I Halbsatz 2 ZGB Macau). Wenn eine Person keinen gewöhnlichen Aufenthalt hat, liegt ihr Wohnsitz an dem Ort, an dem sie zufällig wohnt (Art. 83 II Halbsatz 1 ZGB Macau). Wenn ihr zufälliger Aufenthalt nicht konstatiert werden kann, wird der Ort, an dem sich diese Person selbst befindet, als Wohnsitz betrachtet (Art. 83 II Halbsatz 2 ZGB Macau). Als weitere Frage schließt sich an, wie der gewöhnliche Aufenthalt zu verstehen ist. Die darauf bezügliche Definition liefert Art. 30 II ZGB Macau: Der Ort, an dem sich das tatsächliche und feste Lebenszentrum des Einzelnen befindet, wird als der gewöhnliche Aufenthalt des Einzelnen angesehen.

b. Internationale Erbkollisionsnormen

Die in Artt. 59-62 ZGB Macau[650] vorzufindenden erbrechtlichen Kollisionsnormen bilden die Grundlage des Internationalen Erbrechts von Macau.

---

[650] Art. 59 [Maßgebendes Recht]

Die Erbfolge unterliegt dem Personalstatut des Erblassers zum Zeitpunkt seines Todes; das gleiche Recht gilt für die Bestimmung der Befugnisse des Erbschaftsverwalters und des Testamentsvollstreckers (vgl. Hartard, in: Riering, IPR-Gesetze in Europa, S. 129; Neuhaus/Rau, IPR im portugiesischen ZGB, S. 523).

Art. 60 [Verfügungsfähigkeit]

(1) Die Fähigkeit, eine Verfügung von Todes wegen zu treffen, zu ändern oder zu widerrufen, sowie die Erfordernisse einer besonderen Form der Verfügungen aufgrund des Alters des Verfügenden, unterliegen dem Personalstatut des Erblassers zum Zeitpunkt der Vornahme der Willenserklärung;

(2) Wer einem neuen Personalstatut unterworfen ist, nachdem er eine Verfügung getroffen hat, behält die notwendige Fähigkeit zum Widerruf dieser Verfügung gemäß dem vorherigen Personalstatut (vgl. Hartard, in: Riering, IPR-Gesetze in Europa, S. 131; Neuhaus/Rau, IPR im portugiesischen ZGB, S. 523).

Art. 61 [Auslegung der Verfügungen; Fehlen und Mängel des Willens]

Dem Personalstatut des Erblassers zum Zeitpunkt der Vornahme seiner Willenserklärung bleibt folgendes unterworfen:

a) die Auslegung der betreffenden Klauseln und Verfügungen, außer wenn ein anderes Recht auf ausdrückliche oder stillschweigende Weise maßgeblich sein soll;

b) das Fehlen und die Mängel des Willens;

c) ob gemeinschaftliche Testamente oder Erbverträge zulässig sind, jedoch bleiben Artt. 51, 52 hinsichtlich der Erbverträge weiterhin anwendbar (vgl. Hartard, in: Riering, IPR-Gesetze in Europa, S. 131; Neuhaus/Rau, IPR im portugiesischen ZGB, S. 524).

Art. 62 [Form]

(1) Die Verfügungen von Todes wegen sowie ihr Widerruf oder ihre Änderung sind gültig, wenn ihre Form den Vorschriften des Errichtungsortes oder den Vorschriften des Personalstatuts des Erblassers bei Vornahme seiner Willenserklärung oder bei seinem Tod oder den Vorschriften des Rechts, auf das die Kollisionsnorm des Rechts des Errichtungsortes verweist, entspricht;

(2) Wenn jedoch das Personalstatut des Erblassers im Zeitpunkt der Vornahme seiner Willenserklärung bestimmt, daß eine besondere Form beachtet werden muß, sonst die Rechtshandlung ungültig ist oder keine Wirkung entfaltet, muß dies befolgt werden, selbst wenn die Rechtshandlung an einem auswärtigen Ort vorgenommen

In der folgenden Darstellung werden auch gelegentlich die damit im Zusammenhang stehenden, materiellerbrechtlichen Bestimmungen im ZGB Macau berücksichtigt.

Im Recht von Macau findet eine Nachlaßspaltung – durch Unterscheidung zwischen beweglichem und unbeweglichem Nachlaßvermögen – nicht statt. Vielmehr herrscht das aus dem römischen Reich stammende Prinzip der Universalsukzession[651], d.h., die Erbfolge richtet sich einheitlich nach dem Personalstatut des Erblassers bei seinem Tod (Art. 59 S. 1 ZGB Macau).

aa. Grundsatz der internationalen Erbkollisionsnormen

Wie bereits erläutert[652] macht das Recht des gewöhnlichen Aufenthalts das Personalstatut aus (Art. 31 I ZGB Macau). Also bleibt die erbrechtliche Kollisionsregelung von Macau wie früher unter der portugiesischen Kolonialherrschaft weiterhin dem Personalstatut unterworfen. Jedoch richtet sich die Erbfolge ab der Rückgabe Macaus an China nach dem Recht des gewöhnlichen Aufenthalts.

bb. Reichweite der internationalen Erbkollisionsnormen

Das Erbstatut – das Recht des gewöhnlichen Aufenthalts des Erblassers im Zeitpunkt seines Todes – bestimmt grundsätzlich alle im Erbrecht auftauchenden Fragen. Allerdings existieren einige Ausnahmen.

(1) Erbfall

Der Erbfall unterliegt dem Erbstatut, das bestimmt, was ein Erbfall ist bzw. unter welchen Voraussetzungen er eintritt.

Materiellrechtlich tritt der Erbfall üblicherweise mit dem Tod des Erblassers ein. So ist es auch in Macau (Art. 1871 ZGB Macau).

(2) Nachlaßumfang

Aus dem Erbstatut ergibt sich der Umfang des Nachlasses, also die Gegenstände, die zur Nachlaßmasse gehören.

---

worden ist (vgl. Hartard, in: Riering, IPR-Gesetze in Europa, S. 131; Neuhaus/Rau, IPR im portugiesischen ZGB, S. 524).

[651] Vgl. Soergel/Schurig Vor Art. 25 Rn. 1.

[652] Näheres dazu siehe: Teil C, I, 2, a, ll, S. 144 f.

Sachrechtlich ist der Umfang des Nachlasses in Art. 1907 ZGB Macau klar abgesteckt.

(3) Erbfähigkeit

Die mit der Erbfähigkeit zusammenhängenden Fragen, wer erbfähig ist, wer erbunfähig bzw. erbunwürdig ist, wer erbrechtlich nicht einsetzbar ist, bleiben gleichfalls dem Erbstatut unterworfen.

Materiellerbrechtlich sind folgende Personen erbfähig: Diejenigen, die beim Eintritt des Erbfalls schon geboren oder gezeugt und nicht gesetzlich ausgeschlossen sind, sowie die Macau-Region (Art. 1873 I ZGB Macau). Zusätzlich sind bei testamentarischer Erbfolge die juristischen Personen und die noch nicht gezeugten und deshalb noch nicht geborenen Kinder einer besonderen lebenden Person beim Eintritt des Erbfalls erbfähig (Art. 1873 II ZGB Macau).

Erbunfähig bzw. erbunwürdig sind diejenigen, die ein Verbrechen gegen einen Erblasser und seine Angehörigen begangen haben, und diejenigen, die die ordnungsgemäße Durchführung der testamentarischen Verfügungen verhindert haben (Artt. 1874-1878 ZGB Macau).

Folgenden Personen kann ein Erblasser sein Vermögen durch Testament nicht zuwenden: Vormündern, Bürgen, gesetzlichen Vermögensverwaltern, Ärzten, Krankenschwestern, Priestern, den an der Testamentserrichtung Beteiligten und so fort (Artt. 2029-2032 ZGB Macau).

(4) Pflichtteil

Das Erbstatut gilt für die Bestimmungen über den Pflichtteil.

Materiellrechtlich steht der Erhalt des Pflichtteils, der sich nach der Ordnung und den Regeln der gesetzlichen Erbfolge richtet, dem Ehegatten und den unmittelbaren Blutsverwandten in absteigender und aufsteigender Linie zu (Art. 1995 Halbsatz 1 ZGB Macau). Zugleich kann der Pflichtteil gegenüber dem Ehegatten durch eine entsprechende eheliche Vereinbarung ausgeschlossen werden (Artt. 1995 Halbsatz 2 i.V.m. 1571, 1578 ZGB Macau).

Der Pflichtteil für einen Ehegatten allein beträgt ein Drittel der Erbschaft (Art. 1996 ZGB Macau), mit den Kindern zusammen die Hälfte der Erbschaft (Art. 1997 I ZGB Macau). Der Pflichtteil für die Kinder allein beträgt die Hälfte oder ein Drittel der Erbschaft, abhängig davon, ob nur ein Kind oder mehrere Kinder existieren (Art. 1997 II ZGB Macau). Der Pflichtteil für den Ehegatten und die unmittelbaren Blutsverwandten in aufsteigender Linie zusammen beläuft sich auf die Hälfte der Erbschaft (Art.

1999 I ZGB Macau). Der Pflichtteil für die unmittelbaren Blutsverwandten in aufsteigender Linie allein beläuft sich auf ein Drittel oder ein Viertel der Erbschaft, abhängig davon, ob die Pflichtteilsberechtigten die Eltern des Erblassers oder nur die unmittelbaren Blutsverwandten des zweiten und weiteren Verwandtschaftsgrades in aufsteigender Linie sind (Art. 1999 II ZGB Macau). Außerdem sind die unmittelbaren Blutsverwandten des zweiten und weiteren Verwandtschaftsgrades in absteigender Linie zu dem Pflichtteil berechtigt, der ihren unmittelbaren Blutsverwandten in aufsteigender Linie zustehen soll (Art. 1998 Halbsatz 1 ZGB Macau). Die konkrete Verteilung dieses Pflichtteils unter diesen unmittelbaren Blutsverwandten in absteigender Linie muß nach den entsprechenden Bestimmungen der gesetzlichen Erbfolge erfolgen (Art. 1998 Halbsatz 2 ZGB Macau).

(5) Eintrittsrecht durch Repräsentation

Das Erbstatut befindet über die Zulässigkeit und die Stellung des Eintrittsrechts durch Repräsentation.

Materiellerbrechtlich sind die unmittelbaren Blutsverwandten des Erben oder des Vermächtnisnehmers in absteigender Linie dazu berechtigt, an die Stelle des Erben oder des Vermächtnisnehmers zu treten, wenn ein Erbe oder ein Vermächtnisnehmer außerstande oder unwillig ist, eine Erbschaft oder ein Vermächtnis anzunehmen (Art. 1879 ZGB Macau).

Bei gesetzlicher Erbfolge sind die unmittelbaren Blutsverwandten der Kinder oder der Geschwister des Erblassers in absteigender Linie, und zwar ohne Rücksicht auf den Verwandtschaftsgrad, dazu berechtigt, an die Stelle der entsprechenden Erben zu treten (Art. 1880 I ZGB Macau). Selbst wenn ein Erbe der gesetzlichen Erbfolge erbunfähig geworden ist, treten seine unmittelbaren Blutsverwandten in absteigender Linie trotzdem in die Erbfolge ein (Art. 1877 II ZGB Macau).

Bei gewillkürter Erbfolge sind die unmittelbaren Blutsverwandten der Kinder oder der Geschwister des Testators in absteigender Linie ebenfalls dazu berechtigt, wenn die Kinder oder die Geschwister des Testators vor ihm verstorben sind oder sie die Erbschaften oder die Vermächtnisse ausgeschlagen haben und die sonst zum Verlust des Erbrechts führenden Gründe nicht vorhanden sind (Art. 1880 II ZGB Macau). Selbst wenn ein unmittelbarer Blutsverwandter in absteigender Linie die Erbschaft des unmittelbaren Blutsverwandten in aufsteigender Linie ausgeschlagen hat oder zu der Beerbung dieses Blutsverwandten erbunfähig ist, kann er trotzdem an die Stelle dieses unmittelbaren Blutsverwandten in aufsteigender Linie treten (Art. 1881 ZGB Macau).

Allerdings ist diese Berechtigung der unmittelbaren Blutsverwandten bei testamentarischer Erbfolge ausgeschlossen, wenn die an Stelle des Erben oder des Vermächtnisnehmers tretende Person schon testamentarisch ernannt worden ist (Art. 1880 III lit a) ZGB Macau). Gleiches gilt, wenn der Trustbegünstigte gemäß Art. 2122 II ZGB Macau außerstande oder unwillig ist, die Erbschaft anzunehmen (Art. 1880 III lit b) ZGB Macau). Ebenfalls ist diese Berechtigung den unmittelbaren Blutsverwandten ausgeschlossen, wenn es sich bei dem Vermächtnis um einen Nießbrauch oder andere persönliche Rechte handelt, es sei denn, daß der betreffende Nießbrauch trotz des Todes resp. der Vernichtung des Begünstigten gültig bleibt (Art. 1880 III lit c) ZGB Macau), oder wenn der Testator auf andere Weise den Willen gegen diese Berechtigung ausgedrückt hat (Art. 1880 III lit d) ZGB Macau).

Der jedem Stamm bei einem Eintrittsrecht durch Repräsentation gebührende Erbteil ist der, welcher dem betreffenden unmittelbaren Blutsverwandten in aufsteigender Linie bei einem Erbfall eigentlich zustehen soll (Art. 1882 I ZGB Macau). Wenn es innerhalb eines Stammes mehrere Unterstämme gibt, wird der Erbteil nach der in Absatz I festgelegten Methode weiter unterteilt (Art. 1882 II ZGB Macau). Das Eintrittsrecht durch Repräsentation erfolgt selbst dann, wenn alle Mitglieder eines Stammes die Blutsverwandten des gleichen Verwandtschaftsgrades des Erblassers sind oder es nur ein Stammsystem gibt (Art. 1883 ZGB Macau).

(6) Erbfolge nach dem Gesetz

Das Erbstatut bestimmt auch die gesetzliche Erbfolge.

Materiellrechtlich werden in concreto die Nachstehenden in Macau festgesetzt:

(a) Kreis der Erben

Der Kreis der Erben bei gesetzlicher Erbfolge umfaßt

1. den Ehegatten,
2. die Blutsverwandten,
3. die mit dem Verstorbenen in tatsächlicher Ehebeziehung stehenden Personen und
4. die Macau-Region (Art. 1972 ZGB Macau).

(b) Erbordnung

Die gesetzliche Erbordnung bezieht sich auf die folgenden sechs Stufen:

1. den Ehepartner und die unmittelbaren Blutsverwandten in absteigender Linie,

2. den Ehepartner und die unmittelbaren Blutsverwandten in aufsteigender Linie,

3. die mit dem Verstorbenen in tatsächlicher Ehebeziehung stehenden Personen,

4. die Geschwister und ihre unmittelbaren Blutsverwandten in absteigender Linie,

5. die anderen Blutsverwandten der Seitenlinie innerhalb der vier Verwandtschaftsgrade,

6. die Macau-Region (Art. 1973 I ZGB Macau).

(7) Erbfolge nach dem Willen des Erblassers

Das Erbstatut bestimmt grundsätzlich die Erbfolge nach dem Willen des Erblassers. Jedoch existieren bestimmte Ausnahmen.

(a) Erbvertragliche Erbfolge

Die Frage, ob ein Erbvertrag abgeschlossen werden kann, richtet sich nach dem Personalstatut des Erblassers bei Vornahme der Willenserklärung (Art. 61 lit. c) ZGB Macau[653]).

Der Abschluß eines Erbvertrags in Macau erzeugt grundsätzlich keine Wirkung, es sei denn, daß er kraft Gesetzes ausdrücklich erlaubt ist (Art. 1868 II ZGB Macau[654]). Nach Art. 1868 I ZGB Macau zählen zu einem Erbvertrag auch die Schenkung von Todes wegen (Art. 940 ZGB Macau[655]) und der

---

[653] Vgl. den Gesetzestext in Fußnote 650, S. 146.

[654] Art. 1868 I ZGB Macau [Erbvertrag]

(1) Unter einem Erbvertrag ist zu verstehen, daß eine Person durch diesen Vertrag darauf verzichtet, Erbe einer lebenden Person zu werden oder den Pflichtteil zu erhalten, oder sie durch diesen Vertrag über ihren noch nicht eingetretenen Erbfall oder einen solchen Erbfall einer dritten Person Verfügungen trifft;

(2) Der Erbvertrag ist prinzipiell unwirksam, es sei denn, daß er gesetzlich ausdrücklich zulässig ist;

(3) Die Regelung in II Halbsatz 1 beeinträchtigt die jeweilige Anwendung des Art. 940 II und Art. 1570 nicht.

[655] Dieser Artikel wird im folgenden näher behandelt.

voreheliche Ehevertrag (Art. 1570 ZGB Macau[656]), in dem der Erbe oder der Vermächtnisnehmer bestimmt wird.[657] Mithin bleibt die Anwendung der beiden oben genannten Typen des Erbvertrags unberührt (Art. 1868 III ZGB Macau).

Zugleich bleibt die Anwendung der Artt. 51, 52 ZGB Macau auf den Erbvertrag gemäß Art. 61 lit. c) S. 2 ZGB Macau unverändert. Aus dem Wortlaut der Kollisionsnormen ist zu folgern, daß sich die Zulässigkeit eines Erbvertrags lediglich nach dem Personalstatut des Erblassers bei Vornahme der Willenserklärung richtet (Art. 61 lit. c) S. 1 ZGB Macau), während sich der Inhalt und die Wirksamkeit eines Erbvertrags – eines vorehelichen Ehevertrags – nach dem Recht des gewöhnlichen Aufenthalts bei der Eheschließung bestimmen[658]. Weiterhin hat Art. 1570 II ZGB Macau die Vorfrage bereits beantwortet, ob die betreffende Vereinbarung in Art. 1570 I ZGB Macau zum Eherecht oder zum Erbrecht gehört. So ist eine voreheliche Vereinbarung erbrechtlicher bzw. testamentarischer Natur.

(b) Schenkung von Todes wegen

Die Frage, ob ein Erblasser imstande ist, eine Schenkung von Todes wegen vorzunehmen, beantwortet das Personalstatut des Erblassers zum Zeitpunkt der Willenserklärung (Art. 60 I ZGB Macau[659]).

Als weitere Frage drängt sich auf, welchem Statut die Zulässigkeit einer Schenkung von Todes wegen unterliegt, dem Personalstatut des Erblassers beim Tod oder dem bei Vornahme der Willenserklärung. Hierbei spielen die Parteiinteressen eine dominierende Rolle und führen zur Anwendung des

---

[656] Art. 1570 [Die Bestimmung des Erben oder Vermächtnisnehmers durch testamentarische Verfügung]

> (1) Jede der Parteien, die sich vornehmen, eine Ehe zu schließen, kann zugunsten entweder der Gegenpartei oder einer dritten Person einen Erben oder einen Vermächtnisnehmer in einer vorehelichen Vereinbarung bestimmen;
>
> (2) Die Bestimmung des Erben oder des Vermächtnisnehmers ist zwar rechtmäßig, aber testamentarischer Natur.

[657] Dem Art. 1868 III ZGB Macau kann dies entnommen werden.

[658] So Art. 61 lit c) Halbsatz 2 i.V.m. Art. 51 I ZGB Macau. Denn der Erbvertrag im Falle des Art. 1570 I ZGB Macau ist per se ein vorehelicher Ehevertrag und richtet sich ausschließlich nach Art. 51 ZGB Macau, was seinen Inhalt und seine Wirksamkeit anbetrifft.

[659] Vgl. den Gesetzestext in Fußnote 650, S. 146.

Personalstatuts bei Vornahme der Willenserklärung, denn die Beteiligten, zumal der Schenkende, müssen spätestens bei Vornahme der Willenserklärung genau wissen, ob derartige Verfügungen gesetzlich erlaubt sind.[660] Sie dürfen also darauf vertrauen, daß ihre auf dem damaligen Rechtszustand beruhenden Verfügungen zulässig und damit gültig bleiben, so daß eine Enttäuschung durch eine spätere Unzulässigkeit der Verfügung nach der anderen Rechtsordnung beim Tod des Erblassers nicht aufkommen kann.[661] Um des Vertrauensschutzes willen ist es daher sinnvoll, sich für das Personalstatut bei Vornahme der Willenserklärung auszusprechen.[662]

Systematisch betrachtet ist auch klar zu erkennen, daß unter die Auslegung der Verfügungen des Art. 61 ZGB Macau im weiteren Sinn nicht nur die engere Auslegung der Verfügung – also die grammatische Auslegung (Art. 61 lit a) ZGB Macau) –, das Fehlen und die Mängel der Willenserklärung (Art. 61 lit b) ZGB Macau), die Zulässigkeit des gemeinsamen Testaments oder des Erbvertrags (Art. 61 lit c) ZGB Macau), sondern auch die Zulässigkeit einer Schenkung von Todes wegen fallen. Insbesondere ist die Schenkung von Todes wegen, was ihre vertragliche Natur anbetrifft, gemäß Art. 1868 I, II ZGB Macau[663] im Erbvertrag enthalten. Also gilt Art. 61 ZGB Macau auch für die Zulässigkeit einer Schenkung von Todes wegen. Daher richtet sich die Zulässigkeit einer Schenkung von Todes wegen nach dem Personalstatut des Erblassers bei Vornahme der Willenserklärung.

Materiellrechtlich sind die Schenkungen von Todes wegen grundsätzlich unzulässig, da es einem Erblasser prinzipiell nicht erlaubt ist, eine Schenkung von Todes wegen zu treffen (Art. 940 I ZGB Macau). Trotzdem zählt eine derartige Schenkung, die nur nach dem Tod des Schenkenden wirksam wird und nach den für ein Testament geltenden Formalitäten erfolgt, zu einer testamentarischen Verfügung (Art. 940 II ZGB Macau). Mit anderen Worten: Die soeben beschriebene Schenkung von Todes wegen ist als letztwillige Verfügung von Todes wegen zu qualifizieren und ausnahmsweise zulässig.

---

[660] Vgl. zu diesem Problem auch Soergel/Schurig, Art. 26 Rn. 34, 35.

[661] Dazu auch Soergel/Schurig, Art. 26 Rn. 34, 35.

[662] Dazu auch Soergel/Schurig, Art. 26 Rn. 34, 35.

[663] Vgl. den Gesetzestext in Fußnote 654, S. 151.

(c) Testamentarische Erbfolge

Das Personalstatut des Erblassers zum Zeitpunkt der Willenserklärung spielt bei den nachstehenden testamentarischen Fragen prinzipiell eine dominierende Rolle. Für die Anknüpfung der testamentarischen Form gilt dies allerdings nicht.

(aa) Testierfähigkeit

Die Testierfähigkeit gehört zur Verfügungsfähigkeit und unterliegt daher dem Personalstatut des Erblassers zum Zeitpunkt der Willenserklärung (Art. 60 I ZGB Macau).

Sachrechtlich können diejenigen testieren, die kraft Gesetzes nicht außerstande sind, ein Testament zu errichten (Art. 2025 ZGB Macau). Daher stellt sich automatisch die Frage, welche Personen nicht testierfähig sind. Die Antwort darauf ist, daß die unter Vormundschaft stehenden Minderjährigen und die aufgrund einer Störung der Geistestätigkeit Geschäftsunfähigen außerstande sind, letztwillige Verfügungen von Todes wegen zu treffen (Art. 2026 ZGB Macau). Als weitere Frage schließt sich an, nach welchem Zeitpunkt sich die Testierfähigkeit richtet. Die Testierfähigkeit eines Testators bestimmt sich dabei nach dem Tag der Testamentserrichtung (Art. 2028 ZGB Macau). Selbstverständlich ist ein von einer testierunfähigen Person errichtetes Testament nichtig (Art. 2027 ZGB Macau).

(bb) Form eines Testaments

In Macau kann das Formstatut für letztwillige Verfügungen von Todes wegen auf mehrfache Weise bestimmt werden. Eine derartige Verfügung ist normalerweise formgültig, wenn sie vereinbar ist mit

1. dem Errichtungsstatut,
2. dem Personalstatut des Erblassers bei seinem Tod,
3. dem Personalstatut des Erblassers bei der Willenserklärung oder
4. dem von den Kollisionsnormen des Errichtungsstatuts berufenen Recht (Art. 62 I ZGB Macau).

Dennoch erfährt das Formstatut eine Beschränkung. So ist der Bestimmung des Personalstatuts des Erblassers zum Zeitpunkt der Willenserklärung zu folgen, wonach einer speziellen Form Beachtung geschenkt werden muß, selbst wenn die Vornahme der Willenserklärung an einem auswärtigen Ort stattgefunden hat, sonst die entsprechende Willenserklärung nichtig oder unwirksam wird (Art. 62 II ZGB Macau[664]).

In diesem Zusammenhang ist Art. 2054 ZGB Macau besonders zu beachten. Danach ist ein Testament, das von einer Person mit gewöhnlichem Aufenthalt in Macau nach dem am auswärtigen Ort maßgebenden Recht errichtet worden ist, auf dem Rechtsgebiet Macau nur gültig, wenn die Errichtung oder die Überprüfung des Testaments dem Erfordernis der feierlichen Form („forma solene") genügt.[665]

Materiellerbrechtlich sind in Macau allgemeine und spezielle Testamentsformen zu unterscheiden. Unter die allgemeinen Formen fallen das notarielle und das verschlossene Testament (Artt. 2038-2043 ZGB Macau). Die speziellen Formen gelten für das notarielle Testament auf See, das verschlossene Testament auf See (Art. 2046 ZGB Macau), das Testament im Luftfahrzeug (Art. 2050 ZGB Macau) und das Testament im Falle einer öffentlichen Katastrophe (Art. 2051 ZGB Macau).[666]

(cc) Auslegung eines Testaments

Die Auslegung letztwilliger Verfügungen von Todes wegen im weiteren Sinn unterliegt einheitlich dem Personalstatut des Erblassers zum Zeitpunkt der Willenserklärung (Art. 61 ZGB Macau). Konkret wird die Testamentsauslegung folgendermaßen vorgenommen:

(i) Grammatische Auslegung eines Testaments

Der eingangs in Art. 61 ZGB Macau genannte Grundsatz, wonach das Personalstatut des Erblassers bei Vornahme seiner Willenserklärung eingreift, gilt auch für die Auslegung der betreffenden Klauseln und Verfügungen eines Testaments, vorausgesetzt, daß keine ausdrückliche oder stillschweigende Bezugnahme auf ein anderes Recht vorliegt (Art. 61 lit. a) ZGB Macau). Mithin hat die in einem Testament enthaltene ausdrückliche oder stillschweigende Rechtswahl Vorrang vor diesem Grundsatz.

Sachrechtlich muß ein Testament in seinem Kontext und entsprechend dem Willen des Testators ausgelegt werden (Art. 2024 I ZGB Macau). Zugleich sind ergänzende Beweise bei der Auslegung gestattet, jedoch muß die sich

[664] Vgl. den Gesetzestext in Fußnote 650, S. 146.

[665] Vgl. dazu auch Staudinger/Dörner (2000), Anhang zu Art. 25 f. EGBGB Rn. 540.

[666] Vgl. Artt. 2044-2053 ZGB Macau.

daraus ergebende Willensrichtung des Testators einen Anhaltspunkt im Kontext des Testaments finden (Art. 2024 II ZGB Macau). Wenn allerdings der Testator in seinem Testament keine vollständige und eindeutige Willenserklärung abgegeben hat, sondern nur mit Interjektion, unzusammenhängenden Wörtern und Phrasen die ihm gestellten Fragen beantwortet hat, ist dieses Testament ungültig (Art. 2017 ZGB Macau).

(ii) Fehlen und Mängel der Willenserklärung

Das Personalstatut des Erblassers bei Vornahme der Willenserklärung bestimmt den Umgang mit den bei der Testamentsauslegung im weiteren Sinn auftauchenden Problemen, insbesondere bei Fehlen und Mängeln der Willenserklärung (Art. 61 lit b) ZGB Macau).

Sachrechtlich kann ein Testament widerrufen werden, wenn keine echte Willenserklärung darin zu erkennen ist. Also kann ein Testator sein Testament widerrufen, wenn er bei der Testamentserrichtung außerstande ist, die Bedeutung seiner Willenserklärung zu begreifen (Art. 2033 Halbsatz 1 ZGB Macau). Gleiches gilt, wenn er aus einem anderen Grund außerstande ist, seinen eigenen Willen zu äußern, auch wenn der betreffende Grund nur vorübergehender Natur ist (Art. 2033 Halbsatz 2 ZGB Macau). Ferner kann auch ein Testament widerrufen werden, wenn es sich beim Testament um ein Scheingeschäft handelt (Art. 2034 ZGB Macau) oder wenn das Testament unter Irrtum, Täuschung oder Drohung zustande gekommen ist (Art. 2035 ZGB Macau). Des weiteren stellt ein Motivirrtum in bezug auf eine Tatsache oder ein Recht bei den testamentarischen Verfügungen nur in dem Maß einen Grund zum Widerruf dar, daß eine Schlußfolgerung aus dem Testament an sich abgeleitet werden kann, wonach der Testator diese Verfügung in Kenntnis der Falschheit des Motivs nicht getroffen hätte (Art. 2036 ZGB Macau).

(iii) Gemeinsames Testament

Die Zulässigkeit eines gemeinsamen Testaments – ein anderer Aspekt der Testamentsauslegung im weiteren Sinn – bestimmt wieder das Personalstatut des Erblassers zum Zeitpunkt der Willenserklärung (Art. 61 lit. c) ZGB Macau).

Nach der materiellrechtlichen Vorgabe der Macau-Region ist es prinzipiell verboten, daß zwei oder mehrere Personen durch die gleiche Verfügung einander oder einen Dritten zum Erben einsetzen, es sei denn, daß ein solcher Fall in einer ehelichen Vereinbarung geregelt ist (Art. 2018 ZGB Macau).[667]

(dd) Vollstreckung eines Testaments

Die Befugnis eines Testamentsvollstreckers zur Testamentsvollstreckung bleibt dem Personalstatut des Testators beim Tod unterworfen (Art. 59 S. 2 ZGB Macau).

Materiellrechtlich hat der Testamentsvollstrecker die ihm vom Testator im Rahmen des Gesetzes verliehenen Befugnisse auszuführen (Art. 2152 ZGB Macau), also einerseits die testamentarische Vollstreckung zu beaufsichtigen oder den Testamentsinhalt vollständig oder partiell zur Vollstreckung zu bringen (Art. 2147 ZGB Macau), andererseits die Wirksamkeit des Testaments notwendigerweise vor Gericht zu verteidigen und die Beisetzung des Testators sowie die Bezahlung der in diesem Zusammenhang entstandenen Kosten zu besorgen und schließlich die Aufgaben des Verwalters für das zu verteilende Vermögen zu erfüllen (Art. 2153 ZGB Macau).

(8) Erbschaftsverwaltung

Die Befugnis eines Erbschaftsverwalters ist ebenfalls dem Personalstatut des Erblassers im Zeitpunkt seines Todes unterworfen (Art. 59 S. 2 ZGB Macau).

Sachrechtlich obliegt die Verwaltung der Erbschaft vor ihrer Liquidation und Verteilung dem Verwalter des zu verteilenden Vermögens, der dazu befugt ist, das persönliche Vermögen, auch das eheliche gemeinsame Vermögen, das in ehelichem Miteigentum steht, unter Ausschluß des vom Erblasser vor seinem Tod geschenkten Vermögens zu verwalten (Art. 1917 i.V.m. Art. 1925 ZGB Macau). Weiter hat er die Pflicht, das von ihm zu verteilende Vermögen von den Erben oder den Dritten in Besitz zu nehmen (Art. 1926 I ZGB Macau), die Forderungen für die Erbschaft einzuziehen (Art. 1927 ZGB Macau), die zum Verderb neigenden Früchte oder die zur Beschädigung tendierenden Vermögensgegenstände zu verkaufen und die durch den Tod des Erblassers entstandenen Kosten zu bezahlen (Art. 1928 ZGB Macau).

---

[667] Zur ehelichen Vereinbarung vgl. Artt. 1570, 1578 ZGB Macau.

(9) Annahme der Erbschaft

Die Annahme der Erbschaft gehört selbstverständlich zur Erbfolge und unterliegt daher dem Personalstatut des Erblassers im Zeitpunkt seines Todes (Art. 59 S. 1 ZGB Macau).

Materiellrechtlich wird der Annahme der Erbschaft auf dem Rechtsgebiet Macau großer Wert beigemessen, indem die Erben nicht durch die tatsächliche Kontrolle über die Nachlaßgegenstände, sondern durch die entsprechende Annahme das Eigentum und den Besitz der betreffenden Nachlaßgegenstände erwerben (Art. 1888 I ZGB Macau). Die Wirkung der Annahme geht auf den Eintritt des Erbfalls zurück (Art. 1888 II ZGB Macau).

Zwei Typen der Annahme – unbeschränkte und beschränkte Annahme – sind gesetzlich vorgesehen (Art. 1890 I ZGB Macau). Die beschränkte Annahme richtet sich auf die Nachlaßgegenstände für die Minderjährigen, die Geschäftsunfähigen, die beschränkt geschäftsfähigen Personen oder die juristischen Personen öffentlicher Interessen, indem die betreffenden Nachlaßgegenstände durch das Verfahren der Vermögensregistrierung[668] angenommen werden (Art. 1891 ZGB Macau). Die Erbschaft kann ausdrücklich durch die schriftliche Erklärung des Erben (Art. 1894 I, II ZGB Macau) oder stillschweigend angenommen werden (Artt. 1894 I, 1895 ZGB Macau). Die Annahme der Erbschaft ist bedingungs- und fristfeindlich (Art. 1892 I ZGB Macau). Zugleich ist die Teilannahme unter Ausschluß der Fälle der testamentarischen und gesetzlichen Bestimmungen sowie der Pflichtteilsbeerbung in Art. 1893 ZGB Macau prinzipiell nicht zulässig (Art. 1892 II ZGB Macau).

(10) Ausschlagung der Erbschaft

Die zur Erbfolge zählende Ausschlagung der Erbschaft bleibt gleichfalls dem Personalstatut des Erblassers im Zeitpunkt seines Todes unterworfen (Art. 59 S. 1 ZGB Macau).

Materiellrechtlich muß die Erbschaftsausschlagung persönlich in schriftlicher, bei gesetzlich geregelten Fällen auch notarieller Form erfolgen (Art. 1901 i.V.m. Art. 1966 ZGB Macau). Die Erbschaftsausschlagung wirkt in der Macau-Region ex tunc auf den Eintritt des Erbfalls zurück, als ob der Ausschlagende niemals zur Erbschaft berechtigt gewesen wäre, jedoch ist das Eintrittsrecht durch Repräsentation davon ausgenommen (Art. 1900

---

[668] Vgl. Artt. 963-1030 ZPGB Macau.

ZGB Macau). Ebenfalls ist die Ausschlagung bedingungs- und fristfeindlich (Art. 1902 I ZGB Macau). Genauso wie die Teilannahme ist eine Teilausschlagung im Prinzip außer den oben genannten Ausnahmefällen in Art. 1893 ZGB Macau nicht zulässig (Art. 1902 II ZGB Macau).

(11) Erbenhaftung

Desgleichen fällt die zur Erbfolge gehörende Erbenhaftung unter das Personalstatut des Erblassers beim Tod (Art. 59 S. 1 ZGB Macau).

Nach der sachrechtlichen Vorgabe Macaus umfassen die Verbindlichkeiten der Erbschaft neben den Kosten für die Beerdigung des Erblassers und die anschließende religiöse Zeremonie, die Kosten aus Verwaltung und Liquidation der Erbschaft, aus der Testamentsvollstreckung, der Vollstreckung der Vermächtnisse und aus der Schuldenbegleichung des Erblassers (Art. 1906 ZGB Macau).[669] Allerdings beschränken sich die Verbindlichkeiten

---

[669] Die Kosten beziehen sich auch auf die erbrechtlichen Steuerverpflichtungen, die in der Macau-Region nachzukommen sind. In diesem Bereich wurden in den vergangenen Jahren wichtige Veränderungen vorgenommen. Vor allem ist das Gesetzbuch der Grundstückstransfersteuer und der Erbschafts-, Schenkungssteuer (Nr. 5/99/M, zum Gesetzestext auf chinesisch vgl. http://www.imprensa.macau.gov.mo/bo/i/99/50/lei05_cn.asp, abgerufen am 18.8.2003) vom 17.12.1999 durch Art. 6 des Gesetzes über die Modifizierung der Stempelsteuervorschriften (Nr. 17/88/M, zum Gesetzestext auf chinesisch vgl. http://www.imprensa.macau.gov.mo/bo/i/88/26/lei17_cn.asp, abgerufen am 18.8.2003) und der generellen Tabelle der Stempelsteuer abgeschafft worden. Nach dem alten Gesetz waren der unentgeltliche Transfer des beweglichen und unbeweglichen Vermögens und der unentgeltliche Transfer der auf dem beweglichen und unbeweglichen Vermögen beruhenden Rechte steuerpflichtig (Art. 6 dieses Gesetzes). Nichtsdestotrotz bleiben die betreffenden Stempelsteuerpflichten erhalten.

Die entsprechende Stempelsteuer muß innerhalb von dreißig Tagen ab dem Tag des Zustandekommens der entsprechenden Dokumente, Schriftstücke oder Handlungen abgerechnet und gezahlt werden (Art. 58 Nr. 1 der Stempelsteuervorschriften). Diejenigen, die die entsprechenden Vermögen oder Rechte erworben haben, sind zur Zahlung der Stempelsteuer über den Transfer des Vermögens verpflichtet (Art. 53 Nr. 1 der Stempelsteuervorschriften).

In Gemäßheit der generellen Tabelle der Stempelsteuer sind konkret den folgenden mit der Erbschaft im Zusammenhang stehenden Stempelsteuerpflichten nachzukommen:

1. 30 Macau-Yuan (Der Wechselkurs des Euros gegenüber Macau-Yuan lautete am 12.1.2004: 1 Euro (EUR) = 9.95942 Macau-Yuan, vgl. dazu http://www.oanda.com /convert/classic) für jede Akte oder juristische Urkunde von der zuständigen Behörde oder dem öffentlichen Institut hinsichtlich der Ausschlagung der Erbschaft (Art. 8 der generellen Tabelle);

nur auf die in der Vermögensregistrierung aufgeführten Nachlaßgegenstände, wenn die Erben die Erbschaft beschränkt angenommen haben, es sei denn, es wird nachgewiesen, daß andere Nachlaßgegenstände noch existieren (Art. 1909 I ZGB Macau). Wenn die Erbschaft unbeschränkt angenommen worden ist, sollen die Verbindlichkeiten den Wert der zum Erbteil gehörenden Nachlaßgegenstände nicht überschreiten, jedoch fällt den Erben die Beweislast zu, daß der Wert der Nachlaßmasse zur Erfüllung der Verbindlichkeiten nicht ausreicht (Art. 1909 II ZGB Macau). Gleichzeitig bleiben die auf die Erbschaft bezogenen Rechte und Pflichten der Erben gegenüber dem Erblasser zu seinen Lebzeiten vor der vollständigen Liquidation und Verteilung der Erbschaft bestehen, es sei denn, daß die Rechte und Pflichten mit dem Tod des Erblassers erlöschen (Art. 1912 I ZGB Macau). Dabei werden die Schulden der Erben als Nachlaßschuldner in den ihnen zustehenden Erbteilen mit eingerechnet (Art. 1912 II ZGB Macau).

3. Internationales Erbrecht auf dem Rechtsgebiet Taiwan

Wie vorher an anderer Stelle[670] erwähnt, finden sich die IPR-Vorschriften Taiwans im RAG. Im einzelnen lassen sich im Internationalen Erbrecht Taiwans folgende Regeln unterscheiden.

---

2. 100 Macau-Yuan für eine notarielle Erklärung für einen berechtigten Erben hinsichtlich eines offenen Nachlaßgegenstandes (Art. 20 der generellen Tabelle);

3. 100 Macau-Yuan für jedes im Register der öffentlichen und speziellen Notare eingetragene notarielle Testament und jede notarielle Urkunde (Art. 24 der generellen Tabelle);

4. 5‰ des Werts für die Berechnung der Grundstückstransfer-, Erbschafts- und Schenkungssteuer für einen außerhalb eines Gerichts erzielten Vergleich über die Verteilung eines Vermögens (Art. 30 der generellen Tabelle);

5. 50 Macau-Yuan für jedes Exemplar eines notariellen oder verschlossenen Testaments, wenn es rechtliche Wirkung entfaltet (Art. 38 der generellen Tabelle);

6. 5 % des unentgeltlichen Vermögenstransfers (Art. 43 der generellen Tabelle).

[670] Vgl. die historische Entwicklung im Teil B, II, 4, b, S. 57 f.

a. Allgemeine kollisionsrechtliche Grundsätze

Für die erbrechtlichen Kollisionsnormen sind die allgemeinen Grundsätze der internationalen Kollisionsnormen Taiwans von Bedeutung. Konkret sind sie folgendermaßen zu erläutern.

aa. Rechtsquellen der Kollisionsnormen

Die Kollisionsnormen Taiwans finden sich in internationalen und inländischen Rechtsquellen.

(1) Internationale Rechtsquellen

Auf internationaler Ebene gehören dazu das internationale Gewohnheitsrecht wie der Grundsatz „locus regit actum“, die Maßgeblichkeit der lex rei sitae für unbewegliches Vermögen, die Bevorzugung des Verfahrensrechts der lex fori und so fort,[671] außerdem internationale Abkommen[672] und die Präjudizien des internationalen Gerichtshofs wie z.B. die Nottebohm-Entscheidung (6. 4. 1955)[673].

(2) Inländische Rechtsquellen

Auf nationaler Ebene zählen dazu erstens vor allem das RAG, zudem zivilrechtliche Bestimmungen wie z.B. Art. 202 ZGB Taiwan und Art. 292 Gesellschaftsgesetz Taiwan, die Jurisdiktionsregeln im Verfahrensrecht wie Art. 401 ZPG Taiwan und Art. 43 ZVollstrG Taiwan sowie das „Staatsangehörigkeitsgesetz“[674].

Auf dieser Ebene sind zweitens die Gebräuche heranzuziehen, die gemäß Art. 1 ZGB Taiwan mangels zivilrechtlicher Regelung zur Anwendung gelangen.[675] Die Gebräuche – „Ursprung des positiven Rechts“ [676] – sind mehr

---

[671] Vgl. Liu Jiayi, IPR, S. 33, 34.

[672] Bis heute ist Taiwan keinem IPR-Abkommen beigetreten. Vgl. auch Fußnote 错误！未定义书签。, S. 错误！未定义书签。.

[673] Vgl. dazu Liu Jiayi, IPR, S. 34-41. Zum Text der Nottebohm-Entscheidung vgl. http://www.lawschool.cornell.edu/library/cijwww/icjwww/idecisions/isummaries/ilgsummary550406.htm, abgerufen am 18.5.2004.

[674] Vgl. Liu Jiayi, IPR, S. 42-44.

[675] Dazu auch Liu Jiayi, IPR, S. 45.

[676] Liu Jiayi, IPR, S. 45.

als die Gepflogenheiten und müssen als soziales Recht festgelegt sein[677], also müssen sie vom Staat anerkannt werden und ihre Ausführung wird durch die Staatsgewalt gewährleistet[678]. D.h., die Bindungswirkung der Gebräuche ist normalerweise durch Präjudizien festzustellen[679].[680]

Drittens kommen die Präjudizien in Betracht, in denen Kollisionsnormen angewandt, Rechtstheorie zur Geltung gebracht und Gebräuche festgestellt worden sind.[681]

Letztlich gehört dazu auch die „Rechtstheorie“, welche die Rechtslehre, die gemeinsamen Grundsätze der IPR-Normen der weltlichen Staaten und die allgemeinen Rechtsgrundsätze wie das Prinzip der Gerechtigkeit sowie Treu und Glauben umfaßt. Da das RAG mit nur 30 Artikeln nicht alle denkbaren Sachverhalte mit Außenbeziehungen erfassen kann, ist die Heranziehung der Rechtstheorie erforderlich.[682] Daher ist in Art. 30 RAG ausdrücklich vorgesehen, daß die Rechtstheorie auf die Zivilrechtsfälle mit Außenberührung angewandt wird, wenn keine Gesetzesbestimmungen vorliegen.

bb. Grundprinzipien der Kollisionsnormen

Die IPR-Normen Taiwans beruhen auf kollisionsrechtlichen Grundsätzen, unter denen vor allem die Gewährleistung des internationalen Rechtsverkehrs, der Interessenschutz der inländischen und ausländischen Parteien sowie der Ausgleich zwischen beiden zu nennen sind.[683] In einzelnen geht es um folgende Gesichtspunkte.

(1) Entscheidungsharmonie

Der Grundsatz des Entscheidungseinklangs durchzieht das ganze RAG. So schreibt z.B. Art. 3 RAG vor, daß Ausländer mit Wohnsitz oder Aufenthalt

---

[677] Liu Jiayi, IPR, S. 45.

[678] So Huang Jin, IPR Chinas, S. 19.

[679] So Liu Jiayi, IPR, S. 46

[680] Obwohl die Gebräuche als Rechtsquellen anerkannt werden, sind sie in der Rechtspraxis tatsächlich extreme selten zu finden und ihre Anwendung ist daher sehr begrenzt, so Liu Jiayi, IPR, S. 46.

[681] Vgl. Liu Jiayi, IPR, S. 46.

[682] Vgl. Liu Jiayi, IPR, S. 46, 47.

[683] So Liu Jiayi, IPR, S. 65.

auf Taiwan für geschäftsunfähig erklärt werden können, wenn die Gründe für die Geschäftsunfähigkeit sowohl nach dem Heimatrecht als auch nach dem Recht Taiwans vorliegen.

Im Interesse der Entscheidungsharmonie müßten nach Liu Jiayi[684] die Kollisionsnormen international vereinheitlicht, das inländische Recht entsprechend der generellen Entwicklungstendenz der Kollisionsnormen stets revidiert oder dementsprechend ausgelegt werden und die Anwendung des Renvoi auf Grund des möglichen Mißbrauchs sowie die häufige Anwendung des ordre public zugunsten der lex fori beschränkt werden.

(2) Vorrang des Rechts des Staates mit den stärksten Interessen

Das Recht des Staates, dessen Interessen am stärksten berührt werden, hat bei der Rechtsanwendung Vorrang. Unter mehreren Staaten, die als Heimatstaat, Staat der Handlung oder Staat der lex fori gemeinsame Interessenbeziehungen zu demselben Fall haben, setzt sich nur derjenige durch, der die engste Verbindung zu dem Fall hat.[685] Dieser Staat mit der engsten Verbindung bestimmt sich nach der Natur und dem Schwerpunkt der Interessen sowie nach den konkreten Elementen eines Sachverhalts mit Auslandsbezug.[686]

Unter der Geltung dieses Prinzips zeichnet sich deutlich eine Bevorzugung der Anwendung des inländischen Rechts von Taiwan ab. Wenn von den drei Anknüpfungspunkten Staatsangehörigkeit, Wohnsitz oder Abschlußort einer auf Taiwan verweist, wird das Recht Taiwans angewandt.[687] Deswegen wird die Maßgeblichkeit des inländischen Rechts Taiwans an dreizehn Stellen im RAG festgesetzt bzw. hervorgehoben.[688]

---

[684] Vgl. Liu Jiayi, IPR, S. 66, 67.

[685] Vgl. Liu Jiayi, IPR, S. 68.

[686] Vgl. Liu Jiayi, IPR, S. 68, 69.

[687] So Liu Jiayi, IPR, S. 69.

[688] Die sich darauf beziehenden konkreten Bestimmungen im RAG sind Art. 3 II, Art. 4 I, Art. 11, Art. 12, Art. 13 I, Art. 14 S. 2, Art. 15 II, Art. 19 S. 2, Art. 20 S. 2, Art. 23, Art. 26 S. 3, Art. 27 II S. 2 und Art. 29 S. 2.

(3) Prinzip der Gerechtigkeit

Der Grundsatz der Gerechtigkeit verlangt, daß die Anwendung des maßgeblichen Rechts beiden Parteien gerecht wird. Wenn innerhalb eines Rechtsverhältnisses eine Partei Ausländer und eine andere Partei Bürger von Taiwan ist, darf nicht schlicht das Recht Taiwans anwendbar sein.[689] Vielmehr sollte das Heimatrecht der ausländischen Partei oder ein anderes ausländisches Recht oder das Recht Taiwans des anderen Beteiligten entsprechend dem Sachverhalt anwendbar sein.[690] Dabei sollte ein krasser Wirkungsunterschied verschiedener Rechte vermieden werden.[691] Außerdem sollten die Gleichrangigkeit des ausländischen Rechts mit dem inländischen im inländischen Verfahrensrecht, die Ermittlung des ausländischen Rechts von inländischen Gerichten und die Anerkennung ausländischer Entscheidungen gewährleistet werden.[692]

(4) Freiheit der Rechtswahl

Nach Liu Jiayi[693] sollten Parteien, die untereinander gleich sind, in einem Rechtsverhältnis mit Auslandsberührung die Freiheit haben, eine Rechtswahl zu treffen, damit sie durch Wissen und Intelligenz nach ihren Privatinteressen trachten können. Dieser Grundsatz findet seinen Niederschlag in Art. 6 I RAG, in dem die Voraussetzungen des Zustandekommens und die Wirkung rechtsgeschäftlicher Schuldverhältnisse dem durch den Willen der Parteien bestimmten Recht unterworfen werden.

cc. Renvoi

In Art. 29 RAG[694] sind vier auf den Renvoi bezogene Fälle – Weiterverweisung, unmittelbare Rückverweisung, doppelte Weiterverweisung und mittelbare Rückverweisung – ausführlich geregelt.

---

[689] Vgl. Liu Jiayi, IPR, S. 69.

[690] So Liu Jiayi, IPR, S. 69.

[691] So ist der Zweck des Art. 9 RAG. Dazu Liu Jiayi, IPR, S. 70.

[692] Vgl. dazu Liu Jiayi, IPR, S. 70.

[693] Vgl. Liu Jiayi, IPR, S. 70, 71.

[694] Art. 29 RAG:

> Wenn gemäß diesem Gesetz das Heimatrecht eines Beteiligten anwendbar ist, und gemäß dem Heimatrecht des Beteiligten das Rechtsverhältnis gemäß einem anderen

Den Fall der Weiterverweisung regelt Art. 29 S. 1 Halbsatz 1 RAG. Demgemäß soll ein anderes Recht (das dritte Recht) maßgeblich sein, wenn gemäß dem RAG (dem ersten Recht) das Heimatrecht (das zweite Recht) eines Beteiligten anzuwenden ist und dieses Heimatrecht auf das andere Recht (das dritte Recht) weiter verweist, vorausgesetzt, daß es sich bei diesem dritten Recht um ausländisches Recht handelt. Aus dem Gesetzeswortlaut ist klar zu entnehmen, daß es sich hier um eine Kombination von Gesamt- und Sachnormverweisung[695] handeln muß.

Wenn man jedoch unter diesem anderen Recht (dem dritten Recht) das Recht Taiwans versteht, so liegt ein Fall unmittelbarer Rückverweisung vor.[696] In diesem Fall liegt ebenfalls eine Kombination von Gesamt- und Sachnormverweisung vor.

Der Fall der doppelten Weiterverweisung ist in Art. 29 S. 1 Halbsatz 2 RAG zu finden. Demnach soll ein anderes Recht (das vierte Recht) maßgeblich sein, wenn das andere Recht (das dritte Recht) auf dieses Recht (das vierte Recht) verweist. In diesem letzten Abschnitt der Verweisungskette ist eine Sachnormverweisung anzunehmen. Andernfalls könnte sich diese Verweisungskette fortsetzen. Die Verweisungskette soll also durch eine Sachnormverweisung abgebrochen werden. Auch in diesem Fall liegt bei näherer Betrachtung wiederum eine Kombination von Gesamt- und Sachnormverweisung vor.

Schließlich tritt der Fall der mittelbaren Rückverweisung in Art. 29 S. 2 RAG ein, wenn das andere Recht (das dritte Recht) auf das Recht Taiwans zurückweist, das dementsprechend anzuwenden sein soll. Hier liegt auf der Hand, daß es wiederum im letzten Abschnitt der Verweisungskette um eine Sachnormverweisung geht.

Recht beurteilt werden muß, soll das andere Recht anwendbar sein. Gleiches gilt, wenn gemäß dem anderen Recht noch ein anderes Recht eher anwendbar sein soll. Aber wenn gemäß dem anderen Recht das Recht der Republik China anwendbar sein soll, ist das Recht der Republik China maßgeblich.

695 „Gesamtverweisung", auch als Kollisionsnorm- bzw. bedingte Verweisung genannt, steht im Gegensatz zur Sachnorm- bzw. unbedingten Verweisung und bezeichnet eine Verweisung, welche „im Einzelfall das fremde Kollisionsrecht einschließt" (Neuhaus, Grundbegriffe des IPR, S. 268, 269). Dagegen bevorzugt Schurig den Ausdruck „IPR-Verweisung" bzw. „Kollisionsnorm-Verweisung" statt „Gesamtverweisung" (näheres dazu Kegel/Schurig, IPR, S. 391).

696 So Liu Jiayi, IPR, S. 139.

In diesem Zusammenhang ist der Ansicht[697], daß der letzte Fall des Art. 29 S. 2 RAG auch als unmittelbare Rückverweisung verstanden werden könnte, nicht zuzustimmen. Zum einen spricht sich der klare Wortlaut für eine mittelbare (d.h. durch den Drittstaat vorgenommene) Rückverweisung aus. Zum anderen ist diese Annahme unlogisch, denn in Art. 29 S. 1 Halbsatz 1 RAG ist die unmittelbare Rückverweisung schon geregelt, so daß eine nochmalige Normierung in Art. 29 S. 2 RAG überflüssig wäre.

Rechtshistorisch gesehen baut die Renvoi-Regelung des RAG auf Art. 4 Rechtsanwendungsverordnung[698,699] auf, in dem nur eine unmittelbare Rückverweisung vorgesehen war, anschließend ist in Art. 29 RAG die Renvoi-Regelung zum vollständigen Renvoi ausgebaut worden.[700] Rechtstechnisch betrachtet muß Art. 29 RAG somit eine unmittelbare Rückverweisung enthalten. Die Frage ist nur, wo genau diese zu finden ist. Art. 29 S. 1 Halbsatz 1 RAG bietet also den einzig möglichen Anhaltspunkt für eine unmittelbare Rückverweisung, obwohl der Wortlaut der Vorschrift nicht in diese Richtung deutet. In rechtstechnischer Hinsicht ist die Kodifizierung des Art. 29 RAG nicht ganz gelungen.

Die Ansicht[701], daß es sich bei der Renvoi-Regelung im RAG grundsätzlich um eine Sachnormverweisung handele, und um eine Gesamtverweisung nur, wenn an die Staatsangehörigkeit angeknüpft wird, so daß Art. 29 RAG als Ausnahmevorschrift anzusehen sei, überzeugt nicht. Zum einen wird der Renvoi am häufigsten bei Anknüpfung an die lex patriae oder an die lex domicilii auf die persönlichen Bereiche wie Ehe, Familie, Adoption und Erbfolge praktiziert. So bleibt im RAG die Staatsangehörigkeit als dominierendes Anknüpfungsmoment in den Fällen des Renvoi, bei denen es sich, die Verweisungskette als Ganzes betrachtet, um eine Kombination von Gesamt- und Sachnormverweisung handelt. Zum anderen wäre es nicht sinn-

---

[697] Vgl. Liu Jiayi, IPR, S. 139.

[698] Zur geschichtlichen Entwicklung der Rechtsanwendungsverordnung vgl. Teil B, II, 3, c, S. 41 ff. und 4, b, S. 57 f.

[699] Art. 4 Rechtsanwendungsverordnung:

> Wenn nach dieser Verordnung das Heimatrecht der Beteiligten anzuwenden ist und nach diesem Heimatrecht das chinesische Recht maßgeblich sein soll, ist das chinesische Recht anzuwenden (zum chinesischen Text der Rechtsanwendungsverordnung vgl. Lu Jun, IPR-Theorien und -Praxis, S. 331).

[700] Vgl. dazu auch Liu Jiayi, IPR, S. 139.

[701] Vgl. Cheng Chiwei, IPR Taiwans, S. 26, 27.

voll gewesen, nur einen Ausnahmefall des Renvoi zu regeln, während der Grundsatz des Renvoi ungewiß und ungeregelt geblieben wäre. Daher ist Art. 29 rechtshistorisch und rechtstechnisch als eine umfassende Renvoi-Normierung anzusehen.

Darüber hinaus wird die Frage vorgebracht, ob eine solche Normierung des vollständigen Renvoi tatsächlich den IPR-Gegebenheiten gerecht wird. Es fragt sich, ob alle normierten vier Fälle des Renvoi in der Rechtspraxis eintreten könnten. Der Verdacht liegt nahe, daß die Renvoi-Normierung schlicht einen Versuch darstellt, dem kollisionsrechtlichen Trend ohne Rücksicht auf die rechtliche Notwendigkeit zu folgen.

dd. Ausschluß ausländischen Rechts

Ausländisches Recht wird ausnahmsweise nicht angewandt[702], wenn seine Anwendung gegen den ordre public oder die guten Sitten verstößt (Art. 25 RAG). Als ordre public[703] ist der internationale ordre public angesprochen, unter dem die mit einem Sachverhalt mit Auslandsbezug in Zusammenhang stehenden zwingenden Bestimmungen zu verstehen sind, die vom Gericht beachtet und bevorzugt werden.[704] Mit den „guten Sitten" sind die in der Gegenwart auf den inländischen moralischen Werten der Gesellschaft beruhenden gängigen guten Sitten gemeint.[705]

Ob die Anwendung des ausländischen Rechts gegen den ordre public oder die guten Sitten verstößt, hängt vom Resultat der konkreten Rechtsanwendung ab.[706] Dieser Verstoß ist ausschließlich dann zu bejahen, wenn die Rechtsanwendung dem Zweck der inländischen Bestimmungen zuwiderläuft.[707]

Hierbei erhebt sich die Frage, welches Recht an die Stelle tritt, wenn eine Regelung des ausländischen Rechts wegen Verstoßes gegen Art. 25 RAG nicht anwendbar ist. Im RAG und anderswo ist nicht vorgesehen, daß das

---

[702] So Mei Zhongxie, Neues IPR, S. 210.

[703] Der in Art. 72 ZGB Taiwan enthaltene ordre public umfaßt den inländischen ordre public und ist hier nicht anzuwenden. Vgl. Liu Jiayi, IPR, S. 176; Mei Zhongxie, Neues IPR, S. 208, 212.

[704] Vgl. Liu Jiayi, IPR, S. 173.

[705] Vgl. Liu Jiayi, IPR, S. 173, 176; Mei Zhongxie, Neues IPR, S. 212.

[706] So auch Liu Jiayi, IPR, S. 176; Mei Zhongxie, Neues IPR, S. 204, 206, 211.

[707] So Mei Zhongxie, Neues IPR, S. 212, 213.

inländische Recht unmittelbar als Ersatzrecht angewandt werden kann. Vielmehr sollte nach Liu Jiayi[708] eine andere vorhandene anwendbare Regelung des ausländischen Rechts zur Geltung kommen.[709] Hilfsweise sollte die Rechtstheorie über Kollisionsrecht statt des inländischen Rechts zur Anwendung gebracht werden.[710]

ee. Rechtsanwendung bei mehreren Rechtsordnungen

Ferner stellt sich die Frage, wie zu verfahren ist, wenn die berufene anzuwendende ausländische Regelung deshalb nicht feststellbar ist, weil das ausländische Recht nicht einheitlich ist. Die Antwort darauf liegt in Art. 28 RAG: Wenn es innerhalb des vom RAG berufenen Heimatrechts eines Beteiligten mehrere Rechtsordnungen gibt, ist das Recht des Wohnsitzes des Beteiligten anzuwenden, mangels Gewißheit über den Wohnsitz das Recht der Hauptstadt des Heimatstaates.

ff. Mehrstaater und Staatenlose

Für das Verfahren der Feststellung des Heimatrechts sind Bestimmungen über die Staatsangehörigkeit in zweifacher Hinsicht getroffen worden.

In positiver Hinsicht, d.h. im Falle eines Beteiligten mit mehreren Staatsangehörigkeiten, ist zunächst das Recht der zuletzt erworbenen Staatsangehörigkeit als das Heimatrecht anzusehen, wenn die Staatsangehörigkeiten nacheinander erworben worden sind (Art. 26 S. 1 RAG). Hilfsweise ist das Recht der jeweiligen Staatsangehörigkeit als Heimatrecht zu bezeichnen, zu dem der Beteiligte die engste Verbindung aufweist, wenn die Staatsangehörigkeiten gleichzeitig erworben worden sind (Art. 26 S. 2 RAG). Schließlich ist das inländische Recht Taiwans maßgeblich, wenn der Beteiligte nach

---

[708] So Liu Jiayi, IPR, S. 177.

[709] Diese Vorgehensweise ist Art. 20 II Halbsatz 1 ZGB Macau ähnlich. Man muß sich allerdings fragen, ob diese Vorgehensweise realisierbar ist. Entsprechend dem Grundsatz der Gerechtigkeit wird normalerweise nur eine Regelung einem bestimmten Sachverhalt gerecht. Also dient diese Regelung dem Sachverhalt und ist auf diesen Sachverhalt zugeschnitten. In der Tat ist eine andere anwendbare Regelung des ausländischen Rechts kaum zu finden.

[710] So Liu Jiayi, IPR, S. 177.

dem „Staatsangehörigkeitsgesetz"[711] Taiwan ein Bürger Taiwans ist (Art. 26 S. 3 RAG).

In negativer Hinsicht, d.h. im Falle eines Beteiligten ohne irgendeine Staatsangehörigkeit, soll das Recht des Wohnsitzes des Beteiligten maßgeblich sein, mangels Gewißheit über den Wohnsitz das Recht des Aufenthalts (Art. 27 I RAG). Wenn er mehrere Wohnsitze besitzt, soll das Recht des Wohnsitzes anzuwenden sein, zu dem er die engste Verbindung hat (Art. 27 II RAG). Jedoch soll das Recht Taiwans anwendbar sein, wenn er dort einen Wohnsitz hat (Art. 27 II Halbsatz 2 RAG). Wenn er einen Aufenthalt an mehreren Orten besitzt, kommt Absatz II zur analogen Anwendung (Art. 27 III Halbsatz 1 RAG). Letztlich soll das Recht des Ortes maßgebend sein, an dem er sich aktuell befindet, falls der Aufenthalt unklar ist (Art. 27 III Halbsatz 2 RAG).

gg. Gesetzesumgehung

Die Gesetzesumgehung ist im RAG nicht normiert. Trotzdem sollte eine fraus legis wegen des damit verbundenen Verstoßes gegen den Zweck der umgangenen Rechtsnorm zwar nicht gemäß Art. 25 RAG, wohl aber nach der Rechtstheorie über IPR gemäß Art. 30 RAG keine Wirkung entfalten.[712]

hh. Ermittlung ausländischen Rechts

In Hinsicht auf die Feststellung eines ausländischen Rechts findet sich im RAG keine Regelung. Nichtsdestotrotz erlangt Art. 283 ZPG Taiwan gemäß Art. 30 RAG Geltung.

Demnach ist ein Gericht einerseits berechtigt, ein ausländisches Recht festzustellen, obgleich keine Verpflichtung zur Ermittlung dieses ausländischen Rechts für das Gericht existiert. Es reicht aus, wenn sich das Gericht nach seinen Erkenntnismöglichkeiten bemüht hat, das ausländische Recht zu ermitteln.

---

[711] Aus der Sicht des Verfassers entfaltet dieses sogenannte Staatsangehörigkeitsgesetz keine Wirkung, weil Taiwan keinen Staat im völkerrechtlichen Sinn darstellt. Dieses Gesetz spielt nur eine Rolle, wenn ein Gericht auf dem Rechtsgebiet Taiwan einen Sachverhalt mit Auslandsbezug zu entscheiden hat, in dem eine der Parteien ein Bürger aus Taiwan ist.

[712] Vgl. dazu Liu Jiayi, IPR, S. 157, 158.

Andererseits verpflichtet Art. 283 ZPG Taiwan die beteiligten Parteien dazu, das anzuwendende ausländische Recht zu beweisen. Mithin fällt die Beweislast des ausländischen Rechts als Tatsache den Parteien zu.

Des weiteren drängt sich die Frage auf, wie vorzugehen ist, wenn das vermeintlich anwendbare ausländische Recht nicht existiert. Statt des inländischen Rechts favorisiert Liu Jiayi[713] die Anwendung eines zum gleichen Rechtssystem gehörenden Rechts eines anderen Staates.

b. Internationale Erbkollisionsnormen

Nach der Erläuterung der allgemeinen kollisionsrechtlichen Grundsätze sind nun die erbrechtlichen Kollisionsnormen auf dem Rechtsgebiet Taiwan – Artt. 22-24 RAG – im Zusammenhang mit den darauf bezogenen materiellrechtlichen Normen ins Blickfeld zu rücken.

aa. Grundsatz der Nachlaßeinheit

Die Erbfolge richtet sich nach dem Heimatrecht des Erblassers zum Zeitpunkt seines Todes. Dies ist der in Art. 22 S. 1 RAG verankerte Grundsatz, wonach die Staatsangehörigkeit als Anknüpfungsmoment angesehen wird.[714] Also herrscht im Internationalen Erbrecht Taiwans das Prinzip der Nachlaßeinheit.[715]

bb. Ausnahmen

Der Grundsatz der Nachlaßeinheit wird im Zuge der Nachlaßabwicklung jedoch mehrfach durchgebrochen.

(1) Anwendung der internen Sachnormen anstatt des Heimatrechts

In drei Situationen beurteilt sich die Erbfolge nicht nach dem Heimatrecht, sondern nach den internen Sachnormen Taiwans.

Zum einen ist dies in Art. 22 S. 2 RAG der Fall: Das Recht Taiwans kann als Recht des Belegenheitsortes anwendbar sein, sofern nach diesem Recht ein

---

[713] Vgl. Liu Jiayi, IPR, S. 163, 164.

[714] Zu den Bestimmungen über die Staatsangehörigkeit siehe: Teil C, I, 3, a, ff, S. 168 f.

[715] Vgl. dazu auch Liu Tiezheng/Chen Rongchuan, IPR, S. 526.

inländischer Bürger Erbe eines in der Region Taiwan belegenen Nachlaßgegenstandes sein sollte.[716] Diese Ausnahmebestimmung greift nur ein, wenn ein Bürger aus Taiwan gemäß dem Heimatrecht des Erblassers nicht erbberechtigt sein kann, jedoch nach dem Recht Taiwans erbberechtigt sein soll.[717] Diese Normierung[718] zielt darauf ab, die Erwartung eines Bürgers aus Taiwan zu schützen, daß er nach dem Recht Taiwans Erbe sein wird.[719] Dies erklärt sich nicht daraus, daß das Erbstatut zwischen der alten und der neuen Staatsangehörigkeit festzustellen ist, sondern aus dem Umstand, daß Taiwan der Belegenheitsort des Nachlasses ist und das auf Taiwan befindliche Nachlaßvermögen durch erbrechtliche Regeln Taiwans zu bestimmen ist.[720]

Eine weitere Ausnahme ist der Fall der Behandlung erbenlosen Nachlaßvermögens in Art. 23 RAG. Diese Ausnahmevorschrift ist darauf gerichtet, einen Zustand zu verhindern, in dem die Vermögensverhältnisse eines Ausländers auf Dauer ungewiß bleiben und die Interessen anderer beeinträchtigt werden; geschützt werden damit die inländischen öffentlichen Interessen.[721] Demgemäß bemißt sich die Verfügung des Nachlaßvermögens nach dem Recht Taiwans[722], wenn das auf Taiwan befindliche Vermögen beim Tod eines Ausländers in Gemäßheit seines Heimatrechts zu einem erbenlosen Nachlaß gehört. Bei der nach seinem Heimatrecht erfolgenden Prüfung, ob der sich in der Taiwan-Region befindende Nachlaß erbenlos ist, sollte auch die Frage, ob nach diesem Heimatrecht der Fiskus resp. die kommunale

[716] Vgl. auch Liu Jiayi, IPR, S. 318.

[717] Vgl. Liu Tiezheng/Chen Rongchuan, IPR, S. 528; Liu Jiayi, IPR, S. 318.

[718] Die Gesetzesbegründung für diese Normierung lautet: Die meisten der zahlreichen Auslandschinesen, die in den Ländern wie USA, Großbritannien etc. ansässig sind, haben zur Vermeidung der den im Wohnsitzland existierenden antichinesischen Regelungen entspringenden Nachteile die alte Staatsangehörigkeit des Heimatlandes abgegeben und die Staatsangehörigkeit des Wohnsitzlandes angenommen, während ihre Verwandten immer im Inland bleiben. Daher würden die inländischen Verwandten beim Tod des Auslandschinesen nach dem neuen Heimatrecht des Erblassers – dem Wohnsitzrecht – aufgrund der großen Rechtsunterschiede hinsichtlich des Pflichtteils und anderer erbrechtlichen Berechtigungen stark benachteiligt. Vgl. dazu Liu Tiezheng/Chen Rongchuan, IPR, S. 527.

[719] Vgl. Liu Tiezheng/Chen Rongchuan, IPR, S. 528.

[720] Vgl. Liu Tiezheng/Chen Rongchuan, IPR, S. 528.

[721] Vgl. dazu Liu Tiezheng/Chen Rongchuan, IPR, S. 530.

[722] Zum Art. 1185 ZGB Taiwan siehe: Teil C, I, 3, b, cc, (5), S. 181.

Körperschaft in diesem Heimatland[723] als „ultimus heres" betrachtet werden kann, in Betracht gezogen werden.[724] Nur wenn die Antwort darauf negativ ist, kann Art. 23 RAG angewandt werden.[725]

Die beiden oben genannten Ausnahmefälle beziehen sich nur auf die Nachlaßgegenstände auf dem Rechtsgebiet Taiwan, dessen Sachrecht dann zur Anwendung gelangt, während die Erbfolge in alle anderen Nachlaßgegenstände weiterhin entsprechend dem Heimatrecht des Erblassers beim Tod erfolgt.[726]

Wenn schließlich ein verschollener Ausländer, dessen Heimatrecht die Todeserklärung nicht kennt oder den Erbfall durch Todeserklärung nicht anerkennt, einen Wohnsitz oder einen Aufenthalt auf Taiwan besitzt, kann dieser Ausländer in Hinsicht auf sein dort befindliches Vermögen oder in bezug auf ein nach dem Recht Taiwans zu beurteilendes Rechtsverhältnis gemäß dem Recht Taiwans für tot erklärt werden (Art. 4 I RAG), so daß die entsprechende Erbfolge nach dem Recht Taiwans eintritt.[727] Dieser dritte Fall beschränkt sich ebenfalls nur auf das dort befindliche Nachlaßvermögen oder das nach dem dortigen Recht zu bestimmende Rechtsverhältnis, während die Erbfolge in anderes Nachlaßvermögen gemäß dem Heimatrecht des Erblassers stattfindet.

---

[723] In bezug auf das gesetzliche Erbrecht des Staates herrscht Streit. Von der Warte der inländischen erbrechtlichen Sachnormen aus ist es schon zweifelhaft, ob der Fiskus oder die kommunale Körperschaft als Erbe angesehen werden kann. Selbst wenn der Nachlaß an ihn oder sie als gesetzlicher Erbe fällt, ist es streitig, ob dies kollisionsrechtlich als Erbfolge betrachtet werden kann. Infolgedessen stellen sich Liu Tiezheng und Chen Rongchuan auf den Standpunkt, daß sich das Auftreten des Fiskus oder der kommunalen Körperschaft als ultimus heres nur auf den im Inland befindlichen Nachlaß beschränken sollte, damit die Schwierigkeiten bei der Feststellung der Rechtsnatur des staatlichen Erbrechts vermieden werden und die Rechtskonflikte zwischen der lex causae für die Erbfolge und der lex rei sitae des Vermögens reduziert werden können (vgl. dazu Liu Tiezheng/Chen Rongchuan, IPR, S. 531). Diese Ansicht findet ihren Niederschlag in Art. 23 RAG. Trotz fehlender Regelung beschränkt sich der Nachlaß eines Erblassers aus der Taiwan-Region, der nach dem Recht Taiwans erbenlos ist und an den Fiskus fällt, aus praktischen Gründen auch auf den in der Taiwan-Region befindlichen Nachlaß (so Liu Tiezheng/Chen Rongchuan, IPR, S. 531).

[724] Vgl. dazu Liu Tiezheng/Chen Rongchuan, IPR, S. 530, 531.

[725] Vgl. dazu Liu Tiezheng/Chen Rongchuan, IPR, S. 530, 531.

[726] Vgl. dazu auch Liu Jiayi, IPR, S. 318.

[727] So Mei Zhongxie, Neues IPR, S. 265.

(2) Anwendung eines anderen Rechts als des Heimatrechts

Zum einen kann das Heimatrecht, wie vorher erläutert[728], nicht zur Anwendung gebracht werden, wenn seine Anwendung zum Verstoß gegen den ordre public oder die guten Sitten führt (Art. 25 RAG). In diesem Fall tritt möglicherweise die Rechtstheorie über IPR an die Stelle des Heimatrechts.

Zum anderen erlangt durch die Renvoi-Anwendung ein anderes Recht als das Heimatrecht Geltung. Wenn beispielsweise der Tod eines ausländischen Erblassers auf Taiwan eintritt, der dort Vermögen hinterläßt, seinen Wohnsitz jedoch in einem dritten Staat hat, und sowohl in seinem Heimatland als auch in dem dritten Staat die lex domicilii herrscht, verweist das RAG zunächst auf das Heimatrecht des Erblassers und das Heimatrecht weiter auf das Wohnsitzrecht des dritten Staates. Damit wird sich die Erbfolge in sein Vermögen in der Taiwan-Region aufgrund dieser Weiterverweisung letztendlich nach der lex domicilii des dritten Staates vollziehen.

cc. Reichweite des Heimatrechts

Im allgemeinen bestimmen sich die folgenden Bereiche zwar nach dem Heimatrecht des Erblassers. Das im konkreten Fall anwendbare Recht unter diesem Heimatrecht ist aber, abhängig von dem jeweiligen Zeitpunkt des anwendbaren Rechts, mitunter unterschiedlich. Vor allem heben sich die jeweiligen auf das Testament bezogenen maßgeblichen Rechte von dem Heimatrecht des Erblassers beim Tod für alle anderen Bereiche ab.

(1) Bestimmung der Erbfolge

Zuallererst trifft das Heimatrecht des Erblassers zum Zeitpunkt seines Todes die allgemeinen Bestimmungen über den Typus der Erbfolge (Personalitäts- oder Vermögenserbfolge[729], beschränkte oder unbeschränkte Erbfolge, al-

---

[728] Dazu siehe: Teil C, I, 3, a, dd, S. 167 f.

[729] Dabei geht es um den Gegenstand des Erbrechts. Die Frage, ob es beim Erbrecht um die Personalitätsvererbung oder die Vermögensvererbung geht, ist eng mit der geschichtlichen Entwicklung des Erbrechts verbunden. Bei den Germanen war der Familienverband, also die gesamte Familie Träger des von den Vätern überkommenen Hofes (vgl. Hattenhauer, Grundbegriffe, S. 204). Später stand Erbrecht als „reine Frage der Familienordnung" nur den Verwandten zu (Hattenhauer, Grundbegriffe, S. 207). Kant hatte den Gedanken, daß ein guter Name nach dem Tode ein Nachlaß war; das Wort „Vermögen" bedeutete ursprünglich „rechtlich erlaubtes Können" (Hattenhauer, Grundbegriffe, S. 216). Daher ist die Annahme der Personalitätserbfolge in der früheren

leinige oder gemeinschaftliche Erbfolge, gesetzliche oder testamentarische Erbfolge).[730]

Weiterhin richten sich alle auf die Erbfolge bezogenen Rechtsgeschäfte nach dem Heimatrecht des Erblassers beim Tod, einschließlich der mit dem Testament in Beziehung stehenden Fragen, die den materiellen Inhalt eines Testaments betreffen, wie beispielsweise die Zulässigkeit der testamentarischen Erbfolge, die Beschränkung der Testierfreiheit und die Zulässigkeit des Erbvertrags durch Testament.[731]

Materiellrechtlich geht es auf dem Rechtsgebiet Taiwan um eine Vermögenserbfolge[732]. Generell sind die gesetzliche und testamentarische Erbfolge zu unterscheiden, wobei die Testierfreiheit durch die Pflichtteilsregelungen stark beschränkt wird. Zudem sind der testamentarische Erbvertrag und das gemeinsame Testament dort überhaupt nicht geregelt. Jedoch kann eine Stiftung durch ein Stiftungstestament errichtet werden.[733]

(2) Erbfall

Das Heimatrecht des Erblassers beim Tod bestimmt, wann und unter welchen Bedingungen ein Erbfall eintritt, einschließlich der Frage, ob der Erbfall mit der Todeserklärung eintreten kann.[734] Allerdings unterliegen die den Erbfall bestimmenden Tatsachen – der Tod oder die Todeserklärung des Erblassers – nicht dem Heimatrecht des Erblassers, sondern ihrer eigenen lex causae.[735]

Zeit erkennbar. Später gewinnt das von der Person bzw. Familie befreite Vermögen bei dem Erbgang an Bedeutung und so kommt die Vermögenserbfolge zutage. Daher ist die Einordnung des materiellen Erbrechts in das Privatrechtssystem je nach dem Schwerpunkt der Regelung bzw. der Betrachtungsweise entstanden: „als logische Fortsetzung des Familienrechts" – Personalitätserbfolge – oder „als Bestandteil der sachenrechtlichen Ordnung" – Vermögenserbfolge (Neumayer, Einheit in der Vielfalt, S. 660; auch Brandi, Haager Erbrechtsübereinkommen, S. 169; Kühne, Parteiautonomie, S. 90).

[730] So Liu Jiayi, IPR, S. 319; Liu Tiezheng/Chen Rongchuan, IPR, S. 531.

[731] Vgl. dazu Liu Jiayi, IPR, S. 320; Liu Tiezheng/Chen Rongchuan, IPR, S. 531.

[732] Vgl. Fußnote 729, S. 173.

[733] Details dazu vgl. Artt. 60-65 ZGB Taiwan. Zum Erbrecht Taiwans im allgemeinen vgl. Süß, in: Ferid/Firsching/Dörner/Hausmann, Internationales Erbrecht, Republik China (Taiwan), S. 9 ff.; Ma Lin, Innerchinesisches Kollisionsrecht, S. 29.

[734] Vgl. Liu Jiayi, IPR, S. 320; Mei Zhongxie, Neues IPR, S. 265.

[735] So auch Liu Jiayi, IPR, S. 320.

Sachrechtlich tritt der Erbfall im Zeitpunkt des Todes des Erblassers ein (Art. 1147 ZGB Taiwan). Bei dem Tod des Erblassers handelt es sich nicht nur um den natürlichen Tod, sondern auch den erklärten bzw. vermuteten Tod, dessen Zeitpunkt der festgestellte Todeszeitpunkt in der Gerichtsentscheidung der Todeserklärung ist (Art. 9 ZGB Taiwan). Ab dem Erbfall gehen alle Vermögensrechte und -pflichten unter Ausschluß der persönlichen Rechte und Pflichten des Erblassers auf die Erben über (Art. 1148 ZGB Taiwan).

(3) Erbfähigkeit

Die Erbfähigkeit einer Person setzt zwar die allgemeine Rechtsfähigkeit voraus,[736] erschöpft sich aber nicht in dieser allgemeinen Fähigkeit, „Träger von Rechten und Pflichten zu sein“[737], sondern beschreibt eine besondere Rechtsfähigkeit, nämlich die Fähigkeit, gesetzlicher oder testamentarischer Erbe zu werden[738].[739] Letztlich geht es bei der Erbfähigkeit um die Voraussetzungen für die Erbfolge, infolgedessen unterliegt die Erbfähigkeit der erbrechtlichen lex causae, also dem Heimatrecht des Erblassers beim Tod.[740] Daraufhin schließen sich die Fragen an, welche Personen erbfähig sind, ob das beim Tod des Erblassers noch nicht geborene Kind oder eine juristische Person erbfähig ist, welche Personen fähig sind, ein Vermächtnis zu erhalten oder welche Personen erbunwürdig bzw. erbunfähig sind etc. Diese Aspekte gehören zur Erbfolge und bleiben dem Heimatrecht des Erblassers beim Tod unterworfen.[741]

Trotz der fehlenden materiellrechtlichen Vorgabe ist einerseits vom allgemeinen Rechtsgrundsatz auszugehen[742], daß diejenige Person erbfähig ist, die die Rechtsfähigkeit besitzt, also die schon geboren ist (Art. 6 ZGB Tai-

[736] Vgl. Liu Jiayi, IPR, S. 321; Liu Tiezheng/Chen Rongchuan, IPR, S. 534, Fußnote 10.

[737] Erman/Westermann, Vor § 1 Rn. 1.

[738] Vgl. Erman/Schlüter, § 1923 Rn. 1.

[739] Vgl. Liu Tiezheng/Chen Rongchuan, IPR, S. 534.

[740] Vgl. Liu Tiezheng/Chen Rongchuan, IPR, S. 534.

[741] Dazu auch Liu Jiayi, IPR, S. 321; Liu Tiezheng/Chen Rongchuan, IPR, S. 534, 535; Mei Zhongxie, Neues IPR, S. 265.

[742] Zivile Rechtsverhältnisse richten sich nach den Gebräuchen, wenn keine Gesetzesbestimmung besteht, mangels Gebräuche dann nach der Rechtstheorie, so Art. 1 ZGB Taiwan.

wan). Erbfähig ist auch eine Leibesfrucht, die um des Schutzes ihrer persönlichen Interessen willen als geboren anzusehen ist, solange sie nicht tot geboren wird (Art. 7 ZGB Taiwan).

Andererseits ist diejenige Person erbunfähig bzw. erbunwürdig, die ein Verbrechen gegen den Erblasser oder den Erben begangen hat (Art. 1145 I 1 ZGB Taiwan). Weiter ist eine solche Person erbunfähig, die durch Täuschung resp. Drohung den Erblasser dazu veranlaßt oder daran gehindert hat, ein auf die Erbfolge bezogenes Testament zu errichten, zu widerrufen oder zu ändern (Art. 1145 I 2, 3 ZGB Taiwan). Ebenfalls erbunwürdig ist die Person, die das auf die Erbfolge bezogene Testament des Erblassers verfälscht, verborgen hält oder vernichtet hat (Art. 1145 I 4 ZGB Taiwan). Schließlich ist eine Person erbunfähig, die den Erblasser schwer mißhandelt oder beleidigt hat, und zwar mit Erklärung der Erbunfähigkeit durch den Erblasser (Art. 1145 I 5 ZGB Taiwan). Allerdings verliert eine Person ihr Erbrecht nicht, die die in Art. 1145 I 2, 3, 4 ZGB Taiwan genannten Handlungen gegenüber dem Erblasser begangen hat, wenn der Erblasser ihr ihre Tat verziehen hat (Art. 1145 II ZGB Taiwan).

(4) Erbordnung

Das Heimatrecht des Erblassers zum Zeitpunkt seines Todes bestimmt weiterhin, nach welcher Ordnung die gesetzlichen Erben über die Nachlaßgegenstände verfügen dürfen, ob es zulässig ist, für Verwandten an die Stelle des Erben zu treten, wenn der Erbe tot oder erbunfähig ist, sowie die Frage der Todesreihenfolge unter Verunglückten.[743]

Sachrechtlich sieht die Ordnung der gesetzlichen Erbfolge vor, daß der Ehepartner des Erblassers, der immer an der ersten Stelle der Erbberechtigten steht, zusammen mit den folgenden in vier Ordnungen eingeteilten Verwandten:

1. den unmittelbaren Blutsverwandten in absteigender Linie,
2. den Eltern,
3. den Geschwistern und
4. den Großeltern

über das Nachlaßvermögen verfügt (Artt. 1138, 1144 ZGB Taiwan). Zugleich gilt der Vorrang des Verwandten mit näherem Verwandtschaftsgrad

---

[743] Vgl. dazu Liu Jiayi, IPR, S. 321; Mei Zhongxie, Neues IPR, S. 265.

unter den unmittelbaren Blutsverwandten in absteigender Linie (Art. 1139 ZGB Taiwan).

Wenn ein Erbe aus der ersten Erbordnung – ein unmittelbarer Blutsverwandter des Erblassers in absteigender Linie – vor dem Erbfall verstirbt oder erbunwürdig geworden ist, treten die unmittelbaren Blutsverwandten dieses Erben in absteigender Linie für den entsprechenden Erbteil an dessen Stelle (Art. 1140 i.V.m. Art. 1145 ZGB Taiwan). Mit anderen Worten: Das Eintrittsrecht durch Repräsentation steht nur dem unmittelbaren Blutsverwandten eines Erben in absteigender Linie zu, der ein Verwandter des Erblassers in der ersten Erbordnung ist. Wenn es innerhalb der gleichen Erbordnung mehrere Erben gibt, wird die Erbschaft vorbehaltlich einer anderslautenden Gesetzesregelung nach der Anzahl der Erben anteilig verteilt (Art. 1141 ZGB Taiwan). Außerdem wird vermutet, daß der Tod, vorbehaltlich des Beweises für die Todesreihenfolge, gleichzeitig eingetreten ist, wenn mehr als zwei Personen umgekommen sind (Art. 11 ZGB Taiwan).

(5) Umfang des Nachlasses

Nicht zuletzt trifft das Heimatrecht des Erblassers beim Tod die entsprechenden Bestimmungen über den Umfang des Nachlasses. Es bestimmt konkret, aus welchen Rechten und Pflichten sich die Erbschaft zusammensetzt.[744] Jedoch bleibt die Frage, ob ein Recht oder eine Pflicht vererbbar ist, der diesem Recht bzw. dieser Pflicht eigenen lex causae unterworfen.[745] Daher beruhen die zum Gegenstand der Erbfolge gehörenden Rechte und Pflichten darauf, daß die jeweilige lex causae sowohl die Existenz der Rechte und Pflichten als auch deren Vererblichkeit bejaht.[746] Ebenfalls entscheidet das Heimatrecht des Erblassers beim Tod über den gesetzlichen Erbanteil, den Pflichtteil, die Erbenhaftung und die Verteilung des erbenlosen Vermögens.[747]

Sachrechtlich umfaßt die Erbschaft, wie erwähnt, alle Vermögensrechte und -pflichten des Erblassers, es sei denn, es handelt sich um die dem Erblasser persönlich anhaftenden Rechte und Pflichten (Art. 1148 ZGB Taiwan).

---

[744] So Liu Tiezheng/Chen Rongchuan, IPR, S. 535, 536; Liu Jiayi, IPR, S. 321, 322.

[745] So Liu Tiezheng/Chen Rongchuan, IPR, S. 535, 536; Liu Jiayi, IPR, S. 321, 322.

[746] So Liu Tiezheng/Chen Rongchuan, IPR, S. 535, 536; Liu Jiayi, IPR, S. 321, 322.

[747] Dazu auch Liu Jiayi, IPR, S. 321, 322; Mei Zhongxie, Neues IPR, S. 265.

Bezogen auf den gesetzlichen Erbanteil ist vorgeschrieben, daß der überlebende Ehegatte des Erblassers neben den Verwandten der ersten Erbordnung zu gleichen Teilen, neben den Verwandten der zweiten oder dritten Erbordnung zur Hälfte, neben den Verwandten der vierten Erbordnung zu Zweidrittel und allein zur gesamten Erbschaft als gesetzlicher Erbe berufen ist (Art. 1144 ZGB Taiwan). Im übrigen soll die Person, die der Erblasser vor seinem Tod unterhalten hat, einen vom Familienrat nach dem Unterhaltsumfang und den anderen Umständen bestimmten Erbschaftsanteil erhalten (Art. 1149 ZGB Taiwan).

Des weiteren belaufen sich der Pflichtteil der unmittelbaren Blutsverwandten in absteigender Linie, der der Eltern und der des Ehegatten jeweils auf die Hälfte des gesetzlichen Erbanteils, und der Pflichtteil der Geschwister und der der Großeltern des Erblassers auf ein Drittel des gesetzlichen Erbanteils (Art. 1223 ZGB Taiwan). Die Pflichtteilsberechnung basiert auf der gesamten Erbschaft, einschließlich des vom Erblasser vorher gemachten Vermächtnisses vorbehaltlich der gegensätzlichen Willensrichtung des Erblassers (Art. 1173 ZGB Taiwan) und abzüglich der bestehenden Verbindlichkeiten[748] (Art. 1224 ZGB Taiwan). Diesbezüglich darf die Erbschaft

---

[748] Dabei ist die Erbschaftsteuer auf dem Rechtsgebiet Taiwan zu beachten. Wenn ein Steuerpflichtiger stirbt und eine Erbschaft hinterläßt, verpflichtet sich sein Testamentsvollstrecker, Erbe, Vermächtnisnehmer oder Erbschaftsverwalter zur Zahlung der von ihm zu bezahlenden Steuer, wobei nur nach der Steuerzahlung die Erbschaft verteilt oder das Vermächtnis abgegeben werden kann (Art. 14 Steuerkontrolls- und -einziehungsgesetz vom 22.10.1976, revidiert am 17.5.2000; zum chinesischen Gesetzestext vgl. http://law.moj.gov.tw/Scripts/Newsdetail.asp?NO=1G0340001, abgerufen am 18.10.2003).

Konkret ist ein Erblasser gemäß dem Erbschaftsteuergesetz Taiwan (das Erbschafts- und Schenkungssteuergesetz vom 6.2.1973, revidiert am 13.6.2001, im folgenden als „Erbschaftsteuergesetz Taiwan" abgekürzt; zum chinesischen Text vgl. http://law.moj.gov.tw/Scripts/Newsdetail.asp?NO=1G0340065, abgerufen am 18.10.2003) Er bschaftsteuerpflichtig. Die sich innerhalb und außerhalb des Taiwan-Gebietes befindende gesamte Erbschaft eines Erblassers aus Taiwan mit seinem gewöhnlichen Aufenthalt auf Taiwan ist Erbschaftsteuerpflichtig (Art. 1 I Erbschaftsteuergesetz Taiwan). Die Erbschaft eines Erblassers aus Taiwan mit gewöhnlichem Aufenthalt außerhalb des Taiwan-Gebietes oder die sich innerhalb des Taiwan-Gebietes befindende Erbschaft eines Erblassers außerhalb des Taiwan-Gebiets ist auch Erbschaftsteuerpflichtig (Art. 1 II Erbschaftsteuergesetz Taiwan). Wenn ein Erblasser innerhalb von zwei Jahren vor seinem Tod seine Staatsangehörigkeit (Taiwan) freiwillig verloren hat, ist er immer noch als Bürger aus Taiwan Erbschaftsteuerpflichtig (Art. 3-1 Erbschaftsteuergesetz Taiwan).

Die gesamte Erbschaft eines Erblassers umfaßt das bewegliche und unbewegliche Vermögen sowie alle anderen Rechte mit Vermögenswert (Art. 4 Erbschaftsteuergesetz

Taiwan), einschließlich des Vermögens, das der Erblasser innerhalb von zwei Jahren vor seinem Tod seinem Ehegatten, seinen unmittelbaren Blutsverwandten in absteigender Linie, seinen Eltern, seinen Geschwistern, seinen Großeltern, den Kindern seiner unmittelbaren Blutsverwandten in absteigender Linie sowie den Ehegatten der oben genannten Personen geschenkt hat (Art. 15 Erbschaftsteuergesetz i.V.m. Artt. 1138, 1140 ZGB Taiwan). Das Vermögen eines „trust" durch Testament ist zum Zeitpunkt des Todes des Testators Erbschaftsteuerpflichtig (Art. 3-2 I Erbschaftsteuergesetz Taiwan).

Der Erbschaftsteuerpflichtige ist zunächst der Testamentsvollstrecker, dann der Erbe und der Vermächtnisnehmer, wenn ein Testamentsvollstrecker nicht vorhanden ist und schließlich ein gesetzlich gewählter Erbschaftsverwalter, wenn Testamentsvollstrecker und Erben nicht vorhanden sind (Art. 6 I Erbschaftsteuergesetz Taiwan). Die Erbschaftsteuer für die erbenlose Erbschaft, die an den Fiskus auf dem Taiwan-Gebiet fällt, ist von dem Fiskus gemäß dem Gesetz für die Unterteilung der Finanzeinnahmen und –ausgaben zu verteilen (Art. 2 Erbschaftsteuergesetz Taiwan).

Die Berechnung des Erbschaftswerts richtet sich nach dem Zeitpunkt des Todes des Erblassers oder nach dem festgestellten Zeitpunkt in der Entscheidung der Todeserklärung, wenn der Erblasser für tot erklärt wurde (Art. 10 Erbschaftsteuergesetz Taiwan).

Die folgenden Vermögensteile sind nicht in die Summe der Erbschaft für Steuerzahlung einzuschließen:

1. das den Regierungen der verschiedenen Ebenen, den öffentlichen Instituten für Bildung, Gemeinwohl und Wohltätigkeiten vom Testator, Vermächtnisnehmer oder Erben geschenkte Vermögen;

2. das den öffentlichen Unternehmungsorganen oder den öffentlichen Unternehmen mit 100 % öffentlichen Aktien vom Testator, Vermächtnisnehmer oder Erben geschenkte Vermögen;

3. das den schon bei dem Tod des Erblassers errichteten Körperschaften für Bildung, Kultur, Gemeinwohl, Wohltätigkeiten, Religion und Liturgie vom Testator, Vermächtnisnehmer oder Erben geschenkte Vermögen;

4. die von den Erben bei dem Kontroll- und Einziehungsorgan registrierten Bücher und Gegenständen über Kultur, Geschichte und Kunst;

5. die vom Erblasser geschaffenen Kunstobjekte sowie das vom Erblasser geschaffene Urheberrecht und Patentrecht;

6. Geräte und Gegenstände zum notwendigen alltäglichen Bedarf des Erblassers, deren gesamte Wert unter 72 000 NTD (NTD, auf englisch, New Taiwan Dollar. Der Wechselkurs des Euros gegenüber NTD war am 12.1.2004: 1 Euro = 43.41672 NTD, vgl. dazu http://www.oanda.com/convert/classic.) steht;

7. professionelle Werkzeuge des Erblassers, deren gesamter Wert unter 400 000 NTD steht;

8. der gesetzlich verboten zu fällende oder eingeschränkt zu fällende Wald etc. (Art. 16 Erbschaftsteuergesetz Taiwan).

Zugleich sind die folgenden Vermögensteile von der steuerpflichtigen Erbschaft abzuziehen:

1. 4 Millionen NTD für den hinterlassenen Ehepartner des Erblassers;

2. 400 000 NTD für jeden Erben der unmittelbaren Blutsverwandten in absteigender Linie, und zwar zusätzlich je 400 000 NTD pro Jahr für den Jahresunterschied zwischen dem zwanzigsten und dem aktuellen Lebensjahr des Erben, der unter zwanzig ist;

3. 1 Million NTD für jeden hinterlassenen Elternteil des Erblassers;

4. zusätzlich 5 Millionen für jede der oben in 1. bis 3. genannten Personen, die körperlich oder geistig schwer behindert sind;

5. 400 000 NTD für jede der hinterlassenen Geschwister und Großeltern des Erblassers, für die der Erblasser gesorgt hatte, und zwar zusätzlich je 400 000 NTD pro Jahr für den Jahresunterschied zwischen dem zwanzigsten und dem aktuellen Lebensjahr der Geschwister, die unter zwanzig sind etc. (Art. 17 Erbschaftsteuergesetz Taiwan).

7 Millionen NTD werden von der gesamten steuerpflichtigen Erbschaft abgezogen, wenn der Erblasser aus Taiwan mit gewöhnlichem Aufenthalt auf Taiwan ist (Art. 18 I S. 1 Erbschaftsteuergesetz Taiwan). Die oben genannte Abzugssumme ist zu verdoppeln, wenn der Erblasser als Mitglied aus Militär, Polizei oder öffentlicher Bildung von Amts wegen ums Leben gekommen ist (Art. 18 I S. 2 Erbschaftsteuergesetz Taiwan). Die Abzugssumme ist entsprechend dem vorherigen Absatz abzuziehen, wenn der Erblasser aus Taiwan mit dem gewöhnlichen Aufenthalt außerhalb Taiwans ist oder nicht aus Taiwan ist (Art. 18 II Erbschaftsteuergesetz Taiwan).

Der Steuersatz für die gesamte Erbschaft abzüglich der möglichen Abzugssumme beläuft sich auf

2 % für die Summe der Erbschaft unter 600 000 NTD;

4 % für die Summe der Erbschaft über 600 000 bis 1,5 Millionen NTD;

7 % für die Summe der Erbschaft über 1,5 bis 3 Millionen NTD;

11 % für die Summe der Erbschaft über 3 bis 4,5 Millionen NTD;

15 % für die Summe der Erbschaft über 4,5 bis 6 Millionen NTD;

20 % für die Summe der Erbschaft über 6 bis 10 Millionen NTD;

26 % für die Summe der Erbschaft über 10 bis 15 Millionen NTD;

33 % für die Summe der Erbschaft über 15 bis 40 Millionen NTD;

41 % für die Summe der Erbschaft über 40 bis 100 Millionen NTD;

50 % für die Summe der Erbschaft über 100 Millionen NTD (Art. 13 Erbschaftsteuergesetz Taiwan).

nicht unter die anderen Erben verteilt werden, wenn der einer Leibesfrucht als Erbe zustehende Erbanteil nicht zurückbehalten wird (Art. 1166 I ZGB Taiwan). Die Mutter einer Leibesfrucht tritt als Vertreterin in bezug auf die Verteilung des Nachlasses auf, wenn die Leibesfrucht als Erbe eingesetzt wird (Art. 1166 II ZGB Taiwan).

Hinsichtlich der Erbenhaftung ist vorgesehen, daß die Erben für die Schulden des Erblassers gemeinsam verantwortlich sind, während die Erben untereinander die Schulden unter Vorbehalt einer anderslautenden Vereinbarung entsprechend dem Verhältnis der gesetzlichen Erbanteile tragen (Art. 1153 ZGB Taiwan). Anschließend kann ein Erbe die Verbindlichkeiten der Erbschaft auf den von ihm erhaltenen Erbteil beschränken (Art. 1154 I ZGB). Wenn einer der Erben diese beschränkte Erbfolge beansprucht, gilt dies für alle übrigen Erben (Art. 1154 II S. 1 ZGB Taiwan). Aber gegenüber der beschränkten Erbfolge werden die Rechte und Pflichten des Erblassers wegen der Erbfolge nicht erlöschen (Art. 1154 II S. 2 ZGB Taiwan). Demzufolge hat die beschränkte Erbfolge nach dem in Artt. 1156-1163 ZGB Taiwan bestimmten Verfahren – der Inventarerrichtung durch die Erben, der öffentlichen Aufforderung durch das Gericht (Aufgebot) etc. – zu erfolgen.[749]

Wenn unbekannt ist, ob für eine Erbschaft noch Erben existieren, wird zunächst ein Erbschaftsverwalter von dem Familienrat bzw. Gericht bestimmt (Artt. 1177, 1178 II ZGB Taiwan).[750] Anschließend wird das Aufgebotsverfahren vom Gericht in Gang gesetzt, indem die möglichen Erben öffentlich aufgefordert werden, ihre Ansprüche binnen einer sechs Monate überschreitenden Frist anzumelden (Art. 1178 I ZGB Taiwan). Wenn sich nach Ablauf der Frist kein Erbe für die Erbschaft meldet, fällt der Rest der Erbschaft nach Begleichung der Forderungen und der Abgabe der Vermächtnisse dem Fiskus zu (Art. 1185 ZGB Taiwan).

Dabei tritt der Fiskus auf dem Rechtsgebiet Taiwan offensichtlich durch „jus regale" gegenüber der Erbschaft als „bona vacantia" auf.[751] Anders als in Macau (Art. 1973 I ZGB Macau) oder in Deutschland (§ 1936 BGB), wo die Region Macau bzw. der deutsche Bundesstaat nach den jeweiligen erbrechtlichen Sachnormen – einem gesetzlichen Erbrecht – an die Stelle des

[749] Ausführlich dazu vgl. Artt. 1156-1163 ZGB Taiwan.

[750] Zu den Aufgaben des Erbschaftsverwalters vgl. Artt. 1179-1181 ZGB Taiwan.

[751] Vgl. Liu Tiezheng/Chen Rongchuan, IPR, S. 530; Mei Zhongxie, Neues IPR, S. 267.

gesetzlichen Erben tritt[752], wird die Region Taiwan gesetzlich nicht als gesetzlicher Erbe angesehen. Infolgedessen geht es dabei nicht um ein gesetzliches Erbrecht privatrechtlicher Natur, sondern ein quasi-hoheitliches Aneignungsrecht öffentlich-rechtlicher Art der Taiwan-Region.[753]

(6) Maßgebliches Recht für ein Testament

Im nachfolgenden sind die für ein Testament maßgebenden Rechte zu erläutern, soweit sie im Hinblick auf Voraussetzungen, Zustandekommen, Wirkung und Widerruf eines Testaments von der lex causae für die gesetzliche Erbfolge – Heimatrecht des Erblassers bei seinem Tod – abweichen.

(a) Voraussetzungen für das Zustandekommen eines Testaments

Nach Art. 24 I RAG richten sich die Voraussetzungen für das Zustandekommen eines Testaments – Testierfähigkeit, Form und Willenserklärung – nach dem Heimatrecht des Testators im Zeitpunkt des Zustandekommens des Testaments.

(aa) Testierfähigkeit

Ein Testament kommt nur zustande, wenn der Testator testierfähig ist. An dieser Stelle stellt sich die Frage, ob sich die Testierfähigkeit nach der lex causae für die allgemeine Geschäftsfähigkeit beurteilen sollte. Jedoch ist diese Frage der herrschenden Ansicht nach[754] negativ zu beantworten, zumal die Testierfähigkeit nach der Rechtstheorie über Kollisionsrecht zum Zustandekommen eines Testaments gehört und nicht zu der allgemeinen Geschäftsfähigkeit, obwohl in diesem Fall das Resultat nach Art. 1 I RAG oder nach Art. 24 I RAG gleich ist. Daher beruht die Testierfähigkeit auf der lex causae, welche die Voraussetzungen für das Zustandekommen des Testaments beherrscht, d.h. dem Heimatrecht des Testators beim Zustandekommen des Testaments.

Nach der sachrechtlichen Vorgabe auf dem Rechtsgebiet Taiwan können ein Geschäftsunfähiger und ein Minderjähriger, der das sechzehnte Lebensjahr

[752] Hinsichtlich der Sachlage in Deutschland vgl. Staudinger/Werner (2000), § 1936 Rn. 2; Erman/Schlüter, § 1936 Rn. 1.

[753] Dazu vgl. auch Cheng Chiwei, IPR Taiwans, S. 99, 100.

[754] Vgl. Liu Jiayi, IPR, S. 324, 325; Liu Tiezheng/Chen Rongchuan, IPR, S. 538, 539.

nicht vollendet hat, kein Testament errichten, und eine beschränkt geschäftsfähige Person kann nur mit Einwilligung seines gesetzlichen Vertreters testieren (Art. 1186 ZGB Taiwan).

(bb) Form eines Testaments

Die Testamentsform unterliegt ebenfalls dem Heimatrecht des Testators beim Zustandekommen des Testaments, denn ohne die zulässige Form kommt das Testament auch nicht zustande. In Übereinstimmung mit der rechtspolitischen Zielsetzung, die Formgültigkeit von Testamenten zu begünstigen (favor testamenti), wird auch Art. 5 RAG über die lex causae für die Form von Rechtsgeschäften herangezogen, indem das Heimatrecht des Testators bei seinem Tod – das bei Rechtsgeschäften anzuwendende Recht (Art. 5 I S. 1 Halbsatz 1 RAG) – , das Recht des Errichtungsortes – das Recht des Rechtsgeschäftsortes (Art. 5 I S. 1 Halbsatz 2 RAG) – sowie das Heimatrecht des Testators zum Zeitpunkt der Testamentserrichtung für die Testamentsform maßgeblich sein sollten.[755] Infolgedessen stehen für die Form eines Testaments drei anwendbare Statuten – das Heimatrecht des Testators zum Zeitpunkt des Zustandekommens des Testaments, sein Heimatrecht zum Zeitpunkt seines Todes sowie das Recht des Errichtungsortes – wahlweise zur Verfügung.

Sachrechtlich stehen einem Testator insgesamt fünf Testamentsformen zur Wahl (Art. 1189 ZGB Taiwan)[756]:

1. eigenhändiges Testament, das vom Testator selbst eigenhändig geschrieben, mit der Angabe des Datums und der persönlichen Unterschrift versehen, sowie im Falle der Änderung mit dem Vermerk des Ortes und der Anzahl der Wörter der Änderung und wiederum mit der persönlichen Unterschrift versehen werden soll (Art. 1190 ZGB Taiwan).

---

[755] Vgl. dazu Liu Jiayi, IPR, S. 326. Nach einer anderen Ansicht gilt Art. 24 I RAG, der sich nur auf die materiellen Voraussetzungen für das Zustandekommen eines Testaments bezieht, nicht für die Form eines Testaments, sondern vielmehr Art. 5 S. 1 RAG. Demgemäß gelten für die Form eines Testaments das Heimatrechtrecht des Testators zum Zeitpunkt des Zustandekommens des Testaments und das Recht des Errichtungsortes (vgl. Liu Tiezheng/Chen Rongchuan, IPR, S. 541). Generell geht auch Mei Zhongxie in diese Richtung (vgl. Mei Zhongxie, Neues IPR, S. 268).

[756] Zur deutschen Übersetzung der entsprechenden Vorschriften vgl. auch Süß, in: Ferid /Firsching/Dörner/Hausmann, Internationales Erbrecht, Republik China (Taiwan), Texte B, S. 13, 14.

2. notarielles Testament, das in der Weise errichtet werden soll, daß der Testator in Anwesenheit von mindestens zwei Zeugen757 vor einem Notar seinen testamentarischen Willen mündlich erklärt, der Notar das vom Testator Gesagte zu Protokoll nimmt, vorliest, erläutert, und nach der Billigung des Testators das Testament mit der Angabe des Datums versehen und von dem Notar, den Zeugen und dem Testator gemeinsam unterzeichnet wird (Art. 1191 I S. 1 ZGB Taiwan). Wenn der Testator nicht unterzeichnen kann, tritt sein Fingerabdruck an die Stelle, wobei die Ursache für die Zeichnung per Fingerabdruck vom Notar genau angegeben wird (Art. 1191 I S. 2 ZGB Taiwan). Die Aufgabe des Notars kann an einem Ort, an dem es keinen Notar gibt, auch vom Gerichtsprotokollführer und an einem Ort, an dem es ein Konsulat Taiwans gibt, auch vom Konsul erfüllt werden (Art. 1191 II ZGB Taiwan).

3. verschlossenes Testament, das in der Weise errichtet werden soll, daß das Testament nach der Unterschrift des Testators in einem Umschlag verschlossen werden soll und der Testator nach seiner Unterschrift an der Stelle des Verschlusses in Anwesenheit von mindestens zwei Zeugen vor einem Notar vorträgt, daß es sich dabei um sein Testament handelt und der Vor- und Nachname des Schreibers sowie sein Wohnsitz angegeben werden, falls der Testator das Testament nicht selbst geschrieben hat. Anschließend gibt der Notar auf der Vorderseite des Umschlags das Datum der Testamentserrichtung und den Vortrag des Testators an und unterzeichnet gemeinsam mit dem Testator und den Zeugen (Art. 1192 I ZGB Taiwan). In bezug auf die Erfüllung der Aufgaben des Notars durch Dritte gilt das vorher in 2. Gesagte (Art. 1192 ZGB II Taiwan). Wenn ein verschlossenes Testament nicht in der in Art. 1192 ZGB Taiwan vorgeschriebenen Form, sondern in der in Art. 1190 ZGB Taiwan

[757] Die folgenden Personen sind außerstande, Zeuge zu sein (Art. 1198 ZGB Taiwan):

1. Minderjährigen,
2. Geschäftsunfähigen,
3. Erben und ihre Ehegatten oder ihre unmittelbaren Blutsverwandten,
4. Vermächtnisnehmer und ihre Ehegatten oder ihre unmittelbaren Blutsverwandten und
5. die Personen, die mit dem Notar oder dem die Aufgabe eines Notars Erfüllenden zusammen wohnen, die ihm bei seiner Berufstätigkeit assistieren oder die seine Angestellten sind.

vorgeschriebenen Form erstellt wird, hat es die Gültigkeit eines eigenhändigen Testaments (Art. 1193 ZGB Taiwan).

4. Testament durch Diktat, das in der Weise errichtet werden soll, daß der Testator mindestens drei Zeugen bestellt, seinen testamentarischen Willen mündlich erklärt und diesen durch einen der Zeugen niederschreiben, vorlesen und erläutern läßt und die Niederschrift nach der Billigung des Testators mit der Angabe des Datums und Vor- und Nachnamens des Schreibers von sämtlichen Zeugen und dem Testator gemeinsam unterschrieben wird (Art. 1194 S. 1 ZGB Taiwan). Der Fingerabdruck tritt an die Stelle der Unterschrift, falls der Testator nicht unterschreiben kann (Art. 1194 S. 2 ZGB Taiwan).

5. mündliches Testament, das in einer der folgenden beiden Weisen errichtet werden soll, wenn der Testator wegen einer Lebensgefahr oder anderen außergewöhnlichen Umständen außerstande ist, in einer der anderen Formen zu testieren (Art. 1195 ZGB Taiwan):

> (1) Der Testator bestellt mindestens zwei Zeugen, erklärt mündlich seinen testamentarischen Willen, der von einem der Zeugen wörtlich zu Protokoll genommen wird und das Protokoll wird mit der Angabe des Datums versehen und von allen Zeugen gemeinsam unterzeichnet.
>
> (2) Der Testator bestellt mindestens zwei Zeugen, erklärt mündlich seinen testamentarischen Willen, den Vor- und Nachnamen des Testators und das Datum und anschließend erklären alle Zeugen mündlich die Echtheit des Testaments und ihre eigenen Vor- und Nachnamen. Diese Prozedur wird mit einem Tonbandgerät aufgezeichnet und das Tonband wird direkt danach am gleichen Ort in einem Umschlag verschlossen und mit der Angabe des Datums versehen und von sämtlichen Zeugen gemeinsam an der Stelle des Verschlusses unterzeichnet.

Im übrigen verliert das mündliche Testament seine Gültigkeit nach Ablauf von drei Monaten ab dem Zeitpunkt, in dem der Testator imstande ist, ein Testament in einer der anderen Formen zu errichten (Art. 1196 ZGB Taiwan). Zudem soll das mündliche Testament von einem der Zeugen oder einer in ihren Interessen betroffenen Person binnen drei Monaten nach dem Tod des Testators dem Familienrat zur Beurteilung seiner Echtheit vorgezeigt werden (Art. 1997 Halbsatz 1 ZGB Taiwan). Wenn es Einwände gegen die Feststellung vom Familienrat gibt, kann die gerichtliche Entscheidung beantragt werden (Art. 1197 Halbsatz 2 ZGB Taiwan).

(cc) Gültigkeit testamentarischer Willenserklärung

Die Gültigkeit der Willenserklärung eines Testaments, die eine zentrale Rolle beim Zustandekommen eines Testaments spielt, bleibt dem Heimatrecht des Testators zum Zeitpunkt des Zustandekommens des Testaments unterworfen (Art. 24 I RAG), während der spätere Statutenwechsel keinen Einfluß auf die Gültigkeit der Willenserklärung nehmen kann.[758] Die damit zusammenhängenden Fragen, ob eine Willenserklärung aufgrund eines Willensmangels gültig oder nicht, oder ob eine Vertretung bei der Willenserklärung stattfinden darf oder nicht, richten sich immer nach dem Heimatrecht des Testators beim Zustandekommen des Testaments.[759]

(b) Wirkung eines Testaments

Die Wirkung eines Testaments, d.h., wann ein Testament seine Wirkung entfalten kann, wenn es wirksam zustande gekommen ist, und ob der Testator sein Testament widerrufen kann, richtet sich gemäß Art. 24 I RAG ebenfalls nach dem Heimatrecht des Testators im Zeitpunkt des Zustandekommens des Testaments. Also bezieht sich die lex causae für die Testamentswirkung nur auf die Wirkung des Testaments selbst, nicht jedoch auf die Wirkung eines Rechtsgeschäfts, das ein Testament enthält[760].[761]

Sachrechtlich entfaltet ein Testament ab dem Todeszeitpunkt des Testators seine Wirkung (Art. 1199 ZGB Taiwan). Die Wirkung eines durch ein Testament bestimmten Vermächtnisses, das unter einer aufschiebenden Bedingung gemacht worden ist, tritt ein, wenn die Bedingung eintritt (Art. 1200 ZGB Taiwan). Die Wirkung bleibt aus, wenn der Vermächtnisnehmer vor dem Wirksamwerden des Testaments stirbt (Art. 1201 ZGB Taiwan).

---

[758] Vgl. dazu auch Liu Jiayi, IPR, S. 326, 327.

[759] Vgl. dazu auch Liu Jiayi, IPR, S. 326, 327.

[760] Z.B. bestimmt sich die Wirkung eines Vermächtnisses nach dem Heimatrecht des Erblassers bei seinem Tod (Art. 22 RAG), die Wirkung einer Anerkennung durch Testament nach dem Heimatrecht des Anerkennenden (Art. 17 II RAG) und die Wirkung einer Adoption durch Testament nach dem Heimatrecht des Adoptierenden (Art. 18 II RAG). Dazu auch Liu Jiayi, IPR, S. 329; Liu Tiezheng/Chen Rongchuan, IPR, S. 542.

[761] Vgl. Liu Jiayi, IPR, S. 329; Liu Tiezheng/Chen Rongchuan, IPR, S. 542.

(c) Widerruf eines Testaments

Gemäß Art. 24 II RAG beruht der Testamentswiderruf auf dem Heimatrecht des Testators im Zeitpunkt des Widerrufs. Der Widerruf eines Testaments kommt nur in Betracht, wenn das Testament zustande gekommen ist, also wirksam errichtet worden ist. Ebenso wie die Willenserklärung beim Zustandekommen eines Testaments handelt es sich beim Testamentswiderruf um eine Willenserklärung, die jedoch diesmal nicht auf die Errichtung, sondern auf den Widerruf eines Testaments zielt. Dementsprechend beurteilt sich der Widerruf nach der dem Zeitpunkt der Widerrufswillenserklärung entsprechenden lex causae, d.h. dem Heimatrecht des Testators beim Widerruf. Jedoch richtet sich die Frage, ob eine den Testamentswiderruf enthaltene Willenserklärung aufgrund eines Willensmangels wie im Falle von Irrtum oder Täuschung widerrufen werden kann, gemäß Art. 24 I RAG nach dem Heimatrecht des Testators bei der Errichtung des Testaments, da sie auch den Aspekt des Zustandekommens betrifft.[762]

Allerdings ist im RAG, insbesondere in Artt. 5, 24 RAG keine offenkundige Regelung darüber zu finden, welchem Recht die Widerrufsform eines Testaments unterworfen sein soll. Die Antwort darauf kann der Rechtstheorie über IPR entnommen werden.[763] Demnach kann wiederum Art. 5 I S. 1 RAG herangezogen werden.[764] Einerseits sollte das beim Rechtsgeschäft maßgebende Recht – das Heimatrecht des Testators beim Widerruf – für die Widerrufsform gelten, denn das für das Rechtsgeschäft des Testamentswiderrufs maßgebliche Recht ist das Heimatrecht des Testators beim Widerruf (Art. 5 I S. 1 Halbsatz 1 RAG). Andererseits sollte zugunsten der Testierfreiheit im negativen Sinn, ein Testament frei zu widerrufen, das Recht des Rechtsgeschäftsortes, also das Recht des Widerrufsortes, zur Anwendung kommen (Art. 5 I S. 1 Halbsatz 2 RAG). Demzufolge stehen der Widerrufsform eines Testaments das Heimatrecht des Testators beim Widerruf und das Recht des Widerrufsortes zur Verfügung.[765]

---

[762] So Liu Tiezheng/Chen Rongchuan, IPR, S. 543.

[763] Vgl. Liu Jiayi, IPR, S. 330, 331.

[764] Zur Anwendung des Art. 5 I S. 1 RAG vgl. auch Teil C, I, 3, b, cc, (6), (a), (bb), S. 183 ff.

[765] Die gleiche Schlußfolgerung hat auch Liu Jiayi auf andere Weise gezogen, dazu Liu Jiayi, IPR, S. 330, 331. Generell ist Mei Zhongxie auch der Ansicht, vgl. Mei Zhongxie, Neues IPR, S. 268.

Sachrechtlich kann ein Testator auf Taiwan jederzeit sein Testament zum Teil oder zur Gänze widerrufen (Art. 1219 ZGB Taiwan). Wenn mehrere Testamente sich widersprechen, wird der Teil des früheren Testaments als widerrufen angesehen, der nicht dem zeitlich nachfolgenden inhaltlich entspricht (Art. 1220 ZGB Taiwan). Wenn die Handlung des Testators nach der Testamentserrichtung mit dem Testament in Widerspruch steht, wird der widersprüchliche Teil des Testaments als widerrufen betrachtet (Art. 1221 ZGB Taiwan). Schließlich gilt das Testament als widerrufen, wenn der Testator es absichtlich vernichtet, es durchgestrichen oder einen Vermerk der Ungültigkeit von Abschaffung darauf gemacht hat (Art. 1222 ZGB Taiwan).

4. Internationales Erbrecht auf dem Rechtsgebiet Festland

Nach der Erörterung des Internationalen Erbrechts auf den Rechtsgebieten Hongkong, Macau und Taiwan gerät nun das Erbkollisionsrecht auf dem Rechtsgebiet Festland[766] in den Blickpunkt.

Wie im geschichtlichen Teil dargestellt, weist die IPR-Entwicklung dort einen eigenen Charakter auf. Im Nachstehenden werden dementsprechend nicht nur die normierten Kollisionsnormen – hauptsächlich Artt. 142-150[767] der Allgemeinen Grundsätze des Zivilrechts vom 12.4.1986 (im folgenden als „AGZ“ abgekürzt) und Artt. 178-195[768] der Ansichten des OVGH hinsichtlich einiger Fragen zur Ausführung der Allgemeinen Grundsätze des Zivilrechts vom 26.1.1988 (im folgenden als „Ansichten des OVGH über AGZ“ abgekürzt) –,[769] sondern gelegentlich auch die einschlägige Rechtstheorie zum IPR, vor allem das IPR-Modellgesetz, in die Betrachtung einbezogen.

---

[766] Zu den verfahrensrechtlichen Regelungen für Erbfälle mit Auslandsberührung vgl. von Senger, in: Ferid/Firsching/Dörner/Hausmann, Internationales Erbrecht, VR China, S. 31; von Senger/Xu, IPR Chinas, S. 487 ff.

[767] Zur deutschen Übersetzung des Gesetzestextes vgl. Münzel, IPR Chinas, S. 58, 59; Süß, IPR-Grundzüge Chinas, S. 181, 182.

[768] Zur deutschen Übersetzung des Gesetzestextes vgl. Süß, IPR-Grundzüge Chinas, S. 182-185.

[769] Vgl. Süß, Neues IPR Chinas, S. 788.

a. Allgemeine kollisionsrechtliche Grundsätze

Die allgemeinen Grundzüge der Kollisionsnormen, die für das Internationale Erbrecht des Festlands von Bedeutung sind, lassen sich folgendermaßen wiedergeben.

aa. Rechtsquellen der Kollisionsnormen

Ebenso wie bei den anderen drei Rechtsgebieten lassen sich für das Rechtsgebiet Festland Kollisionsnormen auf internationaler und nationaler Ebene feststellen.

(1) Internationale Rechtsquellen

Auf internationaler Ebene kommen hauptsächlich die internationalen Abkommen, die internationalen Gebräuche und die internationalen Präjudizien als IPR-Rechtsquellen in Betracht.

(a) Internationale Abkommen

Die internationalen Abkommen, die von China abgeschlossen worden sind oder denen China beigetreten ist[770], sind bindend, wie in Art. 142 II AGZ vorgesehen.[771] Daher stellen die internationalen Abkommen einen Teil des chinesischen Internationalen Privatrechts auf dem Festland dar.[772]

(b) Internationale Gebräuche

Auch die internationalen Gebräuche als allgemeine, als Recht anerkannte Übungen (Art. 38 1 (b) des Statuts des Internationalen Gerichtshofs) gehören zu den IPR-Rechtsquellen.[773] Dies kommt in Art. 142 III AGZ eindeutig zum Ausdruck, wonach die internationalen Gebräuche ggf. zur Anwendung ge-

---

[770] Vgl. Fußnote 267, S. 65 für weitere Details.

[771] Dazu auch Süß, IPR-Grundzüge Chinas, S. 31-33; von Senger, in: Ferid/Firsching /Dörner/Hausmann, Internationales Erbrecht, VR China, S. 9, 11.

[772] Vgl. Huang Jin, IPR Chinas, S. 21; Zhu Kepeng, in: Han Depei, Neues IPR, S. 38; Zhang/Zhao, IPR 2002, S. 14; Chen Tung-Pi, IPR Chinas, S. 451.

[773] Vgl. auch Chen Tung-Pi, IPR Chinas, S. 452; Süß, IPR-Grundzüge Chinas, S. 33-35.

bracht werden können. Dabei handelt es sich nicht nur um die internationalen materiellen, sondern auch kollisionsrechtlichen Gebräuche.[774]

(c) Internationale Präjudizien

Ob die vom Internationalen Gerichtshof gefällten Entscheidungen bzw. Präjudizien zu den IPR-Rechtsquellen zählen, ist umstritten.[775] Eine unbedingte Notwendigkeit, diese internationalen Präjudizien als IPR-Rechtsquellen anzusehen, ist auf dem Festland schwer zu finden, vielmehr können sie bestenfalls als Hilfsmittel zur Beurteilung eines Sachverhalts mit ausländischem Einschlag zu Rate gezogen werden.[776]

(d) Rechtslehre und allgemeine Rechtsgrundsätze

Darüber, ob eine bestimmte Rechtslehre als IPR-Rechtsquelle anzusehen ist, gibt es keine einheitliche Meinung. Auf dem Festland ist die Rechtslehre nicht als IPR-Rechtsquelle zu betrachten, obwohl sie einen gewissen Einfluß auf Gesetzgebung und Rechtsprechung ausübt.[777]

Die allgemeinen Rechtsgrundsätze als „die von den Kulturvölkern anerkannten allgemeinen Rechtsgrundsätze“ (Art. 38 1 cc) des Statuts des Internationalen Gerichtshofs) oder als die den Rechtssystemen der Staaten gemeinsamen Rechtsprinzipien[778] sollten auch IPR-Rechtsquellen sein, obgleich keine eindeutige Gesetzesbestimmung darüber auf dem Festland existiert.[779]

(2) Inländische Rechtsquellen

Auf nationaler Ebene stellen sich vor allem die inländischen Gesetzesbestimmungen und nach chinesischem Verständnis auch die Gesetzesauslegung als Rechtsquellen des IPR dar.

---

[774] Vgl. Zhu Kepeng, in: Han Depei, Neues IPR, S. 49.

[775] Vgl. Huang Jin, IPR Chinas, S. 25.

[776] Vgl. Huang Jin, IPR Chinas, S. 25.

[777] So Zhang/Zhao, IPR 2002, S. 16; Huang Jin, IPR Chinas, S. 26.

[778] Vgl. Wang Xianshu/Liu Haishan, Völkerrecht, S. 26, 27.

[779] Vgl. Huang Jin, IPR Chinas, S. 25.

(a) Inländische Gesetzesbestimmungen

Die inländischen Gesetzesbestimmungen als wichtigste und früheste kollisionsrechtliche Quellen[780] sind hauptsächlich in der Verfassung von 1982 (Artt. 18, 32), den AGZ (Artt. 142-150 über Rechtsanwendungen auf Zivilrechtsverhältnisse mit Auslandsbezug), dem ZPG des Festlands (Artt. 237-269 über die besonderen Regeln des Zivilverfahrens mit Auslandsbezug) und dem Erbgesetz (Art. 36)[781] sowie dem Vertragsgesetz (Art. 126) zu finden.

(b) Inländische Präjudizien

Im gegenwärtigen Rechtssystem des Festlands sind die Präjudizien keine Rechtsquellen, und eine Bindungswirkung der Präjudizien wird nicht anerkannt.[782] Deshalb kann die Beurteilung eines Sachverhalts mit Außenbeziehung nicht nach Präjudizien erfolgen.[783]

Dennoch ist die Wirkung der Präjudizien nicht zu übersehen.[784] Vor allem üben sie eine bestimmte Instruktionswirkung auf die Beurteilung eines konkreten Sachverhalts mit Auslandsbezug aus.[785] Angesichts der Sachlage, daß die jetzige IPR-Gesetzgebung der Besonderheit und Komplexität der Sachverhalte mit Außenbeziehungen nicht entspricht, und daß die Präjudizien anerkannt und angewandt werden müssen, wenn das berufene ausländische Recht hauptsächlich aus Präjudizien besteht, ist es nach einer Meinung[786] notwendig, den Präjudizien den Status von IPR-Rechtsquellen

---

780 Vgl. Zhang/Zhao, IPR 2002, S. 13.

781 Dazu auch Süß, IPR-Grundzüge Chinas, S. 27, 28; von Senger, in: Ferid/Firsching /Dörner/Hausmann, Internationales Erbrecht, VR China, S. 13-15.

782 Vgl. dazu Zhu Kepeng, in: Han Depei, Neues IPR, S. 36; Zhang/Zhao, IPR 2002, S. 14; Huang Jin, IPR Chinas, S. 18.

783 Vgl. dazu Zhu Kepeng, in: Han Depei, Neues IPR, S. 36; Zhang/Zhao, IPR 2002, S. 14; Huang Jin, IPR Chinas, S. 18.

784 Ausführlich dazu auch Süß, IPR-Grundzüge Chinas, S. 29, 30.

785 So Zhu Kepeng, in: Han Depei, Neues IPR, S. 36. Die anderen Autoren meinen, daß die Richter die Präjudizien zu Rate ziehen können (so Zhang/Zhao, IPR 2002, S. 14). Im Endergebnis spielen die Präjudizien des OVGH eine tatsächliche Rolle als Rechtsquelle, denn alle anderen Sachverhalte des gleichen Typs werden von den unterstehenden Gerichten nach dem Geist der Präjudizien entschieden.

786 Vgl. Zhu Kepeng, in: Han Depei, Neues IPR, S. 36.

zuzusprechen. Dieser Annahme ist schwerlich zuzustimmen. Zum einen ist darauf hinzuweisen, daß sich die Anerkennung der Präjudizien als Rechtsquellen nur auf die inländischen Präjudizien bezieht. Dagegen hat der Fall, in dem sich das maßgebende ausländische Recht aus ausländischen Präjudizien zusammensetzt, kaum etwas mit der vorliegenden Frage zu tun, denn was das ausländische Recht ausmacht, muß nach dem ausländischen Recht beurteilt werden. Zum anderen ist die unbefriedigende IPR-Sachlage durch die unten zu erörternde Gesetzesauslegung durchaus zu bewältigen. Zudem würde der Umstand, daß die Präjudizien nur im IPR-Bereich als Rechtsquellen angesehen würden, in anderen Bereichen dagegen nicht, dem chinesischen Rechtssystem des Festlands insgesamt nicht gerecht, vor allem würde die Einheitlichkeit des Rechtssystems unnötigerweise zerstört.

(c) Gesetzesauslegung

Die Gesetzesauslegung auf dem Festland ist zur Rechtsquelle geworden.[787] Nach dem Beschluß über die Intensivierung der Gesetzesauslegung[788] sind sechs Organe – der Ständige Ausschuß des Nationalen Volkskongresses, der OVGH, die Oberste VStA, der Staatsrat und seine zuständigen Ministerien, der Ständige Ausschuß des Volkskongresses in den Provinzen, autonomen Gebieten und regierungsunmittelbaren Städten und die zuständigen Regierungsbehörden in den Provinzen, autonomen Gebieten und regierungsunmittelbaren Städten – autorisiert, Gesetze auszulegen.

Dabei ist für eine weitere Differenzierung oder ergänzende Bestimmung im Hinblick auf Gesetze und Verordnungen der Ständige Ausschuß des Nationalen Volkskongresses zuständig; die Fragen zur Rechtsprechung der Gerichte bei der konkreten Anwendung der Gesetze und Verordnungen werden vom OVGH geklärt. Demnach ist zuständig für die Beantwortung von Fragen zur Tätigkeit der Staatsanwaltschaft bei der konkreten Anwendung der Gesetze und Verordnungen die Oberste VStA, die Fragen zur konkreten Anwendung der nicht zur Rechtsprechung und Staatsanwaltschaft gehörenden Gesetze und Verordnungen der Staatsrat und seine zuständigen Ministerien, für die weitere Grenzziehung oder ergänzende Bestimmung für lokale gesetzliche Regeln der Ständige Ausschuß des Volkskongresses in den Provinzen, autonomen Gebieten und regierungsunmittelbaren Städten.

---

[787] Vgl. Huang Jin, IPR Chinas, S. 18; Süß, IPR-Grundzüge Chinas, S. 31; von Senger, in: Ferid/Firsching/Dörner/Hausmann, Internationales Erbrecht, VR China, S. 18.

[788] „Der Beschluß über die Intensivierung der Arbeit in der Gesetzesauslegung" vom Ständigen Ausschuß des Nationalen Volkskongresses vom 10.6.1981.

Schließlich steht die konkrete Anwendung der lokalen gesetzlichen Regeln den zuständigen Regierungsbehörden in den Provinzen, autonomen Gebieten und regierungsunmittelbaren Städten zu.

Diese Untersuchung bezieht sich nur auf die Gesetzesauslegung durch den ständigen Ausschuß des Nationalen Volkskongresses und vor allem durch den OVGH. Das Paradebeispiel hierfür sind die vorher erwähnten Ansichten des OVGH über AGZ, weitere Beispiele sind die Ansichten des OVGH hinsichtlich einiger Fragen zur Durchführung des Erbgesetzes vom 11.9.1985 (im folgenden als „Ansichten des OVGH über Erbgesetz" abgekürzt), die Ansichten des OVGH hinsichtlich einiger Fragen zur Durchführung des ZPG vom 14.7.1992 usw. Die anleitende Gesetzesauslegung wie „Ansichten", „Antworten" oder „Rückvermerke", die als Resümee aus der Rechtspraxis bezüglich der konkreten Probleme in den Rechtsverhältnissen mit Auslandsbezug entstehen, entfaltet Bindungswirkung für Gerichte, Behörden und Individuen und gehört zu den Rechtsquellen des IPR.

Außerdem gibt es hinsichtlich konkreter Fragen lokaler Gerichte die Gesetzesauslegung, die auch in Form von „Antworten", „Rückvermerken" verkündet worden ist, aber wegen fehlender allgemeiner Bedeutung keine Bindungswirkung entfaltet und nicht zu den Rechtsquellen gehört.[789] Für ähnliche Sachverhalte kann sie jedoch bei allen anderen Gerichten leitende und beispielhafte Wirkung entfalten.[790] In praxi wirkt eine derartige Gesetzesauslegung trotzdem de facto als Rechtsquelle, weil sie von den darunterstehenden Gerichten bei ihren Urteilen berücksichtigt wird.

In diesem Zusammenhang sind viele Probleme nicht zu übergehen, die mit der Gesetzesauslegung entstanden sind. Die unvollständigen IPR-Normen des Festlands werden einerseits ergänzt durch die darauf bezogene Gesetzesauslegung. Andererseits ist die genaue Grenzziehung zwischen der als Rechtsquelle betrachteten Gesetzesauslegung und der nicht als Rechtsquelle angesehenen recht schwierig. Tatsächlich läuft es darauf hinaus, daß jede Gesetzesauslegung als Rechtsquelle angesehen wird, obwohl sie mitunter dazu nicht qualifiziert ist. Letzten Endes hat die exzessive Abhängigkeit der Rechtsprechung von einer Vielzahl an Gesetzesauslegungen das IPR-System im Verhältnis Gesetzesbestimmungen und Gesetzesauslegung aus der

---

[789] So Zhu Kepeng, in: Han Depei, Neues IPR, S. 37.

[790] So Zhu Kepeng, in: Han Depei, Neues IPR, S. 37.

Balance gebracht, gewissermaßen die Passivität des Gesetzgebers bei der IPR-Gesetzgebung begünstigt, die Rechtssicherheit der Rechtsanwendung beeinträchtigt und bisweilen die Verworrenheit bei der Rechtsanwendung hervorgerufen.[791] Dies ist in der zukünftigen Kodifikation des ZGB China[792] zu beseitigen.

bb. Grundprinzipien der Kollisionsnormen

Die in den chinesischen Kollisionsnormen des Festlands hervorragenden, den Zeitgeist der modernen chinesischen Gesetzgebung widerspiegelnden Grundsätze, welche anderen Staaten manchmal als eine Selbstverständlichkeit des IPR erscheinen, sind zum Teil ein Ausfluß der bitteren Geschichte im Verhältnis zu den ausländischen Mächten. Konkret prägen sie sich in den unterstehenden sechs Gesichtspunkten aus:

(1) Staatssouveränität

Das Bestehen auf der Staatssouveränität ist das Grundprinzip bei der Behandlung von Rechtsverhältnissen mit Auslandsbezug.[793] Das aus dem Völkerrecht stammende, unteilbare und unübertragbare Prinzip der Staatssouveränität bezeichnet die Befugnis eines Staates, seine inneren und äußeren Angelegenheiten – z.B. Gesetzgebung und Rechtspflege – selbständig und ohne Unterwerfung unter einen fremden Willen zu regeln. Es genießt national die höchste Priorität und setzt international die Gleichheit und Unabhängigkeit gegenüber anderen Staaten voraus[794]. Das Festhalten an der Staatssouveränität ist daher der Dreh- und Angelpunkt in das Funktionieren eines selbständigen IPR-Systems, was aus der Exterritorialität[795] und der Rechtsanwendungsverordnung[796] – der geschichtlichen Entwicklung

[791] Vgl. auch Ding Wei, Rückblick und Ausblick der IPR-Gesetzgebung, S. 12-14.

[792] Vgl. dazu die zukünftige Entwicklung des chinesischen Internationalen Privatrechts im Teil D, II, 1, a, S. 258 f.

[793] So Xu Donggen/Xue Fan, IPR-Vervollkommnung, S. 121; Zhang/Zhao, IPR 2002, S. 16.

[794] So Xu Donggen/Xue Fan, IPR-Vervollkommnung, S. 121.

[795] Zur geschichtlichen Entwicklung der Exterritorialität siehe: Teil B, II, 3, b, S. 35 ff.

[796] Zur geschichtlichen Entwicklung der Rechtsanwendungsverordnung siehe: Teil B, II, 3, c, S. 41 ff. und 4, b, S. 57 f.

Chinas – zu schließen ist[797], obwohl die Staatssouveränität an sich eine Selbstverständlichkeit des IPR ausmacht.

Dem Souveränitätsprinzip entsprechend sollte ein Staat die Rechtsetzung und Rechtspflege eines anderen Staates beachten, indem in bezug auf die Rechtspflege jedem souveränen Staat innerhalb seines Hoheitsgebietes eine alleinige unabhängige Jurisdiktion zusteht und einem Ausländer kein der Souveränität der Rechtspflege zuwiderlaufendes Sonderrecht auf dem Hoheitsgebiet dieses Staates gebührt.[798] Dementsprechend wird bei der Rechtsanwendung einerseits das inländische Recht bevorzugt und andererseits ausländisches Recht unter bestimmten Voraussetzungen angewandt und anerkannt.[799] Folglich bestimmt Art. 32 der chinesischen Verfassung ausdrücklich, daß die legitimen Rechte und Interessen eines Ausländers, der sich auf chinesischem Territorium aufhält, geschützt werden[800] und sich ein in China befindlicher Ausländer an das chinesische Recht halten muß.

(2) Gleichheit und gegenseitiger Vorteil

Ein weiterer Grundgedanke bei der Behandlung von Rechtsverhältnissen mit Auslandsbezug ist das Prinzip der Gleichheit und des gegenseitigen Vorteils.[801] Es handelt sich um ein Grundprinzip im internationalen Verkehr, das besagt, daß die Staaten ungeachtet ihrer Stärke rechtlich untereinander gleich sind und wirtschaftlich voneinander profitieren.[802] Demnach genießen die Beteiligten dieses Rechtsverhältnisses, seien es natürliche oder juristische Personen oder auch Staaten, den gleichen rechtlichen Status.[803] Demzufolge profitieren sie aufgrund gleicher Rechte und Pflichten von gegen-

---

[797] Vgl. auch dazu Xu Donggen/Xue Fan, IPR-Vervollkommnung, S. 121, 122; Süß, IPR-Grundzüge Chinas, S. 44, 45.

[798] Vgl. Zhang/Zhao, IPR 2002, S. 16; Xu Donggen/Xue Fan, IPR-Vervollkommnung, S. 122.

[799] Vgl. Zhang/Zhao, IPR 2002, S. 16; Xu Donggen/Xue Fan, IPR-Vervollkommnung, S. 122.

[800] Vgl. auch von Senger, in: Ferid/Firsching/Dörner/Hausmann, Internationales Erbrecht, VR China, S. 32.

[801] Vgl. auch Chen Tung-Pi, IPR Chinas, S. 458.

[802] Vgl. Zhang/Zhao, IPR 2002, S. 17; Xu Donggen/Xue Fan, IPR-Vervollkommnung, S. 123.

[803] Vgl. Zhang/Zhao, IPR 2002, S. 17; Xu Donggen/Xue Fan, IPR-Vervollkommnung, S. 123.

seitigen wirtschaftlichen Beziehungen, besitzen kein Sonderrecht gegenüber der Gegenpartei und beeinträchtigen nicht die Interessen der Gegenpartei aufgrund des wirtschaftlichen Gefälles.[804] In diesem IPR-Grundsatz nimmt die Gegenseitigkeit eine besondere Stellung ein, indem der gegenseitige Vorteil nur auf der Basis der Gleichheit entsteht und eine echte Gleichheit auch auf dem gegenseitigen Vorteil beruht.[805]

Dieser Grundsatz hat sein Niederschlag mehrmals im Gesetz gefunden, so wie im vorher erwähnten Art. 32 der chinesischen Verfassung, ferner in Art. 18 II der chinesischen Verfassung, der vorschreibt, daß sich die in China befindlichen ausländischen Unternehmen und anderen ausländischen Wirtschaftsorganisationen sowie die sino-ausländischen Gemeinschaftsunternehmen an das chinesische Recht halten müssen und ihre legitimen Rechte und Interessen in China vom chinesischen Recht geschützt werden, und weiter in Art. 3 AGZ, der besagt, daß der Status der Beteiligten bei zivilen Rechtsgeschäften gleich ist[806].

Dieser Grundsatz schlägt sich auch in der kollisionsrechtlichen Rechtsanwendung nieder, indem ein ausländisches Recht unter bestimmten Umständen Anwendung findet.[807] Hier zeigen sich die Ebenbürtigkeit des inländischen und ausländischen Rechts und die Berücksichtigung des gegenseitigen Vorteils.[808]

(3) Vorrang der Anwendung der internationalen Abkommen

Der Vorrang der internationalen Abkommen gegenüber dem inländischen Recht ist ein Grundprinzip des chinesischen Internationalen Privatrechts des Festlands.

Dementsprechend legt Art. 36 III Erbgesetz fest, daß, wenn ein Abkommen zwischen China und einem Ausland existiert, die Erbfolge demgemäß zu

---

[804] Vgl. Zhang/Zhao, IPR 2002, S. 17; Xu Donggen/Xue Fan, IPR-Vervollkommnung, S. 123.

[805] So Xu Donggen/Xue Fan, IPR-Vervollkommnung, S. 123; Süß, IPR-Grundzüge Chinas, S. 46-48.

[806] Vgl. auch von Senger, in: Ferid/Firsching/Dörner/Hausmann, Internationales Erbrecht, VR China, S. 32.

[807] Vgl. Xu Donggen/Xue Fan, IPR-Vervollkommnung, S. 126.

[808] So auch Xu Donggen/Xue Fan, IPR-Vervollkommnung, S. 126.

erfolgen hat. Darüber hinaus schreibt Art. 142 II AGZ vor, daß, wenn die Bestimmung eines internationalen Abkommens, das von China abgeschlossen worden ist oder dem China beigetreten ist, von einer Bestimmung des chinesischen Zivilrechts abweicht, die Bestimmung des internationalen Abkommens Vorrang genießt. Nach herrschender Ansicht gilt dies sowohl für die Sach- wie auch für die Kollisionsnormen der chinesischen Rechtsordnung, bei internationalen Abkommen handelt es sich daher um solche von sowohl kollisionsrechtlicher als auch sachrechtlicher Natur.[809]

Allerdings sind dem Vorrang internationaler Abkommen zwei Grenzen gesetzt. Zum einen ist die Anwendung einer Bestimmung aus solchem Abkommen ausgeschlossen, wenn China gegenüber dieser Bestimmung einen Vorbehalt erklärt hat, so Art. 142 II S. 2 AGZ. Zum anderen wird eine Regelung des Abkommens nicht zur Anwendung gebracht, wenn ihre Anwendung offensichtlich zu einem Verstoß gegen den ordre public führt (Art. 150 AGZ).[810]

(4) Lückenschließung durch internationale Gebräuche

Angesichts des chinesischen IPR-Entwicklungszustandes auf dem Festland und in Anbetracht der Tatsache, daß neben der Unvollständigkeit der IPR-Normierung die Zahl der internationalen Abkommen, die von China abgeschlossen worden sind oder denen China beigetreten ist, relativ gering ist, hat sich das Prinzip der Lückenfüllung durch internationale Gebräuche entwickelt.[811] Demzufolge können internationale Gebräuche zur Anwendung gebracht werden, wenn keine entsprechende Bestimmung im inländischen Recht und in den von China abgeschlossenen internationalen Abkommen zu finden ist (Art. 142 III AGZ). Bei internationalen Gebräuchen – den von allen Staaten akzeptierten ungeschriebenen verbindlichen Regeln[812]

---

[809] Vgl. Xu Donggen/Xue Fan, IPR-Vervollkommnung, S. 128, 135; Huang Jin, IPR Chinas, S. 22, 23; Zhu Kepeng, in: Han Depei, Neues IPR, S. 45.

[810] Dazu auch Xu Donggen/Xue Fan, IPR-Vervollkommnung, S. 131. Nähere Informationen zum ordre public siehe: Teil C, I, 4, a, ii, S. 204 f.

[811] Vgl. Xu Donggen/Xue Fan, IPR-Vervollkommnung, S. 132; Zhang/Zhao, IPR 2002, S. 17.

[812] Vgl. Xu Donggen/Xue Fan, IPR-Vervollkommnung, S. 132.

– geht es nach herrschender Ansicht um sowohl solche sach- als auch kollisionsrechtlichen Charakters.[813]

(5) Prinzip der engsten Verbindung

Der Grundsatz der engsten Verbindung – die Anwendung des Rechts, zu dem ein Sachverhalt die engste Verbindung aufweist –, der die Rechtsanwendung flexibler, objektiver und rationaler macht[814], findet im chinesischen Internationalen Privatrecht des Festlands mehrfach seinen Niederschlag. Die Anwendung dieses Prinzips umfaßt zahlreiche rechtliche Bereiche wie die Vertragsbeziehungen, die Staatsangehörigkeit, den Wohnsitz, den Geschäftsort, den Unterhalt, die Rechtsanwendung bei mehreren Rechtsordnungen usw.[815]

(6) Schutz der legitimen Interessen der Parteien

Das Ziel und die Aufgabe der Kollisionsnormen liegen darin, die legitimen Interessen der Beteiligten innerhalb eines Rechtsverhältnisses gerecht zu schützen[816], damit ein faires Resultat der Konfliktlösung erzielt werden und sich der zivil- und handelsrechtliche Verkehr weiterentwickeln kann.

Unter dem Schutz der legitimen Interessen der Beteiligten ist selbstverständlich auch der Schutz der Interessen der Schwächeren, zumal der Verbraucher zu verstehen.[817] Denn es kommt häufig vor, daß innerhalb eines Rechtsverhältnisses mit Auslandsbezug die schwächeren Parteien – die Verbraucher – benachteiligt werden.[818] Deshalb kann der kollisionsrechtliche Verbraucherschutz durch die Anwendung des Rechts des Verbraucherwohnsitzes, eine Beschränkung oder sogar einen Ausschluß der Rechtswahl (auch den ordre public oder die unmittelbare Anwendung bestimmter Zwangsregelungen) und so fort erfolgen.[819]

---

[813] So Xu Donggen/Xue Fan, IPR-Vervollkommnung, S. 135; Zhu Kepeng, in: Han Depei, Neues IPR, S. 49; Huang Jin, IPR Chinas, S. 23-25; Zhang/Zhao, IPR 2002, S. 15.

[814] Vgl. Xu Donggen/Xue Fan, IPR-Vervollkommnung, S. 139.

[815] Dazu auch Süß, IPR-Grundzüge Chinas, S. 117.

[816] So Zhang/Zhao, IPR 2002, S. 17.

[817] Vgl. dazu Xu Donggen/Xue Fan, IPR-Vervollkommnung, S. 145.

[818] Vgl. dazu Xu Donggen/Xue Fan, IPR-Vervollkommnung, S. 145.

[819] Vgl. dazu Xu Donggen/Xue Fan, IPR-Vervollkommnung, S. 147-150.

Jedoch findet der kollisionsrechtliche Schutz der legitimen Interessen der Verbraucher in der gegenwärtigen IPR-Normierung keine Erwähnung. Dennoch zeichnet sich ein kollisionsrechtlicher Trend in dieser Richtung im IPR-Modellgesetz[820] ab. So sind z.B. die chinesischen Gerichte für eine Klage aus einem Verbraucherkonflikt zuständig, wenn der Wohnsitz oder der gewöhnliche Aufenthalt des Verbrauchers in China liegt (Art. 31 IPR-Modellgesetz). Weiterhin soll die lex loci delicti maßgebend sein, wenn in bezug auf den Schadensersatz aus Produkthaftung der Deliktsort zugleich der Wohnsitz bzw. der gewöhnliche Aufenthalt des unmittelbar Geschädigten ist oder der Ort der Hauptverwaltung bzw. des Geschäfts des beanspruchten Verantwortungsträgers oder der Ort, an dem der unmittelbar Geschädigte das Produkt übergeben bekommen hat (Art. 121 I IPR-Modellgesetz). Das Recht des Wohnsitzes bzw. des gewöhnlichen Aufenthalts des unmittelbar Geschädigten hinsichtlich des Schadensersatzes aus Produkthaftung kann auch maßgeblich sein, wenn der Wohnsitz oder gewöhnliche Aufenthalt des unmittelbar Geschädigten zugleich der Ort der Hauptverwaltung bzw. des Geschäfts des beanspruchten Verantwortungsträgers ist oder der Ort, an dem der unmittelbar Geschädigte das Produkt übergeben bekommen hat (Art. 121 II IPR-Modellgesetz).

(7) Festlegung der kollisionsrechtlichen Grundprinzipien im IPR-Modellgesetz

Die kollisionsrechtlichen Grundprinzipien der chinesischen IPR-Wissenschaft finden ihren Ausdruck in Art. 1 IPR-Modellgesetz. Demnach liegen die Grundsätze und das Ziel des IPR darin, die zivil- und handelsrechtlichen Konflikte gerecht und rational zu lösen, die gewöhnliche Entwicklung der internationalen zivil- und handelsrechtlichen Verhältnisse zu fördern und die legitimen Interessen der Beteiligten im auf Gleichheit und gegenseitigem Vorteil aufbauenden internationalen zivil- und handelsrechtlichen Verkehr zu schützen (Art. 1 IPR-Modellgesetz). So enthält das IPR-Modellgesetz die kollisionsrechtlichen Grundprinzipien der Gleichheit und des gegenseitigen Vorteils, des Schutzes der legitimen Interessen der Beteiligten, der gerechten Lösung der zivilrechtlichen Konflikte und der Förderung der geordneten Entwicklung der internationalen zivil- und handelsrechtlichen Verhältnisse.[821]

[820] Zur Entstehungsgeschichte des IPR-Modellgesetzes siehe: Teil B, II, 4, c, bb, S. 62 ff.

[821] Dazu auch Zhang/Zhao, IPR 2002, S. 18.

cc. Gegenstand der Kollisionsnormen

Die zivil- und handelsrechtlichen Verhältnisse mit Auslandsbezug – die Vermögensverhältnisse und die persönlichen Verhältnisse zwischen gleichberechtigten Subjekten – stellen den Gegenstand der Kollisionsnormen dar,[822] indem innerhalb eines Rechtsverhältnisses mindestens eines der drei Elemente – Subjekt, Objekt und Inhalt (Rechte und Pflichten) – eine Auslandsbeziehung aufweist.[823]

Konkret liegt ein Zivilrechtsverhältnis mit ausländischem Einschlag vor, wenn eine oder beide Parteien des Zivilrechtsverhältnisses Ausländer, Staatenlose oder ausländische juristische Person sind, wenn sich der Gegenstand des Zivilrechtsverhältnisses im Ausland befindet oder wenn sich die zur Entstehung, Veränderung oder Auflösung eines Rechte-Pflichten-Verhältnisses führende Rechtstatsache im Ausland ereignet (Art. 178 der Ansichten des OVGH über AGZ).[824]

dd. Qualifikation

Nach welchem Kriterium das bei der Anwendung ausländischen Rechts zunächst auftauchende Problem der Qualifikation gelöst werden soll, ist umstritten. Dabei geht es um die Feststellung der Reichweite einer Kollisionsnorm bei der Einordnung eines Sachverhalts mit Auslandsbezug in ein Rechtssystem und in eine bestimmte Rechtskategorie sowie um die Auslegung des Umfangs oder des Gegenstandes einer bestimmten Kollisionsnorm.[825]

In bezug auf die Qualifikation fehlt eine gesetzliche Bestimmung.[826] Die Lehre besagt, daß die Qualifikation hauptsächlich nach der lex fori, ergänzenderweise nach dem Recht, zu dem der Sachverhalt die engste Verbindung

---

[822] Vgl. auch Süß, IPR-Grundzüge Chinas, S. 1.

[823] Vgl. dazu auch Huang Jin, IPR Chinas, S. 3; Zhang/Zhao, IPR 2002, S. 1; Huang Jin, in: Han Depei, Neues IPR, S. 3; Young, IPR Chinas, S. 343.

[824] Vgl. dazu Süß, IPR-Grundzüge Chinas, S. 2.

[825] Vgl. Huang Jin, IPR Chinas, S. 109; Xiao Yongping, in: Han Depei, Neues IPR, S. 173; Zhang/Zhao, IPR 2002, S. 55.

[826] Vgl. auch Young, IPR Chinas, S. 343.

aufweist, stattfinden sollte.[827] Nach Art. 9 S. 1 IPR-Modellgesetz soll sich die Qualifikation eines Zivilrechtsverhältnisses mit internationalem Einschlag zuerst nach der lex fori richten. Aber wenn eine Qualifikation anhand der lex fori nicht möglich ist, kann das womöglich wahlweise anwendbare Recht zu Rate gezogen werden (Art. 9 S. 2 IPR-Modellgesetz).

ee. Vorfrage

Wenn die Behandlung eines Sachverhalts mit Auslandsbezug von der Beantwortung einer anderen Frage abhängt, stellt sich das Problem, ob diese Vorfrage nach den Kollisionsnormen der für den Sachverhalt geltenden lex causae oder nach denjenigen der lex fori zuerst zu beantworten ist.

Dazu gibt es keine gesetzliche Regelung. Die in Art. 15 IPR-Modellgesetz verankerte herrschende Lehre[828] nimmt eine vermittelnde Stellung ein: Die Anknüpfung einer Vorfrage soll sich nach der Natur des auf diese Vorfrage bezogenen Rechtsverhältnisses richten. Dies bedeutet, daß eine Anknüpfung nach beiden Rechten – der in der Sache geltenden lex causae und der lex fori – in Betracht kommen kann, wobei es auf den Schwerpunkt des Rechtsverhältnisses ankommt, also darauf, zu welchem der beiden Rechte das Rechtsverhältnis seiner Natur nach eine engere Verbindung aufweist.[829]

ff. Renvoi

Ob ein Renvoi bei kollisionsrechtlicher Rechtsanwendung auf dem Festland zu beachten ist, bleibt umstritten.[830]

Nach herrschender Meinung[831] ist die Antwort darauf negativ. Denn die entsprechende Gesetzesauslegung sagt eindeutig aus, daß das anzuwendende

---

[827] Vgl. Huang Jin, IPR Chinas, S. 112; Xiao Yongping, in: Han Depei, Neues IPR, S. 181; Süß, IPR-Grundzüge Chinas, S. 65.

[828] Vgl. dazu auch Zhang/Zhao, IPR 2002, S. 64; Xiao Yongping, in: Han Depei, Neues IPR, S. 194.

[829] Vgl. dazu auch Zhang/Zhao, IPR 2002, S. 64; Xiao Yongping, in: Han Depei, Neues IPR, S. 194.

[830] Vgl. dazu Münzel, IPR Chinas, S. 48; ausführlich vgl. Süß, IPR-Grundzüge Chinas, S. 79-85.

[831] Gegen den Renvoi vgl. Li Haopei, Ausgewählte Werke, S. 89; Huang Jin, IPR Chinas, S. 120; Zhang/Zhao, IPR 2002, S. 74; Liu Xiangshu, IPR-Fragen, S. 156; Yu Xianyu, Kollisionsrecht, S. 127; Liu Renshan, IPR, S. 146; Zhang Xiaojian, IPR, S. 178. Für den

materielle Recht in Gemäßheit der im achten Kapitel der AGZ befindlichen Kollisionsnormen festgestellt werden soll, wenn ein Volksgericht über einen Sachverhalt mit Auslandsbezug zu entscheiden hat (Art. 178 II der Ansichten des OVGH über AGZ).

Diese absolut negative Haltung gegenüber dem Renvoi hat sich allerdings in der IPR-Wissenschaft ein bißchen gelockert. Nach Art. 8 I IPR-Modellgesetz ist die anzuwendende Bestimmung, vorbehaltlich einer anderslautenden Regelung, nicht die Kollisionsnorm, sondern die Sachnorm des gegenwärtig geltenden Rechts. Allerdings soll die Rückverweisung im Bereich persönlichen Status durch eine ausländische Kollisionsnorm auf das Recht der VR China akzeptiert werden (Art. 8 II IPR-Modellgesetz).[832]

gg. Gesetzesumgehung

Hinsichtlich der Gesetzesumgehung fehlt auf dem Festland eine Normierung. Jedoch hat die Gesetzesauslegung der Rechtspraxis eine bestimmte Richtung gegeben: Die Anwendung ausländischen Rechts unter Umgehung der inländischen zwingenden Normen bzw. Verbotsnormen soll nicht stattfinden (Art. 194 der Ansichten des OVGH über AGZ).[833] Die Umgehung der inländischen zwingenden Normen bzw. Verbotsnormen entfaltet also keine Wirkung. Ebenso schreibt Art. 13 IPR-Modellgesetz vor, daß das Recht, das die Beteiligten anzuwenden versuchen, nicht zur Anwendung kommt, wenn die Beteiligten die zwingenden Normen oder Verbotsnormen der VR China vorsätzlich umgehen.[834]

Dagegen bleibt die Frage, wie vorzugehen ist, wenn ein ausländisches Recht umgangen wird, unbeantwortet. Dazu meinen einige Autoren, daß die Umgehung einer ausländischen gerechten und rationalen Regelung nichtig ist und die Umgehung einer ausländischen ungerechten Regelung dahingegen möglich sein sollte.[835] Aber es ist recht schwer, die richtigen Maßstäbe für

---

Renvoi vgl. Han Depei, Ausgewählte Werke, S. 27, 28; Huang Jin, IPR, S. 268; Xiao Yongqing, in: Han Depei, Neues IPR, S. 191; Li Wang, Neues IPR, S. 125; Chen Tung-Pi, IPR Chinas, S. 452, 453.

[832] Vgl. auch Zhang/Zhao, IPR 2002, S. 74; Liu Renshan, IPR, S. 146. Dazu vgl. auch die zukünftige Entwicklung im Teil D, II, 1, b, S. 259 f. und d (Art. 1), S. 270.

[833] Vgl. auch Chen Tung-Pi, IPR Chinas, S. 458, 459.

[834] Vgl. auch Young, IPR Chinas, S. 343; Süß, IPR-Grundzüge Chinas, S. 77.

[835] So Xiao Yongping, in: Han Depei, Neues IPR, S. 199; Huang Jin, IPR Chinas, S. 136; Chen Tung-Pi, IPR Chinas, S. 459; Süß, IPR-Grundzüge Chinas, S. 78.

die Bewertung zu finden, ob eine konkrete ausländische Bestimmung gerecht oder ungerecht ist. Vielmehr sollte das Resultat der Gesetzesumgehung dieser ausländischen Bestimmung den Ausschlag geben. Demnach sollte eine Umgehung nichtig sein, wenn aus ihr die Verletzung eines der oben genannten IPR-Grundprinzipien folgt.

hh. Ermittlung und Auslegung ausländischen Rechts

Die bei der Feststellung bzw. Auslegung einer ausländischen Bestimmung involvierten Fragen – wie eine ausländische Regelung zu ermitteln ist, was an die Stelle einer ausländischen Bestimmung tritt, wenn sie inhaltlich nicht feststellbar ist, wie im Falle der falschen Anwendung einer ausländischen Regelung zu verfahren sein soll – sind wie folgt zu beantworten.[836]

Auf dem Festland werden zivil- und handelsrechtliche Sachverhalte mit Auslandsbezug von einem Volksgericht auf der Basis der Tatsachen und nach der Richtschnur des Rechts entschieden (Art. 7 ZPG des Festlands). So obliegt dem Gericht einerseits die Aufgabe, den Inhalt einer ausländischen Regelung zu ermitteln, andererseits haben die Beteiligten auch die Pflicht, die betreffende ausländische Bestimmung zu beweisen.[837] Trotz der fehlenden gesetzlichen Normierung dazu ist nach der Gesetzesauslegung die anzuwendende ausländische Bestimmung, ohne ihre entsprechende Qualifizierung als Recht oder Tatsache, beizubringen

1. von den Beteiligten,
2. vom zentralen Organ eines Staates, der ein Rechtshilfeabkommen mit China abgeschlossen hat,
3. von der chinesischen Botschaft und dem chinesischen Konsulat in diesem betreffenden Staat,
4. von der betreffenden ausländischen Botschaft in China oder
5. von den inländischen und ausländischen Juristen (Art. 193 S. 1 der Ansichten des OVGH über AGZ).[838]

Die Auslegung einer ausländischen Regelung soll sich gemäß Art. 11 IPR-Modellgesetz nach dem ausländischen Recht und seinen Auslegungsregeln richten.[839]

---

[836] Vgl. auch Chen Tung-Pi, IPR Chinas, S. 459, 460.

[837] So Huang Jin, IPR Chinas, S. 126, 127.

[838] Vgl. auch Young, IPR Chinas, S. 344.

Wenn eine ausländische Bestimmung im Endergebnis nicht ermittelt werden kann, tritt nach der Rechtspraxis die inländische Regelung an die Stelle. Also ist das Recht der VR China anzuwenden, wenn eine ausländische Vorschrift durch die vorher erwähnten Wege nicht feststellbar ist (Art. 193 S. 2 der Ansichten des OVGH über AGZ).

Wenn eine ausländische Regelung nicht richtig angewandt worden ist, sei es durch falsche Anwendung einer inländischen Kollisionsnorm, sei es durch falsche Anwendung der ausländischen Sachnorm selbst, können die Beteiligten entsprechend dem Prinzip, daß jeder Fehler bei der Rechtsanwendung korrigiert werden muß, Berufung einlegen, und der Fall wird in der zweiten Instanz direkt vom Berufungsgericht entschieden (Artt. 151, 153 ZPG des Festlands).

ii. Ordre public

Das System des ordre public[840] im Rechtsgebiet Festland ist relativ gut entwickelt.[841] So darf das anzuwendende ausländische Recht oder die dementsprechend anzuwendende internationale Gewohnheit nicht gegen die sozialen öffentlichen Interessen der VR China verstoßen (Art. 150 AGZ). Dies bedeutet, daß sich die ordre-public-Regelung aufgrund ihrer unmittelbar einschränkenden Wirkung nicht nur gegen ausländisches Recht, sondern auch gegen internationale Gebräuche richtet.[842] Ähnlich schreibt auch Art.

---

839 Vgl. auch Huang Jin, IPR Chinas, S. 126.

840 Vgl. dazu auch Chen Tung-Pi, IPR Chinas, S. 454-456.

841 Die erste Regelung über den ordre public war in den „Ansichten über die Fragen hinsichtlich der Ehe zwischen Chinesen und ausländischen Mitbürgern und der Ehe zwischen den ausländischen Mitbürgern" vom Rechtsausschuß der Zentralregierung von 11.1950 enthalten, die besagten, daß das Heimatrecht der Beteiligten insoweit anzuwenden war, als die Anwendung nicht gegen die öffentliche Ordnung, die öffentlichen Interessen und die gegenwärtige fundamentale Politik verstieß. Anschließend wurde in Art. 204 ZPG China von 1982 und Art. 268 ZPG China von 1991 vorgeschrieben, daß die von den ausländischen Gerichten zur Vollstreckung beauftragten Entscheide und Beschlüsse anerkannt werden, wenn sie nicht gegen die Rechtsgrundsätze, Staatsinteressen oder soziale Interessen verstoßen. Artt. 4, 9 des Wirtschaftsgesetzes mit Auslandsbezug von 1985 besagten, daß die Vertragsschließung den sozialen öffentlichen Interessen nicht schaden durfte und der gegen das chinesische Recht und die sozialen öffentlichen Interessen verstoßende Vertrag nichtig war.

842 Vgl. Xiao Yongping, in: Han Depei, Neues IPR, S. 217; Huang Jin, IPR Chinas, S. 133.

14 IPR-Modellgesetz vor, daß das berufene ausländische Recht nicht zur Anwendung kommt, wenn das Ergebnis der Anwendung offensichtlich gegen den ordre public der VR China verstößt. Der Unterschied zwischen den beiden Bestimmungen liegt darin, daß im letzteren Fall der Geist des chinesischen ordre public klarer zum Ausdruck kommt.

Das Eingreifen des ordre public ist flexibel und unterliegt dem richterlichen Ermessen.[843] Generell kann auf den ordre public zurückgegriffen werden, wenn die Anwendung eines ausländischen Rechts bzw. einer internationalen Gewohnheit

1. dem Geist der Verfassung widerspricht,
2. der Staatseinheit, der Solidarität der chinesischen Nation und der Staatssouveränität und -sicherheit schädlich ist,
3. gegen die Grundprinzipien einer rechtlichen Teildisziplin verstößt oder
4. gegen die aus den internationalen Abkommen stammenden Verpflichtungen oder das im Völkerrecht anerkannte Prinzip der Gerechtigkeit ist,

oder wenn das chinesische Recht ohne Grund von einem ausländischen Recht nicht anerkannt wird, wobei der ordre public aus Vergeltung eingreift.[844]

jj. Rechtsanwendung bei mehreren Rechtsordnungen

Über die Rechtsanwendung bei mehreren Rechtsordnungen gibt es auf dem Festland wiederum keine gesetzliche Normierung. In der Rechtspraxis richtet sich das maßgebliche Recht nach dem Interlokalen Recht des jeweiligen ausländischen Staates, wenn es innerhalb des berufenen ausländischen Rechts mehrere Rechtsordnungen gibt (Art. 192 S. 1 der Ansichten des OVGH über AGZ). Fehlt ein solches Interlokales Recht, so ist die Rechtsordnung maßgebend, zu der der Sachverhalt die engste Verbindung aufweist (Art. 192 S. 2 der Ansichten des OVGH über AGZ).[845] In eine

---

843 So Xiao Yongping, in: Han Depei, Neues IPR, S. 222.

844 Vgl. Xiao Yongping, in: Han Depei, Neues IPR, S. 222; Süß, IPR-Grundzüge Chinas, S. 71, 72.

845 Vgl. auch Young, IPP Chinas, S. 344; Süß, IPR-Grundzüge Chinas, S. 89.

ähnliche Richtung geht auch Art. 16 IPR-Modellgesetz. Zusätzlich ist in diesem Artikel der interpersonale Faktor[846] enthalten.

kk. Lex causae für die Geschäftsfähigkeit einer natürlichen Person

Gemäß Art. 143 AGZ kann sich die Geschäftsfähigkeit eines chinesischen Staatsbürgers, der sich in einem ausländischen Staat niedergelassen hat, nach dem Recht des Niederlassungsstaates richten.[847] Genauer betrachtet bestimmt sich die Geschäftsfähigkeit eines solchen chinesischen Staatsbürgers nach dem chinesischen Recht, wenn das Rechtsgeschäft in China vorgenommen worden ist (Art. 179 Halbsatz 1 der Ansichten des OVGH über AGZ). Seine Geschäftsfähigkeit kann sich jedoch nach dem Recht des Niederlassungsstaates richten, wenn das Rechtsgeschäft dort vorgenommen wurde (Art. 179 Halbsatz 2 der Ansichten des OVGH über AGZ). Ein Ausländer soll als geschäftsfähig angesehen werden, wenn er bei einem von ihm in China vorgenommenen Rechtsgeschäft nach seinem Heimatrecht als geschäftsunfähig, aber nach chinesischem Recht als geschäftsfähig anzusehen ist (Art. 180 der Ansichten des OVGH über AGZ). Die Geschäftsfähigkeit eines Staatenlosen beurteilt sich nach dem Recht des Niederlassungsstaates[848] oder nach dem Recht des Staates, wo er wohnt, wenn er sich dort nicht niedergelassen hat (Art. 181 der Ansichten des OVGH über AGZ).

---

[846] Art. 16 [Interlokale und interpersonale Rechtskollisionen]

> Wenn gemäß diesem Gesetz ein ausländisches Recht anzuwenden ist, aber innerhalb dieses ausländischen Staats die Gesetzesbestimmungen interlokal oder interpersonal unterschiedlich sind, ist das anwendbare Recht nach den die inländischen Rechtskollisionen regelnden Bestimmungen des ausländischen Rechts festzustellen. Mangels solcher Bestimmungen in diesem ausländischen Recht ist das Recht unmittelbar maßgeblich, das die engste Verbindung zu dem internationalen zivil- und handelsrechtlichen Verhältnis aufweist.

[847] Dazu auch Münzel, IPR Chinas, S. 48.

[848] Unter der Niederlassung versteht man das Ansiedeln an einem Ort bzw. in einem Land mit dem Willen, dort mit der erworbenen Berechtigung für eine längere Zeit zu wohnen und zu leben. Bei dieser Bestimmung geht es um die Maßgeblichkeit des Wohnsitzrechts. Wenn jemand sich in einem Land niedergelassen hat, dann ist das Recht des Niederlassungsstaates identisch mit dem Wohnsitzrecht. Wenn er sich dort noch nicht angesiedelt hat, ist das Recht des Landes, wo er wohnt, das Wohnsitzrecht.

ll. Feststellung des Heimatrechts

Das Heimatrecht eines Ausländers mit zwei oder mehr Staatsangehörigkeiten ist das Recht seines Wohnsitzes oder das Recht, mit dem er am engsten verbunden ist (Art. 182 der Ansichten des OVGH über AGZ). Wenn der Wohnsitz des Beteiligten nicht bekannt oder nicht feststellbar ist, wird sein gewöhnlicher Aufenthalt als sein Wohnsitz angesehen (Art. 183 S. 1 der Ansichten des OVGH über AGZ). Wenn der Beteiligte mehrere Wohnsitze hat, ist der Wohnsitz, zu dem das betreffende Zivilrechtsverhältnis die engste Verbindung aufweist, als sein Wohnsitz anzusehen (Art. 183 S. 2 der Ansichten des OVGH über AGZ).

b. Internationale Erbkollisionsnormen

Auf dem Rechtsgebiet Festland stellt das Internationale Erbrecht ein andersartiges Bild dar. Ähnlich wie in Hongkong herrscht auf dem Festland Nachlaßspaltung vor.[849] Eine Normierung der erbrechtlichen Kollisionsnormen für die gewillkürte Erbfolge fehlt. Das Internationale Erbrecht befindet sich wie das IPR insgesamt auf dem Festland gegenwärtig in einem Prozeß schneller Entwicklung.

aa. Grundsatz der Nachlaßspaltung

Auf dem Festland herrscht die Nachlaßspaltung zwischen beweglichem und unbeweglichem Nachlaßvermögen vor.[850] Dieser Grundsatz ist im Laufe der Entwicklung des Internationalen Erbrechts nicht aufgegeben, sondern verfeinert worden.[851]

An der Nachlaßspaltung ist auf dem Festland seit der Gründung der neuen Republik beständig festgehalten worden. Der Grundsatz der Nachlaßspaltung findet sich zunächst in der frühesten erbrechtlichen Kollisionsregelung, „dem Prinzip in bezug auf die Disposition der Erbschaft eines Ausländers“ vom 28.9.1954, wonach sich das unbewegliche Vermögen der in China befindlichen Erbschaft nach dem chinesischen Recht bestimmte und sich das bewegliche Vermögen unter dem Prinzip des gegenseitigen

---

[849] Vgl. dazu Chen Tung-Pi, IPR Chinas, S. 476.

[850] Vgl. dazu auch Young, IPR Chinas, S. 345; von Senger, in: Ferid/Firsching/Dörner /Hausmann, Internationales Erbrecht, VR China, S. 33.

[851] Zur zukünftigen Richtungsänderung des Internationalen Erbrechts in Richtung Nachlaßeinheit vgl. Teil D, II, 1, c, aa, (1), S. 260 ff.

Vorteils nach dem Heimatrecht des Erblassers beim Tod richtete. Des weiteren ist die Nachlaßspaltung in Art. 36 I, II Erbgesetz[852] vom 10.4.1985 zu finden, der festlegt, daß das bewegliche Vermögen dem Wohnsitzrecht des Erblassers unterliegt und das unbewegliche Vermögen der lex rei sitae, wenn ein chinesischer Staatsbürger einen außerhalb der VR China befindlichen Nachlaß oder einen innerhalb der VR China befindlichen ausländischen Nachlaß erbt, oder wenn ein Ausländer einen innerhalb der VR China befindlichen oder einen außerhalb der VR China befindlichen Nachlaß eines chinesischen Erblassers erbt. Ferner ist die Nachlaßspaltung in der darauffolgenden verfeinerten Regelung des Art. 149 AGZ enthalten, der besagt, daß bei gesetzlicher Erbfolge der bewegliche Nachlaßgegenstand dem Wohnsitzrecht des Erblassers im Zeitpunkt seines Todes unterliegt und der unbewegliche Nachlaßgegenstand der lex rei sitae. Darüber hinaus findet eine weitere Verfeinerung bzw. Erweiterung dieses Grundsatzes Eingang in Art. 141 IPR-Modellgesetz, wonach bei gesetzlicher Erbfolge das bewegliche Nachlaßvermögen dem Wohnsitzrecht oder dem Recht des gewöhnlichen Aufenthalts des Erblassers beim Tod unterliegt und das unbewegliche Vermögen der lex rei sitae.

Der Hintergrund für das Festhalten an der Nachlaßspaltung, ähnlich wie auf Taiwan, liegt auch in der Tatsache, daß sich in einer Reihe ausländischer Staaten, insbesondere in den USA, Großbritannien, Frankreich, Japan sowie den südöstlich-asiatischen Staaten zahlreiche Chinesen mit beträchtlichem Vermögen niedergelassen haben, deren Wohnsitzrecht jeweils einen weitergehenden Kreis von Erben als nach dem Recht des Festlandes bestimmt, so daß die Anwendung des Wohnsitzrechts beim Tode eines solchen Erblassers seinen Verwandten auf dem Festland zustatten kommt.[853] Andererseits ist das Beharren auf der lex rei sitae mit Bezug auf unbewegliches Vermögen auf die Eigenschaften des unbeweglichen Vermögens und die einfache Vollstreckung einer darauf bezogenen Entscheidung zurückzuführen.[854]

---

[852] Zur deutschen Übersetzung des Gesetzestextes vgl. Münzel, IPR Chinas, S. 60; Süß, IPR-Grundzüge Chinas, S. 199; von Senger, in: Ferid/Firsching/Dörner/Hausmann, Internationales Erbrecht, VR China, S. 14.

[853] Dazu auch Münzel, IPR Chinas, S. 47, 48; Süß, IPR-Grundzüge Chinas, S. 166; von Senger, in: Ferid/Firsching/Dörner/Hausmann, Internationales Erbrecht, VR China, S. 15.

[854] Vgl. dazu Li Shuangyuan, Ehe- und Erbgesetz mit Auslandsbezug, S. 185.

bb. Kontroverse bei der Gesetzgebung

Während der Grundsatz der Nachlaßspaltung in der Gesetzgebung festgestellt werden kann, stimmen Art. 36 Erbgesetz und Art. 149 AGZ miteinander nicht ganz überein[855], was die Probleme bei der Gesetzgebung des Festlands widerspiegelt (Kurzsichtigkeit und Mangel an systematischer Überlegung infolge der historischen Entwicklung).[856]

Die Probleme des Art. 36 Erbgesetz liegen nicht nur in seiner wortreichen Formulierung, sondern auch in der Unvollständigkeit der Regelung an sich – nur drei Situationen eines Erbfalls mit Auslandsbezug sind geregelt –, in dem Fehlen einer eindeutigen Angabe für die gesetzliche oder testamentarische Erbfolge[857] sowie in dem Mangel an einer klaren Feststellung über den Wohnsitz des Erblassers. Darüber hinaus wird diese kollisionsrechtliche Normierung der Komplexität von Erbfällen mit Außenbeziehungen überhaupt nicht gerecht.[858] Zudem ist der Standort des Internationalen Erbrechts inmitten von Sachnormen nicht am Platz. Es handelt sich um eine notgedrungen vorübergehende Lösung, denn die Regelung der zivilrechtlichen Grundsätze in Form eines formellen Gesetzes ist seinerzeit noch nicht erreicht worden.

In Anbetracht der oben geschilderten problemträchtigen Sachlage im Hinblick auf Art. 36 Erbgesetz wurde Art. 149 AGZ eingeführt, der die Essenz der Nachlaßspaltung in deutlicher Form zum Ausdruck bringt.[859] Die in Art. 36 III Erbgesetz enthaltene und in Art. 149 AGZ nicht enthaltene Bestimmung über die Geltung der internationalen Abkommen findet seinen Niederschlag in Art. 142 AGZ.

---

[855] Zu dieser kontroversen Situation vgl. auch Süß, Neues IPR Chinas, S. 792.

[856] Zu den damaligen Umständen siehe: Teil B, II, 4, c, S. 59 ff.

[857] So auch von Senger, in: Ferid/Firsching/Dörner/Hausmann, Internationales Erbrecht, VR China, S. 15.

[858] Vgl. Feng/Liu/Shen/Yao/Fei/Qian, Skriptum über IPR, S. 252, 253; Liu Renshan, IPR, S. 382, 383; von Senger, in: Ferid/Firsching/Dörner/Hausmann, Internationales Erbrecht, VR China, S. 16.

[859] Vgl. auch Münzel, IPR Chinas, S. 52; Süß, IPR-Grundzüge Chinas, S. 162. Zu einem ausführlichen Vergleich zwischen Art. 36 Erbgesetz und Art. 149 AGZ vgl. von Senger, in: Ferid/Firsching/Dörner/Hausmann, Internationales Erbrecht, VR China, S. 17, 18.

Demzufolge überzeugt in diesem Fall der Gedanke nicht, daß Art. 36 Erbgesetz als lex specialis dem Art. 149 AGZ als lex generalis vorgehe.[860] Rechtsmethodisch betrachtet sollte einerseits die zeitlich ältere Norm – Art. 36 Erbgesetz – der jüngeren – Art. 149 AGZ – bei Zusammentreffen beider Regeln weichen.[861] Andererseits gebührt der Vorrang der ranghöheren Norm,[862] und die AGZ als allgemeine zivilrechtliche Grundprinzipien sind sicherlich ranghöher als das Erbgesetz, das nur ein Regelungswerk über einen Teil der Zivilrechtsverhältnisse enthält. Zumal trifft der Grundsatz, wonach die lex specialis der lex generalis vorgeht, nur zu, wenn die beiden Normen zueinander im logischen Verhältnis der Spezialität stehen und die Rechtsfolgen der speziellen Bestimmung in bezug auf den Anwendungsbereich gemäß der Regelungsabsicht des Gesetzes an die Stelle der Rechtsfolgen der generellen Norm treten soll[863]. Allerdings ist dieses hier überhaupt nicht der Fall gewesen. Aus den damaligen Gegebenheiten – dem Anfang des Wiederaufbaus des Rechtssystems – ist der wohlüberlegte systematische Rechtsgedankengang allmählich zustande gekommen, so daß Art. 149 AGZ eine Verbesserung der Normierung des Internationalen Erbrechts an der richtigen Stelle darstellt. Demnach soll umgekehrt Art. 149 AGZ, systematisch und historisch richtig betrachtet, an die Stelle des Art. 36 Erbgesetz treten.[864]

Allerdings enthält Art. 149 AGZ keine vollständige Regelung, denn die Bestimmung gilt ausdrücklich nur für die gesetzliche Erbfolge. Was für die testamentarische Erbfolge gilt, bleibt unbeantwortet.

Demnach wird die Ansicht vertreten, daß Art. 36 Erbgesetz, der keine Angaben über die gesetzliche oder testamentarische Erbfolge enthält, auch

---

[860] Vgl. auch Liu Renshan, IPR, S. 383; Ding Wei, Rückblick und Ausblick der IPR-Gesetzgebung, S. 8.

[861] Vgl. Larenz, Methodenlehre, S. 266.

[862] Vgl. Larenz, Methodenlehre, S. 267.

[863] Vgl. Larenz, Methodenlehre, S. 267, 268.

[864] In dieser Hinsicht stellt sich zwangsläufig die Frage, warum Art. 36 Erbgesetz, wenn die Rechtslage so war, nicht abgeschafft worden ist. Die Antwort darauf liegt in dem Mangel an systematischer Überlegung bei der Gesetzgebung in der anfänglichen Phase des Wiederaufbaus des Rechtssystems auf dem Festland. Solche Probleme werden hoffentlich in Zukunft allmählich bewältigt werden. In Hinsicht auf die in der gegenwärtigen chinesischen IPR-Gesetzgebung existierenden Probleme vgl. Ding Wei, Rückblick und Ausblick der IPR-Gesetzgebung, S. 5-14.

für die testamentarische Erbfolge gelten solle.[865] Bedenken gegen diese Meinung ergeben sich vor allem aus der historischen Entwicklung.[866] Aufgrund dieser historischen Entwicklung nehmen andere Autoren überzeugender an, daß Art. 36 Erbgesetz und Art. 149 AGZ nur auf die gesetzliche Erbfolge hinzielen und so die ungeregelte testamentarische Erbfolge gemäß Art. 142 III AGZ den internationalen Gebräuchen unterworfen bleiben sollte.[867] Dieser Vorschlag verdient grundsätzlich Zustimmung. Aber das Problem liegt darin begründet, daß z.T. internationale Gebräuche bei gewillkürter Erbfolge auf Grund vieler gegensätzlicher Gebräuche schlechthin nicht feststellbar sind. Daher ist der letztgenannte Weg nicht ganz praktikabel. Gangbar wird dieser Weg jedoch, wenn die internationalen Gebräuche weiterhin durch das IPR-Modellgesetz konkretisiert werden, da im IPR-Modellgesetz die dem Trend der IPR-Wissenschaft folgenden und den sozialen Gegebenheiten entsprechenden Bestimmungen über die testamentarische Erbfolge enthalten sind.[868]

cc. Unterscheidung zwischen beweglichem und unbeweglichem Vermögen

Das Internationale Erbrecht auf dem Festland verlangt eine Unterscheidung innerhalb der Nachlaßgegenstände zwischen beweglichem und unbeweglichem Nachlaßvermögen.

Über die klare Grenzziehung zwischen beweglichem und unbeweglichem Vermögen fehlt eine gesetzliche Regelung. In der Rechtspraxis orientiert man sich an der Gesetzesauslegung, wonach ein Grundstück, ein an einem Grundstück haftendes Gebäude und andere befestigte Objekte sowie eine an

---

[865] Vgl. Huang Jin, IPR Chinas, S. 257; Xu Donggen/Xue Fan, IPR-Vervollkommnung, S. 336, 337; Gu Yu, IPR, S. 241; Chen Tung-Pi, IPR Chinas, S. 478; Münzel, IPR Chinas, S. 52. Generell zu den unterschiedlichen Meinungen hinsichtlich Art. 36 Erbgesetz vgl. von Senger, in: Ferid/Firsching/Dörner/Hausmann, Internationales Erbrecht, VR China, S. 15, 16.

[866] Dazu vgl. auch Süß, IPR-Grundzüge Chinas, S. 167.

[867] Vgl. dazu Ding Wei/Chen Zhidong, Kollisionsrecht, S. 262; Zhang Xiaojian, IPR, S. 425.

[868] So z.B. Artt. 142-146 IPR-Modellgesetz jeweils hinsichtlich der Testierfähigkeit, der testamentarischen Form, der testamentarischen materiellen Gültigkeit usw. Aber der Rechtspraxis zufolge gilt ebenfalls die Nachlaßspaltung für die testamentarische Erbfolge, vgl. dazu Shen Juan, Das chinesische Interlokale Kollisionsrecht, S. 277.

einem Gebäude fest angeschlossene Anlage zum unbeweglichen Vermögen gehören (Art. 186 S. 1 der Ansichten der OVGH über AGZ). Die auf unbewegliches Vermögen wie Eigentum, Kauf, Verkauf, Verpachtung, Hypothek, Gebrauch etc. bezogenen Zivilrechtsverhältnisse bleiben dementsprechend der lex rei sitae unterworfen (Art. 186 S. 2 der Ansichten der OVGH über AGZ).[869]

dd. Erbrechtliche Kollisionsnormen bei gesetzlicher Erbfolge

Dem Grundsatz der Nachlaßspaltung zufolge unterscheiden die internationalen erbrechtlichen Kollisionsnormen des Festlands nach beweglichem und unbeweglichem Nachlaßvermögen.

(1) Im Falle eines beweglichen Nachlaßvermögens

Wie vorher erwähnt richtet sich die gesetzliche Erbfolge in einen beweglichen Nachlaßgegenstand nach dem Wohnsitzrecht des Erblassers zum Zeitpunkt seines Todes (Art. 149 Halbsatz 1 AGZ).

(2) Im Falle eines unbeweglichen Nachlaßvermögens

Die gesetzliche Erbfolge in einen unbeweglichen Nachlaßgegenstand unterliegt der lex rei sitae (Art. 149 Halbsatz 2 AGZ).

(3) Reichweite der Erbkollisionsnormen bei gesetzlicher Erbfolge

Die erbrechtlichen Kollisionsnormen bei gesetzlicher Erbfolge – das Wohnsitzrecht des Erblassers bei seinem Tod für bewegliche Nachlaßgegenstände und die lex rei sitae für unbewegliche Nachlaßgegenstände – bestimmen die nachfolgenden Aspekte der gesetzlichen Erbfolge.

(a) Erbfall

Das Wohnsitzrecht des Erblassers bei seinem Tod regelt den Erbfall bei beweglichen Nachlaßgegenständen, das Recht des Belegenheitsortes den Erbfall bei unbeweglichen Nachlaßgegenständen.

---

[869] Vgl. auch Süß, IPR-Grundzüge Chinas, S. 104.

Materiellrechtlich tritt der Erbfall ab dem Zeitpunkt des physischen bzw. erklärten Todes des Erblassers ein (Art. 2 Erbgesetz und Art. 1 der Ansichten des OVGH über Erbgesetz). In bezug auf den Zeitpunkt des erklärten Todes ist nach der ersten Gesetzesauslegung (Art. 1 II der Ansichten des OVGH über Erbgesetz) der durch die Gerichtsentscheidung festgestellte Todeszeitpunkt des Vermißten maßgeblich, nach der späteren Gesetzesauslegung (Art. 36 der Ansichten des OVGH über AGZ) ist von dem Zeitpunkt der Verkündung der Gerichtsentscheidung die Rede. In diesem Fall handelt es sich bei der Gesetzesauslegung in beiden Fällen um den gleichen Regelungsgegenstand. Es ist davon auszugehen, daß die letzte Auslegung der ersten vorgeht, denn diese vereinheitlichende Auslegung stammt direkt oder indirekt aus der Rechtspraxis und dient auf diesem Weg wieder der Rechtspraxis, so daß die zuletzt genannte Auslegung vorzuziehen ist.[870] Jedoch ist die erste Auslegung, sachlich betrachtet, vernünftiger als die zweite, denn der Zeitpunkt der Verkündung der Gerichtsentscheidung ist doch ein anderer als der Todeszeitpunkt eines Vermißten, der auf der Basis der Tatsache durch ein Gericht festzustellen ist. Diese unsachliche Auslegung ist bei der zukünftigen Gesetzgebung zu beseitigen.

Wenn mehrere in gegenseitiger erbrechtlicher Beziehung stehende Personen durch das gleiche Ereignis ums Leben gekommen sind, ohne daß die Todesreihenfolge feststellbar ist, wird vermutet, daß eine erbenlose Person zuerst stirbt, unter den Verunglückten unterschiedlichen Alters mit eigenen Erben die ältere Person zuerst stirbt und die gleichaltrigen Personen gleichzeitig sterben (Art. 2 der Ansichten des OVGH über Erbgesetz). Diese Regelung bezweckt, daß im Verhältnis der verunglückten Personen untereinander keine Erbfolge eintritt, sondern die Erbfolge unter ihren jeweils eigenen Erben stattfindet (Art. 2 der Ansichten des OVGH über Erbgesetz).

(b) Erbfähigkeit

Die Erbfähigkeit richtet sich nach dem Wohnsitzrecht des Erblassers beim Tod im Hinblick auf beweglichen Nachlaß und nach der lex rei sitae im Hinblick auf unbeweglichen Nachlaß.

Sachrechtlich sind die zur Zeit des Erbfalls lebenden Personen[871] und die Leibesfrucht erbfähig. Aus den Bestimmungen über den Erbanteil für die

---

[870] So auch die Ansicht von anderen Autoren, vgl. dazu Li/Jin/Zhang/Li, IPR, S. 489.

[871] So auch von Senger, in: Ferid/Firsching/Dörner/Hausmann, Internationales Erbrecht, VR China, S. 19.

Leibesfrucht (Art. 28 Erbgesetz und Art. 45 der Ansichten des OVGH über Erbgesetz) kann entnommen werden, daß die Leibesfrucht auch erbfähig ist.

Hingegen ist diejenige Person erbunfähig bzw. erbunwürdig, die den Erblasser vorsätzlich getötet hat oder die zur Erlangung der Erbschaft einen anderen Erben getötet hat (Art. 7 (1), (2) Erbgesetz). Ein Erbe soll als erbunfähig festgestellt werden, wenn er den Erblasser vorsätzlich getötet hat, unabhängig davon, ob die Straftat schon vollendet ist oder nicht (Art. 11 der Ansichten des OVGH über Erbgesetz). Ebenfalls erbunfähig ist die Person, die den Erblasser im Stich gelassen oder unter schweren Umständen mißhandelt hat (Art. 7 (3) Erbgesetz). Ob die Umstände, unter denen der Erbe den Erblasser mißhandelt hat, als schwer zu beurteilen sind, richtet sich nach der Zeit, dem Mittel, der Folge und der sozialen Auswirkung der Mißhandlung (Art. 10 I der Ansichten des OVGH über Erbgesetz). Zudem soll die Erbunwürdigkeit aufgrund der schweren Umstände der Mißhandlung unabhängig von der Ermittlung der strafrechtlichen Verantwortung festgestellt werden (Art. 10 II der Ansichten des OVGH über Erbgesetz). Sofern der Erbe den Erblasser unter schweren Umständen mißhandelt oder ihn im Stich gelassen hat, er dies jedoch bereut und der Erblasser ihm auch vor seinem Tod verziehen hat, kann die Feststellung der Erbunfähigkeit ausbleiben (Art. 13 der Ansichten des OVGH über Erbgesetz). Desgleichen erbunwürdig ist die Person, die das Testament unter schweren Umständen gefälscht, entstellt oder vernichtet hat (Art. 7 (4) Erbgesetz). Schwere Umstände liegen vor, wenn die Interessen der Erben, die arbeitsunfähig sind und über keine finanzielle Lebensgrundlage verfügen, durch die Fälschung, Entstellung oder Vernichtung des Testaments beeinträchtigt werden und ihr Leben dadurch in eine schwierige Lage gerät (Art. 14 der Ansichten des OVGH über Erbgesetz).

(c) Erbordnung

Die Ordnung der gesetzlichen Erben in bezug auf bewegliche Nachlaßgegenstände unterliegt dem Wohnsitzrecht des Erblassers im Zeitpunkt des Todes, die für unbewegliche Nachlaßgegenstände der lex rei sitae.

Sachrechtlich sind die gesetzlichen Erben auf dem Festland unter erbrechtlicher Gleichberechtigung von Mann und Frau (Art. 9 Erbgesetz) in zwei Ordnungen aufgeteilt.

Zu der ersten Erbordnung der gesetzlichen Erben gehören

1. der Ehegatte,

2. die Kinder, einschließlich leiblicher Kinder, nicht leiblicher Kinder, Pflegekinder und der mit dem Erblasser im Unterhaltsverhältnis stehenden Stiefkinder und

3. die Eltern, einschließlich leiblicher Eltern, Pflegeeltern und der mit dem Erblasser im Unterhaltsverhältnis stehenden Stiefeltern.

Zu der zweiten Erbordnung der gesetzlichen Erben gehören

1. die Geschwister, einschließlich der Geschwister von den gleichen Eltern, der Geschwister von dem gleichen Vater und den unterschiedlichen Müttern oder der Geschwister von der gleichen Mutter aber unterschiedlichen Vätern, der Pflegegeschwister und der mit dem Erblasser im Unterhaltsverhältnis stehenden Stiefgeschwister,

2. die Großeltern väterlicherseits und

3. die Großeltern mütterlicherseits.

Dabei gebührt den gesetzlichen Erben der zweiten Ordnung die Erbschaft nur, wenn keiner der gesetzlichen Erben der ersten Ordnung vorhanden ist (Art. 10 Erbgesetz). Außerdem werden die verwitwete Schwiegertochter, die für den Unterhalt der Schwiegereltern aufgekommen ist, und der verwitwete Schwiegersohn, der für den Unterhalt der Schwiegereltern aufgekommen ist, zu den gesetzlichen Erben der ersten Ordnung gezählt (Art. 12 Erbgesetz).

Wenn die Kinder des Erblassers vor ihm sterben, treten ihre unmittelbaren Blutsverwandten in absteigender Linie an ihre Stelle für die ihnen jeweils zustehenden Erbteile (Art. 11 des Erbgesetzes). In die Erbfolge können auch die Enkelkinder der männlichen bzw. weiblichen Linie des Erblassers, die Urenkelkinder der männlichen resp. weiblichen Linie des Erblassers eintreten, denn in diesem Fall unterliegt der an die Stelle tretende Erbe keiner Generationsbeschränkung (Art. 25 der Ansichten des OVGH über Erbgesetz).

Die leiblichen Kinder der Pflegekinder des Erblassers, die leiblichen Kinder der mit dem Erblasser im Unterhaltsverhältnis stehenden Stiefkinder des Erblassers, die Pflegekinder der leiblichen Kinder des Erblassers, die Pflegekinder der Pflegekinder des Erblassers und die Pflegekinder der im Unterhaltsverhältnis mit dem Erblasser stehenden Stiefkinder können auch an die Stelle der gestorbenen Kinder treten (Art. 26 der Ansichten des OVGH über Erbgesetz).

Der an die Stelle tretende Erbe, der arbeitsunfähig ist und keine finanzielle Lebensgrundlage hat, oder der für den Hauptunterhalt des Erblassers gesorgt hat, kann mehr Nachlaßgegenstände zugeteilt bekommen (Art. 27 der Ansichten des OVGH über Erbgesetz).

Wenn ein Erbe erbunfähig geworden ist, können die unmittelbaren Blutsverwandten des Erben in absteigender Linie nicht an die Stelle des Erben treten (Art. 28 S. 1 der Ansichten des OVGH über Erbgesetz). Aber wenn der an die Stelle tretende Erbe arbeitsunfähig ist und keine Existenzgrundlage besitzt oder für den Lebensunterhalt des Erblassers vermehrt gesorgt hat, kann er angemessene Nachlaßgegenstände zugeteilt bekommen (Art. 28 S. 2 der Ansichten des OVGH über Erbgesetz).

(d) Gegenstand der Erbfolge

Nach dem Wohnsitzrecht des Erblassers in bezug auf bewegliche Nachlaßgegenstände und nach der lex rei sitae im Hinblick auf unbeweglichen Nachlaß richten sich auch der Umfang, die Teilung und die Haftung des Nachlasses sowie die Verteilung des erbenlosen Nachlasses (Art. 149 AGZ).

Materiellrechtlich gilt auf dem Festland folgendes:

(aa) Nachlaßumfang

Der Nachlaß[872] – das hinterlassene persönliche legitime Vermögen eines Bürgers bei seinem Tod – umfaßt

1. die Einkünfte,
2. die Häuser, die Ersparnisse und die Artikel des täglichen Bedarfs,
3. die Baumbestände, das Vieh und Hausgeflügel,
4. die Kulturgegenstände und Bücher,
5. das gesetzlich erlaubte Produktionsmittel,
6. die Vermögensrechte des Urheberrechts und des Patentrechts und
7. die anderen legitimen Vermögensgegenstände (Art. 3 Erbgesetz).

Zu den anderen legitimen Vermögensgegenständen zählen auch Wertpapiere und andere Vermögensgüter (Art. 3 der Ansichten des OVGH über Erbgesetz). Der persönliche Ertrag, den der Bürger als Auftragnehmer bekommen soll, gehört zum Nachlaß (Art. 4 I Erbgesetz). Wenn der Auftragnehmer den Ertrag vor seinem Tod noch nicht erhalten hat, sollen das in den Auftrag investierte Kapital und die in den Auftrag investierte Arbeit sowie sein Wertzuwachs und seine Früchte durch den Auftraggeber oder den

---

[872] So auch von Senger, in: Ferid/Firsching/Dörner/Hausmann, Internationales Erbrecht, VR China, S. 21-24.

nächsten Auftragnehmer kompensiert und in Geldwert umgerechnet werden, wobei die daraus entstandene Wertsumme zum Nachlaß zählt (Art. 4 der Ansichten des OVGH über Erbgesetz).

Weiter sind die übrigen Teile der Erbschaft nach der gesetzlichen Erbfolge zu verteilen, wenn

1. ein testamentarischer Erbe oder ein Vermächtnisnehmer den an ihn fallenden Erbteil ausgeschlagen hat,
2. ein testamentarischer Erbe erbunfähig geworden ist,
3. ein testamentarischer Erbe und ein Vermächtnisnehmer vor dem Erblasser gestorben sind,
4. das einen bestimmten Teil der Erbschaft betreffende Testament ungültig geworden ist oder
5. ein Teil des Nachlasses nicht Bestandteil der testamentarischen Verfügungen geworden ist (Art. 27 Erbgesetz).

(bb) Erbteil

Im wesentlichen sind die Probleme in bezug auf die Rechtsnachfolge der Erbschaft im Geist der Eintracht, Solidarität und der beiderseitigen verständnisvollen Kompromißbereitschaft von den Erben zu bewältigen (Art. 15 I Erbgesetz). Demnach treffen die Erben die entsprechenden Vereinbarungen über den Zeitpunkt, die Methode und die Erbanteile der Erbschaftsverteilung (Art. 15 II Erbgesetz). Letztendlich kann eine Schlichtung durch den Volksvermittlungsausschuß erfolgen oder eine Klage vor dem Volksgericht erhoben werden, wenn eine solche Vereinbarung nicht zustande kommt (Art. 15 III Erbgesetz).

Die Erbanteile unter den Erben der gleichen Ordnung sollen grundsätzlich gleich sein (Art. 13 I Erbgesetz). Dennoch soll der arbeitsunfähige Erbe mit besonderen Schwierigkeiten im Leben bei der Nachlaßverteilung berücksichtigt werden (Art. 13 II Erbgesetz). Dem Erben, der für den Hauptunterhalt des Erblassers aufgekommen ist oder mit dem Erblasser zusammen gelebt hat, können mehr Nachlaßgegenstände zuteil werden (Art. 13 III Erbgesetz). Der Erbe, der die Fähigkeit zum Unterhalt der Erblassers und auch die Voraussetzungen dazu gehabt hat, aber der Unterhaltspflicht nicht nachgekommen ist, soll weniger oder keine Nachlaßgegenstände zugeteilt bekommen (Art. 13 IV Erbgesetz). Ferner können durch eine Vereinbarung unter den Erben die Erbanteile auch ungleich verteilt werden (Art. 13 V

Erbgesetz).[873] Zudem können der Person, die nicht zu den Erben gehört und keine Lebensgrundlage besitzt sowie arbeitsunfähig und vom Unterhalt des Erblassers abhängig ist oder die vermehrt für den Unterhalt des Erblassers aufgekommen ist, Nachlaßgegenstände in angemessenem Umfang zuteil werden (Art. 14 Erbgesetz).

Überdies soll der Erbanteil für die Leibesfrucht bei der Erbschaftsverteilung zurückbehalten werden (Art. 28 Erbgesetz). Der ausgebliebene, für die Leibesfrucht zurückzubehaltende Erbteil, soll den Erben von der Erbschaft abgezogen werden (Art. 45 I der Ansichten des OVGZ über Erbgesetz). Der Erbanteil der Leibesfrucht steht den Erben des Kindes zu, wenn es nach seiner Geburt stirbt (Art. II S. 1 Ansichten des OVGH über Erbgesetz). Der Erbanteil der Leibesfrucht gebührt den Erben des Erblassers, wenn die Leibesfrucht tot geboren ist (Art. 45 II S. 2 der Ansichten des OVGH über Erbgesetz).

(cc) Pflichtteil

Der Pflichtteil gegenüber einem Testament besteht, wenn ein Erbe arbeitsunfähig ist und über keine finanzielle Lebensgrundlage verfügt. Bei den letztwilligen Verfügungen von Todes wegen soll ein notwendiger Erbteil für einen arbeitsunfähigen und keine Existenzgrundlage besitzenden Erben vorbehalten werden (Art. 19 Erbgesetz). Dadurch ist der Grundsatz der Testierfreiheit beschränkt.[874]

Die Frage, ob der Erbteil für die Leibesfrucht einen Pflichtteil darstellen sollte, hängt wiederum von den Kriterien des Pflichtteils – Arbeitsunfähigkeit und keiner finanziellen Lebensgrundlage – ab, dabei kommt es auf die wirtschaftliche Existenzgrundlage besonders an.[875] Dieser Erbteil ist demgemäß nicht Pflichtteil, wenn die Lebensgrundlage der Leibesfrucht auf irgendeine Art und Weise, beispielsweise durch die Mutter und den neuen Ehemann der Mutter, gesichert wird.[876]

---

[873] Vgl. von Senger, in: Ferid/Firsching/Dörner/Hausmann, Internationales Erbrecht, VR China, S. 21.

[874] Prof. Dr. von Senger hat Art. 19 Erbgesetz anders interpretiert und den Pflichtteil demnach verneint, vgl. von Senger, in: Ferid/Firsching/Dörner/Hausmann, Internationales Erbrecht, VR China, S. 40. Aber der „vorzubehaltende Anteil“ sollte in der Tat als Pflichtteil ausgelegt werden.

[875] So Dong Likun, IPR 2000, S. 399.

[876] So Dong Likun, IPR 2000, S. 399.

(dd) Haftung des Nachlasses

Aus der Erbschaft sollen die Steuern und Schulden gezahlt werden, die Bezahlung beschränkt sich auf den realen Wert des Nachlasses (Art. 33 I S. 1 Erbgesetz), es sei denn, daß ein Erbe den den realen Wert der Erbschaft überschreitenden Teil freiwillig bezahlt (Art. 33 I S. 2 Erbgesetz). Zudem kann ein Erbe keine Verantwortung für die Zahlung der Steuern und Schulden tragen, wenn er seinen Erbanteil ausgeschlagen hat (Art. 33 II Erbgesetz). Im übrigen fällt im Gegensatz zu den Rechtsgebieten Hongkong und Taiwan auf dem Festland bisher keine Erbschaftsteuer an.[877]

(ee) Erbenloser Nachlaß

Der Nachlaß ist erbenlos, wenn beispielsweise nach dem Erbfall

1. der Erblasser keinen gesetzlichen Erben oder Vermächtnisnehmer hat,
2. die gesamten Erben die Erbschaft ausgeschlagen haben bzw. erbunfähig geworden sind,
3. der Vermächtnisnehmer das Vermächtnis ausgeschlagen hat oder

---

[877] So auch von Senger, in: Ferid/Firsching/Dörner/Hausmann, Internationales Erbrecht, VR China, S. 40. Nichtsdestotrotz kommt in dieser Beziehung eine mit der Erbschaft im Zusammenhang stehende Steuer – die Stempelsteuer – in Betracht. Gemäß Art. 1 Stempelsteuerverordnung (die vorläufige Verordnung der Stempelsteuer der VR China vom 24.6.1988, im folgenden als „Stempelsteuerverordnung" abgekürzt) sind Unternehmen und Personen, die innerhalb der VR China eine der folgenden in der Verordnung aufgelisteten Urkunden ausstellt oder empfängt, zur Zahlung der Stempelsteuer verpflichtet. Gemäß Art. 2 II Stempelsteuerverordnung sind die Urkunden für Eigentumsübertragungen stempelsteuerpflichtig. Nach Art. 5 Ausführungsbestimmungen der Stempelsteuerverordnung (die detaillierten Ausführungsbestimmungen für die vorläufige Verordnung der Stempelsteuer der VR China vom 29.9.1988, im folgenden als „Ausführungsbestimmungen der Stempelsteuerverordnung" abgekürzt) beziehen sich die oben genannten Urkunden für Eigentumsübertragungen auf diejenigen Urkunden, die sich aus dem Kauf und Verkauf des Eigentums, dem Tausch des Eigentums, der Vererbung, Schenkung und Teilung des Eigentums etc. ergeben. Die Aussteller derartiger Urkunden verpflichten sich zur Zahlung der Stempelsteuer, aber die Empfänger solcher Urkunden tragen auch die Verantwortung für die Nachzahlung der Stempelsteuer, falls die Aussteller ihrer Verpflichtungen nicht oder nicht vollständig nachgekommen sind (Art. 16 S. 1 Ausführungsbestimmungen der Stempelsteuerverordnung). Wenn eine Urkunde in Form eines Vertrags ausgestellt wird, verpflichtet sich jeder Empfänger der Urkunde jeweils zur vollständigen Steuerzahlung (Art. 16 S. 2 Ausführungsbestimmungen der Stempelsteuerverordnung). Der Steuersatz beträgt 0,5 ‰ des in einer Urkunde enthaltenen Werts (Art. 11 Stempelsteuer-Tabelle).

4. die Existenz der Erben und Vermächtnisnehmer ungewiß ist und sich nach Fristablauf zur öffentlichen Aufforderung noch niemand gemeldet hat.[878]

Die Verteilung erbenlosen Nachlasses betrifft zwei miteinander verknüpfte Fragen, nämlich die Feststellung und die Zuordnung eines erbenlosen Nachlaßgegenstandes. Des weiteren ist die Feststellung erbenlosen Nachlaßvermögens eng mit der gesetzlichen und testamentarischen Erbfolge verbunden. Ob ein erbenloser Nachlaßgegenstand vorliegt oder nicht, ist nur nach der Überprüfung der beiden Erbvorgänge festzustellen. Deswegen sollte es eine selbständige lex causae allein für die Festlegung eines erbenlosen Nachlaßgegenstandes nicht geben, sondern diese Feststellung sollte immer mit der jeweiligen lex causae für die gesetzliche und testamentarische Erbfolge zusammenhängen.[879]

Daher ist der Annahme der IPR-Wissenschaft in Art. 145 IPR-Modellgesetz nicht zuzustimmen[880], wonach die Feststellung erbenlosen Nachlasses dem Heimatrecht des Erblassers beim Tod unterliegt (Art. 145 I IPR-Modellgesetz). Wenn aber nach dem vorher erwähnten Absatz der Nachlaß erbenlos ist, nicht dagegen nach dem Wohnsitzrecht oder dem Recht des gewöhnlichen Aufenthalts des Erblassers beim Tod der Nachlaß erbenlos ist, wird der Nachlaß nicht als erbenlos angesehen (Art. 145 II IPR-Modellgesetz).[881]

Hingegen geht die vorherrschende Meinung davon aus, daß gemäß Art. 149 AGZ die beweglichen erbenlosen Nachlaßgegenstände dem Wohnsitzrecht des Erblassers beim Tod unterliegen und sich die unbeweglichen erbenlosen Nachlaßgegenstände nach der lex rei sitae beurteilen.[882] Vor allem ist diese herrschende Ansicht mit der gegenwärtigen gesamten Richtung der gesetzlichen und testamentarischen Erbfolge in der Rechtspraxis – dem Grundsatz der Nachlaßspaltung – vereinbar und verdient daher Zustimmung.

---

[878] Vgl. Li Shuangyuan, Ehe- und Erbgesetz mit Auslandsbezug, S. 158; Ding Wei/Chen Zhidong, Kollisionsrecht, S. 263; von Senger, in: Ferid/Firsching/Dörner/Hausmann, Internationales Erbrecht, VR China, S. 27.

[879] So auch Shen Juan, Das chinesische Interlokale Kollisionsrecht, S. 291-293.

[880] Vgl. auch Shen Juan, Das chinesische Interlokale Kollisionsrecht, S. 292, 293.

[881] Vgl. auch den darauf bezogenen Teil D, II, 1, c, cc, S. 270.

[882] Vgl. dazu Liu Renshan, IPR, S. 410; Zhang Xiaojian, IPR, S. 431; Jin Pengnian, Erbenloses Vermögen mit Auslandsbezug, S. 229.

Im Hinblick auf das maßgebliche Recht bei der Zuordnung erbenlosen Nachlasses ist desgleichen keine gesetzliche Normierung zu finden. Art. 146 IPR-Modellgesetz spricht sich dafür aus, daß die lex rei sitae der Erbschaft zum Zeitpunkt des Todes des Erblassers für die Verfügung erbenloser Nachlaßgegenstände gelten soll. In der Rechtspraxis werden die erbenlosen Nachlaßgegenstände nach dem chinesischen Recht behandelt, wenn der Tod eines Ausländers in China eintritt und es keinen Erben oder Vermächtnisnehmer für die in China befindlichen Nachlaßgegenstände gibt (Art. 191 Halbsatz 1 der Ansichten des OVGH über AGZ). Dies gilt nicht, wenn eine anderslautende Regelung aus einem internationalen Abkommen, das zwischen den beiden Staaten abgeschlossen wurde oder dem die beiden Staaten beigetreten sind, Anwendung findet (Art. 191 Halbsatz 2 der Ansichten des OVGH über AGZ)[883].[884]

Das in Art. 191 genannte anwendbare Recht ist in zweifacher Hinsicht zu verstehen. Einerseits wird Art. 32 Erbgesetz in Erwägung gezogen, der vorschreibt, daß der Nachlaß bei Fehlen von Erben und Vermächtnisnehmern dem Staat zusteht, oder der kollektiven Organisation, wenn der Erblasser vor dem Ableben Mitglied dieser Organisation war.[885] Andererseits kommen Artt. 6, 7 aus dem „Dispositionsprinzip bei den Problemen der Erbfolge hinsichtlich des in China befindlichen Nachlasses eines Ausländers" vom 28. 9. 1954 in Betracht.[886] Demgemäß fällt ein erbenloser Nachlaß an den Staat, wenn alle legitimen gesetzlichen Erben oder Vermächtnisnehmer die Erbschaft ausgeschlagen haben oder sich angesichts der Ungewißheit der Erben nach Fristablauf von sechs Monaten noch kein Erbe gemeldet hat (Art. 6). Zugleich wird der in China befindliche erbenlose bewegliche Nachlaß des Ausländers unter dem Prinzip des gegenseitigen Vorteils der Botschaft bzw. dem Konsulat übergeben, wenn zwischen China

---

[883] Z.B. sollen gemäß Art. 29 IV des Sino-Mongolischen Konsularabkommens von 1987 die beweglichen Nachlaßgegenstände der von einem Staatsbürger des entsendenden Staates in dem Empfangsstaat hinterlassenen Erbschaft dem Konsularbeamten des entsendenden Staates übergeben werden.

[884] Vgl. auch Huang Jin, IPR Chinas, S. 259, 260; Zhang/Zhao, IPR 2002, S. 294; Guo Yujun, in: Han Depei, Neues IPR, S. 363, 364; Liu Renshan, IPR, S. 410, 411; Ding Wei/Chen Zhidong, Kollisionsrecht, S. 265; Zhang Xiaojian, IPR, S. 431; Süß, Neues IPR Chinas, S. 791.

[885] Vgl. auch Süß, Neues IPR Chinas, S. 79; Süß, IPR-Grundzüge Chinas, S. 176.

[886] Vgl. Zhang Xiaojian, IPR, S. 432.

und dem Heimatstaat des Ausländers diplomatische Beziehungen bestehen (Art. 7).

Des weiteren gibt es keine gesetzliche Stellungnahme dazu, daß der Staat mittels privatrechtlichen Staatserbrechts oder öffentlich-rechtlichen Aneignungsrechts den erbenlosen Nachlaß in Besitz nimmt. Die IPR-Literatur ist dazu sehr uneinheitlich.[887] Eine Ansicht favorisiert das Auftreten des Staates als Aneignungsmacht.[888] Demgegenüber wird vertreten, daß wiederum der Grundsatz der Nachlaßspaltung gilt, indem der Staat gegenüber einem beweglichen Nachlaß als Erbe und gegenüber einem unbeweglichen Nachlaß als Aneignungsmacht auftritt.[889] Nach einer dritten Ansicht sollte der Staat oder die kollektive Organisation als der letzte Erbe anzusehen sein,[890] da sich alle kollektiven Organisationen verpflichten, für den Unterhalt der erbenlosen alten Menschen aufzukommen, und der Staat den Menschen ohne Lebensgrundlage Hilfe gewährt.[891] Aufgrund der Parallelität von Rechten und Pflichten sollte deswegen der Staat oder die kollektive Organisation der Erbe erbenloser Nachlaßgegenstände sein.[892]

Den Argumenten, die für die dritte Meinung angeführt werden, ist schwer zu folgen. Grundsätzlich fällt jedem Staat eine generelle Fürsorgepflicht zu, für das Wohl seiner Bürger Sorge zu tragen. Demgemäß könnte jeder Staat als Erbe für einen in seinem Territorium befindlichen erbenlosen Nachlaß betrachtet werden. In bezug auf die zweite Ansicht ist schwer nachvollziehbar, weshalb die Nachlaßspaltung hier gelten sollte. Jedenfalls ist die Notwendigkeit für eine entsprechende gesetzliche Bestimmung nicht zu erkennen. Wenn ein Nachlaßgegenstand erbenlos ist, gleich ob beweglich oder unbeweglich, reicht dem Staat eine einheitliche Erbrechtsgestaltung aus. Bei einem Staatserbrecht handelt es sich letztlich darum, wie ein Staat sein Sachrecht gegenüber einem erbenlosen Nachlaßgegenstand ausgestaltet: Ein Sachrecht kann so ausgestaltet werden, daß der Staat als „ultimus heres" – bei privatrechtlicher Ausgestaltung des Staatserbrechts – oder durch „jus

---

[887] Vgl. Süß, IPR-Grundzüge Chinas, S. 176-178.

[888] Vgl. Jin Pengnian, Erbenloses Vermögen mit Auslandsbezug, S. 231; Süß, Neues IPR Chinas, S. 791.

[889] Vgl. dazu Zhang Xiaojian, IPR, S. 432.

[890] Dazu Dong Likun, IPR 2000, S. 396.

[891] Dazu Dong Likun, IPR 2000, S. 396.

[892] Dazu Dong Likun, IPR 2000, S. 396.

regale“ gegenüber dem erbenlosen Vermögen als „bona vacantia“ – bei öffentlich-rechtlicher Ausgestaltung des Staatserbrechts – auftritt.[893]

Ein Staatserbrecht privatrechtlicher Natur betrifft ein erbenloses Vermögen nicht nur im Inland, sondern auch im Ausland, während ein Staatserbrecht öffentlich-rechtlicher Art nur ein erbenloses Vermögen im Inland, also innerhalb seiner Staatsgrenze umfaßt.[894] Aus dem Gesetzeswortlaut ist zu folgern, daß das Staatserbrecht auf dem Rechtsgebiet Festland ausschließlich auf einen im Inland befindlichen erbenlosen Nachlaßgegenstand abzielt. Daher wird der Schluß gezogen, daß das Staatserbrecht als öffentlich-rechtliches Hoheitsrecht bzw. Aneignungsrecht ausgestaltet ist. Eine ähnliche Sachlage findet sich, wie vorher erläutert, auch auf den Rechtsgebieten Hongkong und Taiwan, während ein privatrechtliches Staatserbrecht auf dem Rechtsgebiet Macau anzutreffen ist.

(e) Annahme und Ausschlagung der Erbschaft

Die Annahme und Ausschlagung des Nachlasses unterliegen desgleichen dem Wohnsitzrecht des Erblassers bei seinem Tod mit Bezug auf bewegliche Nachlaßgegenstände und der lex rei sitae im Hinblick auf unbewegliches Vermögen.

Sachrechtlich soll der Erbe die Willenserklärung der Ausschlagung vor der Verteilung der Erbschaft abgeben, wenn er nach dem Erbfall den Erbteil ausschlagen will (Art. 49 S. 1 der Ansichten des OVGH über Erbgesetz). Demzufolge ist die nach der Verteilung der Erbschaft erfolgte Ausschlagung nicht die Ausschlagung des Erbrechts, sondern die des Eigentums (Art. 49 S. 2 der Ansichten des OVGH über Erbgesetz).[895] Wenn eine solche Willenserklärung ausbleibt, wird die Annahme der Erbschaft vermutet (Art. 25 I Erbgesetz). Der Vermächtnisnehmer soll innerhalb einer Frist von zwei Monaten ab Kenntnisnahme des Vermächtnisses die Willenserklärung der Annahme oder Ausschlagung abgeben (Art. 25 II S. 1 Erbgesetz). Bleibt eine solche Willenserklärung nach Fristablauf aus, wird die Ausschlagung des Vermächtnisses angenommen (Art. 25 II S. 2 Erbgesetz). Wenn ein Erbe

---

[893] Vgl. Staudinger/Werner (2000), § 1936 Rn. 2; Liu Tiezheng/Chen Rongchuan, IPR, S. 530.

[894] Vgl. Lange/Kuchinke, Erbrecht, S. 281, 282; von Lübtow, Erbrecht, S. 88; Staudinger /Werner (2000), § 1936 Rn. 2.

[895] Dazu auch von Senger, in: Ferid/Firsching/Dörner/Hausmann, Internationales Erbrecht, VR China, S. 37.

wegen seiner Ausschlagung der Erbschaft außerstande ist, gesetzlichen Verpflichtungen nachzukommen, entfaltet die Willenserklärung der Ausschlagung keine Wirkung (Art. 46 der Ansichten des OVGH über Erbgesetz). Die Ausschlagung einer Erbschaft soll in schriftlicher Form gegenüber den anderen Erben erfolgen (Art. 47 S. 1 der Ansichten des OVGH über Erbgesetz). Jedoch soll auch die mündlich erklärte Ausschlagung anerkannt werden, wenn der Erbe sich zu seiner abgegebenen Erklärung bekennt oder es andere ausreichende Beweise dafür gibt (Art. 47 S. 2 der Ansichten des OVGH über Erbgesetz). Wenn ein Erbe vor der Nachlaßverteilung oder während eines Prozesses die Ausschlagung bereut, bleibt dem Volksgericht überlassen, aufgrund der von ihm vorgebrachten konkreten Gründe dies anzuerkennen oder nicht (Art. 50 S. 1 der Ansichten des OVGH über Erbgesetz).[896] Dabei wird die nach der Verteilung der Erbschaft ausgedrückte Reue über die Ausschlagung nicht anerkannt (Art. 50 S. 2 der Ansichten des OVGH über Erbgesetz). Die Ausschlagung einer Erbschaft wird vom Erbfall an wirksam (Art. 51 der Ansichten des OVGH über Erbgesetz).

(f) Erbschaftsverwaltung

Die Verwaltung des Nachlasses richtet sich nach dem Wohnsitzrecht des Erblassers in bezug auf bewegliches Nachlaßvermögen oder nach der lex rei sitae im Hinsicht auf unbewegliches Vermögen.

Materiellrechtlich soll nach dem Erbfall der Erbe, der vom Tod des Erblassers Kenntnis genommen hat, den anderen Erben und dem Testamentsvollstrecker rechtzeitig den Tod des Erblassers mitteilen (Art. 23 S. 1 Erbgesetz). Der Betrieb, dem der Erblasser angehörte, oder der Einwohnerausschuß bzw. Bauernausschuß hat den Erben Mitteilung zu machen, wenn keiner der Erben vom Tod des Erblassers Kenntnis genommen hat oder die Mitteilung trotz der Kenntnisnahme unmöglich ist (Art. 23 S. 2 Erbgesetz).[897] Diejenigen, die die Nachlaßgegenstände im Besitz haben, sollen sie sorgfältig aufbewahren, und niemand darf sie unterschlagen (Art. 24 Erbgesetz). Im Falle der Nachlaßverteilung soll die Hälfte des während der Ehe erworbenen gemeinsamen Vermögens vorbehaltlich anderslautender Vereinbarung dem Ehegatten gehören, wobei das übrige zur Erbschaft zu zählen ist (Art. 26 I Erbgesetz). Bei der Nachlaßverteilung soll weiterhin das

[896] Vgl. auch von Senger, in: Ferid/Firsching/Dörner/Hausmann, Internationales Erbrecht, VR China, S. 38.

[897] Dazu auch von Senger, in: Ferid/Firsching/Dörner/Hausmann, Internationales Erbrecht, VR China, S. 35.

dem anderen gehörende Vermögen vom Nachlaßvermögen getrennt werden, wenn sich der Nachlaß im gemeinsamen Vermögen der Familie befindet (Art. 26 II Erbgesetz). Die Nachlaßverteilung soll entsprechend den Produktionsbedürfnissen und der ausreichenden Lebensführung erfolgen, damit die Funktion des Nachlaßgegenstandes nicht beeinträchtigt wird (Art. 29 I Erbgesetz). Der für die Verteilung nicht geeignete Nachlaßgegenstand kann durch Umrechnung in Geldwert, angemessene Kompensation oder Miteigentum usw. verteilt werden (Art. 29 II Erbgesetz).

ee. Erbrechtliche Kollisionsnormen bei gewillkürter Erbfolge

Wie erwähnt fehlt auf dem Festland bis heute eine kollisionsrechtliche Normierung über die testamentarische Erbfolge. Daher werden bei der unterstehenden Erläuterung die Rechtspraxis und die betreffenden Normen des IPR-Modellgesetzes in Erwägung gezogen.

In der Rechtspraxis herrscht die Nachlaßspaltung bei testamentarischer Erbfolge vor, wonach das Wohnsitzrecht des Erblassers beim Tod für ein Testament über bewegliches Vermögen und die lex rei sitae für ein Testament über unbewegliches Vermögen maßgeblich ist.[898]

(1) Testierfähigkeit

Die Testierfähigkeit als Bestandteil der Geschäftsfähigkeit richtet sich auf dem Festland der Rechtspraxis zufolge nach dem für die allgemeine Geschäftsfähigkeit geltenden Recht[899]. Dementsprechend unterliegt die Testierfähigkeit eines chinesischen Staatsbürgers, der sich in einem ausländischen Staat niedergelassen hat, im Hinblick auf ein in China errichtetes Testament dem chinesischen Recht und hinsichtlich eines im Niederlassungsstaat errichteten Testaments dem Recht des Niederlassungsstaates (Art. 179 der Ansichten des OVGH über AGZ). Die Testierfähigkeit eines Ausländers bei Errichtung eines Testaments in China richtet sich normalerweise nach dem Heimatrecht, ausnahmsweise nach chinesischem Recht, falls die nach chinesischem Recht bestehende Testierfähigkeit nach dem

---

[898] Vgl. Shen Juan, Das chinesische Interlokale Kollisionsrecht, S. 277. Dazu auch Chen Tung-Pi, IPR Chinas, S. 476, 477; von Senger, in: Ferid/Firsching/Dörner/Hausmann, Internationales Erbrecht, VR China, S. 25.

[899] Vgl. dazu Liu Renshan, IPR, S. 395.

Heimatrecht verneint wird (Art. 180 der Ansichten des OVGH über AGZ). Die Testierfähigkeit eines Staatenlosen beurteilt sich hingegen nach dem Recht des Niederlassungsstaates oder dem Recht des Aufenthalts, falls er sich dort nicht niedergelassen hat (Art. 181 der Ansichten des OVGH über AGZ). Schließlich bestimmt sich die Testierfähigkeit eines Ausländers mit zwei oder mehreren Staatsangehörigkeiten nach dem Wohnsitzrecht bzw. dem Recht des Staates, zu dem er die engste Verbindung hat (Art. 182 der Ansichten des OVGH über AGZ).

In beinahe die gleiche Richtung geht Art. 142 IPR-Modellgesetz: Die Testierfähigkeit bleibt grundsätzlich dem Heimatrecht, dem Wohnsitzrecht oder dem Recht des gewöhnlichen Aufenthalts des Testators im Zeitpunkt der Testamentserrichtung unterworfen (Art. 142 I IPR-Modellgesetz). Jedoch ist das Recht des Errichtungsortes für die Testierfähigkeit maßgeblich, falls der gemäß dem Recht des Errichtungsortes testierfähige Testator nach einem der oben genannten drei Rechte testierunfähig war (Art. 142 II IPR-Modellgesetz).

Sachrechtlich ist auf dem Festland nur ein geschäftsfähiger Mensch imstande, ein Testament zu errichten. Ein von einer geschäftsunfähigen oder in der Geschäftsfähigkeit beschränkten Person errichtetes Testament ist ungültig (Art. 22 I Erbgesetz).[900] Anders formuliert muß der Testator die Testierfähigkeit bei der Testamentserrichtung besitzen (Art. 41 I der Ansichten des OVGH über Erbgesetz). Demzufolge ist ein von einem geschäftsunfähigen bzw. beschränkt geschäftsfähigen Testator errichtetes Testament per se ungültig, selbst wenn er später geschäftsfähig geworden ist (Art. 41 II der Ansichten des OVGH über Erbgesetz). Dahingegen bleibt ein von einem geschäftsfähigen Testator errichtetes Testament weiterhin gültig, selbst wenn er später geschäftsunfähig bzw. beschränkt geschäftsfähig geworden ist (Art. 41 III der Ansichten des OVGH über Erbgesetz).

(2) Form eines Testaments

Bezogen auf die Form eines Testaments ist keine gesetzliche Regelung anzutreffen. Dem Grundsatz der Nachlaßspaltung entsprechend sollte sich die testamentarische Form bei einer Verfügung über bewegliches Vermögen nach dem Recht des Errichtungsortes, dem Wohnsitzrecht oder dem Hei-

---

[900] Vgl. auch von Senger, in: Ferid/Firsching/Dörner/Hausmann, Internationales Erbrecht, VR China, S. 25.

matrecht des Testators bei der Testamentserrichtung richten, und diejenige hinsichtlich unbeweglichen Vermögens schlicht nach der lex rei sitae.[901]

Art. 143 IPR-Modellgesetz enthält einen Vorschlag für eine zukünftige Regelung der Anknüpfung der Formgültigkeit von Testamenten. Demzufolge bleibt die lex rei sitae weiterhin maßgebend für die Testamentsform bei Verfügungen über unbewegliches Vermögen (Art. 143 II IPR-Modellgesetz). Art. 143 I IPR-Modellgesetz stellt für die Form eines Testaments über bewegliches Vermögen sieben Kollisionsnormen zur Verfügung und zwar beruft die Vorschrift das Recht des Errichtungsortes bei der Testamentserrichtung, das Heimatrecht des Testators bei seiner Testamentserrichtung oder bei seinem Tod, das Wohnsitzrecht des Testators bei seiner Testamentserrichtung oder bei seinem Tod und das Recht des gewöhnlichen Aufenthalts des Testators bei seiner Testamentserrichtung oder bei seinem Tod. Diese Normierung schließt sich dem Haager Übereinkommen über das auf die Form letztwilliger Verfügungen anzuwendende Recht vom 5.10.1961 an und ist wegweisend für die zukünftige Entwicklung in diesem Bereich.

Sachrechtlich steht einem Testator fünf testamentarische Formen – notarielles Testament, eigenhändiges Testament, Testament durch Diktat, Testament durch Tonbandaufnahme und mündliches Testament – zur Verfügung.[902] Ein notarielles Testament ist von einem Testator durch einen Notar zu errichten (Art. 17 I Erbgesetz). Ein eigenhändiges Testament ist von einem Testator in eigener Person zu schreiben und mit Datum zu unterzeichnen (Art. 17 II Erbgesetz). Ein Testament durch Diktat soll in der Weise errichtet werden, daß in Anwesenheit von mindestens zwei Zeugen ein Zeuge das Testament niederschreibt und das Datum angibt und anschließend er, der andere Zeuge und der Testator das Testament unterzeichnen (Art. 17 III Erbgesetz). Ein Testament durch Tonbandaufnahme soll unter Anwesenheit von mindestens zwei Zeugen erstellt werden (Art. 17 IV Erbgesetz). Schließlich kann ein Testator unter den kritischen Umständen ein mündliches Testament errichten, indem mindestens zwei Zeugen anwesend sein sollen. Das mündliche Testament wird ungültig, wenn nach Beseitigung der kritischen Umstände der Testator imstande ist, ein Testament in schriftlicher Form oder ein Testament durch Tonbandaufnahme zu errichten (Art. 17 V Erbgesetz).

---

[901] Vgl. Dazu Chen Tung-Pi, IPR Chinas, S. 477.

[902] Dazu auch von Senger, in: Ferid/Firsching/Dörner/Hausmann, Internationales Erbrecht, VR China, S. 26.

Die nachstehenden Personen sind außerstande, als Testamentszeuge zu dienen: geschäftsunfähige Personen, beschränkt geschäftsfähige Personen, Erben, Vermächtnisnehmer und diejenigen, die in einer Interessenbeziehung zu Erben und Vermächtnisnehmern stehen (Art. 18 Erbgesetz). Die Gläubiger, Schuldner und Partner einer gemeinsamen wirtschaftlichen Unternehmung des Erben und Vermächtnisnehmers zählen zu denjenigen, bei denen eine Interessenbeziehung vorliegen kann (Art. 36 der Ansichten des OVGH über Erbgesetz). Wenn in einem von einem Bürger kurz vor seinem Tod geschriebenen Brief Verfügungen über sein Privatvermögen nach seinem Tod enthalten sind, welche die wirklichen Willenserklärungen des Verstorbenen darstellen, und welche mit Datum und seiner Unterschrift versehen sind, kann dieser Brief ohne gegensätzliche Beweise als eigenhändiges Testament angesehen werden (Art. 40 der Ansichten des OVGH über Erbgesetz).

(3) Inhalt und Wirkung eines Testaments

Wie vorher dargestellt, gibt es zur Zeit keine gesetzliche Normierung über das anwendbare Recht für den Inhalt und die Wirkung eines Testaments. In der Rechtspraxis werden die Kollisionsnormen bei gesetzlicher Erbfolge zu Rate gezogen:[903] Für den Inhalt und die Wirkung einer letztwilligen Verfügung von Todes wegen über bewegliche Nachlaßgegenstände gilt das Wohnsitzrecht des Testators bei seinem Tod, und bei unbeweglichen Nachlaßgegenständen die lex rei sitae. Ob diese Rechtspraxis dem entsprechenden Rechtsverkehr gerecht wird, ist zweifelhaft. Sicherlich entspricht sie dem Entwicklungstrend des Internationalen Erbrechts nicht.

Im Gegensatz dazu stellt uns das IPR-Modellgesetz die wegweisenden Normen zur Verfügung. Art. 144 IPR-Modellgesetz hält dafür sechs Rechte – Heimatrecht, Wohnsitzrecht oder Recht des gewöhnlichen Aufenthalts zum Zeitpunkt der Testamentserrichtung oder des Todes – derart bereit, daß eines dieser Rechte als maßgebende lex causae durch eine ausdrückliche Rechtswahl festgelegt wird oder indem das für das Zustandekommen des Testaments günstigste Recht gewählt wird. Dadurch wird gewährleistet, daß das Testament wirksam zustande kommt und die gewollte Wirkung entfaltet. Daher ist eine Anwendung dieser Norm zu empfehlen.

Materiellrechtlich kann ein Bürger, dem Grundsatz der Testierfreiheit entsprechend, letztwillige Verfügungen von Todes wegen über sein Privat-

---

[903] Vgl. Liu Renshan, IPR, S. 399.

vermögen treffen und einen Testamentsvollstrecker bestellen (Art. 16 I Erbgesetz). Konkret kann ein Bürger durch Testament eine oder mehrere Personen von seinen gesetzlichen Erben als Erbe seines Privatvermögens bestimmen oder den Staat, die kollektive Organisation bzw. eine Person außerhalb der gesetzlichen Erben als Vermächtnisnehmer für sein Privatvermögen einsetzen (Art. 16 II, III Erbgesetz).[904] Wenn der Testator eine letztwillige Verfügung von Todes wegen über das dem Staat, der kollektiven Organisation oder einer anderen Person zustehende Vermögen getroffen hat, soll der darauf bezogene Teil des Testaments als nichtig festgestellt werden (Art. 38 der Ansichten des OVGH über Erbgesetz).

Ferner wird die Testierfreiheit eines Testators durch die Pflichtteilsbestimmung beschränkt, indem er durch Testament einen notwendigen Erbteil für die Erben, die arbeitsunfähig sind und über keine Lebensgrundlage verfügen, zurückbehalten soll (Art. 19 Erbgesetz).[905] Wenn der Testator den Pflichtteil für den arbeitsunfähigen, keine Existenzgrundlage besitzenden Erben nicht zurückbehalten hat, soll der notwendige Erbteil bei der Nachlaßverteilung für diesen Erben reserviert und der übrige Nachlaß kann entsprechend dem im Testament festgestellten Verteilungsprinzip behandelt werden (Art. 37 I der Ansichten des OVGH über Erbgesetz). Ob der Erbe arbeitsunfähig ist und über keine Lebensgrundlage verfügt, bemißt sich nach den konkreten Lebensumständen des Erben im Zeitpunkt des Wirksamwerdens des Testaments (Art. 37 II der Ansichten des OVGH über Erbgesetz).

Ein Testament muß den wirklichen Willen des Testators wiedergeben, woraus folgt, daß ein unter Drohung oder Täuschung zustandegekommenes Testament ungültig ist (Art. 22 II Erbgesetz). Das verfälschte Testament und

---

[904] Bei der Einsetzung eines gesetzlichen Erben als testamentarischer Erbe und der Einsetzung einer außerhalb der gesetzlichen Erbordnung stehenden Person als Vermächtnisnehmer handelt es sich im Grunde um ein und dasselbe: die Bestimmung der Rechtsnachfolge des Nachlasses des Erblassers bzw. des Testators durch Testament. Der testamentarische Erbe und der Vermächtnisnehmer gehören also zu den testamentarischen Erben des Testators im weiteren Sinn. Infolgedessen überzeugt die Meinung von Sengers wenig, daß der Grundsatz der Testierfreiheit auf dem Rechtsgebiet Festland nicht gilt. Denn sie beruht nur auf der Gesetzesregelung des Art. 16 II Erbgesetz, ohne die Gesetzesregelung des Art. 16 III Erbgesetz zu berücksichtigen. Außerdem stehen die Verneinung der Testierfreiheit an dieser Stelle (S. 25) und die Bejahung der Testierfreiheit an einer anderen Stelle (S. 40) in Widerspruch (vgl. von Senger, in: Ferid /Firsching/Dörner/Hausmann, Internationales Erbrecht, VR China, S. 25, 28, 40).

[905] Vgl. auch Teil C, I, 4, b, dd, (3), (d), (cc), S. 218 f.

der entstellte Testamentsinhalt sind ungültig (Art. 22 III, IV Erbgesetz).[906] Ein vor der Ausführung des Erbgesetzes errichtetes Testament mit unwesentlichen Formmängeln kann als gültig angesehen werden, wenn der Inhalt rechtmäßig ist und es ausreichende Beweise dafür gibt, daß es sich um die wirkliche Willenserklärung des Testators handelt (Art. 35 der Ansichten des OVGH über Erbgesetz). Wenn ein Erbe, den der Erblasser durch Testament als Erbe für einen Nachlaßgegenstand eingesetzt hat, den Erblasser vorsätzlich getötet hat oder einen anderen Erben zwecks Erlangung der Erbschaft getötet hat, kann das Testament als ungültig festgestellt werden und der Erbe wird erbunfähig (Art. 12 der Ansichten des OVGH über Erbgesetz).[907]

Ein Bürger kann einen Vermächtnisunterhaltsvertrag mit einer anderen Person abschließen, indem sich diese Person zum Lebensunterhalt und zur Beisetzung des Bürgers nach dessen Ableben verpflichtet und sie das Recht genießt, das Vermächtnis dieses Bürgers zu erhalten (Art. 31 I Erbgesetz).[908] Ein Bürger kann auch einen Vermächtnisunterhaltsvertrag mit einer kollektiven Organisation abschließen, indem die kollektive Organisation die Verpflichtungen eingeht, für den Lebensunterhalt des Bürgers zu sorgen und ihn nach seinem Tod zu beerdigen und dabei das Recht genießt, das Vermächtnis des Bürgers zu erhalten (Art. 31 II Erbgesetz). Wenn ein Erblasser vor seinem Ableben mit einer anderen Person einen Vermächtnisunterhaltsvertrag abgeschlossen und zugleich ein Testament errichtet hat, wird über den Nachlaß nach dem Erbfall gemäß dem Vertrag und dem Testament verfügt, falls das Testament dem Vertrag nicht widerspricht (Art. 5 Halbsatz 1 der Ansichten des OVGH über Erbgesetz). Falls das Testament doch in Widerspruch zum Vertrag steht, wird über den Nachlaß nur in Gemäßheit des Vertrags verfügt, wobei das in Widerspruch zum Vertrag stehende ganze Testament oder der mit dem Vertrag unvereinbare Teil des Testaments ungültig wird (Art. 5 Halbsatz 2 der Ansichten des OVGH über Erbgesetz).

Wenn Verpflichtungen mit einer testamentarischen Erbfolge oder einem Vermächtnis verbunden sind, soll der Erbe oder der Vermächtnisnehmer den Verpflichtungen nachkommen (Art. 21 S. 1 Erbgesetz). Wenn dergleichen

---

[906] Vgl. von Senger, in: Ferid/Firsching/Dörner/Hausmann, Internationales Erbrecht, VR China, S. 27.

[907] Zur Erbunfähigkeit siehe: Teil C, I, 4, b, dd, (3), (b), S. 213 f.

[908] So auch von Senger, in: Ferid/Firsching/Dörner/Hausmann, Internationales Erbrecht, VR China, S. 41.

Verpflichtungen ohne sachliche Gründe nicht erfüllt werden, kann das Volksgericht dem Erben bzw. dem Vermächtnisnehmer das Recht, die Erbschaft oder das Vermächtnis zu erhalten, nach Antrag einer entsprechenden Einheit[909] oder einer individuellen Person entziehen (Art. 21 S. 2 Erbgesetz).

(4) Änderung und Widerruf eines Testaments

In bezug auf die Änderung und den Widerruf eines Testaments existiert bisher keine gesetzliche Regelung auf dem Festland. Erstaunlicherweise findet sich sogar nicht einmal eine Erwähnung im IPR-Modellgesetz! In der zukünftigen Entwicklung sollte diese Lücke vernünftigerweise ausgefüllt werden[910].

Genauso wie der Inhalt und die Wirkung eines Testaments setzt die Änderung eines Testaments oder sein Widerruf selbstverständlich eine auf die Änderung oder den Widerruf eines Testaments gerichtete, wirksam zustandegekommene Willenserklärung voraus. Beim entsprechend maßgeblichen Recht sollte es sich desgleichen um ein Recht handeln, das mit dieser Willenserklärung der Änderung oder des Widerrufs im Zusammenhang steht. Zudem sollte es dem gegenwärtigen Grundsatz der Nachlaßspaltung entsprechen. Daher sollte für die Änderung oder den Widerruf eines Testaments über bewegliches Vermögen das Heimatrecht, das Wohnsitzrecht oder das Recht des Rechtsgeschäftsortes des Testators im Zeitpunkt der Änderung oder des Widerrufs eines Testaments gelten. Für die Änderung oder den Widerruf eines Testaments über unbewegliches Vermögen sollte die lex rei sitae zur Anwendung kommen.

Materiellrechtlich kann ein Testator des Festlands sein Testament ändern oder widerrufen (Art. 20 I Erbgesetz). Wenn mehrere Testamente mit einem sich widersprechenden Inhalt errichtet worden sind, gilt das zuletzt errichtete Testament (Art. 20 II Erbgesetz). Ein notarielles Testament kann nicht durch ein eigenhändiges Testament, ein mündliches Testament, ein Testament durch Diktat oder ein Testament durch Tonbandaufnahme geändert oder widerrufen werden (Art. 20 III Erbgesetz). Wenn ein Testator mehrere Testamente mit sich widersprechendem Inhalt in unterschiedlichen Formen errichtet hat und ein notarielles Testament darunter fällt, gilt das

[909] Bei der „Einheit“ handelt es sich auf dem Rechtsgebiet Festland um entweder ein Unternehmen oder eine Institution, bei der die betreffende Person wie Testator bzw. Erbe arbeitet.

[910] Vgl. dazu Teil D, II, 1, c, bb, (3), S. 269 f. und d, Art. 6, S. 272.

zuletzt errichtete notarielle Testament (Art. 42 Halbsatz 1 der Ansichten des OVGH über Erbgesetz)[911]. Wenn kein notarielles Testament darunter fällt, gilt das zuletzt errichtete Testament (Art. 42 Halbsatz 2 der Ansichten des OVGH über Erbgesetz).

II. Gespaltenes interlokales Erbkollisionsrecht Chinas

Während bisher das chinesische Internationale Erbrecht behandelt wurde, stellt sich nunmehr die Frage, wie Rechtskonflikte der chinesischen Teilrechtsgebiete untereinander zu lösen sind. Denn nach der Feststellung der gespaltenen chinesischen internationalen Erbkollisionsnormen muß der Inhalt des chinesischen Interlokalen Erbrechts ermittelt werden, damit das konkrete Sachrecht zur Beurteilung eines Erbfalls mit chinesischem Bezug endgültig gefunden werden kann.

1. Gegenstand der chinesischen interlokalen Erbkollisionsnormen

Aufgrund der vier unterschiedlichen Rechtsgebiete innerhalb Chinas sind Rechtskonflikte unter den Gesetzesbestimmungen nicht zu vermeiden.[912] Die daraus entstandenen interlokalen Rechtskonflikte sind vielschichtig und kompliziert und erstrecken sich über die gesamten Bandbreite des Zivil-, Straf- und öffentlichen Rechts. Das Interlokale Erbrecht befaßt sich nur mit zivilrechtlichen Konflikten und geht davon aus, daß die auf zivilrechtliche Kollisionen bezogenen Gesetzesbestimmungen der jeweiligen Rechtsgebiete untereinander gleichberechtigt sind, ohne Rücksicht darauf, daß – administrativ gesehen – die Bestimmungen des Festlands auf zentraler Ebene und die der anderen Rechtsgebiete auf lokaler Ebene liegen. Es geht

---

[911] Hier ist eine Unstimmigkeit mit Art. 20 III Erbgesetz in Art. 42 der Ansichten des OVGH über Erbgesetz zu erkennen. Aus Art. 20 III Erbgesetz ist zu folgern, daß in bezug auf die testamentarische Wirkung ein notarielles Testament Vorrang vor Testamenten anderer Formen hat, wenn sich die Testamente widersprechen. Dementsprechend entfaltet ein notarielles Testament unter den sich widersprechenden Testamenten auch Wirkung, selbst wenn es nicht als letztes errichtet worden ist. Ein zuletzt errichtetes Testament ist nur wirksam, wenn unter diesen in Widerspruch stehenden Testamenten kein notarielles Testament zu finden ist. Eine solche Unstimmigkeit bei der Gesetzesauslegung sollte in der kommenden Kodifikation des ZGB China beseitigt werden.

[912] Vgl. auch dazu Ma Lin, Innerchinesisches Kollisionsrecht, S. 3.

mithin um die Gleichheit der vier Rechtsgebiete untereinander bezüglich ihrer Rechtssysteme bzw. ihrer Rechtswirkungen.[913]

2. Besonderheiten der chinesischen interlokalen Rechtskollisionen

Das Interlokale Privatrecht Chinas ist durch folgende Besonderheiten der interlokalen Rechtskollisionen gekennzeichnet.[914]

a. Interlokale Kollisionen im Verhältnis von Zentralstaat und SVZ

Die VR China besteht aus dem Festland und den drei besonderen Regionen – Hongkong, Macau und Taiwan – als unverzichtbare Teile Chinas. Die chinesische Verfassung von 1982 schreibt in ihrer Präambel vor, daß die VR China ein von den Menschen aller ethnischen Stämme gemeinsam gegründeter vereinigter Staat vieler Stämme ist. Aufgrund der historischen und gegenwärtigen Gegebenheiten in den Regionen Hongkong, Macau und (in Zukunft) Taiwan wird den SVZ durch den Grundsatz „Ein Staat, zwei Systeme" als Endziel der Staatswiedervereinigung eine hohe Autonomie in bezug auf administrative Verwaltung, Gesetzgebung, unabhängige Rechtspflege sowie ein unabhängiges höchstinstanzliches Recht (Artt. 2, 17, 19 Grundgesetz Hongkongs und Artt. 2, 17, 19 Grundgesetz Macaus) gewährt, die eine Sonderbehandlung darstellen.[915] Administrativ betrachtet unterstehen diese SVZ als lokale Regierungen dem Festland als zentraler Regierung. Also stehen die SVZ administrativ auf der gleichen Ebene mit den anderen Provinzen und autonomen Regionen. Daher geht es um interlokale Kollisionsnormen zwischen den auf unterschiedlichen administrativen Ebenen befindlichen Regionen innerhalb eines Staates – nämlich um Rechtskollisionen zwischen dem Festland als zentralem Rechtsgebiet und Hongkong, Macau und Taiwan als lokalen Rechtsgebieten.[916]

---

913 Vgl. Shen Juan, Das chinesische Interlokale Kollisionsrecht, S. 61.

914 Vgl. dazu auch Ma Lin, Innerchinesisches Kollisionsrecht, S. 15-17; Süß, IPR-Grundzüge Chinas, S. 12, 13.

915 Vgl. dazu Huang Jin, Interlokales Kollisionsrecht, S. 233.

916 So Lan Tian, Rechtsfragen aus „Ein Staat, zwei Systeme", genereller Bd., S. 177, 178; Han Depei, Ausgewählte Werke, S. 101, 102.

b. Interlokale Kollisionen kapitalistischer und sozialistisch-kapitalistischer Herkunft

Die Rechtssysteme auf den Rechtsgebieten Hongkong, Macau und Taiwan sind kapitalistischer Art, während das Rechtssystem des Festlands sozialistischer Natur ist. Daher entstehen zum einen interlokale Konflikte rein kapitalistischer Natur, wie bei einer Kollision zwischen Hongkong, Macau und Taiwan untereinander.[917] Zum anderen ergeben sich Rechtskonflikte sozialistisch-kapitalistischer Art, so wie die Rechtskollisionen zwischen dem Festland einerseits und Hongkong, Macau oder Taiwan andererseits.[918]

c. Interlokale Kollisionen zwischen gleichen und unterschiedlichen Rechtssystemen

Die Rechtssysteme der vier Rechtsgebiete sind, wie vorher dargestellt, ihre eigenen Wege gegangen, indem sich in Hongkong gezwungenermaßen das „common law" Rechtssystem, in Macau das portugiesische Rechtssystem, auf Taiwan das deutsch-japanische Rechtssystem und auf dem Festland ein Rechtssystem mit stark kontinentaleuropäischer Prägung entwickelt haben.[919]

Daher kollidieren bei Rechtskonflikten zwischen Macau und Taiwan zwei gleichartige (kontinentale) Rechtssysteme miteinander, während die Rechtskollisionen zwischen Hongkong und Macau aus typisch unterschiedlichen Rechtssystemen herrühren, nämlich zwischen einem „common law" System und einem kontinentaleuropäischen System.[920]

---

[917] Vgl. dazu Huang Jin, Interlokales Kollisionsrecht, S. 233; Shen Juan, Das chinesische Interlokale Kollisionsrecht, S. 58; Lan Tian, Rechtsfragen aus „Ein Staat, zwei Systeme", genereller Bd., S. 178; Zhang/Zhao, IPR 2002, S. 392; Huang Jin, in: Han Depei, Neues IPR, S. 449; Han Depei, Ausgewählte Werke, S. 100.

[918] Vgl. dazu Huang Jin, Interlokales Kollisionsrecht, S. 233; Shen Juan, Das chinesische Interlokale Kollisionsrecht, S. 58; Lan Tian, Rechtsfragen aus „Ein Staat, zwei Systeme", genereller Bd., S. 178; Zhang/Zhao, IPR 2002, S. 392; Huang Jin, in: Han Depei, Neues IPR, S. 449; Han Depei, Ausgewählte Werke, S. 100.

[919] Zu den entsprechenden historischen Entwicklungen siehe: Teil B, II, 3 und 4, S. 32 ff.

[920] Vgl. dazu auch Huang Jin, Interlokales Kollisionsrecht, S. 233; Huang Jin, in: Han Depei, Neues IPR, S. 449; Zhang/Zhao, IPR 2002, S. 392; Lan Tian, Rechtsfragen aus „Ein Staat, zwei Systeme", genereller Bd., S. 180; Shen Juan, Das chinesische Interlokale Kollisionsrecht, S. 58; Han Depei, Ausgewählte Werke, S. 100, 101.

d. Interlokale Kollisionen verbunden mit internationalen Abkommen

Gemäß Artt. 151, 153 des Grundgesetzes von Hongkong und der Artt. 136, 138 des Grundgesetzes von Macau können Hongkong und Macau als „Hongkong China“ und „Macau China“ internationale Abkommen abschließen. Demnach bestimmt die Zentralregierung auf dem Festland nach der Konsultierung mit den jeweiligen Regierungen der SVZ, ob die von der VR China abgeschlossenen internationalen Abkommen jeweils auch auf Hongkong und Macau anwendbar sind, während die nicht von der VR China abgeschlossenen, aber auf Hongkong und Macau anwendbaren internationalen Abkommen dort weiterhin anwendbar bleiben. Dies wird auch für Taiwan nach der zukünftigen Staatswiedervereinigung gelten.[921] Auf diese Weise können sich Kollisionen zwischen bindenden internationalen Abkommen auf dem einen Rechtsgebiet und dem nationalen Recht auf einem anderen Rechtsgebiet ergeben.[922]

e. Interlokale Kollisionen mit eigener unabhängiger Rechtspflege

Die jeweiligen Rechtsgebiete sind mit einer eigenen unabhängigen Rechtspflege ausgestattet, einschließlich eines unabhängigen höchstinstanzlichen Gerichts. Das bedeutet, daß die Rechtspflege der anderen Rechtsgebiete dem OVGH der Zentralregierung des Festlands nicht unterliegt. Daher ist es unmöglich, die entstehenden innerchinesischen Rechtskonflikte durch ein gemeinsames oberstes Gericht zu schlichten.[923] Vielmehr werden sie momentan durch entsprechende Rechtshilfevereinbarungen zwischen den Rechtsgebieten untereinander beseitigt.

---

[921] Vgl. Zhang/Zhao, IPR 2002, S. 393.

[922] Vgl. dazu auch Huang Jin, Interlokales Kollisionsrecht, S. 233, 234; Zhang/Zhao, IPR 2002, S. 392, 393; Han Depei, Neues IPR, S. 449, 450; Shen Juan, Das chinesische Interlokale Kollisionsrecht, S. 59; Han Depei, Ausgewählte Werke, S. 101.

[923] Dazu auch Huang Jin, Interlokales Kollisionsrecht, S. 234; Huang Jin, in: Han Depei, Neues IPR, S. 450.

f. Interlokale Kollisionen mit historisch vorübergehender Natur

Aus der geschichtlichen Vogelperspektive sind die gegenwärtigen interlokalen Rechtskonflikte deshalb von geschichtsbedingt momentaner Art, weil die Schaffung der Rechtsgebiete auf chinesischem Territorium der Erfolg der weisen Politik – „Ein Staat, zwei Systeme" – und zugleich ein historisches Übergangsstadium zur chinesischen Staatseinheit ist. Gleichzeitig entstehen, existieren und entwickeln sich derartige Rechtskollisionen auf der Basis und unter dem Einfluß der starken einheitlichen chinesischen traditionellen Kultur, was den wichtigsten gemeinsamen Nenner der vier Rechtsgebiete und die stärkste Antriebskraft des historischen Entwicklungsprozesses in Richtung Staatswiedervereinigung darstellt.

3. Prinzipien für die Lösung der chinesischen interlokalen Kollisionen

Bei der Bewältigung dieser interlokalen zivilrechtlichen Kollisionen sind die nachstehenden Grundsätze einzuhalten:

a. Staatseinheit

Die Staatseinheit bleibt immer der Ausgangspunkt und das Endziel der politischen Lösung der Probleme mit Hongkong, Macau und Taiwan, und deshalb muß das Prinzip der Staatseinheit der wichtigste Grundsatz bei der Bewältigung der interlokalen Kollisionen bleiben.[924] Bei der interlokalen Konfliktlösung muß verstärkt an dem Grundsatz der Staatseinheit festgehalten werden. Demgemäß muß einerseits immer sichergestellt werden, daß Hongkong, Macau und Taiwan unverzichtbare Teile Chinas sind und irgendwelche dem Prinzip der Staatseinheit zuwiderlaufenden Regelungen auf den Rechtsgebieten nicht existieren dürfen.[925] Andererseits sind die interlokalen Rechtskonflikte von den internationalen zu unterscheiden, und die konkreten Schritte und Lösungen zur Beseitigung dieser Kollisionen

---

[924] Vgl. Huang Jin, Interlokales Kollisionsrecht, S. 235; Zhang/Zhao, IPR 2002, S. 393; Huang Jin, in: Han Depei, Neues IPR, S. 450; Han Depei, Ausgewählte Werke, S. 102.

[925] Vgl. Huang Jin, Interlokales Kollisionsrecht, S. 235; Huang Jin, in: Han Depei, Neues IPR, S. 450, 451; Zhang/Zhao, IPR 2002, S. 393, 394; Han Depei, Ausgewählte Werke, S. 103.

sollen dem Staatseinheitsprinzip zustatten kommen. Schließlich sollen zugunsten der Staatseinheit die nötige Koordination und Zusammenarbeit zwischen den Rechtsgebieten zustande kommen.[926]

b. „Ein Staat, zwei Systeme"

Das bei der Rückgabe von Hongkong und Macau an China erfolgreich durchgeführte Prinzip „Ein Staat, zwei Systeme"[927] gilt auch für die Beilegung von Kollisionen zwischen den Rechtsgebieten. Das erfordert bei der Konfliktbewältigung eine starke Respektierung und Berücksichtigung der auf den jeweiligen Rechtsgebieten bestehenden historischen und gegenwärtigen Gegebenheiten.[928] Darüber hinaus kann der ordre public zur Beseitigung von Rechtskonflikten herangezogen werden[929], jedoch sollte man sich vor seinem Mißbrauch hüten[930].[931]

c. Gleichheit und gegenseitiger Vorteil

Der bei internationalen Rechtskollisionen geltende Grundsatz erlangt auch hier Geltung. Dieser Grundsatz verlangt vor allem, daß die zivilrechtlichen Gesetzesbestimmungen der Rechtsgebiete untereinander gleich sind, ihre Wirkung außerhalb der jeweiligen eigenen Rechtsgebiete von den anderen Rechtsordnungen anerkannt wird, die Beteiligten eines interlokalen Rechtsverhältnisses ebenfalls untereinander gleich behandelt werden und ihre legitimen Interessen in gleichem Maß geschützt werden.[932]

---

[926] Vgl. Huang Jin, Interlokales Kollisionsrecht, S. 235; Huang Jin, in: Han Depei, Neues IPR, S. 450, 451; Zhang/Zhao, IPR 2002, S. 393, 394; Han Depei, Ausgewählte Werke, S. 103.

[927] Zu der Entstehungsgeschichte und dem Inhalt des Prinzips „Ein Staat, zwei Systeme" vgl. Ma Lin, Innerchinesisches Kollisionsrecht, S. 3, 4.

[928] Vgl. Liu Renshan, IPR, S. 545; Huang Jin, Interlokales Kollisionsrecht, S. 236; Huang Jin, in: Han Depei, Neues IPR, S. 451; Zhang/Zhao, IPR 2002, S. 394; Han Depei, Ausgewählte Werke, S. 103.

[929] Vgl. dazu Huang Jin, Interlokales Kollisionsrecht, S. 236; Liu Renshan, IPR, S. 545.

[930] Vgl. Zhang/Zhao, IPR 2002, S. 394; Liu Renshan, IPR, S. 545.

[931] Vgl. Han Depei, Ausgewählte Werke, S. 104.

[932] Vgl. Huang Jin, Interlokales Kollisionsrecht, S. 236, 237; Huang Jin, in: Han Depei, Neues IPR, S. 451, 452; Zhang/Zhao, IPR 2002, S. 394; Liu Renshan, IPR, S. 545, 546; Han Depei, Ausgewählte Werke, S. 104, 105.

d. Begünstigung des gewöhnlichen interlokalen Rechtsverkehrs

Durch die Bewältigung der interlokalen Kollisionen soll der gewöhnliche interlokale Rechtsverkehr gewährleistet, möglichst begünstigt und gefördert werden.[933] Demgemäß sollen dergleichen Rechtskonflikte derart beseitigt werden, daß sich der zukünftige Zivilrechtsverkehr zügiger und reibungsloser entwickeln kann. In dieser Richtung sind die Kollisionen der Jurisdiktion und das Problem der Rechtshilfe angemessen zu bewältigen.[934]

4. Heutige gespaltene interlokale Erbkollisionsnormen

Genauso wie das gegenwärtige Internationale Privatrecht bzw. Erbrecht Chinas bietet das Interlokale Privatrecht bzw. Erbrecht Chinas zur Zeit ebenfalls kein einheitliches Bild. Dementsprechend zeigen sich auch dort große Divergenzen.

a. Interlokales Erbrecht auf dem Rechtsgebiet Hongkong

Wie vorher im Teil über das Internationale Erbrecht Hongkongs erläutert[935], macht das „common law" System keine Unterscheidung zwischen dem Interlokalen und dem Internationalen Privatrecht. Die Verwendung „foreign country" meint sowohl einen ausländischen Staat als auch ein außerhalb Hongkongs liegendes Gebiet mit einem anderen Rechtssystem. Daher gelten die früher dargestellten internationalen Erbkollisionsnormen Hongkongs auch für die interlokalen Erbkollisionen.[936]

b. Interlokales Erbrecht auf dem Rechtsgebiet Macau

Im Hinblick auf die interlokalen Erbkollisionsnormen Macaus zeigt sich ein ähnliches Bild wie es in Hongkong.

---

[933] Vgl. Zhang/Zhao, IPR 2002, S. 394; Huang Jin, in: Han Depei, Neues IPR, S. 452; Huang Jin, Interlokales Kollisionsrecht, S. 237; Liu Renshan, IPR, S. 546.

[934] Vgl. Zhang/Zhao, IPR 2002, S. 394; Liu Renshan, IPR, S. 546.

[935] Vgl. oben im Teil C, I, 1, a, aa, S. 68 ff.

[936] Vgl. dazu auch Shen Juan, Das chinesische Interlokale Kollisionsrecht, S. 72; Yu Xianyu, Kollisionsrecht, S. 400; Ma Lin, Innerchinesisches Kollisionsrecht, S. 26.

Im Prozeß der Anpassung des portugiesischen ZGB in Macau sind drei Meinungen hinsichtlich der Richtung der kollisionsrechtlichen Anpassung deutlich geworden. Einige stellen sich auf den Standpunkt, daß ein neues Interlokales Privatrecht geschaffen werden sollte, um den neuen Gegebenheiten – den von den internationalen Kollisionen wesensunterschiedlichen interlokalen Kollisionen – gerecht zu werden, während die portugiesischen internationalen Kollisionsnormen systematisch grundsätzlich unverändert bleiben sollten.[937] Andere Autoren sind der Auffassung, daß ein Interlokales Privatrecht nicht neu geschaffen werden müsse, sondern die internationalen Kollisionsnormen auf die interlokalen Kollisionen analog anzuwenden sind, da sie vor der Rückgabe Macaus an China unmittelbar auf dieselben Kollisionen anwendbar waren und es nun nach der Rückgabe zwischen den internationalen und den interlokalen Kollisionen viele Ähnlichkeiten gibt.[938] Die dritte Gruppe von Autoren steht auf dem Standpunkt, daß die Kollisionsnormen Macaus derart revidiert werden sollten, daß sie für sowohl internationale als auch interlokale Rechtskollisionen geeignet sind, weil das Hinzufügen eines neuen Interlokalen Privatrechts das originale System des ZGB Macau zerstören würde und es zwischen den beiden Kollisionsnormen keine großen Unterschiede gebe.[939]

Obwohl alle drei Ansichten überzeugend sind, hat sich jedoch die dritte Meinung im Zuge der Rechtsanpassung des portugiesischen ZGB durchgesetzt. Demzufolge sind die Kollisionsnormen des ZGB Macau in der Weise revidiert worden, daß an die Stelle des „Rechts des Staatsangehörigkeitsstaates" „das Recht des gewöhnlichen Aufenthalts" getreten ist, weiter an die Stelle des „Auslands" „der auswärtige Ort", an die Stelle des „inländischen Rechts" „das lokale Recht", an die Stelle des „Ausländers" „nichteinheimischer Bewohner" und an die Stelle des „Staatsbürgers dieses Staates" „der Bürger Macaus" gesetzt worden ist.[940] Dadurch erlangen die Kollisionsnormen des ZGB Macau nicht nur für die internationalen, sondern auch die interlokalen Kollisionen gleichzeitig Geltung.[941]

---

[937] Vgl. dazu Yu Xianyu, Kollisionsrecht, S. 412, 413.

[938] Vgl. dazu Yu Xianyu, Kollisionsrecht, S. 412, 413.

[939] Vgl. dazu Yu Xianyu, Kollisionsrecht, S. 412, 413.

[940] Vgl. dazu auch Yu Xianyu, Kollisionsrecht, S. 413; Ma Lin, Innerchinesisches Kollisionsrecht, S. 26.

[941] Vgl. dazu auch Yu Xianyu, Kollisionsrecht, S. 413; Ma Lin, Innerchinesisches Kollisionsrecht, S. 26.

c. Interlokales Erbrecht auf dem Rechtsgebiet Taiwan

Das Interlokale Erbrecht Taiwans zeigt ein mannigfaltiges und ein wenig verzerrtes Bild, indem es zwei unterschiedliche Wege eingeschlagen hat.

aa. Interlokale Erbkollisionsnormen gegenüber dem Rechtsgebiet Festland

Gegenüber dem Rechtsgebiet Festland weist das Interlokale Erbrecht Taiwans Besonderheiten auf. Dies muß Außenstehenden im Hinblick auf die politische Situation etwas mißverständlich erscheinen. Obwohl im Moment ein politisches Problem existiert, das im Grunde die letzte Hinterlassenschaft der Machtpolitik der USA auf chinesischem Territorium darstellt, ist es doch eine in der Welt anerkannte Tatsache, daß Taiwan, wie Hongkong und Macau, unverzichtbarer Teil Chinas ist, und sich die beiden Ufer der Meeresstraße von Taiwan zu einem einzigen Mutterland China bekennen.[942] Dieser Standpunkt herrscht in beiden Rechtsgebieten vor.[943] Dies zeigt sich beispielsweise in der zutreffenden Äußerung des Rechtswissenschaftlers Wang Zhiwen[944] aus Taiwan:

> *„Unter der Voraussetzung, daß die materiellen Rechte auf den beiden Ufern der Meeresstraße nicht vereinheitlicht sind, müssen die Zivilrechtsverhältnisse der beiden Ufer der Meeresstraße durch die Kollisionsregeln behandelt werden. Dies ist eine rationale Wahl im gesetzlichen Rahmen der Beziehungen zwischen den beiden Ufern der Meeresstraße. Allmählich hat sich dieses Lösungsmodell in der Rechtswissenschaft auf den beiden Ufern der Meeresstraße durchgesetzt. ...In Anbetracht der Sachlage, daß sich die beiden Regierungsbehörden auf den beiden Ufern der Meeresstraße zur Zeit zu 'einem China' bekennen, können die Rechtskonflikte zwischen den beiden Ufern daraufhin nicht mit den allgemeinen sogenannten internatio-*

---

[942] Dazu vgl. auch Fußnote 20, S. 5.

[943] Vgl. dazu auch Ma Lin, Innerchinesisches Kollisionsrecht, S. 6, 7.

[944] Dr. Wang Zhiwen war im Zeitpunkt des Verfassens des Aufsatzes Professor der Rechtswissenschaft an der Kulturuniversität Taiwans, Direktor der Juristischen Fakultät und des Rechtsinstituts.

nalen Rechtskonflikten auf eine Stufe gestellt werden, sondern sollen als besondere interlokale Rechtskollision klassifiziert werden."[945]

Im konkreten finden sich die interlokalen Erbkollisionsnormen in der „Verordnung über die Volksbeziehung zwischen dem Taiwan-Gebiet und dem Festland-Gebiet"[946] (im nachstehenden als „Volksbeziehungsverordnung" abgekürzt), die am 31.7.1992 verkündet und jeweils im Jahr 1993, 1996, 1997 und 2003 (29.10.2003) revidiert und überarbeitet wurde.

(1) Allgemeine interlokale Grundsätze

Die nachstehenden Regeln gelten allgemein für interlokale erbrechtliche Kollisionen:

(a) Festsetzung des Rechtsgebietes

Die Volksbeziehungsverordnung geht von der Existenz des Taiwan-Gebietes und des Festland-Gebietes aus. Eine entsprechende Unterscheidung ist in Art. 2 dieser Verordnung zu finden. Demgemäß besteht das Taiwan-Gebiet aus Taiwan, Penghu (die Pescadores), Jinmen (Quemoy), Mazu (die Matsu-Inseln) und die anderen der Regierungsherrschaft Taiwans unterworfenen Gebiete (Art. 2 I Volksbeziehungsverordnung).[947] Daher handelt es sich bei dem Taiwan-Gebiet um die der Herrschaft Taiwans unterstehenden Gebiete. Dementsprechend geht es bei dem Festland-Gebiet um das Territorium Chinas außer dem Taiwan-Gebiet. Gemäß Art. 3 der detaillierten Ausführungsbestimmungen umfaßte das Festland-Gebiet alle unter der Kontrolle der KP Chinas stehenden Gebiete und die Außenmongolei.[948] Jedoch umfaßt das Festland-Gebiet nach der neuen Fassung des Art. 3 der

---

[945] Wang Zhiwen, Entwicklung und Vergleich der Kollisionsnormen zwischen den beiden Ufern der Meeresstraße, S. 152; dazu auch Yu Xianyu, Kollisionsrecht, S. 432, 433. In dieser Hinsicht sind Liu Tiezheng und Chen Rongchuan zu der gleichen Ansicht gekommen, vgl. Liu Tiezheng/Cheng Rongchuan, IPR, S. 747-788 (über das Interlokale Privatrecht).

[946] Vgl. auch Ma Lin, Innerchinesisches Kollisionsrecht, S. 17-19.

[947] Vgl. dazu auch Süß, in: Ferid/Firsching/Dörner/Hausmann, Internationales Erbrecht, Republik China (Taiwan), Texte A, S. 3.

[948] Hierbei handelte es sich um eine politische Erklärung, daß die Außenmongolei Teil des chinesischen Territoriums war. Diesbezüglich haben Liu Tiezheng und Chen Rongchuan eine andere Vorgehensweise vorgeschlagen, vgl. Liu Tiezheng/Chen Rongchuan, IPR, S. 755, 756.

detaillierten Ausführungsbestimmungen nur noch die der Kontrolle der KP Chinas unterstehenden Gebiete.

(b) Lex causae für Zivilfälle

Für die zivilen Rechtsstreitigkeiten zwischen Bewohnern des Taiwan-Gebiets und denen des Festland-Gebiets gilt vorbehaltlich einer anderslautenden Regelung in dieser Verordnung das Recht des Taiwan-Gebiets (Art. 41 I Volksbeziehungsverordnung). Auf die zivilen Streitigkeiten zwischen Bewohnern des Festland-Gebietes und auf die zwischen den Bewohnern des Festlands und denen des Auslands bleiben mit Vorbehalt einer anderslautenden Regelung in dieser Verordnung die Bestimmungen des Festland-Gebiets anwendbar (Art. 41 II Volksbeziehungsverordnung). Die genannten Bestimmungen des Festland-Gebiets in Art. 41 II beziehen sich nicht auf die kollisionsrechtlichen, sondern auf die dortigen materiellrechtlichen Regeln.[949]

Die Bevorzugung des Rechts des Taiwan-Gebiets ist vernünftigerweise nicht nachvollziehbar. Denn der Schwerpunkt des Interlokalen Privatrechts sollte darin liegen, daß das anwendbare Recht zur Lösung einer interlokalen Kollision auf angemessene Weise zu ermitteln ist.[950] Zudem sind die Gesetzesbestimmungen aus den jeweiligen Rechtsgebieten untereinander gleichberechtigt.[951]

(c) Lex causae bei mehreren Teilrechtsverordnungen des Festland-Gebiets

Wenn durch die Regelung dieser Verordnung auf die Bestimmungen des Festland-Gebiets verwiesen wird, aber die Bestimmungen dort ortsunterschiedlich sind, bleibt die Regelung des Haushaltregistrierungsortes des Beteiligten maßgeblich (Art. 42 Volksbeziehungsverordnung).

(d) Renvoi

Wenn gemäß dieser Verordnung die Regelung des Festland-Gebiets maßgeblich sein soll, aber es für das betreffende Rechtsverhältnis keine aus-

---

[949] So Liu Tiezheng/Chen Rongchuan, IPR, S. 752.

[950] Vgl. Liu Tiezheng/Chen Rongchuan, IPR, S. 751.

[951] Vgl. Liu Tiezheng/Chen Rongchuan, IPR, S. 751.

drückliche Regelung gibt oder nach der entsprechenden Regelung das Recht des Taiwan-Gebietes anwendbar sein soll, erlangt das Recht des Taiwan-Gebiets Geltung (Art. 43 Volksbeziehungsverordnung).

Diese Renvoi-Regelung übergeht die ungeschriebenen Regeln des Festland-Gebiets und vergrößert die Anwendung der lex fori für das Taiwan-Gebiet.[952] Darin liegt auf versteckte Art und Weise eine Bevorzugung des Rechts des Taiwan-Gebiets vor.

(e) Ausschluß der Regelung des Festland-Gebiets

Wenn die Anwendung der berufenen Regelung des Festland-Gebiets zum Verstoß gegen den ordre public oder die guten Sitten auf Taiwan führt, wird das Recht Taiwans angewandt (Art. 44 Volksbeziehungsverordnung).

(2) Interlokale erbrechtliche Kollisionsnormen

Unter der Geltung der erläuterten allgemeinen Grundsätze sind nun die nachfolgenden interlokalen Bestimmungen zu beleuchten, die eigens für die interlokalen erbrechtlichen Kollisionen gelten:

(a) Lex causae für die gesetzliche Erbfolge

Die Erbfolge richtet sich nach der Regelung des Festland-Gebiets, wenn der Erblasser eine Person des Festland-Gebiets ist (Art. 60 S. 1 Volksbeziehungsverordnung). Jedoch erlangt das Recht Taiwans für die auf Taiwan befindlichen Nachlaßgegenstände des Erblassers Geltung (Art. 60 S. 2 Volksbeziehungsverordnung).

(b) Lex causae für die gewillkürte Erbfolge

Die Voraussetzungen für das Zustandekommen oder den Widerruf eines Testaments und die Wirkung eines Testaments bemessen sich nach der Regelung des Festlands, wenn der Testator vom Festland-Gebiet stammt (Art. 61 S. 1 Volksbeziehungsverordnung). Allerdings kommt das Recht Taiwans zur Anwendung, wenn ein Vermächtnis in bezug auf einen sich auf Taiwan befindenden Nachlaßgegenstand gemacht wird (Art. 61 S. 2 Volksbeziehungsverordnung).

---

[952] So auch Liu Tiezheng/Chen Rongchuan, IPR, S. 758.

Der letztere Fall hat eine engere Verbindung zur lex rei sitae des Nachlaßgegenstandes, so daß das Recht Taiwans zur Geltung kommt.[953]

(c) Beschränkungen gegen die Erben aus dem Festland

Einer der Gründe dafür, daß diese Volksbeziehungsverordnung von den Autoren auf beiden Ufern der Meeresstraße scharf kritisiert worden ist, liegt darin begründet, daß die Erben des Festland-Gebiets gegenüber den sich auf Taiwan befindenden Nachlaßgegenständen stark und unfair beschränkt[954] werden.[955]

Die Einschränkungen zeigen sich zuerst im erbrechtlichen Verfahren. Wenn eine Person vom Festland einen auf Taiwan befindlichen Nachlaßgegenstand erben möchte, soll innerhalb von drei Jahren ab dem Erbfall gegenüber dem Gericht des Wohnsitzes des Erblassers schriftlich eine Willenserklärung über die Annahme der Erbschaft abgegeben werden (Art. 66 I Halbsatz 1 Volksbeziehungsverordnung). Die Fristüberschreitung ist dagegen als Ausschlagung der Erbschaft anzusehen (Art. 66 I Halbsatz 2 Volksbeziehungsverordnung).[956]

Weiterhin schlagen sich die erbrechtlichen Einschränkungen gegenüber den Erben vom Festland nachhaltig in der Summe der Erbschaft nieder. Wenn eine Person vom Festland als gesetzlicher Erbe für die auf Taiwan befindliche Erbschaft auftritt, darf die gesamte Summe des Vermögens, das dieser

---

[953] So Liu Tiezheng/Chen Rongchuan, IPR, S. 778, 779.

[954] Vgl. dazu auch Ma Lin, Innerchinesisches Kollisionsrecht, S. 21.

[955] Gegenüber den Erben vom Festland – den eigenen Landsleuten – legt die Regelung so viele Einschränkungen fest, während gegenüber Ausländern, die Nachlaßgegenstände auf dem Taiwan-Gebiet erhalten, überhaupt keine Einschränkungen gemacht werden! Das ist der Stil der Politikführung auf dem Taiwan-Gebiet (vgl. dazu auch Shen Juan, Das chinesische Interlokale Kollisionsrecht, S. 273, 274; Yu Xianyu, Kollisionsrecht, S. 446, 447). Diese Sachlage läßt sich nach der Ansicht von Liu Tiezheng und Chen Rongchuan nur mit der Idee der „Staatssicherheit" erklären (vgl. Liu Tiezheng/Chen Rongchuan, IPR, S. 763), aber zugleich haben sie zugegeben, daß die Volksbeziehungsverordnung viel zu wünschen übrig läßt (so Liu Tiezheng/Chen Rongchuan, IPR, S. 776, 777). Dagegen finden sich gerechtere erbrechtliche Regelungen auf dem Rechtsgebiet Festland gegenüber Taiwan. Ausführlich dazu siehe: Teil C, II, 4, d, S. 247 ff., insbesondere Fußnote 964, S. 247.

[956] Konkrete Anforderungen wie der detaillierte schriftliche Antrag und die entsprechenden Beweise sind in Art. 43 der Ausführungsbestimmungen zur Volksbeziehungsverordnung zu finden.

Erbe zu erhalten hat, zwei Millionen NTD nicht überschreiten (Art. 67 I S. 1 Volksbeziehungsverordnung). Der darüber hinausgehende Betrag fällt an die auf Taiwan ansässigen Erben der gleichen Erbordnung, und an die auf Taiwan ansässigen Erben der nächsten Erbordnung, falls ein Erbe der gleichen Ordnung auf Taiwan nicht vorhanden ist, und letztlich an den Fiskus Taiwans, falls keine Erben auf Taiwan zu finden sind (Art. 67 I S. 2 Volksbeziehungsverordnung). Wenn ein Vermächtnisnehmer eine natürliche Person, eine juristische Person, eine Körperschaft oder andere Organisation aus dem Festland für ein auf Taiwan befindliches Vermächtnis ist, darf die gesamte Summe des Vermächtnisses zwei Millionen NTD nicht überschreiten (Art. 67 III Volksbeziehungsverordnung). Wenn es sich bei der Erbschaft um unbewegliches Vermögen handelt, soll der Erbteil des gesetzlichen Erben des Festlands in Geldwert umgerechnet werden (Art. 67 IV S. 1 Volksbeziehungsverordnung). Aber der gesetzliche Erbe vom Festland darf unbewegliches Nachlaßvermögen nicht erben, wenn ein auf Taiwan ansässiger Erbe auf dieses unbewegliche Nachlaßvermögen als Wohnsitz angewiesen ist, wobei der Wert dieses Vermögens bei der Festsetzung des Erbteils für den Erben des Festlands in die gesamte Erbschaft nicht eingerechnet wird (Art. 67 IV S. 2 Volksbeziehungsverordnung).[957]

(3) Bewertung der Volksbeziehungsverordnung

Die Entstehung der Volksbeziehungsverordnung[958] entspricht der gegenwärtigen Rechtsrealität Chinas und stellt einen Fortschritt der interlokalen kollisionsrechtlichen Gesetzgebung auf dem Taiwan-Gebiet dar.

Jedoch sind ihre Regelungen zu stark von politischen Erwägungen beeinflußt worden. Dadurch hat sie die wesentlichen Wertungen der interlokalen Kollisionsnormen – die Gleichberechtigung des Rechts auf den jeweiligen Rechtsgebieten, die Gleichberechtigung der Beteiligten der jeweiligen Rechtsgebiete und die den beiderseitigen Interessen gerechte lex causae für eine interlokale Rechtskollision – leider verfehlt. Infolgedessen dient sie zwar der momentanen chinesischen Lebenswirklichkeit von der

[957] Darüber hinaus verpflichtet sich ein Erbe oder ein Erblasser von Festland zur Steuerzahlung gemäß dem Erbschafts- und Schenkungssteuergesetz (Artt. 44, 45, 50 der Ausführungsbestimmungen zur Volksbeziehungsverordnung). Vgl. dazu die entsprechenden Bestimmungen über die Erbschaftsteuer in Fußnote 748, S. 178.

[958] Zum Kommentar zur Volksbeziehungsverordnung vgl. Ma Lin, Innerchinesisches Kollisionsrecht, S. 19-21.

Warte Taiwans aus. Aber sie hat sich für die Zukunft als eine einheitliche interlokale Regelung disqualifiziert.

bb. Interlokale Erbkollisionsnormen gegenüber den Rechtsgebieten Hongkong und Macau

Eine andere Richtung hat das Interlokale Erbrecht Taiwans gegenüber den Rechtsgebieten Hongkong und Macau eingeschlagen.

Vor der Rückgabe von Hongkong und Macau an China galt das RAG für die Rechtskollisionen zwischen Taiwan und Hongkong bzw. Macau, die von internationaler Natur waren.[959] Nach der Rückgabe hat sich die Natur der Rechtskonflikte geändert. Jetzt handelt es sich um interlokale Kollisionen.

Allerdings ist der Rechtsverkehr zwischen Taiwan und Hongkong bzw. Macau ziemlich intensiv. Dies wird insbesondere durch die Tatsache verstärkt, daß mit Einwilligung der Taiwan-Seite Hongkong und Macau als Vermittler im mittelbaren Verkehr mit dem Festland fungieren. Denn ein unmittelbarer Verkehr zwischen Taiwan und dem Festland wird von den Politikern Taiwans blockiert.

Würden allerdings die interlokalen Rechtskonflikte zwischen Taiwan und Hongkong bzw. Macau auch nach der Volksbeziehungsverordnung gelöst, würde dieser Rechtsverkehr schwer beeinträchtigt, obwohl Hongkong und Macau nach der Rückgabe an China zu den der Herrschaft der KP Chinas unterstehenden Gebieten zählen.[960] Daher ist aufgrund der besonderen Situation im Verhältnis von Taiwan und Hongkong bzw. Macau die Hongkong-Macau Beziehungsverordnung von 1997 (im nachfolgenden als "Beziehungsverordnung" abgekürzt) entstanden.[961]

Unter den 62 Artikeln der Beziehungsverordnung ist kollisionsrechtlich nur Art. 38 relevant. Demnach wird bei einem Zivilrechtsverhältnis mit Bezug zu Hongkong bzw. Macau das RAG analog angewandt. Mangels einer Regelung im RAG erlangt das Recht Geltung, zu dem das Rechtsverhältnis die wichtigste Verbindung aufweist (Art. 38 S. 2 Beziehungsverordnung). Daher bleiben die Kollisionsnormen für interlokale Rechtskonflikte zwischen dem Taiwan-Gebiet und dem Gebiet Hongkong bzw. Macau beinahe

---

[959] Vgl. auch Liu Tiezheng/Chen Rongchuan, IPR, S. 781.

[960] Vgl. Liu Tiezheng/Chen Rongchuan, IPR, S. 781, 782.

[961] Vgl. Liu Tiezheng/Chen Rongchuan, IPR, S. 781, 782.

unverändert, da es zur analogen Anwendung der internationalen Kollisionsnormen kommt.[962]

d. Interlokales Erbrecht auf dem Rechtsgebiet Festland

Die Sachlage auf dem Festland-Gebiet ist, was die Gesetzgebung der interlokalen Kollisionsnormen anbetrifft, alles andere als befriedigend, denn eine kollisionsrechtliche Gesetzgebung ist bisher nicht zu finden. Dennoch sind einige sachrechtliche Bestimmungen im Hinblick auf die Kollisionen zwischen dem Festland-Gebiet und den anderen drei Gebieten,[963] vor allem dem Taiwan-Gebiet[964], anzutreffen. Der Rechtspraxis zufolge werden die ent-

---

[962] Vgl. dazu auch Ma Lin, Innerchinesisches Kollisionsrecht, S. 42. Zu der Entstehungsgeschichte dieser Kollisionsregelung und der entsprechenden Bewertung vgl. Yu Xianyu, Kollisionsrecht, S. 448, 449.

[963] Z. B.:

1. „die Mitteilung über die Erledigung der Zivilrechtsangelegenheiten der Einwohner Macaus auf dem Festland" vom Justizministerium vom 25.6.1986,
2. „das Schreiben über die Erledigung der von Hongkong nach dem Festland geschickten Nachlasse vom OVGH" vom 12.4.1990,
3. „die Antwort auf einige Fragen zur Beurteilung der Fälle wirtschaftlicher Konflikte mit Bezug zu Hongkong und Macau" vom OVGH von 1987,
4. „die Bestimmungen über die Ermutigung der Landsleute auf Taiwan zur Investition" vom Staatsrat von 1988,
5. „die vorübergehenden Regelungen über die Probleme des Urheberrechts der Werke von Landsleuten auf Taiwan" vom Nationalen Amt für Urheberrecht von 1988,
6. „die achte Regelungen über den Patentantrag auf dem Festland von den Landsleuten auf Taiwan" vom Patentamt Chinas von 1988,
7. „einige Rechtsfragen bei der Behandlung der Zivilrechtsfälle mit Bezug zum Taiwan-Gebiet von den Volksgerichten" vom OVGH von 1988 (im folgenden als „Rechtsfragen bei den Zivilrechtsfällen mit Bezug zum Taiwan-Gebiet" abgekürzt),
8. „die Verwaltungsregeln über den Verkehr der chinesischen Staatsbürger mit dem Taiwan-Gebiet" vom Staatsrat von 1992 sowie

einige lokale Regelungen in den Provinzen Fujian und Guangdong (dazu auch Shen Juan, Das chinesische Interlokale Kollisionsrecht, S. 65; Ma Lin, Innerchinesisches Kollisionsrecht, S. 44).

[964] Nach den Bestimmungen in den oben genannten Rechtsfragen bei Zivilrechtsfällen mit Bezug zum Taiwan-Gebiet steht das gleiche Erbrecht den nach Taiwan verzogenen

sprechenden internationalen Kollisionsnormen auf die Lösung interlokaler Kollisionen analog angewandt.[965]

Im Gegensatz zu der ungünstigen Lage der interlokalen kollisionsrechtlichen Gesetzgebung hat die chinesische IPR-Wissenschaft wichtige Beiträge geleistet, nämlich in Gestalt des „Vorschlagsentwurfs des Volksbeziehungsrechts zwischen dem Festland-Gebiet und dem Taiwan-Gebiet“ vom Taiwan-Recht-Institut der chinesischen Management Akademie von 1989, der "Modellverordnung über Rechtsanwendung auf die Zivilrechtsfälle zwischen dem Festland-Gebiet und den Gebieten Taiwan, Hongkong und Macau“[966] von Han Depei und Huang Jin von 1991 (im folgenden als „Modellverordnung“ abgekürzt) und des "Einheitlichen interlokalen maritimen Kollisionsrechts“ von Si Yuzuo und Li Zhaoliang.

Personen zu, wie es den Landsleuten Taiwans und denen auf dem Festland befindlichen Landsleuten zusteht. Das Erbrecht der nach Taiwan verzogenen Personen in bezug auf einen auf dem Festland befindlichen Nachlaßgegenstand kann demnach nicht wegen der Tatsache, daß die Personen nach Taiwan verzogen sind, beeinträchtigt werden. Das Erbrecht der nach Taiwan verzogenen Personen und der Landsleute Taiwans gegenüber den auf dem Festland befindlichen Nachlaßgegenständen wird von den Volksgerichten folgendermaßen geschützt (vgl. dazu Zeng/Guo/Zhao/Zheng, Rechtsfragen im Verkehr Festland-Taiwan, S. 44, 45; Liang Shuwen, Rechtsanwendung mit Bezug zu Taiwan, S. 163):

1. Die nach Taiwan verzogenen Personen und die Landsleute Taiwans können bei den Volksgerichten die für sie reservierten Erbteile beantragen, die ihnen vom Gericht zugesprochen wurden;

2. Die nach Taiwan verzogenen Personen und die Landsleute Taiwans können bei den noch nicht von den Volksgerichten behandelten Erbfällen Klage vor dem Volksgericht erheben;

3. Die auf Taiwan befindlichen legitimen Erben sollen nach Möglichkeit von der Beteiligung an den von den Volksgerichten zu behandelnden Erbfällen benachrichtigt werden und die ihnen gebührenden Erbteile sollen reserviert und entsprechende Vermögensverwalter dafür ernannt werden, wenn die Beteiligungsbenachrichtigung nicht möglich ist.

[965] Vgl. Shen Juan, Das chinesische Interlokale Kollisionsrecht, S. 64; Huang Jin, Interlokales Kollisionsrecht, S. 243; Han Depei, Ausgewählte Werke, S. 107; Ma Lin, Innerchinesisches Kollisionsrecht, S. 43.

[966] Dazu auch Ma Lin, Innerchinesisches Kollisionsrecht, S. 23-26.

Von diesen interlokalen Beiträgen soll die "Modellverordnung" näher beleuchtet werden, welche die Form eines einheitlichen chinesischen Interlokalen Privatrechts annimmt[967].

aa. Allgemeine interlokale Grundsätze

Die interlokalen Grundsätze finden sich in den allgemeinen Regeln der Modellverordnung.

(1) Zielsetzung

Die Modellverordnung zielt darauf ab, die Staatseinheit zu bewahren und zu fördern, den Rechtsverkehr der natürlichen und juristischen Personen auf den vier Rechtsgebieten auf der Basis der Gleichheit und des gegenseitigen Vorteils zu gewährleisten und die legitimen Interessen der natürlichen und juristischen Personen auf jedem Rechtsgebiet zu schützen (Art. 1 Modellverordnung).

(2) Maßgebendes Recht

Die Modellverordnung regelt die Rechtsanwendung auf ein Zivilrechtsverhältnis zwischen und unter den natürlichen und juristischen Personen aus den vier Rechtsgebieten, die untereinander gleich sind (Art. 2 S. 1 Modellverordnung). Mangels einer Regelung dieser Verordnung kommen die internationalen Kollisionsnormen des Festlands analog zur Anwendung (Art. 2 S. 2 Modellverordnung). Fehlt eine solche internationale Kollisionsregelung, wird die Sachnorm, zu der das Zivilrechtsverhältnis die engste Verbindung aufweist, unmittelbar angewandt (Art. 2 S. 3 Modellverordnung).

(3) Sachnormverweisung

Das gemäß der Modellverordnung anzuwendende Recht ist nicht die kollisions- und verfahrensrechtliche Bestimmung, sondern die geltende sachrechtliche Regelung (Art. 6 Modellverordnung).

(4) Lex causae für die Qualifikation und Auslegung

Die lex fori gilt für die Qualifikation eines Sachverhalts, eines Zivilrechtsverhältnisses und einer betreffenden Tatsache sowie für die Auslegung einer

[967] Vgl. Shen Juan, Das chinesische Interlokale Kollisionsrecht, S. 66.

Kollisionsnorm (Art. 7 S. 1 Modellverordnung). Für die Auslegung eines konkret anwendbaren Rechts gilt das Recht des Rechtsgebietes, zu dem das anwendbare Recht gehört (Art. 7 S. 2 Modellverordnung).

(5) Feststellung des anwendbaren Rechts

Ein Gericht des Festlands, welches das anwendbare Recht vom Amts wegen festzustellen hat, kann das anzuwendende Recht durch die Beteiligten, die Juristen, die Organe der Rechtspflege aufgrund der Rechtshilfevereinbarung ermitteln (Art. 8 I Modellverordung). An die Stelle eines nicht feststellbaren anzuwendenden Rechts oder eines auf dem entsprechenden Gebiet nach Feststellung nicht existenten Rechts tritt das entsprechende Recht des Festlands (Art. 8 II Modellverordnung).

(6) Gesetzesumgehung

Das Recht, dessen Anwendung von den Beteiligten beabsichtigt wird, ist von einem Gericht des Festlands nicht zur Anwendung zu bringen, wenn die Beteiligten eine zwingende oder verbotene Vorschrift des Festlands vorsätzlich umgangen haben (Art. 9 Modellverordnung).

(7) Ordre public

Wenn die Anwendung eines gemäß dieser Verordnung maßgeblichen Rechts eines anderen Rechtsgebiets gegen die sozialen öffentlichen Interessen verstößt, wird statt dieses Rechts das entsprechende Recht des Festlands angewandt (Art. 10 Modellverordnung).

(8) Bevorzugung des Rechts engerer Verbindung

In Anbetracht sämtlicher Umstände, insbesondere um des Schutzes der legitimen Interessen der Beteiligten willen, kommt, anstatt des gemäß dieser Verordnung anzuwendenden Rechts, zu dem ein Zivilrechtsverhältnis keine engere Verbindung hat, ausnahmsweise das Recht zur Anwendung, zu dem das Zivilrechtsverhältnis offenbar engere Verbindung aufweist (Art. 11 Modellverordnung).

(9) Bevorzugung der internationalen Abkommen

Abgesehen von den von den jeweiligen Rechtsgebieten erklärten Vorbehalten kommen die auf den vier Rechtsgebieten anwendbaren internationalen Abkommen vorrangig zur Geltung (Art. 13 Modellverordnung).

bb. Interlokale Erbkollisionsnormen

Das Interlokale Erbrecht der Modellverordnung gleicht den internationalen Erbkollisionsregeln der Rechtspraxis auf dem Festland. Vor allem wird die Nachlaßspaltung auf interlokaler Ebene beibehalten. Im einzelnen sind die nachstehenden vier Aspekte ins Blickfeld zu rücken.

(1) Lex causae für die gesetzliche Erbfolge

Die gesetzliche Erbfolge in bewegliches Nachlaßvermögen richtet sich nach dem Wohnsitzrecht des Erblassers beim Tod, die in unbewegliches Nachlaßvermögen nach der lex rei sitae (Art. 44 Modellverordnung).

(2) Lex causae für die Testamentsform

Die Form eines Testaments hinsichtlich eines unbeweglichen Nachlaßgegenstandes richtet sich wiederum nach der lex rei sitae, während sich die Form in bezug auf einen beweglichen Nachlaßgegenstand nach der lex loci actus (dem Recht des Errichtungsortes) des Testators bei seiner Testamentserrichtung, dem Wohnsitzrecht des Testators bei seiner Testamentserrichtung oder dem Wohnsitzrecht des Testators bei seinem Tod richtet (Art. 45 Modellverordnung).

(3) Lex causae für die materielle Gültigkeit eines Testaments

Das Zustandekommen, die Änderung, der Widerruf oder die Wirkung eines Testaments über bewegliches Vermögen unterliegt dem Wohnsitzrecht des Testators zum Zeitpunkt der Testamentserrichtung, und im Falle eines Wohnsitzwechsels ist dies entweder das Wohnsitzrecht des Testators bei der Testamentserrichtung oder das Wohnsitzrecht des Testators bei seinem Tod (Art. 46 S. 1 Modellverordnung). Bei unbeweglichem Vermögen ist die lex rei sitae maßgeblich (Art. 46 S. 2 Modellverordnung).

(4) Lex causae für einen erbenlosen Nachlaßgegenstand

Die Verteilung einer erbenlosen Erbschaft unterliegt der lex rei sitae der Erbschaft (Art. 47 Modellverordnung).

III. Bewertungen des Internationalen Erbrechts der vier Rechtsgebiete

Die schon erläuterten internationalen Erbkollisionsnormen auf den Rechtsgebieten Hongkong, Macau, Taiwan und Festland stellen insgesamt vier sich stark voneinander unterscheidende Konzepte dar. Nur hinsichtlich der generellen Richtung der erbrechtlichen Kollisionsnormen ist eine partielle Ähnlichkeit erkennbar.

In Hongkong ist das auf den englischen Präjudizien beruhende Kollisionsrechtssystem systematisch gut entwickelt. Jedoch ist es recht kompliziert und ungewöhnlich. Vor allem sind manche Rechtsinstitute wie „election", „powers of appointment" befremdlich. Gemeinhin paßt das Kollisionsrechtssystem Hongkongs als zukünftiges Modell nicht zu China, das sich von alters her an eine einheitliche Kodifikation gewöhnt hat.

In Macau ist das portugiesische Kollisionsrechtssystem auch systematisch gut entwickelt. Die erbrechtlichen Kollisionsnormen sind gegenüber allen anderen Rechtsgebieten vergleichsweise vollständig. Dieses zum kontinentaleuropäischen Rechtssystem zählende Kollisionsrechtssystem entspricht, allgemein betrachtet, dem Entwicklungstrend der zukünftigen chinesischen Internationalen Privatrechts bzw. Erbrechts.

Auf dem Rechtsgebiet Taiwan ist desgleichen ein systematisch gut entwickeltes Kollisionsrechtssystem zu finden, welches eine historische Verbindung zu China hat, jedoch keine Vollständigkeit der kollisionsrechtlichen Regelung beanspruchen kann, wobei es das Modell einer eigenständigen IPR-Kodifikation wie das deutsche EGBGB aufweist.

Auf dem Rechtsgebiet Festland läßt das Kollisionsrechtssystem sowohl in der systematischen Entwicklung als auch in der Vollständigkeit der Kollisionsregelung sehr viel zu wünschen übrig. Deswegen ist dort auch ein großes Entwicklungspotenzial für das zukünftige chinesische Internationale Privatrecht bzw. Erbrecht zur Entfaltung zu bringen.

Außerdem wird kollisionsrechtlich eine Nachlaßspaltung auf den Rechtsgebieten Hongkong und Festland und eine Nachlaßeinheit auf den Rechtsgebieten Macau und Taiwan erkennbar. Im übrigen ist die lex domicilii auf den Rechtsgebieten Hongkong, Macau und Festland dominierend.

D. Das zukünftige chinesische Internationale Erbrecht

Nachdem die historischen und die gegenwärtigen Entwicklungen des chinesischen Internationalen Privatrechts im allgemeinen und des chinesischen Internationalen Erbrechts im besonderen erhellt worden sind, ist zuletzt ein Blick auf das Morgen des chinesischen Internationalen Privatrechts bzw. Erbrechts zu werfen, und zwar zuerst auf der interlokalen und dann auf der internationalen Ebene, damit das angestrebte möglichst vollständige Bild des chinesischen Internationalen Erbrechts im Spektrum des chinesischen Internationalen Privatrechts letztendlich zustande kommt.

Bei allgemeiner Betrachtung ist eine Vereinheitlichung der chinesischen Kollisionsnormen der gemeinsame Wille des chinesischen Volkes. Darin kommt der Einfluß der seit fünftausend Jahren bestehenden und sich beständig entwickelnden chinesischen Tradition und Kultur zum Ausdruck. Parallel zu dieser kollisionsrechtlichen Vereinheitlichung wird sich die chinesische Welt- und Rechtsordnung als großer Hintergrund dafür weiter entwickeln.

I. Weiterentwicklung des chinesischen Interlokalen Privatrechts bzw. Erbrechts

Auf der interlokalen Ebene handelt es sich geschichtlich gesehen bei den vier Rechtsgebieten – Hongkong, Macau, Taiwan und Festland – um eine Momentaufnahme der historischen Entwicklung in Richtung auf eine Staatseinheit auf chinesischem Territorium.[968]

1. Probleme bei der jetzigen Lösung der interlokalen Rechtskollisionen

Gegenwärtig werden die Rechtskollisionen zwischen den Rechtsgebieten entweder durch interlokale Kollisionsnormen oder durch eine analoge Anwendung der internationalen Kollisionsnormen bewältigt. Auf diese Weise werden jedoch nicht alle innerchinesischen Rechtskonflikte beseitigt, zumal Rechtskonflikte aufgrund der nur auf den jeweiligen Rechtsgebieten angewandten, unterschiedlichen interlokalen Kollisionsregeln entstehen

[968] So auch Shen Juan, Das chinesische Interlokale Kollisionsrecht, S. 112-116.

können und dadurch ein „forum shopping" der Beteiligten zur Folge haben kann.[969] Zudem ist es nicht angebracht, die interlokalen Rechtskonflikte auf Dauer durch die analoge Anwendung der internationalen Kollisionsregeln zu lösen, denn die Kollisionen innerhalb eines Staates sind wesensgemäß doch unterschiedlich zu denen zwischen verschiedenen Staaten.[970] Daher läßt die gegenwärtige Lösung der innerstaatlichen Rechtskonflikte viel zu wünschen übrig.

2. Möglichkeit einheitlicher Lösung für interlokale Rechtskollisionen

Bei der Suche nach einer Lösung für interlokale Rechtskonflikte ist ein einheitliches Interlokales Privatrecht innerhalb Chinas geboten.[971] Um dieses Ziel zu erreichen, könnte es sinnvoll sein, zunächst vor der Lösung der Taiwan-Frage zwischen Hongkong, Macau und dem Festland einheitliche interlokale Kollisionsnormen zu schaffen. Man könnte auch versuchen, zuerst in einem bestimmten Rechtsbereich, z.B. auf dem Gebiet des Interlokalen Erbrechts einheitliche interlokale Kollisionsnormen in allen vier Rechtsgebieten zu schaffen.[972]

In diesem Zusammenhang drängt sich als ausschlaggebend die Frage auf, wer zur Schaffung solcher einheitlicher interlokaler Kollisionsnormen zuständig ist. Der herrschenden Meinung[973] zufolge obliegt die Aufgabe eines Erlasses einheitlicher Kollisionsnormen gemäß Art. 18 III des Grundgesetzes von Hongkongs und Art. 18 III des Grundgesetzes von Macau nicht der Zentralregierung. Dieser Standpunkt ist aber zweifelhaft. Es geht genaugenommen darum, ob die Schaffung eines nationalen Interlokalen Pri-

---

[969] Vgl. auch Süß, IPR-Grundzüge Chinas, S. 14; Ding Wei/Chen Zhidong, Kollisionsrecht, S. 412; Huang Jin, Interlokales Kollisionsrecht, S. 238; Huang Jin, in: Han Depei, Neues IPR, S. 453.

[970] Ausführlich dazu Yu Xianyu, Kollisionsrecht, S. 433, 434; dazu auch Ding Wei/Chen Zhidong, Kollisionsrecht, S. 413; Huang Jin, in: Han Depei, Neues IPR, S. 453; Huang Jin, Interlokales Kollisionsrecht, S. 239.

[971] So Yu Xianyu, Kollisionsrecht, S. 434; Ding Wei/Chen Zhidong, Kollisionsrecht, S. 411; Huang Jin, Interlokales Kollisionsrecht, S. 239; Huang Jin, in: Han Depei, Neues IPR, S. 453.

[972] Dazu auch Ma Lin, Innerchinesisches Kollisionsrecht, S. 167-172.

[973] Vgl. Huang Jin, in: Han Depei, Neues IPR, S. 453; Zhang/Zhao, IPR 2002, S. 394; Huang Jin, Interlokales Kollisionsrecht, S. 242; Yu Xianyu, Kollisionsrecht, S. 379, 381.

vatrechts zu der Autonomie der SVZ Hongkongs und Macaus gehört, und insbesondere, ob die Erfüllung dieser Aufgabe durch die Zentralregierung dem Geist des Grundgesetzes in Hongkong und Macau – „Ein Staat, zwei Systeme“ – entspricht.

Es ist sicherlich nicht die Aufgabe der Zentralregierung, ein nur auf einem Rechtsgebiet beschränkt funktionierendes Interlokales Privatrecht, ähnlich wie die Volksbeziehungsverordnung Taiwans, also beispielsweise allein für Hongkong oder Macau zu schaffen. Dies würde offenbar das Grundgesetz Hongkongs und Macaus verletzen. Die Schaffung eines nationalen Interlokalen Privatrechts gehört natürlich nicht zur nationalen Verteidigung oder zu den auswärtigen Beziehungen, aber freilich doch zu den anderen nationalen Aufgaben, die nicht unter die Autonomie der SVZ fallen, wobei eine SVZ mitnichten berechtigt ist, ein nationales Gesetz zu erlassen. Darüber hinaus steht die Schaffung eines solchen nationalen Gesetzes nicht in Widerspruch mit dem Geist des Grundgesetzes – dem Grundprinzip „Ein Staat, zwei Systeme“. Das ursprüngliche System in Hongkong und Macau mit seiner kapitalistischen Ausprägung im sozialen und rechtlichen Bereich bliebe ja in seiner Form unverändert. Ein nationales Interlokales Privatrecht würde lediglich eine Koordination zwischen den Rechtsgebieten bei der Rechtsanwendung gewährleisten und damit die Anwendung der jeweiligen Rechtssysteme unterstützen. Damit werden die jeweiligen Rechtssysteme gerade gefördert, und es findet eben keine Beeinträchtigung der Rechtssysteme statt.[974] Außerdem würden die Ansichten der SVZ bei der Konsultierung im Zuge einer solchen Gesetzgebung gemäß Art. 18 III des Grundgesetzes von Hongkong und Macau berücksichtigt, damit ein Gesetz geschaffen werden kann, das dem Willen aller entspricht. Demzufolge würde für die Schaffung eines nationalen Interlokalen Privatrechts die Zentralregierung auf dem Festland zuständig sein.[975]

3. Schritte zur einheitlichen Lösung interlokaler Rechtskollisionen

Bei genauer Betrachtung fragt sich also nicht, ob die Zentralregierung einheitliche innerstaatliche Kollisionsnormen setzen kann, sondern nur, wann ein solches Gesetz zu schaffen ist. Dabei erscheint es für die Zentral-

[974] So auch Ding Wei, Interlokale Rechtskonflikte, S. 193; Süß, IPR-Grundzüge Chinas, S. 15.

[975] So auch Han Depei, Ausgewählte Werke, S. 108, 109.

regierung durchaus sinnvoll, die Wirtschaft auf den Rechtsgebieten Hongkong, Macau und Festland weiterhin zu fördern, damit eine möglichst friedliche politische Lösung der Taiwan-Frage in Gang gesetzt und das letzte Überbleibsel der Machtpolitik der USA völlig beseitigt sowie die vollständige Wiedervereinigung Chinas erreicht wird.

In dieser Phase der Entwicklung Chinas nach der Lösung der Taiwan-Frage sollte die Zentralregierung den Umständen nach entweder ein nationales interlokales Kollisionsrecht[976] erlassen oder den besten Weg beschreiten, die innerstaatlichen Rechtskollisionen endgültig ein für allemal zu beseitigen, indem sie das materielle Recht der vier Rechtsgebiete allmählich durch ein dem gemeinsamen Willen der Chinesen, der chinesischen kulturellen Tradition und sozialen Wirklichkeit entsprechendes, einheitliches Recht ersetzt.[977] Zu dieser materiellrechtlichen Vereinheitlichung könnte man auch zuerst eine Teilvereinheitlichung in einem Rechtsbereich – z.B. im materiellen Erbrecht – in Angriff nehmen.[978]

Die materiellrechtliche Vereinheitlichung ist nicht nur der beste, sondern über kurz oder lang auch der einzig gebotene Weg. Auf diesem Weg zur Rechtsvereinheitlichung müssen zahlreiche durchaus umwälzende Veränderungen auf allen Rechtsgebieten stattfinden, insbesondere auf dem Festland-Gebiet. Vor allem sollte sich das chinesische Rechtssystem des Rechtsgebiets Festland weiterentwickeln, indem man auf der Basis der tiefwurzelnden, widerstandsfähigen und aufnahmefähigen traditionellen chinesischen Kultur die vernünftigen Rechtsentwicklungen der Rechtsgebiete Hongkong, Macau und Taiwan sowie die der anderen ausländischen Staaten entsprechend den kulturellen und rechtlichen Gegebenheiten Chinas entlehnt und es weiter verbessert, bis eine neue gereifte dynamische chinesische Rechtsordnung zustande kommt. So werden sich die Chinesen auf chinesischem Territorium zu dieser neuen chinesischen Rechtsordnung bekennen, wodurch die bestehenden Rechtssysteme der vier Rechtsgebiete allmählich ersetzt werden.

Im Zuge einer solchen Rechtsvereinheitlichung sollte man die Worte von Deng Xiaoping betreffend den Grundsatz „Ein Staat, zwei Systeme“ gut

---

[976] In bezug auf die konkrete Ausgestaltung des einheitlichen Interlokalen Erbrechts vgl. Shen Juan, Das chinesische Interlokale Kollisionsrecht, S. 260-301.

[977] So auch Han Depei, Ausgewählte Werke, S. 129.

[978] Vgl. Han Depei, Ausgewählte Werke, S. 128.

verstehen und richtig auslegen, damit sie nicht als Hindernis, sondern als Wegweiser dienen können.

Art. 5 des Grundgesetzes von Hongkong und Art. 5 des Grundgesetzes von Macau legen fest, daß in Hongkong und Macau das alte kapitalistische System und die Lebensweise für fünfzig Jahre unverändert bleiben. Deng Xiaoping sagte dazu: „Es ist auch nicht nötig, dies fünfzig Jahre später zu verändern“[979]. Die historischen Hintergründe waren damals so, daß Hongkong und Macau durch das sogenannte kapitalistische System ein hohes Niveau an Wohlstand erreicht hatten, während das Mutterland während des Versuchs, diesen Rückstand aufzuholen, relativ arm war. Daher ist das Prinzip „Ein Staat, zwei Systeme“ in Form der Verfassung[980] ursprünglich auf Taiwan[981], später auf Hongkong und Macau gerichtet, um abzusichern, daß durch ihren Wiederbeitritt zu der großen chinesischen Familie zumindest das, was erworben wurde, weiter behalten werden kann.

Dennoch ist dieser Grundsatz, daß „Ein Staat, zwei Systeme“ für fünfzig Jahre unverändert bleibt, im Zusammenhang mit den sich ständig verändernden Umständen der vier Rechtsgebiete stets neu zu bewerten. „Wenn China fünfzig Jahre später immer noch auf den Status ‘Ein Staat, zwei Systeme’ bestehen würde, wäre die Entwicklung der chinesischen Gesellschaft nicht befriedigend. Dies würde ein Ergebnis sein, das alle Chinesen nicht gern sehen würden.“[982] Wenn sich beispielsweise dreißig oder vierzig Jahre später die Umstände in den vier Regionen so darstellen werden, daß die alte Absicherung nicht mehr erforderlich sein wird, daß die Menschen die bestehenden Rechtssysteme verändert sehen und ein besseres gemeinsames Rechtssystem haben wollen, sollte sich dieser mögliche historische Trend weiterentwickeln. In der Tat ist dieser Trend nicht aufzuhalten. Letztendlich wird die Rechtsvereinheitlichung erzielt werden, so daß das Prinzip „Ein Staat, zwei Systeme“ möglicherweise vorzeitig seine histo-

---

[979] Deng Xiaoping in der Rede anläßlich einer Zusammenkunft der Mitglieder des Entwurfsausschusses für das Grundgesetz der Hongkong-SVZ am 16.4.1987, vgl. Deng Xiaoping, Ausgewählte Werke, Bd. III, S. 267. Vgl. auch Fußnote 257, S. 62 über Deng Xiaoping.

[980] Art. 31 der chinesischen Verfassung von 1982 schreibt vor, daß der Staat im Falle der Notwendigkeit SVZ einrichten kann und das in der SVZ zu praktizierende System von dem Nationalen Volkskongreß je nach den Umständen per Gesetz festzulegen ist.

[981] Vgl. dazu auch Lan Tian, Rechtsfragen aus „Ein Staat, zwei Systeme“, genereller Bd., S. 14-16.

[982] Shen Juan, Das chinesische Interlokale Kollisionsrecht, S. 115, 116.

rische Mission großartig erfüllt haben wird.[983] Dementsprechend wird das Interlokale Privatrecht bzw. Erbrecht auf chinesischem Boden eine historische Episode gewesen sein.

II. Fortentwicklung des chinesischen Internationalen Privatrechts bzw. Erbrechts

Auch das chinesische Internationale Privatrecht bzw. Erbrecht entwickelt sich ebenfalls auf eine Rechtsvereinheitlichung hin. Es fragt sich nur, wie ein einheitliches Internationales Privatrecht beschaffen sein sollte. Obwohl eine genaue Antwort auf diese schwierige zukünftige Frage gegenwärtig kaum möglich ist, kann doch an dieser Stelle versucht werden, beschränkt auf das Internationale Erbrecht, die generelle Richtung und die konkreten Schritte für ein einheitliches Internationales Erbrecht Chinas abzustecken. Dabei fällt die große Aufgabe seiner Entwicklung vor allem dem Festland zu, was zugleich eine große Chance darstellt.

1. Weiterentwicklungen vor der Wiedervereinigung

Von jetzt an bis zur Lösung der Taiwan-Frage hat sich das Internationale Privatrecht bzw. Erbrecht des Festlands noch weiter fortzuentwickeln.

a. Entwicklungsrichtung und Grundsatzfeststellung

Bei der Weiterentwicklung des chinesischen Kollisionsrechts sollten Konzepte und Erfahrungen aus dem Kollisionsrecht der drei anderen Rechtsgebiete berücksichtigt werden. Es erscheint sinnvoll, die Kodifikation des IPR als eigenes Kapitel in ein zukünftiges chinesisches ZGB einzustellen, wie dies in dem entsprechenden Entwurf für das neue ZGB geschehen ist[984].[985] Diese neue Kodifikation des Kollisionsrechts sollte nicht nur die

---

[983] In dieser Hinsicht vgl. auch Shen Juan, Das chinesische Interlokale Kollisionsrecht, S. 114-116.

[984] Das Buch IX des Entwurfs des ZGB China von der Kommission für die Rechtsordnungsarbeit des Ständigen Ausschusses des Nationalen Volkskongresses befaßt sich ausschließlich mit den IPR-Bestimmungen. Zum entsprechenden chinesischen Text vgl. http://law-thinker.com/detail.asp?id=1700, abgerufen am 28.12.2003.

[985] Dagegen hat sich Liang Huixing für eine von dem ZGB China getrennte, dem IPR-Trend folgende, eigenständige Kodifizierung der IPR-Normen ausgesprochen (vgl. „Gedanken über die Schaffung des ZGB Chinas" von Liang Huixing unter

brauchbaren Bestimmungen aus den vier Rechtsgebieten übernehmen, sondern zur Vorbereitung eines einheitlichen Kollisionsrechts innerhalb eines einheitlichen Zivilrechts in der neuen einheitlichen chinesischen Rechtsordnung zukunftsweisende Entscheidungen treffen.

Dabei geht es zuallererst um die Festlegung des Grundprinzips, von dem das Internationale Privatrecht bzw. Erbrecht getragen werden sollte. Davon hängt die weitere Gestaltung des zukünftigen Internationalen Privatrechts bzw. Erbrechts ab. Das Internationale Privatrecht gehört zur Privatrechtsordnung – als „Fortsetzung des Privatrechts im internationalen Raum"[986] –, in dem letztendlich ein Ausgleich der realen Privatinteressen nach den Ideen der materiellen Gerechtigkeit erfolgen sollte. Was das Internationale Erbrecht anbelangt, steht eine gerechte Regelung der Interessen zunächst des Erblassers, dann möglicherweise auch der Erben im Vordergrund. Dabei sollte in erster Linie dem wirklichen bzw. mutmaßlichen Willen des Erblassers bzw. des Testators Geltung verschafft werden; andererseits ist zu verhindern, daß die den Erben schützenden sachrechtlichen Bestimmungen bei der Kollisionsrechtsanwendung schlicht außer Kraft gesetzt werden können. Dies ist das grundlegende Prinzip, welches das zukünftige Internationale Erbrecht Chinas durchziehen sollte. Dadurch kommt ein menschliches und gerechtes Internationales Erbrecht in Zukunft zustande.

b. Weiterentwicklung allgemeiner kollisionsrechtlicher Grundsätze

Die allgemeinen Grundsätze des IPR erscheinen noch unter zwei Gesichtspunkten verbesserungsfähig. Zum einen sollte die Renvoi-Regelung ausgebaut werden. Die IPR-Wissenschaft hat zwar im Vergleich zur jetzigen Gesetzgebung Fortschritte gemacht.[987] Um der materiellen Gerechtigkeit willen sollte aber ein weiterer Schritt getan werden, indem ähnlich wie Art. 17 I ZGB Macau[988] eine Rückverweisung auf das chinesische Recht ausgeschlossen wird, falls dadurch ein nach dem berufenen Recht eigentlich

---

http://www.law-thinker.com/detail.asp?id=34, abgerufen am 19.1.2004; dazu auch von Senger/Xu, IPR Chinas, S. 577).

[986] Flessner, Interessenjurisprudenz, S. 51.

[987] Vgl. den darauf bezogenen Teil C, I, 4, a, ff, S. 201 f. Dazu auch Art. 2 des Entwurfs des ZGB China, zum chinesischen Gesetzestext vgl. http://law-thinker.com/detail.asp?id= 1700, abgerufen am 28.12.2003.

[988] Näheres dazu siehe: Teil C, I, 2, a, ff, (3), S. 138 f.

wirksames Rechtsgeschäft oder der erworbene Personalstatus beeinträchtigt wird. Zum anderen sollte präzisiert werden, wie etwaige Gesetzeslücken zu schließen sind[989]: Mangels relevanter internationalen Gebräuche wird die Rechtstheorie, welche die Rechtslehre und die allgemeinen Rechtsgrundsätze enthält, herangezogen. Die Schließung der Regelungslücken sollte also der in Art. 30 RAG eingeschlagenen ähnlichen Richtung folgen.[990]

c. Weiterentwicklung im Internationalen Erbrecht

Bei der Ausgestaltung des zukünftigen Internationalen Erbrechts sind einige Grundsatzentscheidungen zu treffen, so etwa darüber, ob Nachlaßspaltung oder Nachlaßeinheit, oder wie die Anknüpfung der gewillkürten Erbfolge ausgestaltet werden sollte usw.

aa. Grundsatzentscheidungen bei gesetzlicher Erbfolge

Die Darlegungen im Teil C haben gezeigt, daß auf den Rechtsgebieten Hongkong und Festland die Nachlaßspaltung vorherrscht, dagegen das Prinzip der Nachlaßeinheit auf den Rechtsgebieten Macau und Taiwan regiert; insbesondere die IPR-Wissenschaft und die IPR-Gesetzgebung auf dem Festland tendieren ebenfalls stark zur Nachlaßspaltung. Dazu bekennen sich auch die IPR-Bestimmungen im Entwurf des ZGB China.[991]

(1) Nachlaßspaltung oder Nachlaßeinheit ?

Allerdings drängt sich an dieser Stelle zuallererst die Frage auf: Warum dies so ist und ob der Weg der Nachlaßspaltung auch weiter beschritten wird.[992]

---

[989] Vgl. Art. 7 IPR-Modellgesetz, Artt. 3 II, 4 II des Entwurfs des ZGB China. Zum chinesischen Gesetzestext vgl. http://law-thinker.com/detail.asp?id=1700, abgerufen am 28.12.2003.

[990] Vgl. den entsprechenden Teil C, I, 3, a, aa, (2), S. 161 f. In dieser Hinsicht sollten die gemeinsamen Grundsätze der IPR-Normen der Staaten der Erde nicht zu der Rechtstheorie über IPR in China gehören, denn diese gemeinsamen Grundsätze der IPR-Normen und die internationalen Gebräuche bzw. Gewohnheitsrechte überlagern sich zum größten Teil. So ist der Ansicht von Liu Jiayi nicht ganz zuzustimmen. Vgl. dazu Liu Jiayi, IPR, S. 33-47.

[991] So Art. 71 des Entwurfs des ZGB China. Zum chinesischen Gesetzestext vgl. http://law-thinker.com/detail.asp?id=1700, abgerufen am 28.12.2003.

[992] Zum allgemeinen Für und Gegen der Nachlaßspaltung und Nachlaßeinheit vgl. Kühne, Parteiautonomie, S. 89-91.

Dazu sollte man zuerst die Frage beantworten, weshalb die Nachlaßspaltung besteht. Der Grund für die Nachlaßspaltung, in der die lex rei sitae das unbewegliche Vermögen beherrscht, liegt darin, daß ein unbeweglicher Nachlaßgegenstand von relativ großem Wert ist, die wirtschaftlichen Interessen des Staates des Belegenheitsortes berührt und deshalb die engsten und wichtigsten Beziehungen zu der lex rei sitae aufweist.[993] Daher bleibt auch der Verkehr mit unbeweglichem Vermögen in vielen Staaten rigiden Verfahrensvorschriften unterworfen.[994] Also gibt „die starke soziale und rechtliche Einbettung von Grundstücken in ihre räumliche Umwelt" den Ausschlag für das Belegenheitsrecht bzw. für die Nachlaßspaltung.[995] So gesehen dient die Nachlaßspaltung, allgemein gesprochen, den Verkehrsinteressen[996], insbesondere den Interessen der Staaten, in denen sich eine Menge Einwanderer aufhalten[997] oder die in ihrer Geschichte viele Kolonien hatten.[998]

Aber dazu zählt China überhaupt nicht. Im Gegenteil gehört China zu den Auswanderungsstaaten, die normalerweise die lex patriae bevorzugen, damit den emigrierten eigenen Bürgern die Fortsetzung des bisherigen geltenden Heimatrechts gewährleistet und ihre Bindung zum Heimatland aufrechterhalten wird[999]. Folglich ist die weitere Frage aufzuwerfen, wieso ausgerechnet China diesen Weg der Nachlaßspaltung gewählt hat.

Wie früher erläutert[1000], ist die Nachlaßspaltung auf dem Festland hauptsächlich auf den kleinen Umfang der Erbberechtigten im materiellen Erbrecht zurückzuführen. D.h., wegen der begrenzten materiellen Erbberechtigung sind die inländischen Erbkollisionsnormen einfach so gestaltet, daß ein entsprechendes ausländisches materielles Erbrecht mit großem Umfang der Erbberechtigten zur Anwendung kommt. Also stellt die Nachlaßspaltung auf dem Rechtsgebiet Festland gewissermaßen einen gesetzgeberischen

---

[993] So Li Shuangyuan, Ehe- und Erbgesetz mit Auslandsbezug, S. 147.

[994] So Kühne, Parteiautonomie, S. 90.

[995] Kühne, Parteiautonomie, S. 90.

[996] Vgl. Brandi, Haager Erbrechtsübereinkommen, S. 166.

[997] Auch Brandi, Haager Erbrechtsübereinkommen, S. 63.

[998] Vgl. Li Shuangyuan, Ehe- und Erbgesetz mit Auslandsbezug, S. 147; Yu Xianyu, Kollisionsrecht, S. 334.

[999] So Brandi, Haager Erbrechtsübereinkommen, S. 63.

[1000] Vgl. oben im Teil C, I, 4, b, aa, S. 207 f.

Versuch dar, die staatliche Aufgabe des Schutzes der möglichen inländischen Erbberechtigten hinsichtlich der unbeweglichen Nachlaßgegenstände ihrer im Ausland ansässigen Verwandten auf ein ausländisches materielles Erbrecht abzuwälzen.

Angesichts der damaligen historischen rechtlichen Notlage des Festlands mutet dieser Versuch wie eine Verlegenheitslösung an. Jedoch ist es nicht wünschenswert, von dieser Verlegenheitslösung ständig Gebrauch zu machen, als ob sie eine ideale Lösung darstellte. Auch wird dieser Versuch dem Interessenschutz der inländischen Erben gegenüber den ausländischen Erbmassen nicht gerecht, insbesondere wenn es sich dabei um eine testamentarische Erbfolge in einem ausländischen Staat handelt, in dem es keine entsprechenden Pflichtteilsbestimmungen gibt, also der Testator über sein Nachlaßvermögen ohne Einschränkungen frei verfügen kann. In einem solchen Fall ist der Weg der Nachlaßspaltung völlig verfehlt. Zudem fragt es sich, ob eine solche Vorgehensweise des Staates, der seine eigene Aufgabe – Schutz der Interessen seiner Bürger – einfach durch eine Verweisungsnorm auf ein ausländisches Rechtssystem abwälzt, einem Staat angemessen ist, im besonderen wenn es, wie in China, um einen Staat geht, der sich auf dem Weg zur politischen und rechtlichen Einheit befindet. Denn grundsätzlich gehört es zu den ureigensten Eigenschaften der Chinesen, daß sie sich auf sich selbst verlassen! Dies gilt auch für den vorliegenden Zusammenhang.

Im übrigen kann angesichts der Entwicklung auf den Finanzmärkten ein bewegliches Vermögen heutzutage mindestens ebenso wichtig sein wie ein unbewegliches. Daher sind die wirtschaftlichen Gründe für das Dominieren der lex rei sitae eines unbeweglichen Vermögens bei der Nachlaßspaltung nicht mehr deutlich erkennbar. Dadurch kommt die zukünftige Entwicklung des chinesischen Internationalen Erbrechts – der Wandel zur Nachlaßeinheit – ans Tageslicht.

Selbst das älteste Land mit der Nachlaßspaltung – England – ist aus diesem Grund auf heftige Kritik gestoßen und war auf der 16. Sitzung der Haager Konferenz bereit, die Nachlaßspaltung aufzugeben.[1001] Dazu haben sich die Autoren zutreffend geäußert:

> „*It (the succession to the immovables of an estate is governed by the lex situs) makes no sense today when England and most, if not all, other countries in the world have adopted one system of intestate succession for all kinds of property. Moreover, outside the common law world the*

[1001] Vgl. Li Haopei, Conflict of Laws of Succession, S. 45.

lex situs rule for intestate succession to land has been abandoned almost everywhere except in Austria, Belgium and France[1002]. *It has therefore been suggested that the lex situs rule has outlived its usefulness and should be abandoned in favour of the law of the intestate's domicile. In modern law it is a quite unnecessary complication to have different conflict rules for intestate succession to movables and immovables".*[1003]

Die künftige Entwicklung in Richtung Nachlaßeinheit entspricht auch dem Trend des Internationalen Erbrechts weltweit.[1004] Zur Begründung für diese Einheitslösung der internationalen erbrechtlichen Kollisionen hat sich auch Li Haopei[1005] lapidar und zutreffend ausgesprochen:

„The reasons ... are quite simple. The estate of the deceased, comprising assets as well as liabilities, forms a whole wherever the assets may situate. So to regulate international succession by a unitary law is the most natural and reasonable way of dealing with the problem in consonance with the general desire and expectation of the de cujus. In contrast, to split up an estate into movables and immovables and to apply to movables one law and to each immovable according to its situation a different law is the most arbitrary and impractical method for the solution of the problem, because it causes difficulties which are hardly surmountable and even injustices which can scarcely be remedied. Consequently, scission is destined to yield to unity owing to its intrinsic defects."

Daher ist vor allem erkennbar, daß die Einheitslösung dem Erblasser und den Erben die Schwierigkeiten der Nachlaßspaltung[1006] erspart, die innere

---

[1002] Diese Äußerung basiert auf der Feststellung von Ernst Rabel, Conflict of Laws, S. 251-273, die sich damals nur auf die Situation Chinas unter der ersten Republik bezog, und nahm sicherlich auf die jetzige Situation Chinas – die Nachlaßspaltung – keinen Bezug.

[1003] Collins, Dicey and Morris on the Conflict of Laws 13th, S. 1027, 1028, Rn. 27-016; dazu auch Morris, Conflict of Laws, S. 391.

[1004] Vgl. Li Haopei, Conflict of Laws of Succession, S. 27-55.

[1005] Li Haopei, Conflict of Laws of Succession, S. 55, 56. So auch Li Shuangyuan, Ehe- und Erbgesetz mit Auslandsbezug, S. 150, 151; Xu Donggen/Xue Fan, IPR-Vervollkommnung, S. 341.

[1006] Zu den konkreten Nachteilen der Nachlaßspaltung vgl. Brandi, Haager Erbrechtsübereinkommen, S. 169-189.

Entscheidungsharmonie[1007] garantiert und letztendlich den Erblasser- und Erbeninteressen – den wichtigsten Parteiinteressen – dient.[1008] Gegenüber den Verkehrsinteressen der Nachlaßspaltung sind die Parteiinteressen des Erblassers und der Erben wichtiger.

Infolgedessen sollte das unnötig lang beibehaltene Konzept der alten Rechtsordnung in Gestalt der heutigen Nachlaßspaltung durch das Prinzip der Nachlaßeinheit ersetzt werden. Also ist die Antwort auf die eingangs gestellte Frage sicherlich negativ.[1009] Man muß sich nicht immer an das Prinzip der Nachlaßspaltung halten. Genau gesagt sollte genau die andere Richtung eingeschlagen werden. Wenn also im materiellen Erbrecht – ebenso wie im ZGB Macau oder im deutschen BGB – der Umfang der Erbberechtigung der Hinterbliebenen vergrößert werden kann, indem auch der Staat ausdrücklich als der letzte gesetzliche Erbe eingesetzt wird und dadurch die Interessen der inländischen Verwandten der Auslandschinesen durch inländische Sachnormen ausreichend geschützt werden können, kann die Nachlaßspaltung aufgegeben und die Nachlaßeinheit an ihre Stelle gesetzt werden.

(2) Lex domicilii oder lex patriae?

Zugleich stellt sich unmittelbar eine weitere Frage, nämlich ob der einheitliche Nachlaß gemäß der lex domicilii oder der lex patriae vererbt werden sollte. Ausgehend von der gegenwärtigen Rechtslage in den vier Rechtsgebieten gewinnt einerseits die lex domicilii die Oberhand. Denn sie herrscht auf den Rechtsgebieten Hongkong, Macau und Festland vor, während die lex patriae nur auf Taiwan regiert. Demzufolge könnte die lex domicilii, insgesamt betrachtet, der gemeinsame Nenner für die zukünftige einheitliche gesetzliche Erbfolge sein. Vor allem wird die lex domicilii für die mehr als 20 Millionen im Ausland lebenden Chinesen wichtig.[1010] Sie sind zwar unlösbar mit ihrer Heimat verbunden, aber bezüglich der Lebensgewohnheiten

---

[1007] Zur inneren Entscheidungsharmonie siehe: Teil C, I, 2, a, dd, (2), S. 134.

[1008] Ausführlich dazu vgl. auch Brandi, Haager Erbrechtsübereinkommen, S. 162-168, 189, 220.

[1009] Auch Yu Xianyu bezweifelt, ob die Nachlaßspaltung auf dem Festland wirklich dem Entwicklungstrend folgt, vgl. Yu Xianyu, Kollisionsrecht, S. 349. Zu den Ansichten über die Nachlaßspaltung und Nachlaßeinheit vgl. auch Süß, IPR-Grundzüge Chinas, S. 162-166.

[1010] Vgl. Dong Likun, IPR 2000, S. 416.

und der wirtschaftlichen Verbindungen haben sie doch engere Beziehungen zum Wohnsitzland und so sind mit dem dortigen Recht vertrauter.[1011] Also ist unter den Auslandschinesen das „Anpassungsinteresse" stark ausgeprägt, sich so schnell wie möglich in die neue soziale Umwelt zu integrieren, Teil dieser neuen Welt zu werden und gegenüber den dortigen Bürgern gleich behandelt zu werden.[1012] Vor allem lassen sich die Chinesen es sehr angelegen sein, daß man Gleiches wie die Römer tun sollte, wenn man in Rom lebt. Im Grunde steht die Anwendung der lex domicilii bei bestimmten Nachlaßfällen in ihrem Interesse.

Jedoch könnte andererseits die lex patriae künftig in einem materiellrechtlich vereinheitlichten Staat China auch als Anknüpfungsprinzip fungieren, denn die lex patriae scheint mehr zu einem rechtlich vereinheitlichten Staat zu passen. Vor allem haben die Chinesen immer ein starkes Bewußtsein ihrer eigenen Kultur und starke emotionale Bindung am ihren Heimatstaat. Also rechtfertigt das Bewußtsein der engsten Verbundenheit mit China die Anwendung der lex patriae. Dabei ist ein starkes „Kontinuitätsinteresse" – Interesse an der Fortsetzung des für ihre Rechtsverhältnisse geltenden Rechts – zu erkennen.[1013] Denn je größer das kulturelle und rechtliche Gefälle zwischen Heimatstaat und Wohnsitzland ist, um so unangemessener ist die Anwendung der lex domicilii.[1014] Dies ist besonders in bezug auf die im Westen wohnenden Auslandschinesen der Fall.

Diese Frage ist also recht schwer zu beantworten.[1015] Eine generelle Feststellung, daß die lex domicilii oder die lex patriae einem Erblasser bei seinem Erbgang angemessener ist, oder das Kontinuitäts- bzw. das Anpassungsinteresse dabei überwiegt, ist schlicht unmöglich. Es hängt von dem Einzelfall ab.

[1011] Vgl. Dong Likun, IPR 2000, S. 416.

[1012] Mansel, Personalstatut, Rn. 63, S. 72; Brandi, Haager Erbrechtsübereinkommen, S. 47, 48.

[1013] Brandi, Haager Erbrechtsübereinkommen, S. 47; Mansel, Personalstatut, S. 72-75.

[1014] So Mansel, Personalstatut, Rn. 66, S. 74.

[1015] Zur kollisionsrechtlichen Anknüpfungsverlegenheit vgl. Kühne, Parteiautonomie, S. 63-67; Brandi, Haager Erbrechtsübereinkommen, S. 265.

Idealerweise sollte der Erblasser selbst diese schwierige Entscheidung zwischen der lex domicilii und der lex patriae treffen[1016], denn es geht um seine eigene Nachlaßplanung und er sollte besser Bescheid wissen, welche lex causae ihm angemessener sein sollte. Seine Interessen und sein Wille sollten im Vordergrund stehen. Zugleich sind auch die Erbeninteressen hinreichend zu schützen, wenn ausnahmsweise die Erblasserinteressen den Erbeninteressen zuwiderlaufen. Somit darf die die Erbeninteressen garantierende materiellrechtliche Regelung der lex causae, die von dem Erblasser bei der Rechtswahl nicht gewählt wird, nicht vernachlässigt werden. Dadurch sind die Erblasser- und Erbeninteressen – die Parteiinteressen insgesamt – und der mögliche Ausgleich zwischen den beiden gesichert. Dies sind die Grundsätze für die Bestimmung des anzuwendenden Rechts in Richtung Nachlaßeinheit.

Konkret sieht die ideale Antwort auf die oben genannte Frage so aus: Entsprechend dem eingangs erläuterten wichtigsten Grundprinzip – der Nachlaßeinheit – sollte eine ausdrückliche schriftliche Rechtswahl des Erblassers – die professio iuris – zwischen der lex domicilii und der lex patriae zugelassen werden, und bei Fehlen einer solchen Rechtswahl wird durch die Bestimmung des Lebensmittelpunktes des Erblassers nach dem Prinzip der engeren Verbindung die lex causae zwischen der lex domicilii und der lex patriae gewählt, und zwar unter der Voraussetzung, daß die die gesetzlichen Erben schützenden sachrechtlichen Bestimmungen der nicht gewählten Rechtsordnung beachtet werden müssen. Dies entspricht im großen und ganzen dem Geist des Haager Erbrechtsübereinkommens von 1989[1017].

Unmittelbar dazu ist die Frage aufgeworfen, wie sich der Lebensmittelpunkt des Erblassers feststellen läßt. D.h., in welchem Staat, in dem Staat, wo der Erblasser gewöhnlich wohnt[1018] oder in dem Staat, dem er angehört, liegt sein tatsächlicher Mittelpunkt der Lebensverhältnisse? Bei der Beantwortung der Frage sind die folgenden Faktoren der Lebensverhältnisse einer Person so zu berücksichtigen, daß diese Person an sich aus allen möglichen

---

[1016] Zur theoretischen Grundlage für eine Rechtswahl im Internationalen Erbrecht vgl. Li Haopei, Conflict of Laws of Succession, S. 89-92; Brandi, Haager Erbrechtsübereinkommen, S. 263 ff.

[1017] Das Haager Abkommen über das auf die Erbfolge anzuwendende Recht von 1989. Vgl. dazu Brandi, Haager Erbrechtsübereinkommen; Schmellenkamp, Haager Erbrechtsübereinkommen, S. 245-260; Li Haopei, Conflict of Laws of Succession, S. 65-92.

[1018] Zum gewöhnlichen Aufenthalt vgl. Baetge, Gewöhnlicher Aufenthalt im IPR, S. 107-117; Brandi, Haager Erbrechtsübereinkommen, S. 106 ff.

Perspektiven ihres bisherigen Lebens betrachtet werden kann[1019]. Erstens ist zu beachten, in welchem Land der Erblasser seine meiste Lebenszeit für Bildung, Beruf und Familie verbracht hat, insbesondere wo er die letzten fünf Jahre vor seinem Tod gelebt hat. Zweitens ist zu berücksichtigen, wo sich seine Nachlaßgegenstände befinden sowie auf welche Weise und wann sie von ihm erworben worden sind. Drittens ist darauf zu achten, wo sich seine Verwandten bzw. Erben im Zeitpunkt des Erbfalls aufhalten, wie eng seine Beziehungen zu seinen Erben sind. Viertens ist zu fragen, ob irgendwelche emotionalen, kultureller Indizien in Gesprächen, Briefen, Veröffentlichungen und sprachlichen Fähigkeiten sowie aufgrund des Festhaltens an seiner ursprünglichen Staatsangehörigkeit für seine Willensbevorzugung zwischen den beiden Staaten zu finden sind. Letztendlich muß in einem konkreten Fall eine gesamte, einheitliche Bewertung der tatsächlichen Lebensumstände des Erblassers hinsichtlich Lebenszeit, Bildungsgang, Beruf, Familie, Erben, Nachlaßvermögen, kulturellen Bindungen usw. dadurch erfolgen, daß sein wirklicher bzw. mutmaßlicher Wille eine zentrale Rolle übernimmt, um festzustellen, zu welchem Staat er engere Beziehungen aufweist. Damit läßt sich der jeweilige Mittelpunkt der Lebensverhältnisse des Erblassers in einem konkreten Fall bestimmen. Ein Übergewicht der lex patriae oder lex domicilii bei der Gesetzesregelung sollte es nicht geben. Die aus der konkreten Feststellung des Lebensmittelpunkts womöglich resultierende Rechtsunsicherheit kann jedoch durch die vorherige Rechtswahl von vornherein vermieden werden. Anderenfalls sollte diese Rechtsunsicherheit um des Schutzes der individuellen Parteiinteressen willen in Kauf genommen werden.

In Gemäßheit der oben skizzierten generellen Fortentwicklungen lassen die IPR-Bestimmungen im ZGB-Entwurf China sehr viel zu wünschen übrig.

bb. Anknüpfung bei testamentarischer Erbfolge

Nicht zuletzt sind viele auf die testamentarische Erbfolge des Festlands bezogene Fragen zu klären. Vor allem sollten die Lücke der testamentarischen Kollisionsnormen auf eine zukunftsfähige Weise gefüllt und brauchbare Regeln aus dem IPR-Modellgesetz, dem RAG und dem ZGB Macau sowie dem „common law" Hongkongs herangezogen werden. Prinzipiell ist einer testamentarischen Willenserklärung, also dem wirklichen

---

[1019] Zur Feststellung des Lebensmittelpunktes der Gastarbeiter in Deutschland vgl. Brandi, Haager Erbrechtsübereinkommen, S. 137.

bzw. mutmaßlichen Willen des Erblassers, der Nachlaßeinheit folgend, nach Möglichkeit Geltung zu verschaffen, damit die Erblasserinteressen bewahrt werden. Zugleich sind dabei die die gesetzlichen Erben schützenden materiellrechtlichen Vorschriften des nicht gewählten Rechtssystems zu beachten.

(1) Testierfähigkeit

Dementsprechend sollte in bezug auf die Testierfähigkeit eines Testators erstens das Personalstatut des Testators bei der Abgabe der Willenserklärung, zweitens das Personalstatut des Testators beim Tod oder letztlich das Recht des Ortes, an dem die entsprechende Willenserklärung vorgenommen wird alternativ für die Fähigkeit des Testators, ein Testament zu errichten, zu ändern oder zu widerrufen, maßgebend sein. Nur nach einer jeweils negativen Beantwortung der drei oben genannten Wirkungsstatuten kann die konkrete Testierfähigkeit des Testators endgültig verneint werden.[1020] Diesbezüglich gehen Art. 142 IPR-Modellgesetz und Art. 72 des Entwurfs des ZGB China in die richtige Richtung, jedoch nicht weit und vollständig genug.

(2) Testamentsform

Hinsichtlich der testamentarischen Form ist besonders der favor testamenti, wie in Hongkong geltend[1021], zu beachten,[1022] wodurch dem Haager Übereinkommen über das auf die testamentarische Form anzuwendende Recht vom 5.10.1961 vollständig Genüge getan wird. In dieser Hinsicht reichen Art. 143 IPR-Modellgesetz und Art. 73 des Entwurfs des ZGB China nicht vollständig aus, weil die Nachlaßspaltung in diesen Bestimmungen verankert ist. Des weiteren sollte die Änderungs- und Widerrufsform eines Testaments in gleicher Weise angeknüpft werden, was einen Ausfluß des Verfügungswillens des Testators im negativen Sinn darstellt.

[1020] Für das chinesische einheitliche Interlokale Erbrecht hat Shenjuan beinahe die gleiche Richtung eingeschlagen, dazu vgl. Shen Juan, Das chinesische Interlokale Kollisionsrecht, S. 278-280.

[1021] Vgl. die auf die testamentarische Formgültigkeit Hongkongs bezogenen Teile: C, I, 1, b, cc, (2), (a), (cc), S. 96 f. und C, I, 1, b, cc, (2), (b), (cc), S. 111 f.

[1022] Vgl. dazu auch Li Haopei, Conflict of Laws of Succession, S. 109, 110.

(3) Zustandekommen, Änderung und Widerruf eines Testaments

Was das Zustandekommen eines Testaments anbelangt, kann Art. 144 IPR-Modellgesetz grundsätzlich herangezogen werden, indem wiederum die professio iuris eine entscheidende Rolle übernimmt, weil diese Vorgehensweise dem in einem Testament enthaltenen wirklichen bzw. mutmaßlichen Willen eines Testators am besten gerecht wird. Zudem werden die wählbaren Rechte bis einschließlich der lex rei sitae erweitert, da möglicherweise auch mit der lex rei sitae der wirkliche bzw. mutmaßliche Wille eines Testators verwirklicht wird. Demzufolge sollte das entsprechende Wirkungsstatut durch eine ausdrückliche schriftliche Rechtswahl des Testators zwischen dem Heimatrecht des Testators bei der Testamentserrichtung bzw. beim Tod oder dem Wohnsitzrecht des Testators bei der Testamentserrichtung bzw. beim Tod, dem Recht des gewöhnlichen Aufenthalts bei der Testamentserrichtung bzw. beim Tod oder der lex rei sitae im Falle eines unbeweglichen Vermögens wahlweise zur Verfügung stehen. Fehlt eine solche Rechtswahl, wird das dem Zustandekommen des Testaments – also dem wirklichen bzw. mutmaßlichen Willen des Erblassers – günstigste Wirkungsstatut unter den oben genannten anwendbar.[1023] Dementsprechend gilt dasselbe für die Testamentsänderung. In gleicher weise sollte unter Berücksichtigung des negativen Verfügungswillens auch der Widerruf eines Testaments behandelt werden.

(4) Testamentsauslegung

Ferner sollte eine auf diese Weise wirksam zustandegekommene Willenserklärung bei dem Zustandekommen, der Änderung oder dem Widerruf eines Testaments auch dementsprechend ausgelegt werden. Das bedeutet, die Auslegung einer entsprechenden Willenserklärung richtet sich nach dem Recht des Testators, das er sich bei der konkreten Willenserklärung ausdrücklich ausgewählt hat. Fehlt eine derartige Rechtswahl, erlangt das der entsprechenden Auslegung – dem wirklichen bzw. mutmaßlichen Willen des Erblassers – günstigste Recht Geltung.

[1023] Shenjuan hat sich für die gleiche Richtung im chinesischen einheitlichen Interlokalen Erbrecht ausgesprochen, dazu Shen Juan, Das chinesische Interlokale Kollisionsrecht, S. 285-291.

cc. Verteilung erbenlosen Nachlasses

Bezogen auf die Behandlung erbenlosen Nachlasses ist eine eigenständige lex causae zur Feststellung erbenlosen Nachlaßgegenstandes, wie bereits oben erläutert[1024], nicht vonnöten. Die sich im mißlungenen Art. 145 IPR-Modellgesetz ausdrückenden Bemühungen, die Fälle erbenlosen Nachlasses möglichst zu reduzieren, schlagen sich in der jeweiligen lex causae für die gesetzliche und testamentarische Erbfolge nieder, indem durch die professio iuris der wirkliche bzw. mutmaßliche Wille des Erblassers möglichst zur Geltung gelangt. Es bleibt aber bei der Frage der Zuordnung eines festgestellten erbenlosen Nachlaßgegenstandes. Dafür kann Art. 146 IPR-Modellgesetz herangezogen werden, wonach sich die Disposition erbenlosen Nachlaßvermögens nach der lex rei sitae des Nachlaßgegenstandes beim Tod des Erblassers bemißt, was eine Gemeinsamkeit der Rechtsgebiete Hongkong, Taiwan und Festland darstellt.

d. Formulierungsvorschläge für ein zukünftiges chinesisches Internationales Erbrecht

Zusammenfassend zeichnet sich das zukünftige chinesische Internationale Erbrecht folgendermaßen ab:

Art. 1 [Renvoi]

Verweisungen nach diesem Gesetz beziehen sich auf die entsprechenden Sachnormen eines betreffenden ausländischen Staates. Wenn im Hinblick auf einen rechtlichen Status und ein persönliches Verhältnis einer natürlichen Person durch dieses Recht auf ein ausländisches Recht verwiesen wird und nach der Kollisionsnorm dieses ausländischen Rechts das chinesische Recht maßgeblich sein soll, kann dieses Recht Anwendung finden, es sei denn, daß dadurch der schon erworbene persönliche rechtliche Status oder das wirksame persönliche Verhältnis beeinträchtigt wird.

Art. 2 [Internationale Gebräuche und Rechtstheorie]

Wenn keine entsprechende Bestimmung im chinesischen Recht oder in internationalen Abkommen, die von China abgeschlossen worden sind oder denen China beigetreten ist, zu finden ist, können die internatio-

[1024] Vgl. oben im Teil C, I, 4, b, dd, (3), (d), (ee), S. 219 ff.

nalen Gebräuche Geltung beanspruchen. Fehlen solche internationalen Gebräuche, gelangt die Rechtstheorie[1025] zur Anwendung.

Art. 3 [Erbfolge]

Die Erbfolge richtet sich nach dem Recht, das ein Erblasser durch ausdrückliche schriftliche Wahl zwischen der zum Zeitpunkt des Todes geltenden lex domicilii und der lex patriae bestimmt hat, vorausgesetzt, daß die die Erben schützenden sachrechtlichen Bestimmungen der ansonsten maßgebenden Rechtsordnung dabei beachtet werden. Fehlt eine derartige Rechtswahl, ist die lex causae zwischen den beiden durch die Bestimmung des Lebensmittelpunktes des Erblassers nach dem Grundsatz der engeren Verbindung[1026] festzustellen.

Art. 4 [Testierfähigkeit]

Die Fähigkeit eines Testators, ein Testament zu errichten, zu ändern oder zu widerrufen, richtet sich entweder nach dem Heimatrecht des Testators beim Tod bzw. bei Vornahme der entsprechenden Willenserklärung, dem Wohnsitzrecht bzw. dem Recht des gewöhnlichen Aufenthalts des Testators beim Tod bzw. bei Vornahme der entsprechenden Willenserklärung oder dem Recht des Ortes, an dem die konkrete Willenserklärung vorgenommen wird.

Art. 5 [Form]

Die Form der Errichtung, Änderung und des Widerrufs eines Testaments beurteilt sich nach den internen Vorschriften

a) der lex loci actus,

b) des Heimatrechts des Testators bei der Testamentserrichtung bzw. beim Tod,

c) des Wohnsitzrechts des Testators bei der Testamentserrichtung bzw. beim Tod,

d) des Rechts des gewöhnlichen Aufenthalts des Testators bei der Testamentserrichtung bzw. beim Tod oder

e) der lex rei sitae, soweit es sich um ein unbewegliches Vermögen handelt.

[1025] Dazu siehe: Teil D, II, 1, b, S. 260.

[1026] Ausführlich zur Feststellung des Lebensmittelpunktes vgl. Teil D, II, 1, c, aa, (2), S. 264 ff.

Art. 6 [Zustandekommen, Änderung oder Widerruf eines Testaments]

Das Zustandekommen, die Änderung oder der Widerruf eines Testaments bleibt jeweils dem Recht unterworfen, das der Testator durch eine ausdrückliche schriftliche Wahl zwischen seinem Heimatrecht beim Tod bzw. bei Vornahme der entsprechenden Willenserklärung, seinem Wohnsitzrecht bzw. Recht des gewöhnlichen Aufenthalts beim Tod bzw. bei Vornahme der entsprechenden Willenserklärung oder der lex rei sitae im Falle eines unbeweglichen Vermögens bestimmt hat. Fehlt eine derartige Rechtswahl, richtet sich das Zustandekommen, die Änderung oder der Widerruf eines Testaments nach dem Recht, das von den genannten das der jeweiligen Willenserklärung günstigste[1027] ist. Dabei sind die die gesetzlichen Erben schützenden materiellrechtlichen Vorschriften der nicht gewählten Rechtsordnung zu beachten.

Art. 7 [Auslegung einer testamentarischen Verfügung]

Die Auslegung einer Willenserklärung beim Zustandekommen, der Änderung oder dem Widerruf eines Testaments unterliegt dem Recht, das der Testator durch eine ausdrückliche schriftliche Wahl zwischen dem Heimatrecht des Testators beim Tod bzw. bei Vornahme der entsprechenden Willenserklärung, dem Wohnsitzrecht resp. dem Recht des gewöhnlichen Aufenthalts des Testators beim Tod bzw. bei Vornahme der entsprechenden Willenserklärung oder der lex rei sitae im Falle eines unbeweglichen Vermögens bestimmt hat. Mangels einer derartigen Rechtswahl ist das der entsprechenden Auslegung günstigste Recht der oben wählbaren anzuwenden.

Art. 8 [Disposition erbenloser Nachlaßgegenstände]

Die Zuweisung eines erbenlosen Nachlaßgegenstandes unterliegt jeweils der lex rei sitae beim Tod des Erblassers.

2. Weiterentwicklung nach der Staatswiedervereinigung

Nach dem endgültigen politischen Wiederbeitritt Taiwans zu der großen chinesischen Familie, d.h. nach der vollständigen politischen Wiedervereinigung Chinas sollten sich die auf den vier Rechtsgebieten existierenden Rechtssysteme gemäß dem Willen des Volks zu einem einheitlichen Recht

[1027] Ausführlich dazu siehe: Teil D, II, 1, c, bb, (3), S. 269 f.

hin fortentwickeln, bis schließlich zu dem Zeitpunkt, in dem alle Menschen der jeweiligen Rechtsgebiete ein gemeinsames Rechtssystem wollen. So wird die Rechtsvereinheitlichung auf natürlichem Weg zustande kommen und die letzte Phase der Wiedervereinigung des Staates erreicht werden.

Infolgedessen werden die Chinesen die geschichtliche Vollkommenheit von Einheit, Spaltung und wiederum Einheit erfüllen, damit sie sich wirklich wieder auf dem Weg zu Prosperität, Macht und Demokratie fortbewegen können und werden.

E. Zusammenfassung

Generell stellt die Untersuchung einen Versuch dar, ein vollständiges und zugleich teilweise scharfes Bild vom chinesischen Internationalen Privatrecht zu zeichnen, wobei der Fokus der Betrachtung auf die Darlegung des chinesischen Internationalen Erbrechts gerichtet ist. In diesem Bild kommt das vollständige Entwicklungsspektrum des Internationalen Privatrechts Chinas zum Vorschein: sein vielversprechender Anfang, sein totales Verschwinden während der Zeit der Konsulargerichtsbarkeit, sein Wiederentstehen und seine gespaltene, vom Kolonialismus stark geprägte Fortentwicklung auf dem Weg zur Rechtsvereinheitlichung. Diese Entwicklungen stellten sich parallel zur chinesischen Geschichte im allgemeinen – dem historischen Auf und Ab Chinas als großem Hintergrund –: von einem starken vereinigten Reich, dann einem von den ausländischen Mächten aufgeteilten, in seinen Grundfesten erschütterten alten Reich, bis hin zu der bis heute immer noch kämpfenden Republik mit dem unnachgiebigen Willen des Volks erneut auf dem eigenen richtigen Weg zur nationalen Wiedervereinigung.

Im einzelnen zeigt der historische Teil B zuerst die ältesten Kollisionsnormen der Welt im Yonghui-Kodex der chinesischen Tang-Dynastie, in der die materiellen Bedingungen für das Entstehen der Kollisionsnormen gegeben waren. Diese Kollisionsnormen verschwanden aber allmählich angesichts der eigenen Schwäche der alten chinesischen Dynastien und des zunehmend drohenden Eindringens der ausländischen Mächte in den nachfolgenden chinesischen Dynastien, bis zum völligen Verlust der Kollisionsnormen gegenüber der Konsulargerichtsbarkeit gegen Ende der Qing-Dynastie unter der halbkolonialen und halbfeudalen Herrschaft. Auf dem beschwerlichen Weg aus dem Tal der IPR-Entwicklung heraus bemühten sich die alten chinesischen Regierungen unter ausländischem Druck, endlich ein eigenes IPR-Gesetz zu schaffen: die Rechtsanwendungsverordnung, die aber nur auf dem Papier stand. Letztendlich entwickeln sich die Kollisionsnormen seit der Beseitigung der ausländischen Einflüsse in der neuen Republik auf dem Festland Chinas in einer schwerfälligen und mühsamen, aber stetigen Art und Weise fort. Dagegen entwickeln sich die Kollisionsnormen in Hongkong und Macau mit ihren jeweils starken kolonialen Hinterlassenschaften und auf Taiwan mit der Hinterlassenschaft der ersten chinesischen Republik bis zum heutigen Tag weiter.

Anschließend geht es im Hauptteil C um die Erläuterung des gespaltenen chinesischen Internationalen Erbrechts auf den vier Rechtsgebieten – Hongkong, Macau, Taiwan und Festland – im einzelnen. Die erbrechtlichen

Kollisionsnormen Hongkongs – eine vollständige koloniale Hinterlassenschaft nach englischem Muster, die Nachlaßspaltung – drehen sich um die Unterscheidung zwischen beweglichem und unbeweglichem Nachlaßvermögen, und zwar in Richtung des Wohnsitzrechts des Erblassers im Zeitpunkt seines Todes beim beweglichen Vermögen und in Richtung der lex rei sitae beim unbeweglichen Vermögen. Die erbrechtlichen Kollisionsnormen Macaus – eine koloniale Hinterlassenschaft der Portugiesen in Richtung der Nachlaßeinheit aber mit der lokalen Anpassung – bestimmen sich einheitlich nach dem Recht des gewöhnlichen Aufenthalts des Erblassers beim Tod. Das Internationale Erbrecht Taiwans – eine Verbesserung der Hinterlassenschaft der alten chinesischen Republik mit starken deutsch-japanischen Prägungen – schreibt auch eine Nachlaßeinheit aber nach dem Heimatrecht des Erblassers beim Tod vor. Das Internationale Erbrecht des Festlands bestimmt ebenfalls eine gespaltene Erbfolge nach dem Wohnsitzrecht des Erblassers beim Tod im Falle eines beweglichen Nachlaßgegenstandes und nach der lex rei sitae im Falle eines unbeweglichen Nachlaßgegenstandes.

Das Internationale Erbrecht der vier Rechtsgebiete ist jeweils relativ gut entwickelt. Das Internationale Erbrecht auf dem Rechtsgebiet Macau ist am geeignetsten und zu empfehlen, denn es ist am vollständigsten und relativ einfacher zu handhaben. Hingegen ist das Internationale Erbrecht auf dem Rechtsgebiet Hongkong komplizierter und für diejenigen, die an den schriftlichen Gesetzestext gewöhnt sind, sehr gewöhnungsbedürftig. Das Internationale Erbrecht auf dem Rechtsgebiet Taiwan ist systematisch gut entwickelt, obgleich nicht ganz vollständig. Das Internationale Erbrecht auf dem Rechtsgebiet Festland ist dagegen nicht vollständig und läßt sehr viel zu wünschen übrig.

In puncto der entstandenen innerstaatlichen Rechtskonflikte zwischen den vier Rechtsgebieten miteinander sind die interlokalen Erbkollisionsnormen desgleichen gespalten und unterschiedlich. In Hongkong funktionieren die internationalen Kollisionsnormen auch auf der interlokalen Ebene. Die internationalen Kollisionsnormen Macaus sind auch als interlokale Kollisionsnormen konzipiert. Auf dem Rechtsgebiet Taiwan laufen die gut entwickelten interlokalen Kollisionsnormen in zwei gegensätzliche Richtungen: Gegenüber dem Festland-Gebiet gilt die Volksbeziehungsverordnung, die aufgrund ihrer starken Einschränkungen gegenüber den Menschen auf dem Festland nicht zukunftsfähig ist, und gegenüber den Rechtsgebieten Hongkong und Macau gilt grundsätzlich die analoge Anwendung des RAG. Auf dem Rechtsgebiet Festland ist keine interlokale kollisionsrechtliche Gesetzgebung zu finden. Für die interlokalen Kollisionen gilt grundsätzlich die analoge Anwendung der internationalen Kollisionsnormen mit zusätzlich ein paar sachrechtlichen Regeln gegenüber den anderen Rechtsgebieten, insbesondere dem Taiwan-Gebiet.

Die zukünftige Entwicklung des chinesischen Internationalen Privatrechts bzw. Erbrechts (Teil D) tendiert unter dem starken Einfluß der einheitlichen chinesischen traditionellen Kultur in Richtung der Rechtsvereinheitlichung innerhalb der neuen einheitlichen chinesischen Rechtsordnung. Zuerst soll es auf interlokaler Ebene möglicherweise nach der endgültigen Staatswiedervereinigung – der Lösung der Taiwan-Frage – für die innerstaatlichen Kollisionen eine zunächst kollisionsrechtliche und später eine materiellrechtliche einheitliche Regelung geben. Der materiellrechtliche Weg wird letztendlich die innerchinesischen Kollisionen beseitigen und das aufgespaltene Internationale Privatrecht resp. Erbrecht vereinheitlichen, damit ein einheitliches Internationales Privatrecht bzw. Erbrecht in Form eines eigenen Kapitels im zukünftigen ZGB Chinas zusammen mit einem einheitlichen China der Prosperität und Stärke entstehen wird. In diesem einheitlichen Internationalen Erbrecht wird die Nachlaßeinheit bei der internationalen Nachlaßabwicklung durch die professio iuris des Erblassers zwischen der lex domicilii und der lex patriae erzielt, zugleich wird die gewillkürte Erbfolge derart gestaltet, daß dem in einem Testament enthaltenen wirklichen bzw. mutmaßlichen Willen formell und materiell möglichst Geltung verschafft wird.

Am Schluß dieser Untersuchung hat sich das lebendige Panorama des chinesischen Internationalen Erbrechts – sein Gestern, Heute und Morgen – aufgetan.

Zuowei (Michael) Liu, 1967 in Dalian, China geboren.

Studium an der Nordöstlichen Pädagogischen Universität in Changchun, China (1986-1990, B. A. in Englisch mit Auszeichnung);

Studium an der Dalianer Maritimen Universität in Dalian, China (1990-1993, M. A. in englischer Linguistik mit Auszeichnung);

Autodidaktisches Jurastudium und Erwerb der Anwaltsqualifikationen in Dalian, China (1993-1996, mit Auszeichnung);

Ordentliches Jurastudium, Magister- und Promotionsstudium an der Juristischen Fakultät der WWU Münster bei Professor Dr. Heinrich Dörner (1999-2005, LL.M. mit summa cum laude und Dr. jur. mit magna cum laude).

Englisch-Dolmetscher, Universitätsdozent für englische Sprache, Rechtsanwalt (China) für internationale juristische Angelegenheiten.